KB267087

추적!
마틴 루터도 CCM 사역자였는가?
(Was Martin Luther also a CCM minister?)

예영현대문화신서 13

추적!
마틴 루터도 CCM 사역자였는가?
(Was Martin Luther also a CCM minister?)

16세기 마틴 루터의 관점에서 바라본 21세기의 CCM

A Study for Contemporary Christian Music
In the Light of Martin Luther's View on Music

김철웅 목사

예영현대문화신서 13

추적! 마틴 루터도 CCM 사역자였는가?

초판 1쇄 펴낸 날·2009년 2월 5일 | 초판 2쇄 펴낸 날·2014년 10월 1일
지은이·김철웅 | 펴낸이·원성삼
등록번호·제2-1349호(1992. 3. 31) | 펴낸 곳·예영커뮤니케이션
주소·(136-825) 서울시 성북구 성북로6가길 31 | 홈페이지 www.jeyoung.com
출판사업부·T. (02)766-8931 F. (02)766-8934 e-mail: jeyoung@chol.com
출판유통사업부·T. (02)766-7912 F. (02)766-8934 e-mail: jeyoung@chol.com

copyright ⓒ2009.김철웅
ISBN 978-89-8350-507-1 (03230)

값 18,000원

어려운 환경 속에서도
진정한 목회자의 삶을 아들에게 보여 주신
아버지 김광영 목사님
어머니 최영옥 사모님

금지옥엽(金枝玉葉)으로 키운 딸이
목사의 아내가 됨을 가장 큰 영광으로 생각하신
장인 성선복 목사님
장모 서지희 사모님

두 부모님께 이 책을 바칩니다.

추천사 1

종교적 표현을 위한 음악의 적절한 사용 여부 문제는 오늘날 많은 신학자, 목회자, 그리고 선교사들의 주요 관심 분야이다. 이와 관련하여 무엇이 본질적이고 무엇이 타협적 요소인가에 관한 질문에 대하여는 쉽게 답할 수 있다. 그러나 우리는 이러한 단순한 질문들을 넘어서 보다 깊게 "다양한 음악에 영향을 받는 청중들에게 있어 과연 그 음악이 의미하는 바는 무엇인가?"를 생각해 볼 필요가 있다. 왜냐하면 이러한 문화와 상황의 문제는 영적인 목적을 위해 음악을 어떻게 적절하고도 건전하게 사용할 것인지 하는 문제와 매우 깊은 관계를 가지고 있기 때문이다.

김철웅 박사는 매우 탐구력이 강한 선교 신학자로서 이 문제를 16세기 마틴 루터의 관점에서 새롭게 재해석하였다. 이로써 그는 마틴 루터를 말과 음악이라는 두 가지 매개체를 통해 하나님의 말씀을 전했던 종교 개혁자이자 음악가였음을 인정하고 그를 통하여 이 문제를 해결하기 위한 새로운 길을 우리에게 제시한 셈이다.

16세기 당시 많은 신학자들은 카톨릭과 연결된 음악이 모두 궤변적이라는 이유로 멀리했다. 그러나 마틴 루터는 오히려 그 음악이야말로 하나님의 구원을 전하기 위한 가장 인상적이며 효과적인 도구임을 인정한 사람이다. 그는 음악 표현의 자유를 위해 '아디아포라(adiaphora)'라는 개념을 사용했으나 그것을 아무런 비평 없이 무조건 받아들이지는 않았다. 마틴 루터는 음악을 적용함에 있어 실용주의적이었으나 동시에 매우 신중했던 것이다.

김철웅 박사는 그 당시 마틴 루터가 고민했던 것과 동일한 오늘날의 문제와 씨름한 사람이다. 그는 음악이 기독교인의 신앙을 표현하기 위한 일종의 매개체로서 그 장르가 매우 자유로울 수 있음을 지적했다. 그러나 그것이 매우 신중한 비평을 통해 이루어져야 함도 동시에 같이 강조했다. 물론 음악은 자유롭게 활용할 수 있다. 그러나 그것은 분명히 복음이 왜곡되지 않는 범위 안에서 지혜롭고 알맞게 사용되어져야 한다. 김철웅 박사는 이러한 마틴 루터의 관점에서 바라본 음악을 의사소통의 원리, 문화, 상황들과도 연관시켜 매우 깊게 분석하였는데, 이것은 오늘날 교회 지도자들과 특별히 선교사들에게 많은 도움을 주려는 의도로 이루어진 일이다.

신실한 마음으로 복음을 갈망하는 사람들에게 이러한 예배 음악의 문제는 많은 곳에서 커다란 장관을 연출하고 있는 한국의 상황뿐만 아니라 기독교인이 있는 모든 곳에 큰 의미를 던지는 주제이다. 김철웅 박사의 책은 이러한 문제에 대한 서로간의 대화에 큰 도움을 준다.

특별히 컨콜디아신학교의 임무는 예수 그리스도의 일꾼을 만들어내며, 하나님의 사람을 양육하고, 잃어버린 사람들을 찾으며, 모든 사람들을 돌보는 것이다. 특별히 철학 박사 과정은 그 임무를 달성하기 위해 선교의 이론과 실제를 공부하는 가장 높은 단계의 학습 과정이다.

김철웅 박사는 이 과정에서 우리와 함께 이 문제를 놓고 같이 공부하였다. 여기서 완성한 그의 논문은 기독 청년들로 하여금 그들이 느낀 CCM의 영향력과 그 의미에 대해 그들 스스로 직접 표현할 수 있도록 허락한 획기적인 시도였다. 나는 이 철학 박사 과정의 담당 책임자이자 그 논문의 평가자로서 그가 이 논문을 완성하기 위해 최선을 다했음을 보증한다. 마틴 루터의 관점에서 교회 음악과 그 의미를 추적한 그의 논문은 우리가 앞으로 더욱더 깊게 다루어야 할 자료이며, 아울러 이제 그의 논문 중 일부가 한국어로 번역되어 읽혀진다는 것은 그것을 읽는 사람들에게 매우 큰 혜택임을 믿어 의심치 않는다.

더글라스 럿트 박사
컨콜디아신학교 교수 / 철학 박사원장
Douglas L. Rutt

Recommendation

The question of the appropriate use of music for religious expression is of paramount concern at this time among many theologians, pastors and missionaries. What is essential and what is negotiable seems like an easy enough question to answer. However, one must go deeper to try to ascertain "what does it mean, especially to the hearer, i.e., those impacted by the various genres and styles of music?" Questions of culture and context have much to do with how one comes to appropriate and sound decisions on the use of music for spiritual purposes.

Dr. Chulwoong Kim is an very inquisitive, hard-working student of theology and missiology who has broken new ground in the study of the role of music from the perspective of the great reformer and musical composer in his own right, Martin Luther. He looks at these questions from the perspective of the 16th century reformer, who did much to bring the word of God, both spoken and sung, into the language of the hearts of his people.

While many other theologians of the time rejected sophisticated music because of its associations with the Roman Catholic Church, Luther recognized that music was a powerful communicator of God's message of salvation, not only cognitively, but also affectively. He was able to make use of the concept of "adiaphora" to establish freedom in musical expression, but not outright and total openness to anything. While he was a pragmatist, he also was critical in his application of music to the church's worship life.

Dr. Chulwoong Kim wrestles with many of the same issues today that someone like Luther struggled with in his day. While Dr. Kim sees that there is freedom in terms of the genres of music to be used for Christian expression, he does not do so uncritically. There is freedom, but it must be used wisely and appropriately to assure that distortion of the message does not take place. In his analysis from the framework of Martin Luther, he takes communication theory, culture and context seriously in his endeavor to provide help and orientation to church leaders, especially missionaries, today.

The question of music in worship is not only of significance to the Korean context, where worship has become a huge spectacle in many cases, but to Christians everywhere, as they seek to be faithful and relevant in their presentation of the gospel. Dr. Chulwoong Kim's work is an important contribution to this conversation.

The mission of Concordia Theological Seminary(Fort Wayne, IN) is to form servants in Jesus Christ to nurture the people of God, reach the lost, and care for all. The Ph.D. program is the highest academic degree in the field of missions research and practice. Dr. Chulwoong Kim came to the Ph.D. in Missiology program at Concordia Theological Seminary, well prepared to study this topic. His dissertation on the impact of Christian Contemporary Music on young Korean Christians is a ground breaking study that allows the young Christians to speak on what contemporary Christian music means to them. As supervisor of the Ph.D. program and one of his readers, I can attest to the fact that he has worked diligently to produce a quality dissertation. His research into the ideas of Martin Luther on music in the church and what that means for Christians today goes much deeper than most treatments and will no doubt be of great benefit to readers in the Korean language.

Sincerely,

Douglas L. Rutt, Ph.D.
(a supervisor in Ph.D program)
Concordia Theological Saminary(Fort Wayne, IN)

Douglas L. Rutt

추천사 2

김철웅 박사의 CCM 연구는 우리에게 CCM과 관련된 현재의 사회 현상과 그 영향력에 대하여 매우 잘 정리된 조사 결과를 보여 준다. 특별히 그가 관심을 가지고 집중하였던 부분은 마틴 루터의 관점에서 바라본 CCM의 이해이며, 또한 교회 안에서 그 즐거움을 어떻게 누릴까 하는 점이었다.

루터는 성스러운 음악과 세속적 음악의 통합 가능성에 대해 자주 말하곤 했었다. 그러나 "왜 사탄만이 좋은 음악을 가져야만 하는가?"라는 그의 표어는 종종 상황의 특수성을 전혀 고려하지 않은 상태에서 잘못 인용되곤 했다. 물론 루터는 종교적이며 예전적인 목적을 위해 세속적 음악의 형태를 사용했었다. 그러나 그것을 아무런 분별없이 그냥 사용하지는 않았다.

김철웅 박사는 이 책을 통하여 루터가 이러한 음악을 사용함에 있어 가지고 있었던 여러 가지 원리들을 요약했다. 그는 루터가 왜 그런 세속적인 음악 형태를 긍정적으로 사용해야만 했는지 보여 준 반면에 항상 그렇게 하지 않았던 이유도 동시에 열거했다. 김 박사의 이러한 분석은 오늘날 우리 예배 음악의 현실과 관련하여 매우 적절한 연구 작업이었음을 확신한다.

　마틴 루터와 마찬가지로 김철웅 박사 또한 기본적으로 CCM에 대한 긍정적 입장에 서 있으면서도 동시에 매우 비평적인 입장에서 CCM을 다루고 있다. 그는 이 분야에 있어 매우 많은 지식을 가지고 있으며, 현대 기독교 음악 속에서 발견된 다양성과 미래 전망에 대하여 잘 인식하고 있다. 그는 특별히 이러한 음악의 혜택과 전망을 선교학적 입장에서 바라보았는데, 그러면서도 그는 교회는 피상적인 인기와 성공을 넘어선 그 이상의 것을 볼 줄 알아야 한다고 주장한다.

　김철웅 박사는 예수 그리스도의 복음 안에서 신학적으로 잘 갖추어진 사람이다. 따라서 그는 CCM에 대한 평가뿐만 아니라 그 모든 현상의 분석을 성경적인 신앙고백의 틀 속에서 잘 다듬어 내었다. 이런 면에서 그의 책은 영적이며 종교적인 목적을 위해 세속 음악을 긍정적으로 사용하려 했던 루터의 접근방법을 배우려는 오늘날의 모든 사람에게 매우 읽을 만한 가치가 있는 책이다.

마크 알렌 포웰 박사(Ph.D)
「Encyclopedia of CCM」의 저자
트리니티루터란신학교 신약학 교수

Recommendation

Dr. Chulwoong Kim's study on Contemporary Christian music offers a well-researched and balanced evaluation of this current social phenomenon and its effects. Of particular interest is his much-needed analysis of Martin Luther's understanding of contemporary music and its employment in the church.

Luther frequently addressed the integration of sacred and secular musical genres, but his words on the topic(e.g., "Why should the devil have all the good music?") are often cited as out-of context slogans. Luther did employ tunes associated with secular songs for religious and liturgical purposes, but he did not do so uncritically.

Dr. Chulwoong Kim summarizes the principles that appear to have guided Luther in his use of contemporary music; he shows why Luther found the use of such music to have certain positive attributes, but he also enumerates a number of concerns that sometimes gave Luther pause. Much of this has obvious relevance for issues regarding music and worship in our own day.

Like Luther, Dr. Chulwoong Kim is basically supportive of what contemporary Christian music has to offer the church, but he is no uncritical promoter of the genre. He does have a good knowledge of the field and is aware of the great diversity of styles and perspectives that may be found in the current Christian music scene. He is particularly interested in the missiological benefits of such music, but he insists that the church look beyond the superficial appeal of what is merely popular and successful.

Dr. Chulwoong Kim is theologically grounded in the gospel of Christ and both his appreciation for the contemporary Christian music movement and his evaluation of that phenomenon reflect his commitment to biblical and confessional theology. His work deserves to be read by any who want to emulate Luther's nuanced approach to the use of secular-sounding music for religious and spiritual ends.

Mark Allan Powell/ Ph.D
Author of 〈Encyclopedia of Contemporary Christian Music〉
Professor of New Testament at
Trinity Lutheran Seminary(Ohio)

추천사 3

김철웅 목사의 「추적! 마틴 루터도 CCM 사역자였는가?」라는 책의 출간을 축하하며 추천한다. 마틴 루터와 CCM을 연결시킨 재치 있는 사고력을 칭찬하지 않을 수 없다. 사실 CCM이란 컨템퍼러리 음악이란 뜻이므로 모든 시대의 음악이 다 CCM이라고 할 수 있다.

마틴 루터의 종교 개혁은 예배 개혁이었고 그 예배 개혁의 중심에 음악의 개혁이 있었다. 사라진 회중 찬송을 부활시키면서 '코랄(chorale)'을 만들어 내는 과정은 진지하게 연구되어야 할 과제이다.

이미 독일을 비롯한 많은 나라에서 마틴 루터 음악의 연구는 상당한 진전을 보고 있다. 그러나 김철웅 목사처럼 마틴 루터의 음악을 CCM과 함께 다루고자 하는 노력은 신선한 충격으로 다가온다.

이 귀한 저서를 통하여 한국에서 마틴 루터 음악에 대한 연구가 더욱 활발하게 이루어지고 나아가서 너무 미국화 되어 있는 한국의 CCM이 한국화 되는데 큰 기여를 할 수 있기를 바라마지 않는다.

서울장신대학교 총장
문성모 목사

추천사 4

　　포스트모던 시대의 새로운 예배 현상으로 '이머징 처치(emerging church)'의 '이머징 예배(emerging worship)'에 관심이 모아지고 있다. 어떤 전형적인 예배 모습으로 규정할 수 없는 이 예배의 특징 중 하나로 고대-미래 교회의 신앙과 예배를 말한다. 고대의 예배 관습과 현대적인 예배의 융합 또는 대화를 원하는 예배자들이 출현하고 있는 것이다.

　　이번에 출간된 김철웅 박사의 「추적! 마틴 루터도 CCM 사역자였는가?」는 이런 현대 교회 예배자들의 바람과 소망을 추적하여 얻어 낸 보고서와도 같다. 현대 신학에서도 끊임없이 마틴 루터와의 대화를 꾀하고 있으나, 이 책의 특징은 예배, 특히 마틴 루터의 음악적 노선을 교회의 전통음악이 아닌 현대 CCM의 음악적 노선으로 해석하고 있다는 점이다. 전문 음악자들 사이에서는 그 해석을 두고 논의할 부분이 있겠으나, CCM 사역자들과 또 예배 갱신과 회복의 과제를 위해 노력하는 이들에게는 신선한 통찰을 던져 준다.

　　이 책이 오늘 우리들이 가진 달란트와 비전과 고민을 고대의 위대한 신앙인들과 깊이 있게 대화하는 안목과 용기를 줄 것임을 확신하며 추천하는 바이다.

서울장신대학교 예배설교학
김세광 교수

추천사 5

20세기 중반을 지나며 전 세계적으로 CCM은 교회의 가장 큰 화두가 되어 왔다. 21세기에 접어든 지금의 시기에 우리는 CCM에 대해 새로운 정리가 필요할 것이다. 이제는 CCM이 논쟁의 대상이 되기보다 그 의미와 가치를 규명하고 새롭게 방향을 제시할 시기가 된 것이다. 이러한 시점에 「추적! 마틴 루터도 CCM 사역자였나?」라는 책은 CCM의 시대적 의미를 새롭게 자리 매김 해 주고 있다. 16세기의 마틴 루터는 하나님의 이 땅을 향한 열정을 문화 사역자로서 사역 현장에 담아내었다.

이 책은 우리로 하여금 시대를 거슬러 하나님의 마음을 이해하도록 돕고 있다. 지금 이 시대에 하나님의 이 땅을 향한 동일한 마음을 담아낼 많은 젊은 문화 사역자들에게 이 책은 새로운 사역의 의미를 가져다 줄 것이다. 이 책을 통해 우리의 세대 속에서 마틴 루터와 같은 문화 사역자들을 한 사람이라도 더 만나게 되기를 소망한다.

서울장신대학교 예배찬양사역대학원
권광은 교수

목차

추천사 – Douglas L. Rutt 교수 • 6
　　　　(Concordia Theological Seminary)
추천사 – Mark Allan Powell 교수 • 12
　　　　(Trinity Lutheran Seminary)
추천사 – 문성모 총장(서울장신대학교) • 16
추천사 – 김세광 교수(서울장신대학교 예배설교학) • 17
추천사 – 권광은 교수(서울장신대학교 예배찬양사역대학원) • 19

들어가는 말 • 27

I. 왜 추적하는가?

1. 왜 CCM인가? • 45
2. 왜 마틴 루터인가?
　(1) 네 가지 이유 • 58
　(2) 마틴 루터는 위대한 음악가였다(who) • 58
　(3) 마틴 루터를 음악가로 연구할 때가 왔다(when) • 75
　(4) CCM을 통해 마틴 루터를 연구해야 한다(how) • 80
　(5) CCM을 종교 개혁의 관점에서 재해석해야 한다(where) • 84
　(6) 요약 • 90

Ⅱ. CCM에 대한 이해

  1. CCM의 정의
    (1) 세 가지 관점 · 91
    (2) 문자적 정의 · 94
    (3) 실용적 정의 · 99
    (4) 언어학적 정의 · 109
    (5) 평가 · 118
  2. CCM의 역사
    (1) CCM 역사 서술의 특수성과 한계성 · 119
    (2) CCM 역사 서술의 가능성 · 122
  3. CCM의 논쟁
    (1) 논쟁의 세 가지 흐름 · 131
    (2) 논쟁의 세 가지 주제들 · 137
    (3) CCM은 성서적인가, 비성서적인가? · 140
    (4) CCM은 가치중립적인가, 아닌가? · 146
    (5) CCM은 복음 전파의 도구인가, 인간 중심의 유희인가? · 157
    (6) 평가 · 186
  4. CCM의 영향력과 그 경험 통로
    (1) CCM의 영향력과 기독 청년 · 188
    (2) 다섯 가지 경험 통로 · 192
    (3) 발견점 · 201
    (4) 적용과 제안 · 206
  5. CCM과 문화
    (1) 왜 CCM과 문화인가? · 211
    (2) 다섯 가지 자료 · 213
    (3) 다섯 가지 관계 모델 · 215
    (4) 평가 · 219

Ⅲ. 마틴 루터와 CCM

1. 마틴 루터의 삶-음악가
   (1) 마틴 루터를 해석하는 새 역사관(歷史觀) • 223
   (2) 출생과 가정 배경 • 227
   (3) 음악 교육 과정 • 231
   (4) 종교 개혁 활동 • 241
   (5) 말년과 죽음 • 258
   (6) 평가 • 261
2. 마틴 루터의 음악 철학
   (1) 다섯 가지 음악 철학 • 266
   (2) 하나님의 창조물로서의 음악 • 269
   (3) 신학에 버금가는 하나님의 선물로서의 음악 • 271
   (4) 말씀 선포로서의 음악 • 275
   (5) 예배예전적(禮拜禮典的) 요소로서의 음악 • 292
   (6) 교회를 이어주는 교량(橋梁)으로서의 음악 • 295
   (7) 평가 • 301
3. 마틴 루터 음악 철학의 신학적 기초
   (1) 음악 철학과 음악 신학 • 302
   (2) 만인제사장설 • 304
   (3) 아디아포라(adiaphora)와 디아포라(diaphora) • 322
   (4) 평가 • 340
4. 마틴 루터의 관점에서 적용한 CCM
   (1) 하나의 실체, 그러나 두 가지 적용 • 342
      1) 긍정적인 적용 • 345
      2) 부정적인 적용 • 351
      3) 필자의 적용 • 365
   (2) 16세기 마틴 루터의 CCM: 코랄(chorale) • 375

        1) 코랄에 대한 이해 • 375
        2) 코랄과 CCM의 공통점(접촉점) • 389
        3) 코랄과 CCM의 차이점 • 396
        4) 평가 • 400
    5. CCM을 향한 고정관념을 깨라!
        (1) CCM도 찬양입니까? • 400
        (2) 고정관념을 깨기 위한 다섯 가지 기준 • 403
        (3) 진정한 CCM의 다섯 가지 조건 • 424

맺음말 • 433

부록 – 사도 바울의 관점에서 적용한 CCM • 437

약어표(Abbreviations)

CCM: Contemporary Christian Music
TCM: Traditional Christian Music
CWM: Contemporary Worship Music

CTS-Diss:
Kim,Chulwoong."The Impact of Contemporary Christian Music
for Young Christians In Korea On Their Five Experiential
Domains of Meaning." Ph. D. diss., Concordia Theological
Seminary, 2007.

LW:
Luther's Works: American Edition. 55 Volumes. St. Louis:
Concordia and Philadelphia: Fortress, 1955~1986

EWB-Class:
2004년 컨콜디아 신학대학원 철학 박사 과정 수업 내용
교수: 유진 본퀘스키(Eugene W. Bunkowske)(선교언어학)
과목: 선교 커뮤니케이션: 언어와 의미
    (Mission Communication: Language and Meaning)

GK-Class:
2004년 컨콜디아 신학대학원 철학 박사 과정 수업 내용
교수: 그레고리 클라츠(Gregory. Klotz)
과목: 음악의 선교학적 이해(Music in Evangelism)

들어가는 말

왜 이 책을 써야 했는가?

21세기가 우리 앞에 시작되었다. 21세기는 우리가 흔히 말하는 포스트모던(Post-modern) 시대의 절정기이다. 따라서 이 시대는 각 조직의 다양한 변화와 재빠른 적응을 요구하고 있다.[1] 그렇다면 교회는 어떠한가? 교회도 마찬가지이다. 교회도 변해야 한다. 물론 교회가 시대에 복종할 필요는 없다. 그리고 시대에 종속되어서도 안 된다. 그러나 교회는 그 시대의 흐름을 긍정적으로 타고 지나갈 필요는 있다. 그래야 변하는 시대에 변하지 않는 복음을 전할 수 있기 때문이다.[2]

그래서 미국의 사회학자 조지 리처(George Ritzer)는 이러한 사회 현상을 고객이 원하는 물품을 최상으로 재빨리 공급하는 햄버거 가

---

1 James Emery White, "Evangelism in a postmodern world," in *The Challenge of Postmodernism: An Evangelical Engagement*, ed. D. S. Dockery(Grand Rapids: Baker Academics, 1995), 180~1.
2 Alan Nelson and Gene Nelson, *How to Change Your Church without Killing It*(Nashville: Word Publishing, 2000), 3~4.

게에 빗대어 '조직의 맥도날드화(McDonaldization)'라는 말로 표현했고,[3] 어벌든대학(Aberdeen University)의 존 드레인(John Drane) 교수도 이러한 현상이 교회라고 해서 예외가 될 수 없음을 인정하며 '교회의 맥도날드화 현상'이란 표현을 사용했다.[4] 이것이 긍정적이든 부정적이든, 사회든 교회든 지금은 변화무쌍한 21세기 '포스트모던 허리케인(Hurricane)'[5]의 위협 속에 직면해 있음이 분명하다.

때문에 이러한 시대적 흐름을 타기 위해 교회도 달라지고 있다. 일반적으로 교회 사역이라고 하는 것은 그 사역의 중심점이 어디 있느냐에 따라 그 사역의 방향성과 목표가 달라지는 법인데, 특별히 21세기에는 그 사역의 분야가 더욱더 다양해져서 이제는 교회 사역도 전문화, 세분화, 구별화, 차별화, 구분화 되는 기분이 들 정도이다.[6] 몇 가지 예를 들면, 교육을 중심으로 하는 교육 사역, 내적 치유를 목적으로 하는 치유 사역, 외적 질병을 고침 받는 신유 사역, 삶의 고통을 함께 나누는 상담 사역, 영혼 구원에 총력 하는 전도 사역, 어려운 사람들을 돌보는 복지 사역, 현대 첨단 시설을 활용한 디지털(Digital) 사역, 대학교를 중심으로 이루어지는 학원 사역 등 이루 말할 수 없이 많은 기독교 사역의 방향들이 소개되고 있다. 물론 위에서 열거된 모든 것이 다 일반적인 교회 사역에 녹아져 있는 사항들이지만 그 교회 사역의 특별한 중심점이 어디에 있느냐에 따라 이와 같은 기독교 교회 사역의 다양화가 이루어지고 있다.[7]

---

3 George Ritzer, *The McDonaldization of Society: An Investigation into the Changing Character of Contemporary Social Life*(Thousand Oaks: Pine Forge Press, 1993), 1~2.
4 John Drane, *The McDonaldization of the Church: Consumer Culture and the Church's Future*(Macon, Georgia: Smyth & Helwys Publishing, Inc., 2001), v~viii, 1~8, 32~37.
5 Jimmy Long, *Generating Hope: A Strategy for reaching the Post-modern generation*(Downers Grove, Illinois: Inter-Varsity Press, 1997), 11~14.
6 Elmer L. Towns, *An Inside Look at 10 of Today's Most Innovative Churches*(Ventura, California: Regal Books, 1973), 11.
7 Leith Anderson, A *Church for the 21st Century*(Minneapolis, Min-

   이 중에서 특별히 21세기에 접어들면서 조금씩 기독교인들에게 주
목을 받고 있는 교회 사역이 바로 '찬양 사역(Praising Ministry)'
이며,[8] 찬양을 통한 '음악 목회(Music Ministry)'이다.[9] 미국 이스
턴대학(Eastern University, PA)의 음악학 교수 콜빗(J. Nathan
Corbitt)은 '찬양을 통한 음악 목회'란 한마디로 '찬양에 초점을 둔,
찬양을 통한, 그리고 찬양을 사용한 찬양 중심의 목회 사역(praise-
centered ministry)'[10]이라고 정의했다. 물론 찬양이란 꼭 음악만을
의미하는 것은 아니다.[11] 그래서 16세기 종교 개혁자이자 음악가였던
마틴 루터(Martin Luther: 1483~1546)는 "구두 수선공이 하나님의
영광을 위하여 구두를 열심히 만드는 것도 일상생활을 통한 찬양이
될 수 있다."[12]고 했다. 그러나 좁은 의미에서 우리가 흔히 찬양이라
할 때에는 일반적으로 음악적 요소를 통해 하나님께 영광 돌리는 행
위를 뜻한다.

   마치 이러한 관심에 응답이라도 하듯, 이미 몇몇 일반대학원이나
신학대학원에서 '교회 음악 전문사역자' 또는 그와 관련된 '찬양 사역
자' 내지는 '예배 예술사'를 양성키 위한 전문 학위 과정이 개설되었
고, 동시에 여기저기에서 심심치 않게 찬양 사역이나 교회 음악 사역

---

nesota: Bethany House Publishers, 1992), 163~73.
8 Donald P. Hustad, *Jubilate!: Church Music in the Evangelical
Tradition*(Carol Stream, IL: Hope Publishing Company, 1981), 50.
9 Min Joo Ra, "The Effect of Music Ministry in Church Growth"(D.
Min. Diss., Concordia Theological Seminary, 2002), 4.
10 J. Nathan Corbitt, *The Sound of the Harvest: Music s' Mission in
Church and Culture*(Grand Rapids, Michigan: Baker Book, 1998),
41~44.
11 넓은 의미에서 찬양(praise)이란 우리 인간들이 하나님께 드릴 수 있는 모
든 영광과 감사의 표현을 전부 포함한다. 즉 모든 수단을 다 동원하여 삼위일체
이신 하나님을 높이고 경배하는 모든 행위가 다 찬양이다. 따라서 꼭 음악뿐만
이 아니라, 글, 그림, 운동, 춤, 연설 등 모든 표현의 도구들이 찬양이 될 수 있
다. 노주하, 「음악과 신학」 (서울: 요단출판사, 1997), 406쪽
12 Jane E. Strohl, "Luther's spiritual journey," in *The Cambridge
Companion to Martin Luther*, ed., Donald K. Mckim,(Cambridge: Cam-
bridge University Press, 2003), 161.

을 위한 세미나와 학술 발표회가 계속해서 진행되고 있다. 이러한 움직임은 바로 찬양 사역에 대한 오늘날의 현실적 관심에 부흥하기 위한 기독교계의 적극적인 응답이라고 볼 수 있다.[13]

그러나 이러한 관심과 노력에도 불구하고 현실적으로 아직까지는 찬양 사역에 대한 전문적인 신학 연구가 매우 미흡하다는 것이 우리의 아픔이다. 특히 오늘날 21세기에 가장 활발하게 진행되는 찬양 사역들은 거의 모두가 'Contemporary Christian Music(이하 CCM) 사역'이다. 그러나 이미 설명한 바와 같이 CCM에 대한 학문적 이해와 신학적 고찰은 여전히 부족하다. 때문에 한국 교회는 현재 CCM과 관련하여 발생하고 있는 여러 문제들에 대하여 적극적인 해답을 주지 못하고 있다.

바로 이러한 이유 때문에 필자(筆者)는 이 책을 쓰게 되었다.

따라서 이 책의 저술 목적은 다음과 같다.

> 이 책은 오늘날 우리 한국 교회가 직면하고 있는 CCM 문제에 대하여 나름대로의 긍정적 해결책을 제시하고, 그에 따른 학문적 뒷받침을 제공하기 위한 것이며, 동시에 이 책은 우리 한국 교회가 CCM 사역을 통해 앞으로 진정한 하나님의 영광을 재현하는 제2의 종교 개혁을 21세기에 이룰 수 있도록 16세기 마틴 루터의 관점에서 CCM을 재해석하기 위한 것이다.

특별히 필자는 16세기가 낳은 종교 개혁 신학자이자 음악가였던 마틴 루터를 모델 삼아 그의 관점에서 오늘날 21세기 우리의 CCM을 재조명해 보려 한다. 왜냐하면 과거 마틴 루터의 16세기 종교 개혁은 오늘날처럼 새로운 기독교 교회 음악과 찬양 사역의 개혁을 함께 동반한 사건이었기 때문이다.[14] 더욱이 음악에 대한 많은 논문들이 나

---

13 조숙자, "본 교단 음악 목사 제도화를 위한 연구," 「長神論壇」 (서울: 장로회신학대학교출판부, 1999), 613~34쪽.

14 홍정수, "종교 개혁과 오늘날 한국 교회 음악." 「연세음악연구」 제4집(1996):

와 있지만 음악가 마틴 루터에 대한 심도 있는 연구는 그리 흔치 않으며, 더 나아가 CCM과의 연결성 속에서 마틴 루터의 음악을 추적한 경우는 매우 희박하다.[15] 바로 여기에 16세기를 통해 오늘날 우리의 21세기를 재조명할 수 있는 당위성이 있으며, 바로 여기에 16세기 마틴 루터의 음악 사역을 통하여 오늘날 21세기 우리의 CCM을 재해석할 필요성이 있다.[16]

사실상 이러한 고찰은 눈썹이 타 들어갈 만큼이나 시급한 '초미지급(焦眉之急)'의 문제이다. 왜냐하면 실제로 21세기를 달리고 있는 현재 한국 교회는 과거 16세기에 있었던 것과 똑같은 개혁을 갈망하고 있기 때문이다. 그것도 찬양과 음악을 통한 새로운 회복이다. 바로 찬양을 통한 제2의 종교 개혁이다.[17] 그러나 거듭되는 말이지만, 아쉽게도 이러한 개혁을 이루기 위한 학문적이며 신학적인 연구는 너무나 빈약하다. 그래서 필자는 이러한 필요를 채우기 위한 한 방법으로 오늘날 21세기의 CCM을 16세기 종교 개혁 음악가인 마틴 루터의 관점에서 재해석해보려는 것이다. 그래서 이 책을 쓰게 되었다.

왜 '추적' 이라는 표현을 사용했는가?

그렇다면 왜 하필이면 책 제목의 첫머리에 '추적!'이라는 표현을 사용했는가? 거기에는 그만한 이유가 있다. 16세기 마틴 루터와 21세기 CCM의 연결성을 함께 고찰함에 있어 굳이 '추적'이라는 용어를 사용

45쪽.

15 Dan Lucarini, *Why I Left the Contemporary Christian Music Movement: Confessions of A Former Worship Leader*(Auburn: Evangelical Press, 2002), 106.

16 문성모, "마틴 루터 예배 음악에 대한 신학적 이해," 「민족음악과 예배」. 개정증보판(서울: 한들출판사, 1997), 399쪽.

17 Zager, Daniel, "Foreword," in *Luther on Liturgy and Hymns*, ed., Daniel Zager(Fort Wayne, IN: Concordia Theological Seminary Press, 2006), 10.

한 것은 이 책이 가지고 있는 독특한 성격과 필자가 경험한 집필 과정을 독자들에게 먼저 밝히기 위함이다.

지금 되돌아보니 이 모든 집필 기간은 바로 16세기 마틴 루터와 21세기 CCM의 관계를 '추적'하기 위한 한 '추적자'의 집요한 노력의 과정이었다. 이 책을 집필하면서 필자는 그동안 기독교 월간지나 주간지에 꾸준히 연재하고 투고했던 글을 다시 모았으며,[18] 또한 필자의 철학 박사(Ph.D) 학위 논문을 새롭게 수정하고 증보했다.[19] 그리고 더 나아가 이것과 관련된 다른 문헌들을 더욱더 찾아보고 연구하였다. 그러면서 "정말 마틴 루터도 16세기의 CCM 사역자였는가?"에 대한 해답을 찾기 위해 열심히 기도하며 추적해 왔다. 결국 이 추적과정을 통하여 필자는 "마틴 루터도 16세기의 CCM 사역자로 인정될 수 있다!"라는 긍정적 해답을 찾았고, 급기야 그 '추적 여행'의 결과를 이 책에 담게 된 것이다. 따라서 지금 여러분들 손에 들려 있는 이 작은 책은 그 모든 '추적 여행'의 작은 결과물인 셈이다.

결국 필자는 서로 다른 두 가지를 동시에 추적한 셈이다. 하나는 마틴 루터라는 16세기의 사람이요, 다른 하나는 CCM이라는 21세기 새로운 기독교 교회 음악이다. 16세기와 21세기, 서로 다른 시대! 사람과 음악, 서로 다른 존재! 필자는 서로 다른 이 두 가지를 함께 추적했다. 서로 다른 두 마리의 새를 한 번에 잡으려다 두 마리 다 놓치는 결과는 서로 다른 방향으로 날아가는 두 마리 새를 잡으려 했기 때문이다. 그러나 서로 같은 방향으로 날아가는 두 마리 새는 한 번에 잡기도 쉽고, 그 결과 또한 두 배이다. 그야말로 '일석이조(一石二鳥)'인 셈이다. 기나긴 추적 끝에 필자는 한 번에 CCM과 마틴 루터를 다 잡은 느낌이 든다. 바로 여기에 필자가 이 책의 첫 머리에

---

18 필자의 글을 실어 준 곳은 「월간 신앙세계」, 「월간 목회」, 「기독교사상」, 「基督公報」, 「찬양신문」, 「서울장신대학교학보」, 「The Korean Christian Journal」, 「The Korean Christian Herald」, 「아삽하우스(www.asaph-shouse.com」 등이었다.
19 필자가 공부했던 학교와 그곳에서 집필한 학위 논문에 대한 자세한 내용은 뒤에 나오는 '각주 26번'을 참조할 것.

'추적'이라는 단어를 사용하게 된 결정적 이유가 있다.

이 책의 구조

그러면 이 책의 구조를 간략하게 소개하겠다.

이 책은 크게 세 장으로 나누어져 있다.

첫 번째 '왜 추적하는가?'에서는 이 책의 저술 목적과 이유에 대하여 다시 설명하면서 CCM과 연결된 마틴 루터 연구의 필요성, 그리고 마틴 루터의 관점에서 바라본 CCM 연구의 정당성을 간략하게 서술했다. 두 번째, 'CCM에 대한 이해'에서는 CCM에 대한 전반적인 이해를 정의, 역사, 논쟁, 문화, 경험의 통로와 같은 맥락에서 고찰했다. 그리고 마지막 세 번째 '마틴 루터와 CCM'에서는 마틴 루터의 음악 개혁 운동을 통해 분석한 오늘날의 CCM에 대하여 깊이 있게 다루었다. 음악가로서의 마틴 루터, 그의 음악 철학, 음악 신학, 코랄(chorale) 등이 그것이다. 그리고 CCM에 대한 고정관념을 깨뜨리기 위한 몇 가지 주장도 첨가하였다. 또한 맨 뒤의 부록에서는 사도 바울의 관점에서 적용한 CCM에 대한 분석을 따로 첨가해 놓았는데, 마틴 루터의 관점에서 적용한 CCM을 이해하는 데 좀 더 깊은 도움을 주리라 생각한다.

필자의 입장과 출발점

이제 필자는 이 책을 집필함에 있어 필자가 가지고 있는 개인적인 입장과 출발점에 대하여 설명하려 한다. 왜냐하면 아무래도 이 책을 써 나가는 필자의 입장과 출발점을 독자들도 알고 있어야 여러모로 이 책을 읽는데 도움이 될 것이라고 생각하기 때문이다. 그것은 모두 다섯 가지이다.

첫째, 필자가 가지고 있는 가설과 결론이다.

필자는 이 책을 시작함에 있어 한 가지 가설(a hypothesis)을 가지고 시작했다. 바로 "마틴 루터는 16세기의 CCM 사역자일 가능성이 있다!"라는 가설이다. 물론 마틴 루터를 바라보는 사람의 관점에 따라 그는 오늘날 우리에게 전통적 중세 음악을 번역(translate)한 전통 기독교 음악가로 인식될 수도 있다. 하지만 필자는 16세기라는 삶의 자리에 우뚝 선 마틴 루터가 그 당시의 CCM 사역자일 수 있다는 가능성을 절대 무시할 수 없었다. 이것이 이 책을 시작함에 있어 필자가 가지고 있는 가장 근본적인 가설이며, 필자가 마틴 루터와 CCM을 동시에 추적하게 된 결정적 이유이다. 그리고 그 추적의 결과, 마틴 루터는 '자유(adiaphora)와 책임(diaphora)이라는 역설적 통합의 원리(a principle of paradoxical combination between freedom and responsibility)'를 철저히 지켜 회중 찬양의 보편화(만인제사장설)를 실현한 16세기의 CCM 사역자였음을 알게 되었다. 물론 이 가설을 입증하기 위한 작업은 앞으로 이 책 전체를 통해 전개될 것이다.

둘째, CCM에 대한 필자의 입장이다.

마틴 루터가 16세기의 CCM 사역자였다는 가설에 힘입어 필자는 오늘날의 CCM을 찬성하는 CCM 추종자 측에 서 있다. 그래서 필자는 CCM을 절대 반대하지 않는다. 그리고 싫어하지도 않는다. 오히려 많이 좋아한다. 그러나 그렇다고 해서 맹목적(盲目的)으로 CCM을 무조건 지지하지는 않는다. CCM의 무분별한 사용과 또는 과다한 오용(誤用)으로 인하여 기독교 음악이나, 교회 음악, 그리고 예배 음악의 주종(主從)이 바뀌는 이상한 현상에 대하여 본 필자는 매우 불편한 마음을 느낀다. 그러므로 현재 이 책을 읽고 있는 독자 중에 CCM을 무조건 강력히 지지하는 분이나 또는 그 반대로 CCM을 맹목적으로 강력히 반대하는 분이 있다면 이 책은 두 사람 모두에게 실망을 줄 수도 있을 것이다. 그러나 오늘날 CCM과 관련하여 한국 교회가 직면하고 있는 심각한 위기를 잘 극복하고 CCM을 선용하기 위한 마음을 가지고 이 책을 대하는 독자들은 이 책의 마지막 장을 덮을 때에 CCM과 관련된 문제점을 해결하기 위한 나름대로의 긍정적인 결과를 얻을 수 있으리라 생각한다.

셋째, 교회 음악으로서의 CCM이다.

필자는 또한 CCM을 '예배 음악(worship music)'이라고 생각하기보다는 오히려 '교회 음악(church music)'이라고 생각한다. 이제까지 우리는 '예배 음악'과 '교회 음악'이라는 두 용어를 특별한 구별 없이 그냥 통합적으로 사용해 왔다. 기독교인에 의해 이루어지는 모든 음악 활동을 그냥 '교회 음악' 또는 '예배 음악'이라 불렀다.[20] 그러나 이제는 '교회 음악'과 '예배 음악'을 철저히 나눌 필요까지는 없어도 적당히 구분할 필요는 있다고 생각한다. 다시 말하자면, 'separate' 할 필요는 없지만, 'categorize'할 필요는 있다는 말이다.

일반적으로 교회 음악은 교회 안에서 사용되는 모든 음악을 총칭한다(예를 들면 축복송, 교제송, 예식송, 전도송, 오락송 등). 그러나 예배 음악은 예배 때에만 사용되는 특별히 구별된 기독교 음악이다. 그러므로 교회 음악은 예배 음악을 포함하는 상위(上位) 개념이며, 예배 음악은 교회 음악의 한 부분이다.[21] 이것에 대하여 장로회신학대학교 홍정수 교수는 다음과 같이 주장했다.

> 예배가 음악을 가장 많이 필요로 하겠지만 예배 음악을 교회 음악이라고 생각하는 것은 가능성의 축소라고밖에 볼 수 없고,

---

20 김의작, 「교회 음악학」 (서울: 총신대출판부, 1981), 7쪽.
21 박명섭, "회중 찬송의 성서적 조명과 한국 찬송 가사," 「교회 음악」 제33호(1984), 22쪽.

> 예배 음악의 성격을 전 교회 음악에 요구하는 무리를 초래한다.
> 예를 들어, 결혼식에서 부르는 신자의 노래는 예배 음악의 것과는
> 그 성격을 달리할 수 있고, 또 달라야 그 목표를 성취할 수 있다.
> 교회 음악을 예배 음악으로만 제한하는 것은 결코 성격적 기준에
> 의거한 것이 못 된다.[22]

홍정수 교수의 이러한 주장은 필자에게 매우 신선한 향기로 다가
온다. 왜냐하면 필자의 생각으로 현재 우리가 CCM에 대한 논란을
완화시키고 CCM을 보다 올바른 이해의 터전 속에 자리 매김 하기
위해서는 이와 같은 특별한 관점의 변화가 시급하다고 생각하기 때
문이다.

그 변화란 바로 '예배 음악'이라는 좁은 개념에서 바라본 CCM
으로부터 '교회 음악'의 차원에서 바라본 CCM이라는 보다 넓은 이
해로의 변화이다. 이것은 'CCM in a sense of worship at the
Church'에서 'CCM in a sense of communication and Christian
entertainment at the Church'로의 의식 변화를 의미한다. 이제까
지 우리는 항상 CCM을 오로지 예배 차원에서 분석하려는 경향이었
다. 그래서 CCM을 예배 시간에 찬양하고 예배의 한 부분으로 이해
했다. 그러다 보니 보수경향의 교단과 사람들이 CCM을 예배 시에
사용하는 것에 대하여 반론을 제기하게 된 것이다. 그러나 이러한 현
상은 CCM을 오로지 '예배 음악'의 차원에서만 바라보는 좁은 시각에
서 나온 불가피한 결과이다. 그러므로 이제 CCM을 '교회 음악'이라
고 하는 보다 넓은 차원에서 재조명해야 할 필요가 있다.

'교회 음악' 속에는 '예배 음악'만 있는 것이 아니다. 비록 CCM이
때때로 '예배 음악'으로 문제의 여지가 있다손 치더라도, '교회 음악'
으로서는 그리 문제될 것이 없다는 것이 필자의 생각이다. 그리고 여

---

22 교회 음악과 예배 음악의 이와 같은 구분에 대하여는 홍정수, "교회 음악,
예배 음악, 신자들의 찬양," 「교회 음악, 예배 음악, 신자들의 찬양」 ,(서울: 장로
회신학대학교출판부, 2002), 35쪽을 참조할 것.

전히 CCM을 정식 '예배 음악'으로 사용하는 공동체가 점점 많이 늘어나고 있다. 물론 이러한 가설은 CCM을 '예배 음악'의 차원이 아닌 의사소통을 위한 '교회 음악'의 차원에서 바라볼 때에 가능한 가설이다. 그러므로 우리는 CCM을 바라보는 예배의 관점에서 의사소통의 관점으로 그 이해의 폭을 넓히고 새롭게 재조명할 필요가 있는 것이다. 필자는 바로 이러한 이해의 바탕 위에 서 있다.

따라서 "교회 음악은 곧 예배 음악만을 의미한다!"는 고정관념을 필자는 인정하지 않는다. 물론 예배 음악은 교회 음악이다. 그러고 교회 음악 또한 예배 음악을 포함한다. 그러나 모든 교회 음악이 예배 음악이어야 하는 것은 아니다.[23] 이러한 이해 속에서 CCM이 교회 음악의 한 부류로 인정될 것은 두말할 나위 없다. 이러한 기본적인 이해 속에서 필자는 CCM을 예배 음악의 관점에서 좁게 바라보지 않고 교회 음악이라는 보다 넓은 시각에서 해석하는 입장에 서 있다.[24]

넷째, 필자의 개인적인 배경이다.

이제는 지금까지 설명한 위의 입장을 붙들게 된 필자의 개인적 배경이 어디였는지 설명해야겠다. 모두 두 가지이다. 하나는 필자의 개인적 경험과 체험이며, 다른 하나는 필자의 신학적 수련 과정에서 얻어진 결과이다.

첫 번째 배경은 일단 필자의 개인적인 경험과 체험이다. 모

---

23 John F. Willson, *Introduction to Church Music*, 나운영 역, 「교회 음악 입문」 (서울: 대한기독교서회, 1980), 8쪽.
24 이와 비슷하게 데이비드 패스(D. B. Pass) 교수는 기독교 음악을 세 형태로 나누었다. 첫째, 케리그마 찬양(kerygam), 둘째, 코이노니아 찬양(koinonia), 셋째, 리톨지아 찬양(leitourgia)찬양이다. 케리그마 찬양은 선포적인 찬양이요, 코이노니아 찬양은 교제를 위한 찬양이요, 리톨지아는 예배를 위한 찬양이다. 또한 베리 리쉬(B. Liesch) 교수는 이 세 가지 형태의 찬양이 하나로 조화될 수 있는 혼합 예배 형태를 소개했다. 참고하라. David B. Pass, *Music and the Church: A Theology of Church Music*(Nashville: Broadman, 1989), 75~78, Barry Liesch, *The New Worship: Straight Talk on Mu-sic and the Church, Expanded Edition*(Grand Rapids, Michigan: Baker Books, 2002), 161~75.

름지기 신앙은 자서전(autobiography)은 아니지만 자서전적 (autobiographical)이다.[25] 따라서 이제까지 필자가 경험해 온 실전 체험이 앞으로 CCM을 해석하는데 가장 기본적인 출발점이 될 수밖에 없다. 일단 필자는 음악을 사랑하는 집안에서 태어났으며, 필자를 비롯한 가족들이 모두 음악을 즐겨하고 항상 교회 안과 밖에서 음악 사역을 꾸준히 해 왔다. 사람이 느끼지 못하는 사이에 가랑비에 옷이 흠뻑 젖듯이, 이 과정에서 알게 모르게 필자의 내면 깊숙이 축적된 개인적 경험과 체험이 CCM을 분석하는데 첫 출발점이 될 수밖에 없었다.

그 다음 두 번째 배경은 그동안 필자가 배워 온 신학 수업의 결과이다. 필자는 이 과정에서 참으로 많은 도전과 깨달음을 얻었는데, 그것은 필자가 실제 사역 현장에서 체험했던 것에 이론적인 기초와 신학적인 발판을 만들어 주는 계기가 되었다. 따라서 필자가 이제까지 공부하면서 얻게 된 신학적 결과도 CCM을 분석하는데 또 다른 배경과 출발점이 될 수 있다. 특별히 미국 컨콜디아신학교 (Concordia Theological Seminary, Fort Wayne, IN)에서 공부한 학업 내용에 가장 많은 혜택을 입었다.[26]

---

25 Jung Young Lee, *Marginality-The key to Multicultural Theology* (Minneapolis: Fortress Press, 1999), 7.
26 컨콜디아신학교는 미국 정통 루터파 보수 교단인 미조리 시누드(Lutheran Church Missouri Synod: LCMS)에 속한 신학교로서 학생들에게 철저히 마틴 루터 중심의 신학과 신앙을 교육시키는 학교이다. 한국의 루터 교단도 바로 1958년 1월 13일 한국을 찾아온 이 교단 출신 선교사들(L. B. Bartling, M. W. Dorrow, K. E. Voss)에 의하여 시작되었다(Won Yong Ji, A History of Lutheranism in Korea(St. Louis: Concordia Seminary, 1988), 66~100). 필자가 그곳에서 공부한 기간은 2002년 11월부터 2007년 8월까지였다. 필자가 느낀 이 학교의 학풍은 마치 16세기의 마틴 루터를 오늘날 21세기에 그대로 재생산하려는 목적에서 학생들을 교육하고 있다는 것이다. 특별히 루터파 목사를 양성하기 위한 교역학 석사(Master of Divinity) 과정은 더욱더 그러했다. 덕분에 필자는 마틴 루터 신학의 본 고장인 이곳에서 음악가로서의 마틴 루터의 삶과 신학을 음악 선교학적 관점에서 깊게 공부할 수 있었다. 이 학교에서 쓴 필자의 박사 학위논문 제목은 다음과 같다. Kim, Chulwoong. "The Impact of Contemporary Christian Music for Young Christians In Korea On Their Five Experiential Domains of Meaning." Ph. D. diss., Concordia Theo-

다섯째, 필자의 집필 원칙이다.

필자가 배운 바로는 논문이나 그 외의 모든 학문적 글을 쓸 때에 반드시 지켜야 할 주요 원칙 중 하나가 바로 "다른 사람의 말과 글을 빌어 자신의 주장을 해야 한다."는 것이었다. 이렇게 하는 이유는 크게 두 가지이다. 첫째는 그렇게 함으로써 글쓴이의 주장이 전혀 허무맹랑한 것이 아님을 독자들에게 입증하기 위함이요, 두 번째는 앞으로 동일한 분야에 깊은 관심을 가지고 폭넓은 연구를 거듭할 후학(後學)들에게 좋은 자료를 제공하기 위함이다. 이러한 두 가지 이유에 입각하여 학문적인 글을 쓰는 사람은 매번 특정한 사실이나 결과를 주장함에 있어 반드시 그 주장을 입증할 수 있는 객관적 자료와 타당한 근거를 제시해야 한다. 그 방법 중 하나가 그 분야에 정통한 학자들이나 연구자들의 말과 글을 인용해 넣는 것이다. 만약 그렇지 않고 단순히 필자의 개인적 의견이나 맹목적인 주장, 또는 근거 없는 추측, 더 나아가 광신적 신앙 등에 의존하여 마구 글을 쓴다면 "그것

---

logical Seminary, 2007. 번역하자면 다음과 같다. "한국 기독 청년들에게 미치는 CCM의 영향력에 대한 연구: 다섯 가지 경험 통로를 중심으로…". 이 논문의 목적은 "CCM이 한국 기독교 청년들에게 어떠한 영향을 미치는가?"라는 질문에 선교학적인 측면에서 실제적인 해답을 주는 데 있었다. 특별히 CCM이 한국 기독교 청년들에게 어떠한 의미가 있으며, 과연 CCM의 어떠한 영향력이 한국 청년들에게 그런 의미를 만들어 내는지 알아내려고 노력했었다. 그리고 더 나아가 오늘날 CCM 사역자들에게 올바른 CCM 사역을 위한 기본적 규칙을 마련해 주려 했다. 이를 위해 필자는 CCM에 대한 기본적인 문헌 조사(a literature research)를 거친 뒤, 직접 한국 기독 청년들을 상대로 현장 조사를 실시했다. 특별히 그 현장 조사는 현상학적인 방법(a phenomenological research)으로 청년들이 CCM을 통해 하나님의 임재를 느낄 수 있는 다섯 가지 경험 통로(five experiential domains of meaning: 사회 문화적, 육체적, 정신적, 상징적, 영적)에 집중되었다. 이 과정에서 필자는 그 조사 결과를 분석하여 본 논문의 목적에 부합하는 결론을 내렸으며, 더 나아가 그것을 16세기 마틴 루터의 음악 사역에 비추어 오늘날 21세기 CCM 사역자들이 유념해야 할 기본적인 규칙으로 제시했다. 사실상 이 책의 50%는 필자의 학위 논문을 새롭게 수정하고 증보하여 한글로 번역한 것이다. 때에 따라서 삭제한 부분도 있고 새롭게 첨가한 부분도 상당히 많다. 때문에 이 학위 논문에 수록된 조사 분석과 방법 및 결과, 그리고 CCM 사역자들을 위한 몇 가지 제안 등에 대해서는 필자가 이 책을 써 가면서 적당한 곳에 조금씩 언급해 나갈 것이다.(이후부터 이 학위 논문과 관련된 내용은 'CTS-Diss'로 축약하여 표기한다.)

은 그저 휴지 조각에 불과하다."[27]

따라서 필자는 이 책을 집필함에 있어 나름대로 위의 원칙에 충실하려 노력했다. 때문에 이 책 속에는 필자 개인의 주장을 입증하기 위한 많은 학자들과 연구가들의 주장이 각주(footnote) 형태로 충실히 인용되어 있다. 영어 원문인 경우 필자가 직접 번역했으며, 한국어인 경우 쓰여진 그대로 옮겨놓았다. 그 모든 것은 필자가 세심한 관심을 가지고 모아 둔 최상의 자료들이 총망라된 결정체이다. 당연히 그 모든 참고 문헌과 각주 하나하나 속에는 살을 에는 듯한 추위를 이겨낸 필자의 각고지력(刻苦之力)과 통합지력(統合之力)이 응고(凝固)되어 있음은 두말할 필요 없다. 그야말로 필자의 호흡 그 자체이며 귀한 학문적 재산인 셈이다. 물론 이 모든 것은 위에 설명한 학문적 원칙을 따르려 한 것이며, 이 분야에 많은 관심을 가지고 있는 후학들을 위한 것이다. 부디 이 책이 CCM 학도(學徒)와 마틴 루터 연구자들에게 귀한 자료가 되기를 바란다.[28]

동시에 매번의 주요 항목 속에 남겨 놓은 필자의 개인적 주장과 해석은 독자들이 무조건적으로 따라올 필요는 없으나 충분히 참고할 필요는 있다고 본다. 마틴 루터와 CCM의 상호 관계성 연구는 항상 새로운 해석과 가설을 통해 얼마든지 수정과 증보가 가능한 영역이다. 따라서 필자는 앞으로 이 책 내용에 대한 다른 의견들과 질문들이 더 생겨나길 바라며, 더 나아가 깊이 있는 건전한 논란들도 많이 일어나기를 소망한다. 그래서 미래에 이 부분에 있어 보다 더 가치 있는 연구들이 계속 진행되기를 기대한다.

자! 여기까지 필자는 이 책을 전개함에 있어 필자가 가지고 있는 출발점을 다섯 가지로 요약하여 설명하였다. 물론 이것은 어디까지나

---

27 한숭홍, 「표준 논문 작성법」 개정증보판(서울: 장로회신학대학교출판부, 1982), 24~25쪽.
28 이 책에 수록된 각주 형태와 인용 방법에 대한 원칙은 〈Turabian, Kate L. A Manual for Writers of Term Papers, These, and Dissertation. 5th ed. Revised and Expanded by Bonnie Birtwistle Honigsblum. Chicago, Ill: University of Chicago Press, 1987〉을 참고했다.

필자의 개인적 의견이니 모든 사람의 동의를 구할 수도 없고 또한 그렇게 될 수도 없다. 하지만 이 책을 읽고 이해하는데 어느 정도의 충분한 선험적(先驗的) 참고 자료가 되리라 믿는다. 일단 물 한 방울 없는 사막에서 목말라 헐떡이고 있는 사람에게 조그만 물 한 컵이라도 급히 전해 주는 '갈자수수(渴者授水)'의 심정으로 이 책을 집필했다. 때문에 군데군데 부족한 점도 많이 보이리라 생각한다. 그러나 목마른 사람에게 다시금 기운을 차릴 수 있는 최소한의 물 한 컵 정도는 제공했다고 생각한다. 후일(後日), 하나님께서 필자에게 보다 좋은 집필 상황을 허락해 주신다면, 독자들의 비평과 더불어 좀 더 증보된 자료와 세심한 분석 결과를 가지고 개량된 개정증보판(改訂增補版)을 다시 출간할 것을 꼭 약속한다. 더불어 혹시 이 책에 인용된 영어 원문 번역에 오류(誤謬)가 보인다면, 그것은 모두 필자의 부족한 탓으로 돌릴 것이다. 아무쪼록 CCM을 통하여 21세기의 새로운 신앙 개혁과 회복을 꿈꾸며 노력하고 있는 많은 사역자들에게 필자의 졸저(拙著)가 작은 동반자로 자리 매김 되기를 간절히 기도한다.

감사의 말

지난 2006년 6월, 한국 「기독공보(基督公報)」의 한 귀퉁이에 필자의 짧은 글이 실린 때가 있었다. 글의 제목은 "마틴 루터도 CCM 사역자였는가?"였다.[29] 그로부터 몇 해가 지난 지금, 그 때의 짧은 글은 어느새 한 권의 묵직한 책으로 발전되어 출판되었다. 이 단계에서 필자는 이 책이 나올 때까지 그동안 물심양면(物心兩面)으로 도와주신 많은 분들께 깊은 감사의 말씀을 전하고 싶다.

먼저 필자가 보내드린 이 책의 원고를 읽으시고 선뜻 출판을 허락

---

29 김철웅. "마틴 루터도 CCM 사역자였는가?," 「基督公報」. 제2562호(2006. 6.10): 10면.

해 주신 예영커뮤니케이션의 대표 김승태 장로님과 이 책의 출판과 교정을 위해 애써 주신 이종열 편집장님, 그리고 출판사 임직원 모든 분들께 깊은 감사의 말씀을 드린다.

또한 어려운 목회 활동 속에서도 평생 아들에게 목회자로서의 신실함을 보여 주시며 끝까지 기도로 후원해 주신 사랑하는 부모님(김광영 목사, 최영옥 사모), 그리고 장인, 장모님(성선복 목사, 서지희 사모), 항상 저를 믿어 주시는 대구의 큰 아버님 김광은 장로님 가정, 항상 부끄러운 필자를 그래도 자랑스러운 형과 오빠로서 인정해 주는 동생 가족들(김태웅, 장재임/ 김남일, 김지혜), 그리고 부드러운 호남(好男)인 처남(성은택)에게 감사하며, 더불어 2001년, 처음 미국에 혼자 와서 마치 부모 잃은 아이같이 헤매는 필자에게 동일한 가족의 사랑으로 보살펴 주신 시카고(Chicago, IL) 故 최형선 장로님 가정에도 깊은 감사를 드린다.

또한 필자가 박사 과정을 공부하는 동안 머물렀던 미국 인디애나 포트웨인(Fort Wayne, IN)의 모든 분들께 감사드린다. 특별히 마틴 루터의 음악 신학을 선교학적 측면에서 공부할 수 있도록 필자에게 최상의 기회를 마련해 준 컨콜디아신학교(Concordia Theological Seminary)의 모든 루터교 공동체들, 특별히 귀한 추천서를 써준 더글라스 럿트(D. L. Rutt) 교수와 마크 알렌 포웰(M. A. Powell) 교수에게 감사하며, 그곳에서 가족 같은 사랑으로 필자를 보살펴 주신 포트웨인한인교회(Fort Wayne Korean Church)의 안우진 목사님(정종아 사모님)과 모든 성도님들께 감사드린다.

아울러 필자가 현재 사역하고 있는 뉴저지 초대교회의 당회원을 비롯한 모든 성도님들께 감사드리며, 특별히 필자의 학문적 노력에 많은 관심을 가져 준 모든 교회 동역자들과 직원들께도 감사하며, 아울러 온누리 교회(서빙고)의 이재훈 목사님(이정선 사모님)께도 감사의 말을 전한다.

이 책의 출판을 위해 한국으로부터 귀한 추천서를 써주신 모교(母

校) 서울장신대학교의 문성모 총장님, 김세광 교수님, 권광은 교수님에게도 깊은 감사의 말씀을 드리며, 미국에서 홀로 공부하는 필자의 어려움을 가슴 아파하시며 도와 주셨던 명성교회 김삼환 목사님, 다사랑 공동체 권상우 이사장님과 오영희 목사님, 임마누엘 교회(대치동) 김동식 장로님(이정순 권사님)께 깊은 감사의 말씀을 드린다.

무엇보다도 필자는 사랑하는 아내(성주경)에 대한 감사의 마음을 숨길 수 없다. 꽃다운 어린 나이에 목사와 결혼해 많은 연단과 훈련 속에서 항상 필자를 위해 기도하며, 필자의 평생에 갚을 수 없는 귀한 사랑의 헌신을 몸소 보여 주고 있는 아내! 이 책을 위해 남편과 함께 보내야 하는 부부(夫婦)의 자유 시간을 양보해 준 사랑하는 아내에게 다시 한 번 깊이 감사하며, 이 자리를 빌어 필자가 평생 사랑할 여인은 아내뿐임을 다시 한 번 고백한다.

아울러 바쁜 교회 사역 속에서도 오늘까지 필자의 건강을 지켜 주시고, 지치지 않는 집필의 열정을 허락해 주신 전지전능하신 은혜의 하나님께 가장 깊은 감사와 영광을 돌리며, 이 책의 출판을 무사히 도와주신 하나님께서 2009년 2월 초에 있을 아내의 첫 출산(出産)도 잘 지켜주시리라 확신한다.

모든 존귀와 영광을 하나님께! "Soli Deo Gloria!!!"

하나님께서 은혜로 허락하신
목회의 배움터(牧會之攄)
뉴저지 초대교회 목회실에서
주후 2009년 2월 1일

왜 추적하는가?

1. 왜 CCM인가?

이제부터 CCM(Contemporary Christian Music)에 대한 이야기를 시작하려 한다. 그렇다면 왜 하필이면 CCM인가? 이유는 단 한 가지이다. 오늘날 전 세계적으로 CCM이 널리 사용되고 있지만, 정작 CCM에 대한 신학적 연구와 학문적 고찰은 매우 미흡하기 때문이다. 실제적으로 오늘날 CCM은 우리 기독교 문화 속에 이미 깊숙이 자리 잡고 있다. 하지만 정작 그것에 대한 신학적이며 학문적인 뒷받침은 너무나 빈약하다. 따라서 이제 한국 교회 안에서 CCM에 대하여 실질적인 부분을 고려할 때가 되었다.[30]

특별히 미국 헉턴대학(Houghton College)의 마크 힐레(Mark Hijleh) 교수는 이러한 위기 상황을 아래와 같이 설명했다.

한 마디로 오늘날의 음악[CCM]은 우리 기독교인들을 세대별

---

30 이성민, "오늘의 CCM 이대로 좋은가?,"「월간 목회」제354호(2006, 2): 73쪽.

로, 경제별로, 교단별로, 회중별로 서로 완전히 갈라놓고 있다. 그러나 이것에 깊은 관심을 가지고 있는 기독교인은 거의 없다. 우리의 관심은 오히려 낙태나, 동성 연예나, 그 외의 다른 신학적 문제들에 더 쏠려 있다. …심지어 대부분의 주류 복음주의자들조차도 이 부분에 시간과 노력을 쏟을 생각을 하지 않고 있다.[31]

필자는 바로 이러한 현실적 필요와 위기 상황을 조금이라도 극복하고자 CCM에 대한 이야기를 시작하게 되었다. 다행히 이런 필자의 집필 의도를 잘 대변해 준 사람이 있다. 바로 미국 트리니티루터란신학교(Trinity Lutheran Seminary, Ohio)의 신약학 교수이자, 20세기 CCM 연구가인 마크 알렌 포웰(M. A. Powell)이다. 그는 CCM의 보편화에 비하여 그것에 대한 오늘날 학문적 연구가 너무나 빈약하다는 사실을 안타까워하며 다음과 같이 말했다.

오늘날 나름대로의 정체성을 가지고 새로운 기독교 음악(CCM)을 만들어 내는 이 모든 현상은 매우 신중히 연구될 필요가 있다. 나는 이것이 오늘날 20세기 후반 미국 기독교 현실에 있어 매우 심각한 국면 중 하나라 생각한다. 그러나 불행히도 이것에 대한 연구는 거의 없다. 지금으로부터 약 5년 전, 나는 어느 한 대형 기독교 서점을 거닐다가 그 층의 거의 4분의 1이 기독교 음악에 관계된 물건(CD/Cassettes)을 판매하는 장소임을 알고 매우 큰 충격을 받은 적이 있었다. 그래서 나는 그 서점의 점원에게 CCM에 관련된 책이 어디 있느냐고 물었다. 그런데 그 점원의 대답은 "책?"이었다. 나는 그 서점 어디 한 군데라도 CCM에 관련된 책을 파는 섹션(a section)이나 책장(a shelf)이라도 있으리라 생각했다. 그런데 한 권도 없었다. 교수로서의 나의 전문 의식이 자극되

---

31 Mark. Hijleh, *The Music of Jesus: From Composition to Koinonia*(New York: Writers Club Press, 2001), 4.

는 순간이었다. 만약 오늘날 이 문제(CCM)가 매우 큰 것이라면, 왜 이 분야에 대해 전문적으로 연구하고 책을 쓴 사람이 없을까? 물론 몇몇 CCM 전문 사역자들의 간증을 담아 낸 것들은 어느 정도 있었다. 그러나 왜 교회의 전문 신학자들이 오늘날 많은 사람들의 관심을 집중시키는 CCM 연구에 대해서는 아무런 투자를 하지 않는 것일까?[32]

이러한 마크 알렌 포웰 교수의 문제 제기는 필자의 그것과 동일하다. 포웰 교수가 이런 문제를 해결하기 위해 무려 1088 페이지에 달하는 방대한 분량의 〈CCM 백과사전〉을 집필했듯이, 필자도 동일한 목적을 가지고 현재 이 책을 쓰고 있는 것이다.

물론 이러한 문제 제기를 하는 사람은 포웰 교수만은 아니다. 미국의 루터교 목사이자 CCM 사역자인 스티브 첼루(S. Chellew) 또한 일찍부터 이러한 문제점을 인식하고 다음과 같이 말했다.

> 먼저 나는 오늘날 우리 예배 활동에 CCM이 새롭게 수용되고 있다는 것을 지적해야 하겠다. 이것은 CCM에 대한 인기와 더불어 그것을 수용하고 있는 교회들이 많다는 것을 의미한다. 참으로 CCM은 현재 우리 모든 기독교인들에게 인기를 끌고 있는 분야이며 사용되고 있는 음악이다. 하지만 그것에 대한 학문적인 연구와 성과는 매우 빈약한 것이 현재 우리의 형편이다. 이러한 현상에 우리는 위기 의식을 느껴야 한다.[33]

첼루 목사 또한 현재 기독교계에 CCM의 파급효과가 실로 크다는

---

32 Mark Allan. Powell, *Encyclopedia of Contemporary Christian Music.*(Peabody, Massachusetts: Hendrickson Publishers, Inc, 2002), 7.
33 Steve. Chellew, "The Contemporary Christian Music Movement within the Lutheran Church~Missouri Synod: An Analysis and Application of Findings"(M.Div. Diss., Concordia Theological Seminary, 1990), 1.

사실 말하고 있다. 그리고 동시에 CCM의 파급효과가 큰 만큼, 그것과는 대조적으로 CCM에 대한 학문적 연구는 빈약하다는 사실 또한 강조하고 있다.

미국 드류대학교(Drew University)의 예배음악학 교수인 앤 얄드리(A. B. Yardley) 교수도 동일한 진단을 내렸다.

> 미국 신학교의 음악 교육에 대한 뿌리는 19세기 후반에서 시작된다. …1889년부터 1928년까지 11개 정도의 신학교에서 음악 교육 프로그램을 개발해 내었다. 그리고 이러한 신학교들은 신학생의 음악 교육에 있어 위대한 성과를 보였다. 하지만 이러한 교육 방침은 계속되지 못했다. …신학교들은 신학교의 찬양과 성가를 위하여 전문 교회 음악인들을 고용하지만, 실제로 교육에 있어서는 신학생들을 훈련시키기 위한 교회 음악 분야의 과목은 개설하지 않는 경향이 있다. 만약에 신학교에서 다양한 학위 과정 형태로 음악을 위한 교육 과정을 개설한다면 목회자가 되기 위해 수련 중인 목회학 석사(M.Div) 과정의 신학생들에게 많은 도움을 줄 수 있을 것이다.[34]

여기서 얄드리 교수는 미국 신학교에서 음악에 대한 교육이 소외받고 있음을 보여 주며, 신학교 안에서 음악 교육의 필요성을 강조하고 있다. 더 나아가 얄드리 교수는 신학교에서 CCM에 대한 교육이 부족함을 언급하고 있는데, 특별히 그녀는 흥미롭게도 한국 교회의 상황을 예(例)로 들며 설명한다.

> 이러한 CCM의 문제는 특별히 미국에 공부하러 온 한국 신학생들에게 매우 중요한 부분이다. 왜냐하면 현재 한국 교회는 더

---

34 Anne Bagnall Yardley, "Teaching Music in the Seminary," *Teaching Tehology & Religion*, Vol. 6, No. 3.(July, 2003): 170.

이상 이전의 전통적인 형태의 악기와 음악을 환영하고 있지 않은 상태이기 때문이다.[35]

이것은 현재 한국 교회에 팽배해 있는 CCM의 영향력을 뜻하는 말이며 동시에 CCM의 영향력을 잘 선용(善用)할 수 있도록 인도하는 신학적이며 학문적 훈련이 한국 교회에 반드시 필요함을 지적하는 말이다. 따라서 CCM과 관련된 현실과 교육 사이에 나타난 '골(泪: gap)'은 당연히 한국 교회라고 해서 예외일 수 없다. 현재 한국 교회에는 신학적으로, 음악적으로, 역사적으로 CCM을 새롭게 평가할 수 있는 기관도 없고, 전문가도 없으며, 권위자도 없다.[36]

그래서 이미 수도침례교신학대학 노주하 교수도 한국 교회의 이러한 상황을 인식하고 현재 한국 교회가 역사상 유례없는 CCM 찬양의 홍수 시대에 접어들었지만 이것을 제대로 잡아 주고 이끌어가기 위한 신학적 기반이 아직 빈약함을 지적하며 여러 신학도들의 책임을 아래와 같이 강조했다.

> 현대의 교회에서는 역사상 유례없는 음악의 홍수가 일어나고 있다. 유흥가나 대중음악을 위하여 사용되던 모든 대중적 악기들이 교회당 안으로 들어온 것은 벌써 옛날의 이야기이다. 설교 중심의 예배에서 많은 비중의 음악이 가미된 예배 형태로 옮아가는 현상도 보여진다. 심지어는 음악만으로 모든 집회를 해결하려는 음악 극단주의자들까지도 생겨나고 있다. …복잡하고 다양한 내용들을 바로 잡아 주고 이끌어 가야 할 사명이 교회 음악의 신학적 분야에도 주어졌다고 보아야 한다.[37]

---

35 Ibid., 174.
36 김영기, "예배 속의 찬양을 진단한다,"「월간 목회」제354호(2006, 2): 88쪽.
37 노주하,「음악과 신학」(서울: 요단출판사, 1997), 43~44쪽.

숭실대학교 박양식 교수 또한 동일한 진단을 내리며 CCM 연구의 필요성을 아래와 강조했다. 이 과정에서 그는 CCM의 전문적 연구 필요성에 대하여 같은 페이지에서 여러 번 언급했다.

> 짧은 CCM의 역사에도 불구하고 성장을 거듭하고 있는 CCM 분야는 한국 교회의 중차대한 과제이다. 그것은 신학적 차원, 음악적 차원, 그리고 문화산업적 차원 등 각 부문별로 논의되어야 할 많은 과제들을 포함하고 있다. …그러나 아직도 그런 전문적인 논의는 잘 이루어지지 않는 실정이다. …이에 관한 논의의 필요성은 현장 속에서 증대되고 있다. …그렇지만 여전히 심도 있는 논의는 부족한 상태라 하겠다. …아직도 CCM의 논의가 좀 더 전문적으로 이루어져야 함을 보여 준다.[38]

장로회신학대학교 홍정수 교수 또한 오늘날 한국 교회가 CCM 찬양 사역에 대한 관심이 점점 높아지고 있는 것에 비하여 그것에 대한 특별한 신학적 고찰이나 연구가 부진한 것을 깊이 탄식하며 지금은 신학자와 교회 음악가가 서로 협력하여 이 문제를 해결해야 할 때라고 역설한 바 있다.

> 교회 음악은 이래야 한다 저래야 한다는 논의가 많은 경우에 신학적 배경 없이 이루어지고 있는 것이 오늘의 현실이다. 물론 그러한 논의에는 성경 구절도 동원되지만, 많은 경우 성경의 일부분을 크게 확대하는 경향을 보이고 있다. …왜 그런가? 그것은 신학에 근거한 말들이 못 되기 때문이다. …음악과 신학을 겸비한 사람이 드물다. …이 부분은 신학자들의 일이다. 특히 음악을 잘 아는 신학자들의 일이다. …현재에는 교회 음악적 문제가 있을 경

---

38 박양식, 「문화를 알면 사역이 보인다」 (서울: 기독연합신문사, 2004), 167~68쪽.

우 거기에 관해 걱정하고 비난하는 방식으로 논의가 잠깐 잠깐 이어질 뿐 폭넓은 신학적 검토가 없다. 지금까지처럼 신학이 교회 음악에 대해 무관심한 상태가 지속되면 2000년에도 이 문제의 해결에는 큰 어려움이 있으리라 짐작된다. 여기에 관해서는 신학자와 교회 음악가가 협력하는 일이 필요하리라 생각한다.[39]

서울장신대학교 예배학 김세광 교수 또한 예외가 아니다. 그는 CCM과 한국 교회 예배 갱신의 문제를 생각하면서 다음과 같이 말하였다.

최근 한국 교회에서 예배 갱신이 크게 두 가지 방향으로 진행되고 있는데, 하나는 성례전의 회복이고, 다른 하나는 찬양의 강조, 특히 경배와 찬양식의 예배이다. 성례전의 회복에 대해서는 역사적 연구나 성서적 근거와 신학적 고찰로 활발하게 연구되고 있다. 그러나 반면에 경배와 찬양식의 예배(CCM 예배)에 대해서는 논의만 되고 있을 뿐이며 신학적 연구들이 아직 미흡하다.[40]

예능교회의 조건회 목사도 마찬가지이다. 그도 동일한 문제점을 제기하며 특별히 찬양 신학의 정립이 매우 시급함을 강조하였다.

21세기를 바라보면서 찬양 예배가 여러 모양으로 정착되어 가고 있지만 찬양 신학의 부재와… 대중음악(CCM)의 무분별한 유입 등으로 적지 않은 갈등과 문제들이 노출되고 있는 것도 사실이다.[41]

---

39 홍정수, "2000년대를 향한 장신대의 교회 음악 교육," 「교회 음악, 예배 음악, 신자들의 찬양」 (서울: 장로회신학대학교출판부, 2002), 404~5쪽.
40 김세광, 「예배와 현대 문화: 멀티미디어, CCM, 영화, 언어」 (서울: 대한기독교서회, 2005), 39쪽.
41 조건회, "한국 교회 찬양 예배의 현주소와 전망," 대한예수교장로회총회사업부 편, 「21세기의 도전과 문화선교」 (서울: 한국장로교출판사, 2000), 190쪽.

한국 교회나 세계 교회 안에 올바른 찬양이 무엇인지, 찬양을 어떻게 해야 하는지 신학적인 정립이 되지 않아 교회 안에서 상당한 혼란과 갈등이 노출되고 있다. …여기에 대해서 교회 음악 지도자들은 일방적 매도가 아니라 분명한 신학적인 근거를 가지고 교회의 찬양을 하나 되게 해야 한다. …이제 그 무엇보다도 한국 교회와 세계 교회는 찬양의 신학화를 시급히 이루어야 한다. 이러한 신학적 정립 없이는 올바른 찬양도, 지금의 나뉘어진 교회찬양도 하나 되게 할 수 없다.[42]

이처럼 CCM과 관련하여 "우리에게 구름같이 둘러싼 허다한 증인들(히12:1)"의 많은 증언 속에서 우리는 한 가지 공통점을 발견한다. 모두 다 오늘날 우리 한국 교회의 교회 음악, 특별히 CCM 속에 존재하고 있는 깊은 '골'에 대해서 걱정하고 있다. 그것은 당연히 CCM이 가지고 있는 강한 영향력에 비하여 CCM에 대한 오늘날 우리의 신학적 연구와 학문적 고찰이 너무나 부족하다는 현실적 위기 상황에서 오는 깊은 '골'이다. 이것은 매우 뼈아픈 현실이지만 부정할 수 없는 사실이다. 그리고 심각한 문제이다. 때문에 현재 우리는 미래에 대한 여러 가지 두려움을 느낀다. 바로 여기에 문제점이 있다.[43]

실제적으로 이러한 둘 사이의 대조적인 골은 그동안 심사숙고(深思熟考)해야만 하는 몇 가지 문제점을 발생시켰다. 일찍이 한국의 음악 사역자인 이청근 목사는 그의 목회학 박사 논문(D.Min)을 통하여 이러한 문제점을 지적한 바 있다. 특별히 그는 경배와 찬양(Praise and Worship)이라는 관점에서 이러한 현상을 바라보았다. 이 논문에서 그는 한국 교회가 CCM에 대한 깊은 학문적 반성과 고찰 없이 그저 현실의 경향에 편승하여 CCM을 무작정 사용한 것이 큰 문제점이라고 지적하며, 그렇게 함으로써 발생하게 된 몇 가지 부

---

42 위의 책, 193쪽.
43 李桂俊, "교회 음악의 갱신," 「韓國敎會와 하나님의 宣敎」 (서울: 展望社, 1981), 226쪽.

작용에 대하여 다음과 같이 다섯 가지로 나누어 설명하였다.[44]

> 1) 신학적인 이해의 빈약함
> (lack of theological understanding)
> 2) 말씀 중심의 교회 사역이 변질됨
> (lack of ministry of the Word)
> 3) 예전(禮奠)의 질서가 무너짐
> (weakness of liturgical order)
> 4) 전통적인 예배의 분열
> (being split off from traditional worship)
> 5) CCM에 대한 다양한 논쟁
> (various problems related to CCM)

위에 정리된 이청근 목사의 진단은 그동안 이러한 문제에 둔감했던 우리들에게 차가운 경각심을 일깨워 주기에 충분하다. 이러한 분석은 그동안 오로지 외적인 교회 성장에만 눈이 어두워 특별한 신학적 검증 없이 서로 앞 다투어 CCM을 무분별하게 사용해 온 우리 한국 교회의 머리 중앙에 그야말로 날카로운 '정문일침(頂門一鍼: 정확한 충고)'을 가하는 분석이다.[45]

이미 이청근 목사가 진단한 바와 같이 CCM과 관련하여 나타나는 대표적인 문제점 중 대표적인 경우가 바로 예배예전(禮拜禮奠)의 질서가 무너지면서 나타나는 '예배 형태의 변화 내지는 변질'이다. 언제부터인가 우리의 예배 형태가 달라지기 시작했다. 특별히 예배에 있어 찬양에 대한 비중이 설교만큼이나 높아졌다. 어떤 경우에는 찬양

---

44 Chung Keun Lee, *"A Critical Analysis of Contemporary Praise and Worship Services in Korean Churches"*(D. Min. Diss., San Francisco Theological Seminary, 2002), 127~41.
45 민호기, "전 세대에 부합하는 자발적 예배로의 회복," 「월간 목회」 제354호 (2006, 2): 78~81쪽.

시간에 잠시 설교 시간이 특별 순서로 살짝 첨가되었다는 느낌이 들 정도이다. 이것은 오늘날의 예배에 있어 찬양에 대한 비중이 과거와는 달리 매우 커졌다는 것을 보여 주는 한 가지 단편적인 예(例)이다. 그만큼 찬양 시간에 대한 비중이 설교 시간만큼이나 높아졌다는 말이다.[46]

그런데 문제는 이 찬양 시간에 불리는 찬양이 문제이다. 왜냐하면 찬양 시간에 사용되는 대부분의 찬양들은 바로 CCM 형식의 찬양들이기 때문이다. 그러므로 예배 시간에 CCM을 사용하는 것에 대하여 사람들의 의견이 찬반(贊反)으로 나눠지는 것은 어쩌면 지극히 당연한 현상인지도 모른다. 그래서 일찍이 CCM 연구가인 스티브 밀러(Steve Miller)는 "CCM은 20세기 후반에 교회가 직면한 가장 큰 논쟁거리 중의 하나이다."[47]라고 말했다.

CCM을 사용하는 것에 대하여 우려(憂慮)의 목소리를 나타내는 사람들은 대부분 기존 찬송가에 수록되어 있는 찬양이나 또는 'Traditional Christian Music(이하 TCM)'만을 진정한 찬양으로 인정하고 있는 사람들이다. 그래서 때때로 이 부류에 속해 있는 사람들은 CCM을 사용하는 예배를 예배로 인정하지 않는 때도 있으며, 설사 인정한다 하더라도 그것을 달갑게 받아들이지 않고, 어떤 심한 경우에는 CCM을 예배 시간에 부르지 못하게끔 반대하기도 한다.[48] 때문에 이러한 상황을 레오나드 페이톤(Leonard R. Payton)은 '예배 음악 전쟁(Worship Music War)'[49]이라고 표현했는데 이것은 절대로 과언(誇言)이 아닐 것이다. 그야말로 CCM은 오늘날의 '뜨거운 감

---

46 Dennis C. Benson, *Creative Worship in Youth Ministry*(Loveland, Colorado: Group Books, 1985), 125~39.

47 Steve Miller, *The Contemporary Christian: Worldly Compromise Or Agent of Renewal?*(Waynesboro, Georgia: OM literature, 1993), 1.

48 정장복, 「그것은 이것입니다」 (서울: 예배와 설교 아카데미, 1999), 69~71쪽.

49 Leonard R. Payton, *Reforming Our Worship Music*(Wheaton, Illinois: Crossway Books, 1999), 10.

자(hot Issue)'이다.

이러한 갈등 상황 속에서 우리에게 생겨나는 질문이 바로 "CCM이 대체 무엇이냐?(What)" "그것을 왜 사용해야 하는가?(why)" "대체 이 CCM을 우리가 어떻게 이해하고 사용해야 하겠는가?(How)"라는 것이다. 그러나 이 질문에 정확한 답을 내리기는 너무나 어렵다. 그리고 이러한 갈등 상황을 해결한다는 것은 더욱더 힘든 일이다. 설상가상(雪上加霜)으로 이제까지 이러한 질문에 성급한 응답을 하는 과정에서 약간 잘못된 이해도 생겨났고, 중구난방(衆口難防)의 이론이 주장되기도 하였다. 이러한 갈등의 위기 상황 속에서 또 다시 확인되는 것은 CCM의 현실과 CCM에 대한 신학적 이해 사이에 생겨난 깊은 '골' 뿐이다.[50]

그러므로 이제 때가 된 것이다. 교회 안에서의 음악 사용의 한계, 교회의 덕을 세울 수 있는 가장 적당한 음악의 사용 방법, 교회에 유익한 찬송가의 개념 확립, 일반 회중에 대한 음악 교육, 교육에 속한 교회 음악 제도의 확립과 경제적인 운용, 교회 음악의 토착화 문제, 교회 음악에서 경계해야 할 모든 음악 등에 관한 문제가 이제는 신학적으로 재검토되어야 하는 때가 왔다는 말이다.[51]

다행히 최근에 들어와 역량 있는 몇몇 한국의 CCM 연구가들이 투철한 사명감과 깊은 열정을 가지고 CCM에 대하여 직접 한글로 수준 높은 연구서들을 발간하고 있어 참으로 기쁘게 생각한다. 또한 몇몇 대학들에서는 아예 CCM과 관련된 학위 과정을 개설하고 학생들로 하여금 CCM과 관련된 연구 논문들을 한글로 직접 편찬하고 있어 참으로 다행스러운 일이라 생각한다.

무엇보다 놀라운 것은 한국 교회의 교단 분위기도 많이 달라지고

---

50 김세광, "예배에서 현대 문화 매체의 수용과 한계," 대한예수교장로회총회 사업부 편, 「21세기의 도전과 문화선교」 (서울: 한국장로교출판사, 2000), 175쪽.
51 강인중, "교회와 대중음악," 기독교윤리실천운동 문화전략위원회 엮음, 「대중문화, 더 이상 침묵할 수 없다」, 221쪽.

있다는 점이다. 그 대표적인 예로, 대한예수교장로회통합교단에서는 1997년 다가오는 21세기 교단 발전을 위한 정책 제안서를 만들었는데, 그 제안서에는 CCM과 같은 현대 음악을 예배 시간에 자유롭게 사용할 수 있도록 권면한 내용이 들어 있다.

> 예배에서 찬송이 차지하는 비중이 매우 크므로 찬송의 발전적 개발과 보급이 필요하며…새로운 예배 의식의 개발이 필요하다. 21세기 교회는 균형 있는 교회 음악을 활성화시킴으로써 급변하는 현대 문화에 휩쓸리고 있는 성도들을 바른 찬송 생활에로 인도해야 할 것이다. …흥겨운 우리 민족의 전통 가락의 과감한 도입이나 신세대 젊은이들이 흥미를 가질 빠른 템포의 현대적 음악 기법도 찬송가 작곡에 신중하게 선별되어 사용되어야 할 것이다.[52]

'신세대 젊은이들이 흥미를 가질 빠른 템포의 현대적 음악'이 무엇인가? 바로 CCM이다. 이것은 포스트모던 시대의 절정을 달리는 21세기에 새롭게 등장하게 된 '이머징 교회(emerging church)'[53]의 '이머징 예배(emerging worship)'[54]를 기독교 속에 긍정적으로 정착시키려는 한국 교회의 조심스런 의지를 반영한 선언이다. 과거 1990년대, 몇몇 선배 목사들이 총회 안에 예배부와 음악부를 신설해 예배 음악의 올바른 개선을 위해 힘써야 한다고 주장한 그 외침이 이제야

---

52 정책개발위원회, 「21세기 교단 발전을 위한 정책 제안서(안)」, 1997, 17쪽.
53 '이머징 교회'란 21세기 포스트모더니즘의 영향 하에 기존 전통의 틀을 벗고 특별히 정해진 규칙 없이 다양한 상황에 능동적으로 변화 적응하는 21세기형 교회를 뜻한다. 참고하라. Dan Kimball, *Emerging Church: Vintage Christianity for New Generations*(Grand Rapids., Michigan: Zondervan Publishing House, 2003), 13~20, 105.
54 '이머징 예배'란 '이머징 교회'에서 드리는 예배로서 특별한 예배 형식이나 규범을 확립하지 않고 그 시대와 장소, 그리고 구성원이 가지고 있는 문화와 상황의 흐름에 따라 적극적으로 변화 적응하는 21세기형 예배를 말한다. 참고하라. Dan Kimball, *Emerging Worship: Creating Worship Gatherings for New Generations*(Grand Rapids., Michigan: Zondervan Publishing House, 2004), 1~12.

메아리로 들려오는 듯하다.[55]

이러한 한국 기독교계의 시대적 흐름에 약간의 박차(拍車)를 더해 주려는 주마가편(走馬加鞭)의 마음에서 필자도 결국에는 CCM에 대한 이야기를 시작하게 된 것이다. 그러므로 "왜 CCM인가?"라는 질문에 대한 대답은 한 가지이다. 다시 한 번 강조하지만, "오늘날 CCM이 기독교 문화 안에 깊숙이 자리 잡고 유행하고 있는 만큼, 반대로 그것에 대한 신학적인 뒷받침은 여전히 미흡하기 때문이다." 한마디로 'CCM의 실제적 파급효과와는 너무나 반비례(反比例)하고 있는 CCM 학문적 연구의 미흡성(未洽性)' 때문이다. 그래서 필자는 CCM에 대한 책을 쓰게 된 것이다. 이 책을 통하여 CCM의 영향력과는 대조적으로 CCM에 대한 신학적 이해가 너무나 부족하다는 이 현실적인 빈 공간을 조금이라도 좁혀 보고 싶다. 그래서 오늘날 우리 한국 교회가 직면한 이 현실적 위기를 조금이라도 완화시키는 데 일조하고 싶다.

따라서 필자는 앞으로 논쟁의 초점인 CCM을 기본적인 신학 이론의 틀 속에서 자세히 설명하려 한다. 그래서 독자들이 그 정보를 바탕으로 CCM과 관련되어 파생되는 많은 문제점들을 잘 극복하고 CCM을 우리의 신앙생활에 잘 적용할 수 있도록 돕고 싶다. 또한 이 책을 통하여 독자들이 CCM에 대한 잘못된 고정관념(stereotype)과 틀을 깨고, CCM에 대한 새로운 관점을 발견하여 현재 파생되고 있는 여러 가지 문제점들을 잘 해결할 수 있도록 돕고 싶다.

아무쪼록 하나님께서 이 책을 통하여 현재 필자가 가지고 있는 이러한 작은 소망의 씨앗이 많은 열매를 맺을 수 있도록 역사하시기를 간절히 기도한다.

---

55 김희보, "찬송가의 전통과 신학,"「基督公報」제1806호(1990. 8. 11): 7면.

2. 왜 마틴 루터(Martin Luther)인가?

(1) 네 가지 이유

"왜 CCM인가?"라는 질문에 대한 답은 이미 앞에서 했다. 이제 또 다른 질문에 대답해 보자. "그렇다면 CCM에 대하여 말하면서 왜 하필이면 마틴 루터인가?" 이 질문에 대해서는 여러 가지 대답이 가능하다. 그러나 필자는 이것을 아래의 네 가지로 요약하여 설명하고자 한다. 특별히 독자들의 이해를 돕기 위해 who, when, how, where라는 논리를 도입하여 그 이유를 설명하려 한다. ① 마틴 루터는 위대한 음악가였다(who), ② 마틴 루터를 음악가로 연구할 때가 되었다(when), ③ CCM을 통해 마틴 루터를 연구해야 한다(how), ④ CCM을 종교 개혁의 관점에서 재해석해야 한다(where).

(2) 마틴 루터는 위대한 음악가였다(who)

질문: 과연 마틴 루터는 누구였는가(who)?
대답: 그는 음악가였다.

마틴 루터는 누구였는가? 많은 사람들이 그를 가리켜 신학자, 철학자, 사상가, 카톨릭 신부(사제), 독어학자, 종교 개혁자, 혁명가, 목사, 교단 분열자 등으로 일컫고 있으나, 정작 그를 음악가로 알고 있는 사람들은 그리 많지 않다. 그래서 종종 마틴 루터에 대한 질문에 전혀 엉뚱한 대답을 하는 경우도 적지 않다. 이러한 현상에 대하여 대신대학교 교회 음악과 김철륜 교수는 다음과 같이 적었다.

> 만약 "종교 개혁자 마틴 루터와 음악의 아버지라 일컫는 J. S. 바흐(Bach) 중 누가 더 이 세상에 먼저 태어난 사람인가?" 하는

질문에 답한다고 하면…필자가 경험해 본 것에 비추어 보면 많은 이들이 바흐라고 말하는 것을 들었다. 심지어 교회 음악을 전공하고 있는 학생들까지도 말이다. 이는 교회 음악에 대한 이해가 근본적으로 부족한 데서 오는 소치다.[56]

다시 말하자면 교회 음악을 전공하고 있는 학생들까지도 마틴 루터가 음악가였다는 사실을 모르는 경우가 있다는 말이다. 그토록 음악가 마틴 루터는 구석에 숨겨진 인물이었다. 그러나 마틴 루터의 종교 개혁을 음악적 관점에서 살펴보려 했던 사람은 그 작업을 시작하자마자 이 사실이 너무나 당연한 진실임을 쉽게 깨달을 수 있다.[57] 이 점에 대해 독일 민족음악의 관점에서 마틴 루터를 연구한 정기락은 다음과 같이 말했다.

> 독문학자로, 대신학자로서 학문에 장대한 업적을 남긴 루터가 일찍이 음악에 관심을 가지고 코랄(Choral)이라고 하는 독일 민족적인 찬송가를 만들어 적극적으로 사용하였다는 사실은 우리에게 다소 뜻밖의 일로 여겨지지만, 막상 루터의 음악적 작품을 접하면 이러한 생각은 쉽게 이해된다.[58]

결국 음악가 마틴 루터에 대하여 우리가 이토록 무지(無知)할 수밖에 없었던 이유는 그것이 어려워서가 아니라, 다만 우리가 그 만큼 그 부분에 대해 아무런 관심이 없었다는 데 있다.

그렇다면 정말 "마틴 루터도 음악가였는가?" 다시 선언하지만 "당연히 그렇다!" 이것은 우리로 하여금 그동안 '종교 개혁 신학자'라는

---

56 김철륜, 「敎會音樂論」(서울: 호산나음악사, 1990), 76쪽.
57 Capuchin Edward Foley, "Martin Luther: A Model Pastoral Musician," *Current in Theology and Mission*(December 1987): 406.
58 정기락, "마르틴 루터의 민족교회 음악," 「음악과 민족」 제 6호(1993): 243쪽.

거대한 잎사귀 뒤에 살짝 숨어서 보이지 않던 마틴 루터의 '음악적 열매'를 한번 눈여겨 볼 수 있도록 인도한다.

교회사(教會史)에 남겨진 많은 '엑스 파일(X-file)'들 가운데 우리가 16세기의 마틴 루터라는 파일을 들춰 보면 제일 처음 발견되는 것이 '종교 개혁 신학자 마틴 루터'라는 파일이다. 그러나 우리가 좀 더 인내하며 폭넓은 시야(insight)를 가지고 16세기의 마틴 루터라는 파일을 다시 뒤적이다 보면, 우리는 저 한 구석에 수줍게 숨어 있는 또 하나의 다른 파일을 발견하게 된다. 그 파일은 이제까지 종교 개혁 신학자 마틴 루터라는 파일 속에 묻혀서 잘 보이지 않던 것인데, 그것이 바로 '음악가 마틴 루터'의 파일이다. 그리고 우리가 처음에 좁은 시야로 마틴 루터를 바라보면 바로 앞에 종교 개혁 신학자라는 산(山)만 보인다. 그런데 학문의 깊이가 넓어짐에 따라 점점 뒤로 물러서 넓은 시야로 그 산을 바라보면 우리는 이제까지 종교 개혁 신학자라는 산 앞에 가려서 잘 보이지 않았던 그 뒤의 더 큰 산을 발견하게 되는데 그것이 바로 음악가 마틴 루터의 산이다.

그러므로 음악가로서의 마틴 루터를 제대로 살펴보기 위해 우리는 16세기의 마틴 루터라는 거대한 '엑스 파일'을 약간 뒤로 물러서서 보다 넓은 시각(insight)을 가지고 꼼꼼히 다시 뒤적여 볼 필요가 있다. 그래야 작은 산 뒤에 숨어 있는 더 큰 산을 발견할 수 있다. 결국 이러한 발견은 우리가 "마틴 루터도 음악가였는가?"라는 질문에 적절한 답을 찾게 됨을 뜻하며, 더 나아가 오늘날 우리가 직면한 CCM의 문제에 대하여서도 마틴 루터의 관점에서 올바른 해결책을 찾을 수 있게 됨을 의미한다.[59]

일단 마틴 루터 자신이 음악을 사랑한 사람이었다.[60] 마틴 루터가 그의 첫 번째 찬양집을 편집해 준 요한 발터(Johann Walter)에

---

59 Robin A. Leaver, "The Man Luther: Musician," *The Lutheran Witness*(December, 1988): 6~7.
60 Millar Patrick, *The Story of the Church's Song*(Richmond, Virginia: John Knox Press, 1962), 73~74.

게 "내가 신학자가 아니라면 음악가가 되고 싶다!"[61]라는 편지를 보낸 것만 보더라도 음악에 대한 그의 사랑과 관심이 신학 못지않게 얼마나 컸는지를 알 수 있다.[62] 또한 한때 마틴 루터와 에르푸르트대학(Erfurt University)에서 함께 공부했던 시인이자 인문주의자인 크로투스 루베아누스(Crotus Rubeanus)도 편지를 통하여 "루터! 자네는 우리들 가운데에서 가장 뛰어난 음악가였으며 박식한 철학자였다네."[63]라고 평가한 것만 보더라도 마틴 루터는 음악가 중의 한 사람이었음을 알 수 있다. 그래서 미국 컨콜디아신학교(Concordia Theological Seminary, IN)의 로버트 프레우스(Robert D. Preus) 교수는 이러한 마틴 루터의 모습을 묘사하며 "마틴 루터는 신학, 감정, 예술 등 그의 모든 것을 자기 음악 속에 집어 던졌다."[64]고 했다. 마치 이것을 증명이라도 하듯이 마틴 루터는 루트(Lute) 연주와 작곡에 능했으며, 살아 있는 동안 총 37곡의 찬양을 작곡하였다.[65] 그 중의 하나가 바로 우리가 너무나 잘 아는 찬송가 384장 '내 주는 강한 성이요(Ein feste Burg)'이다.[66]

---

61 H. Huchzermeyer, *Luther und die Musik*, Luther 39, 1968, p. 14, 문성모 "마틴 루터의 예배 음악에 대한 신학적 이해", 「민족음악과 예배」 개정증보판(서울: 도서출판 한들, 1997), 402쪽에서 재인용.

62 Helen Pietsch, "On Luther's Understanding of Music," *Lutheran Theological Journal,* Vol. 26. No. 3(December, 1992): 162.

63 Julian Kostlin, *The Theology of Martin Luther,* translated by Charles E. Hay(Philadelphia: Lutheran Publication Society, 1897, Reprint St. Louis: Concordia, 1986), 1: 39.

64 Robert D. Preus, "Luther the Communicator," in *God's Communicators in Mission,* Eugene W. Bunkowske and Richard French ed.,(Fort Wayne, IN: Concordia Theological Press, 1988), 130.

65 John Makujina, *Measuring the Music: Another Look at the Contemporary Christian Music Debate.* Second Edition(Willow Street, PA: Old Paths Publications, 2002), 228.

66 이 찬양에 대한 자세한 해설과 음악 형식, 그리고 가사 내용에 대한 분석은 다음을 참고하라. Capuchin Edward Foley, "Martin Luther: A Model Pastoral Musician," *Current in Theology and Mission*(December 1987): 415~17, 그리고 이 찬양의 생성 과정과 그 영향력 그리고 전 세계 8개국에서 수집된 서로 다른 14개 악보의 비교 연구에 대하여는 다음을 참고하라. 김철륜, 「教會音樂論」 (서울: 호산나음악사, 1990), 101~40쪽.

따라서 마틴 루터의 음악적 업적에 대한 후대(後代)의 평가도 매우 다양하다. 먼저 CCM 연구가 레오나드 페이톤(Leonard R. Payton)의 평가이다.

> 마틴 루터는 유능한 음악가였다. 그래서 그는 다양한 가사와 곡조를 사용하여 찬송을 작사 작곡했다. 그의 음악은 파급효과가 커서 16세기 카톨릭 교회 지도자들이 "마틴 루터의 음악만 아니었다면 우리는 그를 이단으로 정죄하고 진압시키는 데 큰 어려움이 없었을 것이다."고 말했을 정도였다. …마틴 루터는 그야말로 예배 중에 다 함께 모여 찬양하는 것이 각 개인의 영성에 얼마나 큰 영향을 끼치는지 잘 이해한 사람이었다. …마틴 루터가 죽은 지 200년이 흐르는 동안 마틴 루터의 후예들인 루터란은 거의 100,000곡에 가까운 찬송을 작곡해냈다.[67]

미국 컨콜디아대학(Concordia University, Ill)의 종교음악 교수 칼 샬크(Carl F. Schalk)도 마틴 루터를 다음과 같이 평가했다.

> 16세기 개신교의 예배와 음악의 발전을 논하면서 마틴 루터가 그 분야에 끼친 결정적 역할의 사각지대를 벗어날 사람은 아무도 없다. 마틴 루터는 새로운 종교 개혁의 앞자리에 나선 사람이기도 했지만 동시에 그는 음악개혁의 중심에 우뚝 서 있는 사람이기도 하다. 이로 인하여 교회와 역사는 그의 이름을 기억하게 되었다.[68]

루터교 음악 목사 폴 헨리 랑(Paul Henry Lang) 또한 음악가로서의 마틴 루터가 가지고 있는 역사적 위치를 다음과 같이 설명하였다.

---

67 Leonard R. Payton, *Reforming Our Worship Music*(Wheaton, Illinois: Crossway Books, 1999), 31.
68 Carl F. Schalk, *Luther On Music*.(St. Louis, MO: Concordia Publishing House, 1988), 9.

종교 개혁과 함께 시작된 새로운 교회 음악 운동에 있어 마틴 루터는 가장 위대한 모습으로 그 자리에 서 있다. …궁극적인 독일 개신교 음악의 운명은 한 때 학생 시절 즐거운 노래를 마음껏 부르며 동시에 다성 음악(polyphonic)을 사용한 미사 예배에 유능한 사제(a celebrant priest)였던 마틴 루터에게 달려 있었다고 해도 과언이 아니다.[69]

루터교 프레드릭 바우(Frederic. Baue) 교수도 오늘날 우리가 부르는 개신교 회중 찬송의 근원을 마틴 루터에게서 찾으며 다음과 같이 말했다.

오늘날 개신교의 기독교인들은 예배 시간에 자신이 좋아하는 찬양을 마음대로 부를 수 있으며 또 그 찬양을 다 같이 부르자고 주장할 수 있는 권리가 있다. 그러나 약 500년 전만해도 이러한 일은 있을 수 없는 일이었다. 그때 평신도들은 그저 사제로 구성된 성가대가 부르는 라틴 가사의 음악을 그저 듣고 쳐다만 봐야 했다. 그렇다면 우리는 오늘날 어떻게 다 같이 회중 찬송을 부를 수 있는 권리를 되찾게 되었을까? 그것은 1523년 마틴 루터가 직접 찬양을 만들면서 시작된 개혁에서 비롯된다.[70]

심지어 미국 컨콜디아신학교의 선교학 은퇴 원로 교수인 유진 본퀘스키(Eugene W. Bunkowsky)는 "원래부터 마틴 루터에게는 선교 신학이 없었다."는 전통적 편견(stereotype)을 과감히 부정하고, 마틴 루터도 선교사였고 그 나름대로의 선교 신학을 가지고 있었음을 강하게 주장하였는데, 한 가지 흥미로운 것은 마틴 루터가 16세기의

---

69 Paul Henry Lang, *Music in Western Civilization*(New York: W. W. Norton & Company Inc, 1941), 207.

70 Frederic Baue, "The Protestant Song from Luther to Marot to Campion," *Concordia Journal*, Vol. 24, No. 1(January 1988): 21.

음악 선교사였다는 그의 주장이었다.[71]

루터의 선교를 설명함에 있어 그의 찬양을 절대 무시할 수 없다. 전혀 새로운 방법의 찬양을 통하여 그는 사람들을 예배로 초대했었다. 종교 개혁 이전에는 상상하지도 못했던 획기적인 찬양 형태를 사용하여 사람들을 예배로 이끈 셈이다. …마틴 루터의 이러한 찬양 사역은 일반 대중을 향한 선교 찬양(선교 음악: the missions hymns in vernacular)의 새로운 길을 열어 주었다.[72]

마틴 루터 음악 연구가들의 이러한 평가는 특별히 마틴 루터와 음악의 아버지 요한 세바스찬 바흐(J. S. Bach)와의 관계를 설명하는

---

71 전통적으로 마틴 루터는 선교학적 측면에서 그리 환영 받지 못했다. 심지어 독일의 선교 신학자 구스타브 바르넥(Gustav Warneck)과 교회 역사가 라투레트(K. S. Latourette) 교수까지도 "마틴 루터는 선교에 긍정적 영향을 끼친 일이 없으며 그에게 선교 신학은 없었다"고 주장했다. 물론 이들의 주장은 선교를 오로지 배를 타고 물을 건너 해외로 나가는 이방 해외 선교라고 정의할 때 어느 정도 이해되는 면도 없지 않아 있다. 그러나 선교의 정의를 좀 더 폭넓게 보면 이들의 주장은 약간 납득되지 않는다. 마치 이것을 증명하듯이, 이미 오래 전부터 마틴 루터는 선교사였고, 그에게도 선교 신학이 있었음을 주장하는 사람들이 많이 있었다. 일찍이 16세기 최초의 루터교 정통 신학자인 필립 니콜라이(Philip Nicolai: 1556~1608)와 마틴 부처(Martin Bucer), 그리고 17세기 유스티니안 폰 벨츠(Justinian von Weltz: 1621~1666)와 19세기 칼 셀(Karl Sell) 같은 사람들이다. 결국 이들과 같은 학문적 흐름에 속해 있던 20세기 선교 신학자 데이비드 보쉬(David Bosch)도 결국 비록 마틴 루터가 해외 선교로서의 선교 활동은 빈약했지만 그렇다고 해서 그에게 선교 신학이 없었으며, 그에 걸맞은 선교 활동이 없었음을 주장하는 것은 잘못된 것임을 지적했다. 마틴 루터를 비롯한 종교 개혁자들의 선교 신학에 대한 논쟁과 그 분석에 대하여는 다음을 참고하라. Gustav Warneck, *Outline of a History of Protestant Mission*, ed., George Roberson, trans, J. Mitchell and C. Macleroy(Edinburgh: Morrison & Cibbs, 1901), 8~9. Keneth Scott Latourette, *Three Centuries of Advance: A. D. 1500~1800, vol. 3. A History of the Expansion of Christianity*(New York: Harper & Brothers, 1939), 41. David J. Bosch, *Transforming Mission: Paradigm Shifts in Theological of Mission*(Maryknoll, New York: Orbis Book, 1993), 239~61.
72 Eugene W. Bunkowsky, "Was Luther a Missionary?," in Kurt E. Marquart, John R. Stephenson, and Bjarne W. Teigen, eds., *A Lively Legacy: Essays in Honor of Robert Preus*(Fort Wayne, IN: Concordia Theological Seminary, 1985), 24~25.

데서 더욱더 빛을 발한다. 프리드리히 슈멘트(Friedrich Smend)는 "마틴 루터의 음악적 뿌리는 음악의 아버지 바흐 때에 가서 그 절정에 달했다."[73]고 말했고, 데이비드 스카어(David P. Scaer) 또한 "만약 루터가 바흐만큼의 놀라운 음악적 재능을 하나님께로부터 허락받았다면, 그는 16세기의 바흐로 기록되었을 것이다."[74]라고 극찬(極讚)하였으며,[75] 폴 네틀(Paul Nettl)은 마틴 루터의 음악적 영향이 온 유럽의 전역까지 확대된 것으로 인정하면서 그것을 바흐와 연결시켰다.

다행스럽게도 마틴 루터의 이러한 음악 이해는 유럽의 모든 교

---

73 Friedrich Smend, "Luther and Bach," *The Lutheran Quarterly* Vol. 1, No. 4,(November 1949): 410.

74 David P. Scaer, "Johann Sebastian Bach as Lutheran Theologian" *Concordia Theological Quarterly* Vol. 68(July/October 2004): 328.

75 마틴 루터는 16세기의 신학자이고 바흐는 18세기의 종교 음악가이다. 마틴 루터는 자신의 신학을 음악에 담았고, 바흐는 자신의 음악에 마틴 루터의 신학을 담아 자기 나름대로 루터란 신앙고백을 창출했다. 그래서 바흐의 서재에는 마틴 루터의 책이 가득했었다고 한다. 때문에 거의 모든 루터란들은 바흐를 평가함에 있어 그가 루터 신학을 음악적 차원으로 승화시킨 사람으로 간주한다. 마틴 루터와 바흐의 이러한 관계는 20세기 신학자인 칼 바르트(K. Barth)와 18세기 음악가인 모짜르트(Mozart)의 그것과 매우 대조적이다. 전자(前者)의 경우는 음악가(바흐)가 신학자(루터)에게 영향을 받은 경우이고, 후자(後者)는 신학자(바르트)가 음악가(모짜르트)에게 매료(魅了)된 경우이다. 또한 복음성가사 생키(I. Sankey)는 부흥사 무디(D. L. Moody)를 도와 19세기 찬란한 제 3차 부흥 운동과 선교 운동을 일으키도록 도운 찬양 사역자였다. 때문에 그 당시 "생키는 찬양하고, 무디는 설교한다!"라는 표어가 유행하였다. 더 자세한 내용은 다음의 자료를 참고하라. Robert A. Leaver, "Johannes Sebastian Bach and the Lutheran Understanding of Music" *Lutheran Quarterly* 16(Spring 2002): 21~47, Michael Marssen, "On the Musically Theological in J. S. Bach's Church Cantatas" *Lutheran Quarterly* 16(Spring 2002): 48~64, Barth, Karl, *Wolfgang Amadeus Mozart*, trans. Clarence K. Pott, foreword by John Updike. Grand Rapids Michigan: Eerdmans, 1986. Robin A. Leaver, *J. S. Bach as Preacher: His Passions and Music in Worship*(St. Louis: Concordia Publishing House, 1982), 27~35, Robin A. Leaver, *The Theological Character of Music in Worship*(Saint Louis: Concordia Publishing House, 1989), 6~7, Zager, Daniel, "Luther and Bach: Theologians in Word and Music," in *Luther on Liturgy and Hymns*, ed., Daniel Zager(Fort Wayne, IN: Concordia Theological Seminary Press, 2006), 105~22.

회 음악 발전에 기여했다. 만약 그렇지 않았다면, 우리는 바흐의 음악적 혈통에서 일어난 숭고한 음악의 연속성에 대하여 아무것도 알지 못하게 될지도 모를 일이었다. 독일도 마찬가지로 만약 16세기에 마틴 루터의 음악적 개혁이 없었다면 이후에 나온 바흐의 음악적 성과도 볼 수 없었을 것이고, 또한 영국의 청교도, 스위스 등에서 일어난 음악적 부흥도 없었을 것이며 더 나아가 유럽의 모든 개신교 음악은 암흑기로 접어들었을 것이다. 독일 개신교를 중심으로 자라나기 시작한 교회 음악은 그 근원을 마틴 루터에게 두고 있다.[76]

대신대학교 종교음악과 김철륜 교수 또한 동일한 주장을 하였다.

왜냐하면 루터 음악을 발전시킨 음악가가 100년 뒤에 난 하인리히 슈츠였고, 또 루터 음악을 완성시킨 음악가가 루터보다 200여년 후에 태어난 바흐인 사실을 안다면, 답은 뻔한 이치이기 때문이다. 다시 말하자면, 루터 없이 하인리히 슈츠를 생각할 수 없고, 루터없이 바흐를 생각할 수 없다. 왜냐하면 그들 음악의 기초를 이룩한 이가 바로 루터이기 때문에 그렇다.[77]

이처럼 일반 음악계에서 음악의 아버지라고 인정받는 바흐가 다른 사람이 아닌 마틴 루터의 영향력 속에 있었다는 사실은 실로 놀라운 일이다. 이것 하나만으로도 우리는 마틴 루터를 음악가로 인정하지 않을 수 없는 충분한, 그리고 확실한 증거를 얻은 셈이다.[78] 한마디로 바흐가 음악의 아버지였다면, 마틴 루터는 그 아버지를 있게 한 근원

---

76 Paul Nettl, *Luther and Music*, trans. Frida Best and Ralph Wood(Philadelphia: Muhlenberg Press, 1948/Reprint New York: Russel & Russel, 1967), 7.
77 김철륜, 「敎會音樂論」, 76쪽.
78 강명신, "Martin Luther의 Chorale이 교회 음악에 끼친 영향,"(미간행 석사학위논문, 연세대학교, 1991), 48쪽.

(source), 즉 'DNA'였다. 그래서 프랜시스 쉐퍼(Francis Schaeffer)도 "만약 마틴 루터가 없었다면 바흐도 없었을 것이다."[79]고 선언했다. 이와 같이 마틴 루터는 음악과는 불가분의 관계에 있는 사람이었다. 다시 말하자면 그가 음악가였다는 말이다. 그것도 16세기에 우뚝 선 위대한 음악가였다.

그런데 여기서 특별히 우리가 좀 더 눈여겨 봐야 할 점이 있다. 바로 이러한 음악에 대한 열정이 그 당시의 다른 종교 개혁자들에게서는 나타나지 않고 오로지 마틴 루터에게서만 보였다는 점이다.[80] 실제적으로 음악가로서 마틴 루터가 가지고 있었던 이러한 음악에 대한 사랑과 관심은 같은 시대에 활동했던 다른 종교 개혁자들(존 칼빈: John Calvin / 울리히 쯔빙글리: Ulrich Zwingli)에게서는 볼 수 없는 오로지 마틴 루터만의 것이었다.[81]

이러한 사실을 미국 라이더대학(Westminster Choir College of Rider University, NJ) 종교음악 교수인 로빈 리버(Robin A. Leaver)는 다음과 같이 설명하였다.

16세기 종교 개혁자들 중에 마틴 루터는 복음주의 예배에 있어 음악의 역할에 대해 매우 긍정적이었다. 반면에 다른 개혁자들, 칼빈이나 또는 그와 함께한 제네바 개혁자들은 음악의 사용에 대해 비교적 제한적이었다. 특별히 쯔빙글리 같은 경우는 음악에 대하여 매우 부정적이었으며 개혁 교회 안에서 그 어떤 음악도 허용하지 않았다.[82]

---

79 Francis A. Schaeffer, *How Should We Then Live?*(Wheaton, Illinois: Crossway Books, 2005), 92.
80 Franklin M. Segler, *Understanding, Preparing for, and Practicing Christian Worship*, Second Edition(Nashville, Tennessee: Broadman & Holman Publishiers, 1966), 89.
81 Derek Wilson, *Out of Storm: The Life and Legacy of Martin Luther*(New York: St. Martin's Press, 2007), 348~9.
82 Leaver, Robin A. *Luther's Liturgical Music: Principles and Implications*(Grand Rapids, Michigan: William B. Eerdmans Publishing

로버트 스티븐슨(Robert Stevenson) 또한 다음과 같이 설명하였다.

> 마틴 루터와는 달리 다른 개혁자들은 매우 극단적으로 16세기 카톨릭 교회 음악 형태를 거부했다. 특히 쯔빙글리(Ulrich Zwingli)의 경우 로마 카톨릭의 모든 외적 예배 형태가 타락했다고 규정하고 교회 안에서 있을 수 있는 모든 음악적 활동을 금지시켰다. …칼빈(J. Calvin)은 말할 것도 없고 그 외의 다른 개혁자들, 칼슈타트(Carlstadt), 파렐(Farel), 부처(Bucer), 불링거(Bullinger) 등도 예배 시간에 오르간을 연주하고 대중 코랄(choral)을 부르는 것을 금지했다.[83]

특히 쯔빙글리의 경우는 매우 독특했다. 그는 종교 개혁자 중 가장 탁월한 음악 실력을 가지고 있었음에도 불구하고 "어떤 음악이든지 교회 안에서 다시는 울려서는 안 된다. 우리들에게는 오로지 하나님의 말씀을 들을 귀밖에 없다."[84]고 못 박았다. 이 사실을 미국 예일대학교(Yale University)의 롤란드 베인톤(Roland H. Bainton) 교수는 다음과 같이 설명했다.

> 쯔빙글리는 육체적인 것을 중요하게 생각하지 않았기 때문에, 예술과 음악이 종교의 도우미(handmaids) 역할을 하기에는 매우 부적합한 것으로 결론을 내렸다. 정작 쯔빙글리 자신은 6개의 악기를 능수능란하게 연주하는 사람이었음에도 불구하고 이런 주장을 하였다.[85]

Company, 2007), 3.

83 Robert Stevenson, "Luther's Musical Achievement," *The Lutheran Quarterly* Vol. 3, No. 3(August, 1951): 255.

84 Bard Thompson, *Liturgies of the Western Church*(Cleveland and New York: the World Publishing Company, 1961), 142.

85 Roland H. Bainton, *Here I Stand: A Life of Martin Luther*(New

   물론 쯔빙글리가 자신의 강한 음악적 은사에도 불구하고 이런 파격적인 주장을 하게 된 데에는 다 그만한 이유가 있다. 그는 음악이 하나님 은혜를 받기 위한 한 가지 수단이라고 주장하는 카톨릭 교회의 가르침이 싫었던 것이다. 카톨릭의 모든 예배 음악을 금지한 그의 태도는 카톨릭의 가르침을 향한 그의 반감이 얼마나 컸는지 짐작케 한다.[86] 물론 쯔빙글리는 음악을 통해 하나님의 은혜가 임할 수 있음을 인정했다. 그러나 음악과 같은 외형적인 수단이 하나님의 은혜를 입기 위한 필수적인 요소로 인정하는 태도는 경멸했다. 그에게 있어 적어도 음악이란 하나님의 은혜를 쥐어짜내기 위한 마약이나 촉매제가 따위가 아니었던 것이다.[87] 그래서 그는 아예 카톨릭 냄새가 나는 모든 음악과 악기를 교회에서 단절시켰던 것이다. 매우 극단적인 조치였다.[88]

   그렇다면 칼빈의 경우는 어떠한가? 칼빈 역시 마틴 루터처럼 타락한 중세 카톨릭 교회 음악의 문제점을 인식하고 그것을 개혁하고자

York: A Merdidan Book, 1995), 206.

86 Helen Pietsch, "On Luther's Understanding of Music," *Lutheran Theological Journal* Vol. 26, No. 3(December 1992): 161.

87 Richard Marius, *Martin Luther: The Christian Between God and Death*(Cambridge, Massachusetts: The Belknap Press of Harvard University Press, 1999), 385.

88 그렇다면 쯔빙글리도 CCM 사역자였는가? 쯔빙글리가 음악을 교회에서 단절시킨 이유는 음악을 하나님의 은혜를 받는 한 수단으로 주장하는 카톨릭 교회에 대한 반감 때문이다. 이처럼 음악이 항상 살아 있어 '찬양하는 교회'라고 불리는 루터 교단의 전통을 만들어 낸 루터와는 다르게, 또 시편을 사용한 찬양만을 인정한 칼빈과는 다르게 쯔빙글리의 취리히 개혁(Zurich Reformation)은 매우 극단적이었다. 그렇다면 16세기에 남겨놓은 쯔빙글리의 이러한 찬양 신학은 오늘날의 CCM과 관련하여 우리들에게 어떠한 의미와 가치를 담고 있을까? 이러한 쯔빙글리의 찬양 신학은 우리가 CCM을 통하여 하나님께 우리의 신앙고백을 표현하며, 우리가 하나님을 경험하려는 그 모든 과정에 약간의 걸림돌로 작용할 수 있는 매우 극단적인 해석이다. 그러나 쯔빙글리의 이러한 찬양 신학은 CCM이 마치 하나님의 임재를 억지로 끌어들이기 위한 일종의 음악적 방편으로 남용되지 말아야 한다는 귀중한 교훈을 우리들에게 남겨 놓았다. CCM을 통한 찬양은 하나님의 은혜를 통한 우리의 자발적인 고백의 반응이지, 하나님의 은혜를 끌어내기 위한 '음악적 자극제'가 아니다. 김철웅 "쯔빙글리도 CCM 사역자인가?,"「*The Korean Christian Herald*」(2007. 7. 26): 11면.

했다. 그런데 그 방법이 약간 제한적이었다. 그의 말을 직접 들어 보자.

바울 사도가 모든 회중이 마음과 입으로 찬양하는 것이 좋은 것이라고 가르친 것과 초대 교회의 모범에 따라 우리가 교회에서 시편을 찬양할 수 있기를 소망한다. 우리가 시편을 통해 찬양드리기 전에는 그 유익과 혜택이 얼마나 큰지 알 수 없다. 오늘날 카톨릭 교회에서 드리는 기도는 너무 차갑고 창피하며 복잡하기까지 하다. …카톨릭 교황이 진정한 영의 찬양을 왜곡시킴으로써 찬양을 통해 모든 성도들이 받아야 할 위로와 혜택을 완전히 빼앗아 버렸다.[89]

여기서 칼빈이 특별히 시편(詩篇)을 통한 찬양만을 말하고 있는 것을 볼 수 있다. 그래서 칼빈의 경우 쯔빙글리만큼 극단적이지는 않았으나 제한적으로 시편만을 인정하여 오로지 시편 가사를 이용한 '시편 찬송가(Geneva Psalter)'만 교회 음악으로 사용하였다.[90] 미국 라이스대학(Rice University)의 찰스 갈사이드(Charles Garside Jr) 교수는 구약 성경 속에 있는 시편의 가사(歌詞)만을 고집하는 칼빈의 이러한 제한적 허용은 음악에 있어 가사의 중요성을 강조한 그의 음악관에서 비롯된다고 했다.[91] 칼빈이 직접 남긴 말을 더 들어 보자.

하지만 우리는 우리의 귀가 가사에 숨겨진 영적인 의미보다 곡

---

89 J. K. S. Reid ed, *Calvin: Theological Treatises*, Library of Christian Classic(The Westminster Press, 2000) 53.
90 Charles P. St-Onge, "Music, Worship, and Martin Luther," *LOGIA: A Journal of Lutheran Theology*, Vol. XIII, No. 2,(2004): 39.
91 Garside Jr. Charles, The Origins of Calvin's Theology of Music: 1536~1543(Philadelphia: The American Philosophical Society, 1979), 5~9 ⟨*The American Philosophical Society*, Vol., 69, Part 4(August, 1979)⟩

조(melody)에 더 끌리게 될 경우를 매우 조심해야 한다. 어거스틴(Augustine) 또한 이러한 위험성을 염려하여 어떤 때에는 아타나시우스(Athanasius)가 지켰던 관습을 그대로 확립해 나가기를 소망했었다. 아타나시우스는 음성에 굴절을 적게 사용해서 노래를 하기보다는 마치 말하는 것처럼 들리도록 규정했었다. 그러나 노래에서 받는 유익이 많은 것을 생각하고 어거스틴은 다른 쪽으로 기울어졌다. 그러므로 이러한 적절함이 지켜진다면 찬양을 부르는 것은 확실히 대단하고 거룩하며 유익한 일이다. 그러나 귀에 감미로운 느낌과 즐거움을 위해 만든 찬양은 교회의 위엄에 적합하지 않은 것이며, 반드시 하나님을 몹시 불쾌하게 만드는 잡음이 될 것이다.[92]

단순히 사람들이 집에서 또는 식탁에서 즐기기 위해 만든 단순한 음악과 하나님의 임재를 노래하는 시편(the Psalms) 사이에는 큰 차이가 있다. …그 어느 누구도 하나님으로부터가 아니고서는 훌륭한 찬양을 만들 수도 없으며 부를 수도 없다는 어거스틴의 말은 정확히 옳다. …따라서 우리는 성령님께서 다윗에게 직접 나타나셔서 말씀하고 만들도록 하신 다윗의 시편보다 더 적당하고 좋은 찬양 곡을 다른 곳에서 찾을 수 없다. 그러므로 우리는 그것을 찬양으로 해야 한다.[93]

이러한 이유 때문에 칼빈은 찬양의 곡조보다는 그 가사 내용에 남긴 영적 의미에 더 치중하게 되었고, 시편만을 찬양의 유일한 가사로 보았던 것이다. 그 결과 1539년에 첫 「시편 찬송가」가 출판되었고,

---

92 John Calvin, *Institutes of the Christian Religion III.* trans, Ford Lewis Battles(Philadelphia: The Westminster Press, 1990), chapter 20, No. 31(Church Singing).
93 John Calvin, "Letter to the Reader(1542)," Ford Lewis Battles trans., "The Form of Prayers and Songs of the Church," *Calvin Theological Journal*, Vol. 15,(April, 1980~November 1980): 163~4.

1562년에 110여곡을 더 담은 「시편 찬송가」가 최종적으로 출판되었다.[94] 그 뒤 「시편 찬송가」는 최고 15,000부 이상 재판되며, 9개국의 언어로 번역되어 유럽 전역에 널리 보급되면서 상당히 큰 효과를 거두었다.[95] 그 당시 이 예배에 직접 참여했던 사람의 고백을 한 번 들어 보자.

모든 사람이 남녀의 차별 없이 다 함께 찬양하는 것은 너무나 아름다운 장면이었다. 모든 사람이 손에 시편 찬송가를 가지고 있었다. 내가 이 작은 공동체에 관심을 가지기 시작한 처음 5~6일 동안 나는 그들의 찬송소리를 들을 때 눈물을 흘렸는데, 그것은 슬퍼서가 아니라 너무나 기뻐서 흘린 눈물이었다.[96]

그러나 시편 찬양만을 고집하는 이러한 칼빈의 제네바(Geneva) 개혁 교회의 분위기는 루터 교회의 예배와 다를 수밖에 없었다.[97] 제임스 화이트(James White) 교수는 이것을 다음과 같이 설명했다.

음악이 항상 살아 있어 '찬양하는 교회'라고 불리는 루터 교단의 전통과는 다르게, 또 찬양이 전혀 허락되지 않는 쯔빙글리의 취리히 개혁(Zurich Reformation)과는 다르게, 칼빈의 개혁 장소인 제네바(Geneva) 교회에는 항상 기쁨의 시편 찬양이 흘렀다. …칼빈은 음악의 모든 가사를 오로지 구약 성경인 시편에서 골라

---

94 Arlo D. Duba, "The Psalter in Reformed Worship," *Reformed Liturgy & Music,* Vol. 26, No. 2(Spring 1992): 67.

95 Robert Kingdon, *Geneva and the Coming of the Wars of Religion in France, 1555~1563*(Geneva: Droz, 1956), 100.

96 J. A. Lamb, *The Psalms in Christian Worship*(London: Faith Press, 1962), 14.

97 Cameron A Mackenzie, "The Other Reformers and Christian Worship: Not Quite Lutheran," in *Luther on Liturgy and Hymns,* ed., Daniel Zager.(Fort Wayne, IN: Concordia Theological Seminary Press, 2006), 87~103.

사용하였다. 칼빈에게 있어 오로지 시편만이 기쁨과 슬픔을 함께 담아 회중 찬양으로 드릴 수 있는 음악적 자료였다.[98]

따라서 한마디로 제네바에서 이룩한 칼빈의 음악 개혁은 시편가를 통한 개혁이라 할 수 있다.[99] 이러한 칼빈의 조심스러운 입장과 신중한 가사 선택의 자세는 마틴 루터의 자세와 약간 다르기는 하지만,[100] 그런대로 또 다른 연구의 제목이 될 수 있을 것이다.[101]

---

98 James Emery White, *Protestant Worship: Tradition in Transition*(Louisville: Westminster/John Knox Press, 1989), 66.

99 John D. Witvliet, "The Spirituality of the Psalter: Metrical Psalms in Liturgy and Life in Calvin's Geneva," *Calvin Theological Journal*, No., 32, No., 2(November 1997): 273~97.

100 오로지 칼빈만이 시편가를 만들어 부른 것은 아니다. 마틴 루터 또한 시편가를 만들어 불렀다. 그러나 둘 사이에는 큰 차이점이 있다. 칼빈은 철저히 성경 말씀과 동일한 가사 내용을 강조하는 동시에 악기의 사용을 금지했다. 그러나 마틴 루터는 가사의 직접적인 표현이 시편의 말씀과 약간 다르더라도 그 주요 의미가 시편의 내용을 전달하고 있다면 별 문제될 것이 없다는 입장이었으며 악기 사용도 무척 자유로웠다. '내 주는 강한 성이요(시편 46편)'라는 찬양도 이러한 작곡법 속에서 탄생한 시편 찬양이다. 이러한 마틴 루터의 입장은 1523년 그가 그의 친구인 게오르그 슈팔라틴(Georg Spalatin)에게 써서 보낸 그의 작곡의뢰 편지에 잘 나타나 있다. 참고하라. LW 53: 221, Richard C. Resch, "Luther's Hymns, Part II: The Psalms, Canticles, and Newly Composed Hymns," ed., Daniel Zager, *Luther on Liturgy and Hymns*(Fort Wayne, IN: Concordia Theological Seminary Press, 2006), 79~81.

101 그렇다면 "존 칼빈도 CCM 사역자였는가?" 칼빈 역시 루터와 같은 16세기 종교 개혁 신학자이며 동시에 그 나름대로의 찬양 신학을 가지고 있는 사람이었다. 하지만 칼빈은 루터와 달리 교회 음악에 대한 고정적(strict) 이해를 가지고 있었다. 그리고 음악적 재능 또한 그리 뛰어난 사람은 아니었다. 일반 민요(folk song)를 변형하여 '찬양의 보편화'를 시도하며 직접 작곡까지 했던 루터와는 달리, 칼빈은 오로지 말씀 중심의 찬양 신학을 주장했다. 칼빈은 음악 형태에 있어 다성 음악(polyphony)이 아닌 단성 음악(monody)의 성가곡을 사용했으며, 악기(instrument)는 사람의 감정을 자극하는 것이지 진정한 신앙고백을 위한 것이 아니라 하여 예배 중에 악기 사용을 금(禁)하였고, 오로지 시편(詩篇:Psalm)의 말씀만을 가사(歌辭)로 사용한 '시편가(Psalter)'를 제작하여 그것을 예배 찬양으로 인정하였다. 찬양에 용납될 수 있는 가사 내용은 오로지 성경 말씀뿐이라고 칼빈은 믿었던 것이다. 칼빈주의자(Calvinist)들이 성경에 없는 가사 내용에 세상 곡조를 붙여 찬양하는 루터란(Lutheran)들에 대하여 곱지 않은 시선을 보낸 이유가 여기에 있다. 칼빈의 이러한 찬양 신학은 그 당시 타락한 카톨릭 권력의 전유물이었던 예배 음악을 개혁해보려는 시도였다는 점에 있어, 그리고 음악이 신학적인 의미가 있는 것이며 동시에 하나님께서 사용하시는

그러나 칼빈도 역시 음악 부분에 있어서는 마틴 루터만큼 자유로운 포용력과 넓이를 가지고 있지는 못했다.[102] 사실 마틴 루터나 칼빈이나 둘 다 중세 카톨릭 음악이 타락했음을 인정했다. 그러나 마틴 루터는 음악을 하나님의 직접적인 창조물로 여긴 반면에 칼빈은 간접적인 은사로 생각했고, 마틴 루터는 복음 전파의 매개체로 인정한 반면에 칼빈은 타락의 위험성에 초점을 두었던 것이다.[103] 정리하자면 존 칼빈이 '성경적 가사에 충실한 시편가의 개척자'였다면, 쯔빙글리는 '교회 음악의 변칙적 남용'을 경고한 사람이라 할 수 있고, 마틴 루터는 '개신교 회중 찬송 코랄(chorale)의 창시자'라 할 수 있겠다.[104]

결국 우리는 16세기 종교 개혁자들 중 음악에 대해 깊은 관심을 가지고 자신의 종교 개혁 사역에 적용한 사람은 마틴 루터뿐이었음을 알 수 있다. 확실히 음악 부분에 있어 마틴 루터는 다른 개혁자들과는 달랐다.[105] 이것을 헬렌 피치 교수는 다음과 같이 설명했다.

성령의 도구라는 점에서 루터와 동일한 입장에 서 있었다. 그러나 그 접근 방법이 서로 달랐기에 칼빈은 루터와 다른 역사적 산물을 낳게 된 것이다. 그렇다면 16세기에 남겨 놓은 칼빈의 이러한 찬양 신학은 오늘날의 CCM과 관련하여 우리들에게 어떠한 의미와 가치를 담고 있을까? 이러한 칼빈의 찬양 신학은 우리로 하여금 CCM이 가질 수 있는 몇 가지 부작용들에 대하여 깊이 생각해 보게끔 한다. CCM의 급속한 유행과 보편화, 그 위에 현대의 상업주의와 인본주의가 곁들여져 검증되지 않은 CCM 음악이 무분별하게 남발(濫潑)되고, 성경 말씀에 어울리지 않는 가사 내용으로 사람의 감성만을 자극하는 형태의 찬양은 분명히 칼빈의 찬양 신학에 비추어 본다면 옳지 못한 찬양이다. 칼빈의 이러한 찬양 신학은 오늘날 CCM 문제에 있어 우리가 꼭 집고 넘어가야 할 '성서적 가사 내용(biblical-centered lyrics)'에 대하여 나름대로의 규칙을 제시하였다고 볼 수 있다. 김철웅, "존 칼빈(John Calvin)도 CCM 사역자였는가?," 「서울장신학보」 제170호(2006. 10): 5쪽.
102 Joyce Irwin, "Music and the Doctrine of Adiaphora in Orthodox Lutheran Theology," *Sixteenth Century Journal*, Vol. 14, No. 2(1983): 160.
103 Paul Westermeyer, *Te Deum: the Church and Music–A Textbook, a Reference, a History, an Essay*(Minneapolis: Fortress Press, 1998), 141~49, 155~58.
104 Robert E. Webber, *Worship: Old & New*(Grand Rapids, Michigan: Zondervan Publishing House, 1982), 73~79, 181.
105 루터와 칼빈, 그리고 쯔빙글리의 음악관을 비교 정리하면 다음과 같다.

그러므로 마틴 루터는 다른 종교 개혁자들과는 달리 특별히 예배 음악에 대하여 지대한 관심과 정성을 기울였음을 알 수 있다. 그리고 그는 실제로 음악의 가치성을 신학 다음에 두면서 그러한 예배 음악의 개혁을 실천했다.[106]

바로 여기에 "왜 마틴 루터인가?"라는 질문에 적절한 대답이 있다. 왜냐하면 마틴 루터는 16세기의 신학자이면서 음악가였으며, 더 나아가 그 당시 종교 개혁자들 가운데에서 가장 돋보이는 음악 사역을 한 인물이었기 때문이다.[107] 그러므로 과거 16세기 종교 개혁의 관점에서 동일한 개혁을 기대하고 있는 오늘날 21세기를 바라보려면 마틴 루터는 우리가 반드시 지나가야 하는 관문(官門)이다.

(3) 마틴 루터를 음악가로 연구할 때가 왔다(when)

질문: 지금이 어떤 때인가(when)?
대답: 마틴 루터를 음악가로 연구할 때이다.

이미 살펴본 바와 같이 마틴 루터는 16세기가 낳은 위대한 음악가 중 한 사람이다. 실로 마틴 루터는 '개신교 회중 찬송의 아버지'였다고 할 만큼 위대한 '음악가'였으며 음악을 중심으로 한 음악 목회를 종교 개혁 운동에 접목시킨 '음악 목회자'였다.[108] 그런데 여기서 끝나서는 안 된다. 그냥 단순히 마틴 루터가 음악가였다는 사실을 인정하

	회중 찬송	찬송가 작곡	개인의 찬양	예배 성가 합창	악기 사용
루터	O	O	O	O	O
칼빈	O	X	O	X	X
쯔빙글리	X	X	O	X	X

106 Helen Pietsh, "On Luther's Understanding of Music," *Lutheran Theological Journal*, Vol. 26, No. 3(December 1992): 164.
107 신동헌, 「재미있는 음악사 이야기」 (서울: 서울미디어, 1997), 93~94쪽.
108 김철륜, 「敎會音樂論」, 98~104쪽.

는 것만으로는 부족하다. 일단 그가 음악가였다는 사실을 알았으니 이제부터는 음악가로서의 마틴 루터에 대한 깊은 연구가 필요한 것이다.

이제까지 우리는 마틴 루터를 오로지 '종교 개혁 신학자'라는 위치에서만 바라보고 연구해 왔지 음악가로서 연구한 적은 거의 없다. 때문에 그가 남겨 놓은 '음악가'로서의 업적은 알게 모르게 종종 소외되어 왔고 심지어는 아예 무시되기도 했다. 만약 마틴 루터가 신학자로서 명성을 얻지 못했다면, 그는 오히려 오늘날 우리에게 교회 음악가로 널리 기억되고 있지 않았을까 하는 생각이 들 정도이다.[109]

그래서 미국 예일대학교 신학대학원(Yale Divinity School)의 예배음악학 교수인 브라이언 스핑크스(Bryan Spinks) 교수는 마틴 루터에 대한 연구가 오로지 종교 개혁 신학자의 관점에서만 진행되는 것을 매우 안타깝게 생각하며, 마틴 루터에 대한 예배예전적(禮拜禮奠的: liturgical) 연구, 특별히 교회 음악에 대한 연구의 중요성을 강조한 바 있다.[110] 또한 마틴 루터 음악 연구가 로빈 리버(Robin A. Leaver) 교수도 다음과 같이 말했다.

> 심지어 영어권 학계에서도 마틴 루터의 음악에 대한 연구는 거의 무시되거나 또는 잠간 언급되는 정도이다. 그동안 음악에 관한 마틴 루터의 업적은 너무나도 부적합하게 각색되었고, 덧붙여졌다(an inept cut~and paste reviser). …심지어는 「The Cambridge Companion to Martin Luther」라는 마틴 루터 연구 논문 모음집에도 마틴 루터의 예배 개혁이나, 그의 음악, 또는

---

109 R. Massie, *Martin Luther's Spiritual Songs*(London: Hatchard & Son, 1854), 3~10.
110 Bryan. Spinks, *Luther's Liturgical Criteria and his Reform of the Canon of The Mass*.(Bramcote Notts: Grove Books, 1982), 3(Reprinted by permission of The Author: Fort Wayne, IN: Concordia Theological Seminary Press, August, 1997)

그의 음악 철학에 대한 연구 논문이 전혀 없을 정도이다.[111]

루터 교단의 루터 리드(Luther D. Reed) 교수도 이와 동일한 맥락에서 다음과 같이 논평했다.

> 루터의 설교와 주석에 대한 방대한 연구 결과와 비교했을 때, 그가 남겨 놓은 예배 의식과 관련된 루터의 음악 신학에 대한 연구는 너무나 미흡하고 부족하다. 심지어는 교회사가(敎會史家)조차도 루터의 음악적 공헌에 대한 이해가 부족한 지경이다. 그러나 루터의 영향력은 매우 깊은 것이며 그 여파(餘波)는 오늘날까지도 그 효과가 미치고 있다.[112]

서울장신대학교 문성모 총장(總長)도 '교회 음악의 한국화(국악화: 國樂化)'[113]라는 주제를 16세기 종교 개혁의 관점에서 비추어 보았다.

---

111 Leaver, Robin A. *Luther's Liturgical Music: Principles and Implications*, 3.

112 Luther D. Reed, "Worship," in *What Lutherans Are Thinking*, ed. E. C. Fendt,(Columbus, Ohio: The Wartburg Press, 1947), 267.

113 여기서 필자가 '국악화(國樂化)'라는 용어를 사용한 이유가 있다. 문성모 총장은 '찬송의 토착화'라는 관점에서 '찬송의 한국화'를 주장한다. 그가 주장하고 있는 찬송의 한국화는 한마디로, '국악(國樂) 형태의 찬송가'를 의미하거나 또는 한국 전통 가락 형태의 찬송을 뜻한다. 그러므로 그가 의도하고 있는 찬송의 한국화는 서양에서 들어온 서양음악을 우리의 것으로 바꾸는 토착화의 작업이 아니라 원래부터 우리나라에 있던 고유 음악인 국악을 오늘날의 새로운 찬양으로 되살리자는 데 있다. 그는 이러한 회복을 개혁이라 부른다. 그래서 그는 찬송의 '토착화'라는 용어를 과감히 거부하고 대신에 찬송의 '한국화'라는 용어를 사용한다. 이 점에 있어 필자는 문성모 총장의 의도를 벗어나지 않는 범위에서 '찬송의 국악화'라는 말을 제안하고 싶다. 왜냐하면 '한국화'라는 용어 자체가 가지고 있는 그 의미의 광범위성과 모호성 때문이다. 물론 국악은 한국음악이므로 찬송의 한국화는 찬송의 국악화를 의미할 수 있다. 그러나 항상 찬송의 한국화가 국악만을 의미하지는 않는다. 왜냐하면 국악만이 한국화를 의미하는 것이 아니기 때문이다. 또한 실제적으로 필자가 찬송의 한국화에 대한 첫 느낌을 사람들에게 물었을 때, 국악을 말하는 사람은 그리 많지 않았다. 그러나 찬송의 국악화라는 용어를 사용했을 때에는 그 개념이 확실해지는 느낌을 받았다. 그래서 필자는 국악 형태의 찬양을 시도하는 문성모 총장의 '찬송의 한국화'라는 명제를 '찬송의 국악화'라는 명제로 대신 부르는 것이다. 이러한 문성

이 과정에서 그는 특별히 일반 민중과 대중에게 관심이 많았던 마틴 루터의 음악 신학에 깊은 관심을 가지며 다음과 같이 적었다.

> 그러므로 현재에도 루터의 음악이나 또는 교회음악학 전반에 걸쳐서 본 고장인 독일에서도 아직 학문적으로서의 체계가 완전히 이루어지지 못했다고 보아야 하며 그것은 21세기에나 가능하리라고 본다. …교회 음악 분야에 있어서 이렇게 중요한 위치에 있는 루터와 그의 음악에 관하여 한국에는 아직 이렇다 할 논문이 쓰여진 바 없으며 부분적인 언급 밖에 없는 것은 지극히 당연한 일이라고 생각되면서도 심히 안타까운 일이 아닐 수 없다. 그러므로 루터의 신학을 음악 속에서 논하는 것은 현 시점에서 대단히 필요한 일이며 의미 있는 것이다.[114]

먼저 문성모 총장은 마틴 루터의 음악 신학에 대한 연구가 매우 부진한 것에 대해 한탄했다. 그리고 다가올 21세기가 마틴 루터의 음악 신학을 새롭게 정립할 시기임을 예언하고 있었다. 그런데 정말 그의 예언대로 이제 그 때가 온 것이다. 21세기는 이미 우리 앞에 시작되었다. 아니나 다를까 21세기가 시작되면서 여기저기에서 기독교 음악, 교회 음악, 예배 음악의 개혁과 부흥의 소리가 높아지고 있다. 이제는 정말 때가 된 것이다. 오늘날 21세기의 기독교 음악을 16세기의 관점에서 재해석해야 할 때가 온 것이다.[115]

그러므로 만약 우리가 아직까지도 마틴 루터를 오로지 종교 개혁 신학자로만 이해하고 지나가려 한다면 그것은 마치 한쪽 날개를 잃

모 총장의 음악 철학에 대하여는 문성모, "찬송가 한국화(토착화)의 가능성과 그 범위,"「민족음악과 예배」(서울: 도서출판 한들, 1997), 338~58쪽을 참고할 것.

114 문성모, "마틴 루터의 예배 음악에 대한 신학적 이해,"「민족음악과 예배」. 개정증보판(서울: 도서출판 한들, 1997), 398~99쪽

115 Charles P. St~Onge, "Music, Worship, and Martin Luther," *LOGIA: A Journal of Lutheran Theology*, Vol. XIII, No. 2,(2004): 40.

은 새가 다른 쪽 날개만을 의지하고 하늘을 날아 보려고 발버둥치는 모습과 비슷하다. 더 나아가 만약 우리가 음악가 마틴 루터의 존재와 가치를 인정하면서도 그것을 심도 있게 연구하지 않는다면 그것은 이미 두 날개를 갖추고 있으면서도 전혀 날아 보려고 노력하지 않는 이상한 새와 같은 행동일 것이다. 이제 우리는 양쪽 날개의 균형을 맞추기 위하여 그리고 이미 갖추어진 두 날개를 사용해 높이 날기 위하여 마틴 루터를 음악가의 입장에서 바라보고 연구할 때가 되었다. 정말 이제는 때가 된 것이다. 바로 마틴 루터를 음악가의 관점에서 새롭게 재해석하여 재탄생시켜야 하는 때가 왔다는 말이다.

그래서 미국 베다니루터란대학(Bethany Lutheran College, MT)의 커트 에거트(Kurt Eggert) 교수는 16세기의 마틴 루터를 오늘날 21세기에 다시 재현시키는 방법 중에 가장 효과적인 것이 그의 음악가로서의 삶을 살펴보는 것이라고 했다.

> 만약 우리가 마틴 루터를 오늘날 우리 시대로 불러온다고 상상해 보자. …만약 우리가 그의 삶과 신학을 음악이라는 측면에 초점을 두고 살펴본다면, 그 시대의 모든 그의 삶을 이해할 수 있을 것이다. 우리는 루터를 볼 수 있는 비디오도 없고, 들을 수 있는 카세트 테이프나 CD도 없고, 그렇다고 해서 확실한 사진조차도 없다. 그러나 우리가 그의 삶을 담아 놓은 많은 연구 서적과 무엇보다도 그가 남겨 놓은 글을 살펴본다면 그를 오늘날에 다시 재현할 수 있을 것이다.[116]

바로 여기에 "왜 마틴 루터인가?"라는 질문을 위한 두 번째 대답이 있다. 오늘날 21세기 기독교 음악의 문제를 마틴 루터의 관점에서 새롭게 재해석되고 연구해야 할 '때'가 되었다는 것이다.

---

116 Kurt J. Eggert, "Luther, The Musician," *Lutheran Synod Quarterly*, Vol., XXIX(March 1989): 1.

(4) CCM을 통해 마틴 루터를 연구해야 한다(how)

질문: 그렇다면 음악가 마틴 루터를 어떻게 연구할 것인가(how)?
대답: CCM을 통하여 연구해야 한다.

이제 우리는 마틴 루터가 음악가였다는 사실도 알았으며(who), 더 나아가 이제는 단순히 그가 음악가였음을 인정하는 것을 넘어서 그것을 깊게 연구할 때가 되었음도 깨닫게 되었다(when). 그렇다면 어떠한 틀 속에서 어떠한 조명 속에서 음악가 마틴 루터를 바라보며 연구할 것인가? 그것도 오늘날과 같은 21세기에 어떠한 틀과 조명이 필요한가? 그 해답은 바로 CCM이라는 틀과 조명이다.

이미 설명했듯이 그동안 마틴 루터는 오로지 종교 개혁 신학자라는 역할로 기독교 역사 무대 위에 등장했었다. 그러나 이제는 21세기! 마틴 루터, 그도 변신할 때가 되었다. 마틴 루터는 이제 자신의 역할을 바꾸어 음악가로서의 기독교 역사의 무대 위에 다시 서야만 한다. 그러기 위해서는 그는 오늘날 가장 관심의 대상이 되고 있는 CCM의 무대 조명(照明)을 받을 필요가 있다. 왜냐하면 오늘날 21세기 기독교 음악을 이야기할 때마다 그 중심에 우뚝 서 있는 것이 바로 CCM이기 때문이다. 따라서 CCM을 무시하고는 21세기의 기독교 음악을 말할 수 없으며, 21세기에 음악가로서의 새로운 변신을 시도하는 마틴 루터는 CCM의 조명 없이는 무대 위에 설 수 없다.

이것을 이 책의 저술 목적에 맞추어 재설명하면 이것은 오늘날 21세기의 CCM을 16세기 마틴 루터의 관점에서 살펴보아야 할 때가 되었다는 것이다. 일찍이 서울장신대학교 문성모 총장이 '교회 음악의 한국화(국악화)'를 주장하기 위해 그것을 마틴 루터의 관점에서 재해석했다면, 오늘날의 CCM도 그와 동일한 관점에서 재분석해야 한다는 것은 전혀 이상한 일이 아니다. 이 과정 속에서 마틴 루터는 CCM이라는 찬란한 무대 조명 속에서 음악가라는 새로운 무대 옷을 입고

21세기 역사의 무대 위에서 새롭게 빛날 것이다.

"그렇다면 정말 마틴 루터는 16세기의 CCM 사역자였는가?" 이 질문에 대하여 스티브 밀러(Steve Miller)는 마틴 루터의 말을 직접 인용하면서 다음과 같이 답했다.

> 마틴 루터는 교회 음악은 단순하며 대중적이어야 한다고 믿었다. 일반 예배에서 사용되는 음악에 대하여 그는 다음과 같이 말했다. "우리의 예배와 그 속에서 사용되는 음악은 어리고 젊은 사람들뿐만 아니라 또는 고등교육을 받지 못하는 사람들마저도 쉽게 이해하고 즐길 수 있는 것이어야 한다." 모든 사람이 친근히 대할 수 있는 찬양을 만들기 위하여 마틴 루터는 다음과 같이 주장했다. "어려운 요소를 다 삭제하고 단순하며 쉬운 언어로 누구나 쉽게 배우고 익힐 수 있는 곡을 만들어야 한다." 그래서 그 당시 그는 당대에 유행하는 곡조와 가사로 찬양하는 교회 음악을 만들었다.[117]

스티브 밀러가 묘사하고 있는 마틴 루터의 음악 사역은 다분히 오늘날 21세기 CCM 사역자들의 것과 매우 흡사하다. 이것은 바로 마틴 루터가 16세기를 위한 CCM 사역자였음을 암시하는 구절이다. 제임스 화이트(James Emery White) 또한 "마틴 루터도 16세기의 CCM 사역자였는가?"라는 질문에 알맞은 답을 줄 수 있는 말을 남겼다.

> 모든 세대는 반드시 복음을 독특한 그 시대의 문화와 상황 속에서 새롭게 개정(translate)해서 전할 필요가 있다. 사실상 복음은 하나님이 부르신 위대한 복음 전도자들에 의해 항상 그 시대의 문화(contemporary culture)에 맞추어 번역되어 왔다. 마

---

117 Steve Miller, *The Contemporary Christian Music Debate: Worldly Compromise Or Agent of Renewal?*(Waynesboro, Georgia: OM literature, 1993), 113.

틴 루터는 이를 위하여 그 당시 일반 사람들이 쉽게 알아듣고 이해할 수 있는 친근한 언어(common language)를 사용하여 성경을 번역하였고, 심지어 '술집에서 사용되는 음악을 선용한 찬양(drinking song for hymns)'을 만들기도 하였다.[118]

제임스 화이트는 여기서 시대의 변화와 흐름에 따른 복음의 변질(distort)을 뜻하지 않고 복음의 '재번역(translate)' 내지는 '재개정(revision)'을 말하고 있다. 그리고 마틴 루터는 성경 번역과 음악 사역을 통하여 그것을 탁월하게 실천한 사람으로 평가하고 있다. 다시 말하자면, 그는 마틴 루터가 16세기의 CCM 사역자였음을 간접적으로 말하고 있다.[119]

위에서 이미 살펴본 두 사람의 주장에서 본 바와 같이, 당연히 이러한 16세기 마틴 루터의 개혁적인 실천은 그 당시 수많은 사람들에게 비난의 대상이 되기도 하였고, 칭찬의 대상이 되기도 하였다. 왜냐하면 16세기 당시 루터의 이러한 시도는 그야말로 혁명적인 일이었기 때문이다. 마틴 루터는 그때까지 사용하던 카톨릭 교회 음악을 자제하거나 배제하고 전혀 다른 음악을 사용했던 것이다.[120] 따라서 그 당시 마틴 루터는 오늘날 CCM 사역자들이 듣고 있는 찬반(贊反)을 동일하게 경험해야만 했다.

바로 여기에 "왜 마틴 루터인가?"라는 질문의 해답이 있다. 한 마디로 마틴 루터는, 특별히 교회 음악의 문제에 있어 오늘날 21세기의 CCM 사역자이 받고 있는 찬사와 비난을 동일하게 같이 받고 있었던

---

118 James Emery White, "Evangelism in a Postmodern World," *The Challenge of Postmodernism: An Evangelical Engagement.* edited by David S. Dockery, Grand Rapids: Baker Academics, 1995), 177.
119 이것에 대한 보다 상세한 설명은 나중에 본서의 'III. 마틴 루터와 CCM'이라는 장에서 보다 자세히 전개될 것이므로 여기서는 이 정도로 만족하려 한다.
120 Theodore Hoetty-Nickel, "Luther and Music," in *Luther and Culture,* Martin Luther Lectures, vol. 4(Decorah, Iowa: Luther College Press, 1960), 210.

16세기의 찬양 사역 개혁자였던 것이다.[121]

　이러한 마틴 루터의 역사적 선례(先例)를 따르는 최근의 사례(事例)는 얼마든지 있다. 그 중에 대표적인 것이 미국 갈보리(Calvary) 교회의 척 스미스(Chuck Smith) 목사이다. 척 스미스 목사는 1960~70년대에 그 당시 교회에 염증을 느끼고 신앙을 잃어가는 미국의 젊은이들을 위해 새로운 복음의 접촉점을 찾았는데 그것이 바로 음악이었다. 그는 성경의 가사 내용에 특별히 위배(violate)가 되지 않는 범위에서 다양한 음악적 스타일을 도입한 찬양을 예배 시간에 불렀다. 이것이 그 유명한 '예수 운동(Jesus Movement)'으로 이어졌으며 결국 현대 CCM 사역에 대한 좋은 역사적 본보기로 남게 되었다.[122]

　CCM 역사에 있어 중요한 인물인 척 스미스 목사의 음악 신학이 16세기 마틴 루터의 그것과 동일하다는 것은 매우 의미심장하다. 마틴 루터가 16세기 예배 음악의 개혁자라면, 척 스미스 목사는 20세기 예배 음악의 개혁자이다. 두 사람 모두 목회자였으며 동시에 두 사람 다 특별히 성경 가사 내용에 위반이 되지 않는 범위 안에서 다양한 교회 음악을 시도했다. 16세기 마틴 루터의 음악 신학이 20세기 척 스미스 목사의 그것과 동일하고, 20세기 척 스미스 목사의 기독교 음악 정신이 21세기를 달리고 있는 오늘날 CCM 사역자들의 그것과 동일하다면, 결과적으로 우리는 "마틴 루터도 CCM 사역자였다!"라고 조심스럽게 말할 수 있지 않을까?

　결국 우리가 "마틴 루터도 CCM 사역자였는가?"라는 질문에 대답을 찾는다면, 그 대답의 결과는 긍정적인 것이 될 것이다. 혹 이 질문에 부정적인 반응을 보이는 부류(部類)가 있다 하여도 한 가지는

121　Roland H. Bainton, *Here I Stand: A Life of Martin Luther*(Nashville, Tennessee, 1950), 266~71.
122　Paul Baker, *Why Should the Devil Have All the Good Music?: Jesus Music, Where it began, Where it is, and Where it is going*(Waco Texas: Word Books, 1979), 26~29.

분명히 인정해야 할 것이다. 바로 마틴 루터는 우리가 오늘날 CCM을 사용함에 있어 어느 정도의 '역사적 선례(a historical example)'와 '신학적 원리(a theological principle)'를 제공해 주었다는 점이다. 그러므로 16세기 마틴 루터가 보여 준 음악 철학과 사역은 CCM 사역에 관심을 가지고 있는 오늘날 우리들에게 귀중한 역사적, 그리고 신학적 선례(a historical and theological example)로 남았다는 점에서 그 의미와 가치를 찾을 수 있겠다.[123]

바로 여기에 "왜 마틴 루터인가?"라는 질문에 답하기 위한 세 번째 해답이 있다. 16세기 마틴 루터는 21세기 CCM의 조명 속에서 새롭게 태어나야 하며, 21세기 CCM은 16세기 마틴 루터의 관점에서 새롭게 해석되어야 하기 때문이다.

(5) CCM을 종교 개혁의 관점에서 재해석해야 한다(where)

질문: 마틴 루터와 CCM의 연결점은 어디에 있는가(where)?
대답: 종교 개혁의 관점에 있다.

우리는 이제 마틴 루터가 음악가였음도 알았고(who), 음악가 마틴 루터를 연구해야 할 때가 되었음도 깨달았고(when), 그것을 CCM을 통해서 연구해야 함도 인식했다(how). 그렇다면 마틴 루터와 CCM을 연결시키기 위해 이제 우리는 어디로 가야 하는가? 이 질문에 대하여 CCM 연구가 레오나드 페이톤은 아래와 같이 대답했다.

> 오늘날 우리가 예배 음악 속에서 경험하고 있는 이러한 무질서 상태와 또 그런 무질서 상태를 직면하게 된 원인을 파악하려면, 우리는 먼 옛날 시간 뒤로 돌아갈 필요가 있다. …바로 16세기이다.[124]

---

123 Ulrich S. Leupold, "Learning From Luther?," *Journal of Church Music*(Vol. 8, No. 7, July~August 1966): 4,
124 Leonard R. Payton, *Reforming Our Worship Music*, 28.

여기서 "16세기로 돌아가자!"는 말은 16세기 종교 개혁의 관점으로 돌아가자는 뜻이다. 즉 16세기 종교 개혁의 관점에서 오늘날 21세기의 음악 사역을 재해석하자는 의미이다. 결국 이것은 16세기 마틴 루터의 관점으로 돌아감을 뜻한다. 그래서 미국 카톨릭유니온 신학교(Catholic Theological Union)의 카푸친 포레이(Capuchin Edward. Foley) 교수는 다음과 같이 주장했다.

> "새로운 교회 음악의 개혁과 올바른 음악 목회의 재발견을 위해서는 먼저 과거 마틴 루터의 음악 사역을 돌아보며 그곳에서 오늘날을 위한 교훈을 먼저 찾아야 한다."[125]

이 말 역시 오늘날의 기독교 음악을 16세기 종교 개혁의 관점에서 재해석해야 한다는 뜻이다. 사실상 기독교의 모든 문제는 종교 개혁의 관점에서 바라보아야 한다. 더욱이 오늘날 21세기의 모든 기독교 문제는 16세기 종교 개혁의 관점에서 한 번 정도 재점검해 볼 필요가 있다. 바로 마틴 루터의 관점이다. 왜냐하면 마틴 루터를 중심으로 시작된 종교 개혁은 하나님이 하신 사역이요, 절대적으로 성서에 입각한 개혁이었기 때문이다.[126]

그런데 왜 굳이 교회 음악의 문제까지도 16세기 종교 개혁의 관점에서 재해석해야 하는가? 그것은 16세기 종교 개혁이 비단 신학과 교리를 위한 개혁만은 아니었기 때문이다. 실제로 16세기의 종교 개혁은 예배의 개혁이었다.[127] 그리고 예배의 개혁은 곧 바로 기독교 음악, 교회 음악, 예배 음악의 개혁을 가져 왔으며, 그러한 음악의 개혁은 곧 바로 찬양의 개혁을 일으켰다. 결국 16세기 종교 개혁은 '예

---

125 Capuchin Edward Foley, "Martin Luther: A Model Pastoral Musician," *Current in Theology and Mission*(December 1987): 418.
126 정승훈, 「종교 개혁과 21세기」 (서울: 대한기독교서회, 2001), 5~7쪽.
127 Willem Mudde, "The Church Hymn and Its Way into Music," *Concordia Theological Monthly* Vol. XXXIX, No. 7(July~August 1968): 464.

배-음악-찬양'으로 이어지는 연결 고리 속에 있었다.[128] 만약 음악이 없었다면 마틴 루터의 종교 개혁도 그리 힘을 받지 못했을 것이다. 그래서 김철륜 교수는 다음과 같이 질문한 바 있다.

> 1983년은 마틴 루터가 태어난 지 꼭 500주년이 되는 해였다. 그래서 독일에서는 이 한 해 동안 500여 회가 넘는 텔레비전의 방송 프로그램과 전시회 등 거의 모든 분야에서 그에 대한 소개가 있었다. 특히 주목을 끌었던 것은 "만약 그가 그 당시 종교 개혁을 단행치 않았더라면 오늘의 독일은 어떻게 변모해 있을까?"하는 가상적으로 추리해 본 기획이었다. …하나의 가정을 던져 본다. "만약 Luther가 교회 음악에 대한 풍부하고도 대단한 지식과 응용이 없었다면…그는 과연 종교 개혁에 성공할 수 있었을까?"[129]

물론 대답은 부정적이다. 음악이 있었기에 종교 개혁도 그 만큼의 힘을 받을 수 있었다. 종교 개혁 안에 음악이 있었으며, 음악은 종교 개혁 속에서 진가를 발휘했다. 그러므로 오늘날 음악의 문제를 종교 개혁의 관점에서 바라봐야 한다. 장로회신학대학교 교회음악과 홍정수 교수 또한 이러한 필요성에 대해 다음과 같이 주장했다. 특별히 그가 마틴 루터를 강조했다는 것이 눈에 띈다.

> 개신교는 어느 나라의 경우이든지 종교 개혁에 뿌리를 두고 자신들의 역사적 정체성을 이해한다. 그래서 개신교의 신학적 논의는 주로 이 뿌리로부터 출발한다. 이는 교회 음악의 경우도 마찬가지여서, 항상 종교 개혁 당시의 교회 음악적 뿌리가 다른 어떤 부분보다 더 중요하게 다루어진다. 비록 현재의 교회 음악이 모습

---

128 Alan C. Hoger, "A Victorian Legacy: The Translating of German Hymns," *LOGIA: A Journal of Lutheran Theology*, Vol., III, No., 2(April 1994): 18.
129 김철륜, 「敎會音樂論」, 75~76쪽.

이 종교 개혁 시대의 것과는 사뭇 다름에도 불구하고 종교 개혁 시대의 교회 음악을 아는 것은 중요하다고 생각하는 것이다. 왜냐하면 종교 개혁과 함께 새로운 교회 음악의 시대도 열렸기 때문이다. 그리고 그 새로운 교회 음악적 생각이 중요하다고 보기 때문이기도 하다. …많은 종교 개혁가들이 있었지만 오늘날의 교회 음악에서도 통할 수 있는 교회음악론을 가졌던 사람은 엄밀한 의미에서 루터밖에 없었다. 따라서 루터의 교회음악론은 오늘날에도 현실성을 갖는 것이기에 그의 교회음악론을 중심으로 종교 개혁 시대의 교회음악론을 다루려고 한다.[130]

이와 같이 종교 개혁은 신학과 교리만의 개혁이 아닌 예전과 예배, 그리고 교회 음악의 개혁이었으며, 더 나아가 그 모든 개혁의 움직임이 결국 찬양 사역을 통해 빛을 본 개혁이었다. 그리고 그 중심에 마틴 루터가 서 있었다.

이러한 개혁은 시대가 요구한 것이며, 그 시대를 고치시기 위한 하나님의 움직이심이었다. 폴 웨스터메이어(Paul Westermeyer) 교수도 16세기 종교 개혁이 결국 찬양의 개혁이었음을 선언하며 그렇게 될 수밖에 없었던 이유를 설명한다.

이러한 중세 카톨릭 교회의 타락은 음악을 통한 찬양 속에서도 나타났다. 그것은 중세 카톨릭 교회가 하나님께 찬양드림에 있어 일반 평신도들의 참여를 절대로 허락하지 않았다는 사실에서 증명된다. 여기에 모든 종교 개혁자들이 그것을 회복하기 위해 찬양의 개혁을 시도하게 된 이유가 있다.[131]

---

130 홍정수, "종교 개혁과 오늘날 한국 교회 음악,"「연세음악연구」제4집(1996): 45~46쪽.

131 Paul Westermeyer, *To Deum: The Church and Music*(Minneapolis: Fortress Press, 1998), 121.

우리는 여기서 찬양에 있어 중세 카톨릭 교회의 타락이 구체적으로 어떤 것이었는지 알 수 있다. 바로 특별한 집권층만을 위한 찬양의 독점이었다. 16세기 종교 개혁자들은 이 독점의 틀을 깨려 한 것이다. 이 과정에서 종교 개혁 신학이 그 원리였다면, 찬양의 개혁은 그 원리를 적용하는 구체적인 움직임이었다. 그러므로 찬양 사역을 연구할 때 그것을 종교 개혁의 관점에서 본다는 것은 오늘날의 새로운 개혁을 본다는 의미이다.[132]

그러나 이제까지 우리는 16세기 종교 개혁을 바라볼 때에 오로지 신학적이고 교리적인 관점에서만 해석해 온 것이 사실이다. 하지만 이제는 그 교리적인 신학 개혁이 외형적으로 어떻게 구체화되며, 실제화되었는지를 알아보아야 할 때가 된 것이다. 왜냐하면 그 종교 개혁이라는 종이비행기는 음악과 찬양이라는 상승기류를 타고 16세기 교회 역사의 최정상에 안착(安着)할 수 있었기 때문이다. 그러므로 오늘날 21세기에 그 종이비행기를 다시 날리려면, 그 종이비행기를 떠오르게 했던 그 때의 상승기류를 오늘날 다시금 불게 해야 한다(아 4:16). 그러기 위해서는 16세기 종교 개혁을 예배의 관점에서, 음악과 찬양의 관점에서 다시 봐야 한다.

"새로운 찬양의 폭발은 진정한 예배 갱신의 한 부분이다."[133]라는 말과 같이 실제로 16세기의 개혁 신학은 새로운 찬양이라는 물결을 타고 중세 카톨릭의 무너져가는 예배의 담을 넘어뜨리고 있었다. 그런데 오늘날 21세기는 과거 16세기가 요구하던 새로운 개혁을 꿈꾸고 있다. 그렇다면 오늘날에도 동일한 개혁의 물결이 일어나야 할 것이다. 바로 여기에 오늘날의 21세기의 모든 교회 음악과 찬양 사역을 16세기 종교 개혁의 관점에서 바라봐야 할 이유가 있다.[134]

132　Konrad Ameln, *The Roots of German Hymnody of the Reformation Era*(St. Louis, Missouri: Concordia Publishing House, 1964), 17.
133　Robert E. Webber, *Planning Blended Worship*(Nashville: Abingdon Press, 1988), 18.
134　남궁오, 「현대 기독교 대중음악(CCM)의 바람직한 발전 방향에 관한 연구」(미간행 석사논문, 서원대학교 교육대학원, 2002), 14쪽.

그렇다면 당연히 오늘날 21세기 한국 교회에서 뜨거운 논쟁의 대상이 되고 있는 CCM의 경우, 더욱더 종교 개혁의 관점에서 재해석할 필요가 있지 않을까? 이 질문에 대하여 박양식 교수는 다음과 같이 대답했다.

> 이렇게 볼 때 CCM의 예배 음악적 가능성에 대한 모색은 예배 갱신과 더불어 새로운 신앙의 지평을 확장시키는 결과를 낳을 것이다. 종교 개혁 시기에 예배에서 모국어 사용이 예배 갱신을 이끌었다면, 현대 사회에서 예배 갱신은 음악의 역할에 많은 비중이 두어질 것이다. 그러므로 앞으로 CCM의 의미와 역할은 더욱더 재생산되어 그 비중은 날로 더해질 것이란 전망에 대해 무감각해져서는 안 된다.[135]

그런데 16세기 종교 개혁의 시작과 그 중심에 마틴 루터가 있었다.[136] 그렇다면 당연히 마틴 루터의 관점에서 CCM을 재조명해 보는 것은 너무나 당연한 일이며 필수적인 작업이 아닌가? 이 질문에 대하여 홍정수 교수는 다음과 같이 대답했다.

> …루터가 결국 가장 교회에 기여하는 방향으로 갔었다는 것을 교회 음악 역사가 증언하고 있다. 보잘 것 없었던 그의 음악은 자체가 가진 것보다 훨씬 더 막강한 힘을 발휘했다. …즉 오늘날의 교회 음악은 카톨릭이건, 루터교이건, 장로교이건, 침례교이건 아주 소수의 악기를 사용하지 않는 정교 계통 등을 제외하면 루터의 음악 신학에 의해서만 해명될 수 있기 때문이다.[137]

---

135 박양식, 「문화를 알면 사역이 보인다」 (서울: 기독연합신문사, 2004), 186쪽.
136 Donald Jay Grout, *A History of Western Music*, Revised Edition(New York: W. W. Norton & Company, Inc, 1973), 252~58.
137 홍정수, "찬송가의 생성과 마르틴 루터," 서정운 명예총장 은퇴 기념 출판위원회 편, 「하나님의 나라와 선교」 (서울: 대한기독교서회, 2001), 404~5쪽.

오늘날 21세기는 16세기에 있었던 동일한 개혁이 필요한 시기이다. 더 정확히 말하자면 회복이 필요한 때이다. 만약 CCM이 그 개혁(회복)의 한 도구가 될 수 있다면 21세기의 CCM을 과거 16세기 종교 개혁의 관점에서 새롭게 재조명하는 것은 이제 너무나 당연한 작업이 될 것이다. '온고지신(溫故知新)'이라는 말과 같이 과거 16세기 종교 개혁의 가르침을 오늘날 21세기에 다시 받아들여 CCM을 새롭게 재해석하자는 것이다. 이러한 입장에서 볼 때 오늘날 21세기의 CCM은 당연히 과거 16세기 CCM 사역자였던 마틴 루터의 관점에서 재분석되어야 한다.[138]

(6) 요약

이제 우리는 "왜 마틴 루터인가?"라는 질문에 자신 있게 대답할 수 있다. 간단히 요약해 보자. ① 마틴 루터는 16세기의 음악가였으며(who), ② 21세기, 즉 지금이 그를 음악가로 연구할 때이며(when), ③ 이를 위해 마틴 루터를 특별히 CCM이라는 틀을 통하여 연구해야 하고(how), ④ 이 과정 속에서 우리는 오늘날 21세기의 CCM을 16세기 종교 개혁의 관점(마틴 루터의 관점)에서 재해석할 수 있기 때문이다(where).

---

138 김철웅, "종교 개혁의 관점에서 바라 본 CCM," 「월간 신앙세계」 통권 471호(2007. 10): 52~57쪽.

CCM에 대한 이해

1. CCM의 정의

(1) 세 가지 관점(觀點)

"목사님! 대체 CCM(Contemporary Christian Music)이 무엇인가요?" 이 질문은 필자가 이제까지 찬양 사역을 해 오면서 심심치 않게 들어온 질문이다. 특별히 필자가 '음악 선교학(Music Mission)'[139]

---

[139] 아직까지 '음악 선교'와 '음악 선교학'에 대한 정의는 아직 정확히 세워지지 않았다. 그러나 이미 이러한 용어는 공식적으로 사용되고 있다. 그래서 참고로 필자가 이해한 정의를 여기 소개하고자 한다. 먼저 '음악 선교'에 대한 필자의 정의는 ① 음악(Music), ② 사역자(Missionary), ③ 선교 방법(Missions), ④ 선교의 주체인 하나님의 뜻(Mission), 그리고 ⑤ 선교의 대상인 사람들(Men)의 앞 글자만을 딴 '5M 정의'라 할 수 있다. 풀이하면 '음악 선교'란 부름 받은 사역자(Missionary)가 여러 가지 선교 방법 중(Missions) 음악(Music)이라는 매개체를 통하여 선교의 주체가 되시는 하나님의 뜻(Mission)을 사람들(Men)에게 전하는 것이다. 그리고 '음악 선교학'이란 이러한 음악 선교를 수행할 수 있도록 사역자를 이론적으로 실질적으로 교육하고 훈련시키는 학문적 과정이다. 그러므로 '음악 선교학'의 정의를 영어로 표현하면 다음과 같다. 'Music missiology could be defined as a multi-disciplined theological reflection on the task of missions through music for missionaries to accomplish Triune God's divine purpose of mission.' 이러한 필자의 '5M 정의'는 필자

의 한 측면으로서 CCM에 대한 공부를 시작한 이래로 이 질문은 마치 아침에 일어나 길거리에서 처음 만난 사람들에게 전하는 "Good Morning!" 같은 인사처럼 아주 일상적인 생활의 한 부분이 된 듯한 기분이다.

"목사님! 대체 CCM이 무엇인가요?" 이 질문을 하는 사람은 연세(年歲)가 지긋하신 어르신부터 중년(中年)의 성도들, 그리고 청년과 학생들, 심지어는 아주 나이가 어린 아이들까지 매우 다양했다. 그리고 그 직책(職責)과 직업 또한 매우 다양해서 목사, 장로, 전도사, 집사, 교수, 찬양 사역자, 일반인, 가수, 대학생에 이르기까지 많은 사람들이 이 질문을 필자에게 해 왔다. 더욱더 흥미로운 것은 사람들이 그 질문을 하는 실제적 이유(a real reason)였다. 어떤 사람은 정말 CCM을 사랑해서 마치 자신이 연연(戀戀)하고 있는 한 연인(戀人)을 향하여 그 사람의 모든 것을 알고 싶어 하는 간절한 마음으로 그 질문을 하는 사람이 있었는가 하면, 오히려 그 반대로 CCM을 싫어하여 마치 의도적으로 문제가 될 만한 꼬투리나 약점을 잡으려는 속셈으로 물어 오는 사람도 있다. 그들은 웃음 속에 날카로운 송곳니를 살짝 감추고 마치 유도신문을 하는 듯한 분위기를 조성하며 다가온다.

"목사님! 대체 CCM이 무엇인가요?" 이러한 질문을 하는 사람의 연령이나 계층, 그리고 그 이유가 무엇이든지 상관없이, 필자는 이러한 질문을 들을 때마다 그들에게 바로 답을 주기보다는 오히려 그들에게 똑같은 질문을 되물었다. "그래, CCM이 대체 뭘까요?" 필자가 이렇게 되물은 이유는 두 가지이다. 첫째로는 질문자들이 가지고 있을 법한 그들 나름대로의 답을 먼저 들어 보고 싶었고, 두 번째는 부끄

가 2004년 미국 컨콜디아신학교(Concordia Theological Seminary)의 철학박사(Ph.D) 과정 수업 시간을 통해 발견하게 된 내용이다. 그 수업은 인류문화학 교수인 그레고리 클롯츠(Gregory. Klotz)와 함께 한 '음악의 선교학적 이해(Music in Evangelism)'라는 독립 수업 과목(A Independent Study)이었는데 이 수업을 통하여 위와 같이 정의하게 되었다(이후 이 강의에 대한 내용은 'GK-Class'로 표시한다.).

러운 이야기이지만, 필자 스스로도 CCM에 대한 정의를 무엇이라고 답해 주어야 할지 몰랐기 때문이다.

과연 CCM을 정말 무엇이라고 정의할 수 있을까?

이미 인식하고 있는 사실이지만, 엄밀하게 말해서 이 질문에 대하여 명확한 해답을 내린다는 것은 그리 쉬운 작업이 아니다. 그 이유에 대하여 미국 유니온신학교(Union-PSCE)의 실천신학 담당 교수인 로날드 바이어스(Ronald P. Byars) 교수는 'Comtemporary'라는 단어가 한 마디로 정의될 수 없는 복합적 명제이기 때문이라 했고[140] CCM 연구가인 유형선도 다른 각도에서 다음과 같이 말했다.

> CCM을 한마디로 정의하는 것은 절대로 쉬운 문제가 아니다. 그 이유는 CCM이라는 것이 그것을 정의할 수 있는데 도움이 되는 특정한 음악적 형태를 기초로 하여 시작한 것이 아니기 때문이다. 오히려 CCM은 사회와 역사적 흐름 속에서 복합적으로 자연스럽게 형성되고 발전되기 시작하여 어느새 기독교 안에 조심스럽게 그 뿌리를 내리게 된 음악이기 때문이다.[141]

이처럼 문자적으로나, 사회·문화적으로나, 역사적으로나, CCM은 한마디로 딱 부러지게 정의하기에는 어려운 명제이다. 그러나 그렇다고 해서 그냥 아무런 정의를 세워 주지도 않고 그 용어를 사용할 수는 없는 일이다. 그럼에도 불구하고 CCM은 그 나름대로의 정의를 가질 필요가 있었다.[142] 일반적으로 어떠한 명제에 대하여 나름대로의 정의를 내린다는 것은 모든 학문 연구의 시작이자 끝이며 기본이다. 따라서 CCM에 대하여 정의를 내리고 그것을 이해한다는 것은

---

140 Ronald P. Byars, *The Future of Protestant Worship*(Louisville: Westminster John Knox Press, 2002), 54.
141 류형선, "CCM, 한국 교회 지형에 뿌리내리기," 「CCM Look」 (1998, 11): 3쪽.
142 문성모, "CCM 꼬집어서 질문하기," 「CCM Look」 (1997. 9,10), 38쪽.

CCM을 바로 알아나가는데 있어서 필수 불가결한 첫걸음이자 최종점이며 가장 근본이 되는 과정이다. 그러므로 먼저 CCM에 대한 이제까지의 일반적인 이해부터 살펴보는 것이 좋을 것 같다.

이제까지 많은 사람들이 상술한 여러 가지 어려움에도 불구하고 CCM에 대한 다양한 정의를 내놓았으며, 그들이 내놓은 정의들은 CCM이 가지고 있는 음악 스타일의 자유로움만큼이나 다양하고 복잡했다. 하지만 그 많은 정의들은 다행히 서로 공통된 부분을 가지고 있었다. 그래서 우리는 이제까지 나타난 CCM의 많은 정의들 가운데 그것들이 가지고 있는 공통분모에 초점을 맞추어 CCM에 대한 정의를 논해 볼 수 있을 것이다.

따라서 필자는 다음과 같은 세 가지의 관점(觀點)에서 CCM을 정의하려 한다. 하나는 '문자적(文字的) 관점에서 바라본 CCM의 정의'이고, 또 다른 하나는, '실용적(實用的)인 관점에서 적용한 CCM의 정의'이며, 마지막은 '언어학적(言語學的)인 관점에서 해석한 CCM의 정의'이다. 첫 번째 정의는 'CCM의 문자적 정의(literal definition of CCM)'이고, 두 번째 정의는 'CCM의 실용적 정의(practical definition of CCM)'이며, 마지막 세 번째 정의는 'CCM의 언어학적 정의(linguistic definition of CCM)'이다. 그럼 이제부터 CCM이 세 가지의 관점 속에서 어떻게 정의되는지 하나하나씩 살펴보도록 하자.

(2) 문자적 정의

일찍이 미국 이스턴대학(Eastern University, PA)의 음악학 교수 콜빗(J. Nathan Corbitt)은 CCM에 대하여 말하기를 'CCM은 많은 현대 기독교 음악 중에 한 부류(a class of Christian music in today)'[143]라고 소개했다. 쉽게 말하자면 일반적으로 우리가 흔히 말

---

143 Corbitt, Nathan J. *The Sound of the Harvest: Music's Mission in Church and Culture*(Grand Rapids: Baker Books, 1998), 32.

하는 CCM이란 '현대 기독교 음악'을 총칭(總稱)하는 단어이다. 말 그대로 같은 시대의 음악적 흐름을 따르고 있는 현대 기독교의 대중적인 음악이다. 그래서 미국 콜롬비아신학교(Columbia Theological Seminary)의 브라이언 워렌(Brian Wren) 교수는 CCM을 정의하면서 그 정의의 특징을 'recent', 'topical', 'timely'라는 세 단어로 요약했는데, 그 뜻은 근래의(recent), 주제를(topical), 알맞게(timely) 언급하고 있다는 뜻이다.[144] 그러므로 CCM을 단순히 한글로 직역(直譯)한다면, 그냥 '현대 기독교 음악'이라고 정의할 수도 있겠다.

특별히 이것은 현재의 흐름(trends)을 인식하고 현재에 유행하고 있는 문화 형태(popular styles)를 표방하며 그것에 발맞추어 생겨난 기독교 음악을 말하는 것이다. 그리고 CCM은 그 선호 대상이 특별하다. CCM은 특정한 계층과 대상을 중심으로 발전해 왔다. 그들은 바로 젊은 신앙인이다. 이러한 면에서 CCM은 언어적으로, 감성적으로, 상황적으로, 문화적으로 기성세대와는 차원이 다른 젊은 신앙인들을 위한 기독교 음악으로 그 자리 매김을 해 왔다고 할 수 있다. 다시 설명하면 CCM은 젊은 신앙인들에게 하나님의 은혜를 음악적인 경로를 빌려 누릴 수 있도록 길을 열어 준 새로운 기독교 음악이 된 것이다. 때문에 CCM은 얼핏 듣기에 젊은 신앙인들을 중심으로 유행하고 있는 현대식 기독교 찬양 스타일을 총칭(總稱)하여 일컫는 단어처럼 들릴 수도 있다.

그래서 흔히 'CCM은 젊은 신앙인들만을 위한 음악'이라는 뜻으로 잘못 이해되는 경우가 있는데 이것은 CCM에 대한 올바른 이해가 아니다. 이것은 어디까지나 CCM이 그 영향력을 행사하고 CCM을 통하여 하나님께 영광을 돌리는 주요 계층이 젊은 신앙인이라는 뜻이지 CCM의 대상을 젊은 신앙인에게만 국한시키려는 뜻이 담긴 것은 절대 아니다.

---

144 Brian Wren, *Praying Twice: The Music and Words of Congregational Song*(Louisville, London: Westminster John Knox Press, 2000), 131.

이와 같은 CCM을 정의하는데 있어 가장 우선적인 방법은 CCM이라는 명제를 구성하고 있는 단어들을 깊이 고찰해 보는 방법이다. 왜냐하면 어떠한 말이나 명제(命題)의 기본적인 성격과 의미를 파악하기 위해서는 그것을 구성하고 있는 단어들의 의미를 면밀히 살펴보는 것이 가장 우선된 과제이기 때문이다.

그러면 이제 CCM을 구성하고 있는 세 가지 단어를 통하여 CCM의 정의를 좀 더 문자적으로 깊이 살펴보려 한다. 우리가 이미 잘 알고 있듯이 기본적으로 CCM은 아래와 같이 세 가지 단어로 구성이 되어 있다.

Contemporary + Christian + Music = CCM

첫째는 'Contemporary(현대 또는 동시대)'라는 단어이고, 둘째는 'Christian(기독교인)'이라는 단어이며, 마지막 세 번째는 'Music(음악)'이라는 단어이다. 일단 세 번째 'Music'이라는 단어는 CCM의 존재를 표명한다. 즉 글자 그대로 CCM은 음악이라는 말이다. CCM이 음악이라는 이 해석 아래에서는 CCM 자체가 기독교적인지 아닌지를 구분할 수 없다. 그저 단순히 글자 그대로 음악 그 자체를 의미할 뿐이다. 그러므로 여기까지는 별 무리가 없다. 그러나 CCM의 좀 더 깊은 이해는 그 외의 다른 두 가지 단어('Contemporary' & 'Christian')를 해석할 때에 나타난다. 첫 번째, 'Contemporary'라는 단어는 그 음악의 스타일(style)과 형태(type)를 정의하고, 두 번째, 'Christian'이라는 단어는 그 음악의 내용(content)과 대상(target group)을 규정하는 것이다.

이러한 이해를 뒷받침하기 위해 해럴드 베스트(Harold M. Best) 교수의 글을 살펴하는 것은 매우 도움이 된다. 왜냐하면 CCM을 문자적으로 정의내리는 거의 모든 사람들의 주장은 해럴드 베스트 교수의 글에 기초하고 있기 때문이다.

여기에서 CCM의 세 단어 중 '기독교인'이라는 단어와 '현대'라는 말이 무엇을 의미하고 있는가를 분명히 하는 것은 매우 중요하다. 이미 우리가 아는 바와 같이 '기독교'라는 단어는 가사의 내용에만 적용되는 용어이다. …CCM의 일반적인 목적은 그 음악의 내용과 음악인들의 간증 모두가 기독교적이어야 한다. 둘째로 '현대'라고 하는 단어는 오늘날의 시대와 함께 또는 동시대를 의미한다. 그러므로 '현대'라는 단어는 CCM이 우리가 살고 있는 현시대의 음악적 스타일을 가지고 있음을 보여 준다.[145]

위에 인용되어진 베스트 교수의 주장에 기초하여 'Contemporary'라는 단어는 CCM의 음악 스타일이 어떤 것인지 알게 하고, 'Christian'이라는 단어는 CCM의 내용과 그 대상을 규정하고 있는 단어라고 말할 수 있다. 이러한 헤럴드 베스트의 정의에 힘입어 CCM 연구가인 강인중 또한 CCM을 다음과 같이 정의하였다.

CCM은 그 시대에 유행하는(contemporary) 음악 양식에 기독교적(Christian) 메시지를 결합한 음악(music)을 뜻하는 말로, 일반 대중음악 스타일 형식의 오락성이 강한 교회 음악을 말한다.[146]

뿐만 아니라, 백석대학교 교수이자 CCM 사역자인 하덕규는 "CCM이란 기독교 세계관을 바탕으로 한 모든 대중음악을 말한다."[147]라고 CCM의 정의를 내렸으며, 양동복 CCM 프로듀서도 CCM에 대하여 정의하기를 '일반 대중음악의 스타일을 똑같이 가지고 있으면서

145　Harold M. Best, *Music Through The Eyes Of Faith*(San Francisco: Harper Collins Publishers, 1993), 159~60.
146　강인중, "교회와 대중음악," 기독교윤리실천운동 문화전략위원회 엮음, 「대중문화, 더 이상 침묵할 수 없다」 (서울: 예영커뮤니케이션, 2000), 222쪽.
147　하덕규, "CCM은 대안일 수 있는가," 「복음과 상황」 (1996. 2): 32쪽.

도 기독교적 가치관을 내용으로 담고 있는 음악'[148]이라 했다. 동시에 그는 CCM이라는 이름에 나타난 역설적(逆說的) 구조를 설명하면서 "CCM은 기독교 음악 안에서는 스타일에 의해 불려지고 일반 대중음악 안에서는 내용으로 구별되어 지칭되는 이중 구조를 갖고 있는 것이다."[149]라는 말을 덧붙이기도 했다. 또한 CCM 연구가 안혁도 "CCM이란 현시대적인 형식으로 기독교 세계관을 담고 있는 음악이다."라고 그 정의를 내린 바 있다.[150]

위에 나타난 이 모든 정의가 바로 CCM이 가지고 있는 음악적 스타일과 그 기독교적 내용을 염두에 두고 내린 정의들이다. 그리고 이러한 정의를 얻게 되는 그 모든 과정은 CCM이 구성하고 있는 세 가지 단어들, 'Contemporary', 'Christian', 그리고 'Music'을 문자적으로 고찰함으로써 이루어진다. 물론 여기에서 '일반 대중의 음악 스타일'이라는 말은 'Contemporary'라는 단어와 연관이 있고, '기독교적 가치관을 담은 그 내용'이라는 말은 'Christian'이라는 단어와 관련을 가지고 있다.

결론적으로 CCM이라는 명제가 구성하고 있는 이 세 가지 단어, 'Contemporary', 'Christian', 그리고 'Music'의 이해를 바탕으로 CCM을 다시 정의한다면 그것은 다음과 같다.

> CCM이란 기독교적 가치의 내용을 일반 대중의 음악 스타일 안에서 고백하고 표현하는 현대 기독교 음악이다.

이것이 바로 문자적 관점에서 바라본 CCM의 정의이다.

---

148 양동복, 「새로운 대중음악 CCM」 (서울: 예영커뮤니케이션, 2002), 23쪽.
149 위의 책, 33쪽.
150 안혁, "CCM은 무엇을 노래해야 하는가," 「CCM Look」 (1997. 3): 34쪽.

(3) 실용적 정의

1) CCM에 대한 실용적 정의가 필요한 이유

우리는 위에서 문자적 관점에서 바라본 CCM의 정의에 대하여 살펴보았다. 이제는 실용적 관점에서 이해한 CCM의 정의를 살펴볼 차례이다. 그런데 여기에서 한 가지 질문을 하게 될 것이다. "왜 문자적 관점에서 바라본 CCM의 정의가 있는데도 불구하고, 다시 CCM에 대한 실용적 의미에서의 정의까지 살펴보아야 하는가?" 그 이유는 간단하다. 문자적 정의에서 나타난 문제점과 그 한계를 보완(補完)하기 위함이다.

그렇다면 CCM의 문자적 정의에는 어떠한 한계와 문제점이 있는가? 이 질문에 답하기 위해서는 'Contemporary'라는 단어를 다시 한 번 깊게 고찰해 보아야 한다. 왜냐하면 CCM의 문자적 정의에서 문제가 되는 것은 바로 'Contemporary'라는 단어이기 때문이며, 'Contemporary'라는 단어를 문자적으로 어떻게 이해하고 해석하느냐에 따라 CCM의 정의가 확연히 달라지기 때문이다.

2) 'Contemporary'의 문자적 이해와 그 문제점

이미 앞에서 살펴보았듯이 일단, 'Contemporary'라는 단어를 무조건 문자적으로만 이해한다면, CCM은 현대에 만들어져서 동시대의 사람들에게 사용되고 있는 모든 종류의 음악을 일컫는 단어가 되어 버린다. 다시 말하여 모든 음악 형태의 자유 속에서 현대에 만들어지고, 불려지고, 또 사용되는 모든 기독교 음악을 총칭(總稱)하게 된다.[151] 결국 'Contemporary'라는 단어의 문자적 이해 속에서 나타난 CCM의 정의는 그 음악을 사랑하는 특정한 연령(年齡)이나 세대(generation), 더 나아가 그 음악의 형태와도 전혀 상관 없이 무조건 현대에 만들어지고, 불려지고, 사용되는, 모든 기독교 음악을 뜻하게

151　박양식, 「문화를 알면 사역이 보인다」 (서울:기독연합신문사, 2004), 173쪽.

된다.[152] 예를 들면, 전통적인 클래식 음악이나 일반 예배시의 회중 찬양, 카톨릭 성가대의 전통적인 성가나 미사곡 심지어 무교회주의자나 유형의 교회를 이루지 못하는 박해 받는 공동체와 개신교회 밖의 기독교 음악까지도 일단 그것이 현대에 만들어진 것이면 그 음악적 형태와 찬양하는 연령(年齡: age)에 상관없이 그것은 문자적 의미에서의 CCM이라고 할 수 있다.[153]

이것을 로날드 바이어스 교수는 다음과 같이 설명했다.

> 우리는 신문 상에서 종종 컨템포러리 주일 아침 예배(The early service…'contemporary')라는 광고를 볼 수 있다. 이것은 무엇을 의미할까? 이것은 오늘날 동시대에, 즉 현대에 수행되는 모든 예배는 컨템포러리 음악을 사용한 컨템포러리 예배라는 것이다. 예를 들자면, 패트릭성당(St. Paticks Cathedral)의 미사, 또는 비공식 친교 모임, 또는 동방 정통 교회의 예배, 모든 음악, 설교, 목회자의 기도, 그리고 미조리(Missouri) 지역에 있는 작은 침례 교회의 모든 예배까지, 일단 그것이 오늘날 일어나고 있는 예배라면 그것은 컨템포러리 예배라 할 수 있다.[154]

위의 인용문은 'Contemporary'라는 단어의 문자적 이해가 가지고 있는 적용의 무제한성(unlimited application)을 너무나 잘 보여주는 말이다. 이처럼 CCM을 이해하는데 있어 'Contemporary'라는 단어를 그냥 아무런 여과(濾過) 없이 문자 그대로 이해하고 적용한다면 그것은 현재에 만들어지고, 수행되며, 사용되는 모든 기독교 음악을 모두 일컫는 광범위한 범위의 음악이 되어 버리고 만다.

---

152 Hyuk Choi, *What is Contemporary Praise and Worship?* Excerpts read by the author. Cassette Tapes 3.(New Jersey: Grapevine Publication, 1998)

153 민호기, "전 세대에 부합하는 자발적 예배로의 회복," 「월간 목회」 제354호 (2006, 2): 75쪽.

154 Ronald P. Byars, *The Future of Protestant Worship*, 49.

그렇다면 여기에서 차가운 머리를 가지고 한 가지 질문을 해보자. "정말 현재 CCM의 현실이 그러한가?" "정말 오늘날의 CCM을 말할 때 사람들은 현대에 만들어진 클래식 찬양과 전통성가곡까지 CCM으로 간주하고 있는가?" "정말 CCM이라고 할 때 동시대의 모든 음악을 다 포함해서 이야기하는가?" 아마 이 질문에 대한 답은 부정적일 것이다. 물론 이론적으로는 대부분 그것을 따른다. 그리고 그렇게 되어야 한다고 주장한다. 그러나 아쉽게도 현실은 그렇지 않다. 사실상 전통 클래식 찬양이나 카톨릭 성가까지 요즘 우리가 일반적으로 인식하는 CCM으로 인정하는 사람은 그리 많지 않다.

현재의 일반적인 인식으로 아직까지는 기독교 음악이 여전히 두 가지 형태로 이원화되어 있다. 하나는 CCM이요, 다른 하나는 전통 기독교 음악(Traditional Christian Music: TCM)이다. 실제적으로 두 음악은 서로 대조가 된다. 특별히 TCM은 CCM과 대조되는 음악 범위로서 클래식 성가나 전통적 고전 예배의 음악 형태를 의미한다. 'Contemporary'라는 단어의 문자적 이해에서 이것을 바라본다면 TCM이라도, 역시 그 음악이 오늘날 동시대에 만들어진 것이면 그 음악의 스타일과 장르에 상관없이 CCM으로 정의되어야 한다. 그러나 이러한 클래식 전통음악이 현대에 만들어졌다고 해서 그것을 CCM의 범주에 넣어서 이해하는 사람들은 극히 드물다.

바로 여기에 현실적 문제가 있다. 이것은 'Contemporary'라는 단어의 문자적 이해와는 확연히 차이가 나는 현상이다. 그래서 CCM을 정의하는 많은 사람들의 말을 들어 보면 항상 현대에 만들어진 다양한 스타일의 음악 형태를 말하면서도, 이상하게 전통성가곡에 대해서는 침묵하는 경우가 많다.

몇 가지 경우의 예를 들어 보자. CCM 연구가인 스티브 첼레우(Steve Chellew)는 CCM의 음악 장르에 대하여 "CCM은 가스펠, 명상곡, 서던 가스펠, 흑인영가, 포크, 팝, 록, 헤비메탈, 랩, 리듬 앤 블루스, 연주곡 등을 포함한 현대 스타일의 다양한 기독교 음악을 뜻한다."[155]라고 설명하면서도 이상하게 전통성가곡에 대해서는 아무런 언급이 없다. 토마스 두져(Thomas Van Duzer) 교수도 마찬가지이다.

> 많은 사람들이 CCM 하면 그것은 기독교 락앤롤(rock and roll)만을 의미하는 것으로 생각한다. 그러나 이것은 오해이다. CCM은 그 이상의 다양한 현대 스타일의 음악을 포함한다. 예를 들면, 째즈, 블루스, 서부 컨츄리뮤직, 팝, 헤비메탈, 더 나아가 펑키나 뉴웨이브 음악까지, 당신이 어떠한 스타일의 음악을 듣든지 당신은 그 현대 음악 스타일 안에서 CCM을 찾아낼 수 있다.[156]

물론 '어떠한 스타일의 음악이든지'라는 표현을 남겼으나 그가 열거한 음악 형태에는 전통성가곡은 들어가 있지 않다. 미국 트리니티 루터란신학교(Trinity Lutheran Seminary, Ohio)의 신약학 교수이자 CCM 연구가인 마크 알렌 포웰(Mark Allan Powell)도 다음과 같이 말했다.

> 그러므로 CCM은 매우 다양한 형태와 장르를 가진 음악이다. 락앤롤, 컨츄리, 포크, 뉴웨이브, 펑크, 데드메탈, 갱스타 랩 등과 같은 세속 음악이 기독교의 이름을 입고 나타난다. 하지만…일반적으로 CCM은 기독교 음악으로서 그 나름대로의 위상(integrity)을 지니고 있다.[157]

---

155 Steve. Chellew, *"The 'contemporary' Christian Music Movement within the Lutheran Church~Missouri Synod: An Analysis and Application of Finding"*(M. Div. Diss., Concordia Theological Seminary, 1990), 4.

156 Kathleen Knief. Winkler, "A Christian Rock Show: Crossing The Airwaves," *The Lutheran Witness*(December, 1983): 14.

157 Mark Allan. Powell, *Encyclopedia of Contemporary Christian Music*(Peabody, Massachusetts: Hendrickson Publishers, Inc, 2002), 9.

그러나 그도 역시 전통성가곡에 대해서는 논평을 하지 않는다. 캐나다의 CCM 연구가 존 톰슨(John Thompson)도 기독교 락앤롤(Rock and Roll)로 대표되는 CCM을 언급하면서 비슷한 글을 남겼다.

> CCM은 거친 소리와 무거운 박자를 가진 완전한 락앤롤이다. 하지만 그것은 예배와 전도와 오락 프로그램을 위하여 버젓이 사용되고 있다. …그것은 모든 락 음악의 특성을 다 가지고 있다. 테크노, 하우스, 디스코부터 시작해서 헤비메탈, 하드코어까지. 하지만 일단 그 음악 형태가 어떠하든지 그 사람이 예수의 추종자일 경우 우리는 그 음악을 기독교 락앤롤이라 부른다. …락앤롤은 블루스 음악에서 왔으며, 블루스 음악은 가스펠 음악에서 시작되었다. 그러므로 락과 가스펠은 불가분의 관계이다.[158]

한국의 CCM 연구가 강인중 또한 이러한 현상 속에서 CCM의 특성을 복음성가와 구분하여 다음과 같이 설명했다.

> CCM이 비슷한 개념인 복음성가와 구분되는 점은 복음성가가 매우 제한된(온건하고 절제된) 대중음악 양식만을 채택하고 있는데 반해 CCM은 팝, 락, 댄스, 랩 등 대중음악의 전 장르를 제한 없이 사용할 수 있도록 허용한다는 것이다. CCM은 1970년대 초 미국에서 흑인영가와 가스펠을 주축으로 한 전통적인 복음성가와는 차별화된 보다 대중적인 가스펠 음악을 지칭하는 음악으로 시작되었다.[159]

---

158 John J. Thompson, *Raised By Wolves: the Story of Christian Rock & Roll*(Toronto, Ontario: ECW Press, 2000), 11.
159 강인중, "교회와 대중음악," 기독교윤리실천운동 문화전략위원회 엮음, 「대중문화, 더 이상 침묵할 수 없다」, 222쪽.

이러한 현실은 총신대학교 신국원 교수의 설명에서도 드러난다.

> CCM은 소박하고 단순한 초기 복음성가와 달리 다양한 첨단의 대중음악 기교와 스타일을 그대로 채택하고 있다. 또한 대중음악에 못지않게 현란할 뿐 아니라 공연 문화나 음반 제작 등의 측면에서도 대중음악의 산업 구조와 닮아가는 현상을 보이고 있다.[160]

확인된 바와 같이 CCM의 다양한 음악 형태를 소개하면서 이 많은 사람들 중에 그 어느 누구도 그 목록에 클래식 음악이나 고전 성가곡을 넣지 않았다. 그러므로 'Contemporary'라는 용어의 의미를 그냥 단순히 문자적으로만 이해해서 CCM의 정의를 내리고 끝낸다는 것은 약간의 문제가 있다. 왜냐하면 아직까지도 우리의 인식 속에는 CCM이란 단순히 현대에 만들어지고 사용되는 모든 기독교 음악을 총칭하는 것이 아니라, 그 이상의 그 무엇이 더 첨가되어야만 하는 특별한 문화적 명제가 남아 있기 때문이다.

바로 여기서 우리는 'Contemporary'라는 단어의 문자적 해석에 약간의 현실적 한계가 있음을 알 수 있다. 그리고 결국 이것이 'Contemporary'라는 단어를 실용적 이해 속에서 재해석해야 하는 이유임을 인식할 수 있다. 그러면 이러한 문제점을 어떻게 해결해야 하는가? 그 문제의 해결책은 다음에 나오는 'Contemporary'라는 단어의 실용적 이해 방법을 고찰함으로서 알아 볼 수 있다.

3) 'Contemporary'의 실용적 이해를 통한 CCM의 정의
 — '시간의 관점'에서 '형태의 관점'으로 —

'Contemporary'라는 단어의 실용적 이해는 한 마디로 문자를 떠난 현실적 관점에서 본 실제적 이해이다. 따라서 CCM이라 할 때 '시

---

160 신국원, "문화 선교의 선교성을 어떻게 확보할까?: 신학적 근거와 실천 방안," 「문화 선교의 이론과 실제」 (서울: 예영커뮤니케이션, 2003), 63쪽.

간의 관점'에서 보지 않고 실제적으로 연상되는 실제적 '형태의 관점'에 중점을 두고 생각하면 그 이해가 빠를 수 있다. 필자는 CCM의 실용적 이해를 통한 실용적 정의를 선언함에 있어 이와 관련된 몇 사람의 주장을 먼저 소개하려 한다.

먼저 CCM 연구가 로웰 하트(Lowell Hart)의 주장이다.

> 우리가 흔히 CCM이라고 말할 때, 그 음악이 쓰여진 때(when)에 초점을 맞추기보다는 그 음악의 형태(style)에 초점을 맞추어 말하는 경향이 있다. 웹스터 사전에 의하면, 'Contemporary'라는 말은…글자 그대로 현재 진행되어 발생하고 있는 그 무엇을 뜻한다. 그러나 오늘날 많은 교회 사람들이 이해하고 있는 'Contemporary'라는 단어는 그런 단어가 아니다. 그들이 이해하고 있는 것은 1980년대 이후부터 존재해 온 여러 가지 음악 형태를 일컫고 있다.[161]

CCM 연구가 칼슨(Tim & Kathy Carson) 목사 부부의 주장이다.

> CCM이란 대체 정확히 무엇인가? 'contemporary'를 그냥 문자적인 관점에서 본다면 그것은 동일한 시간(with-time)을 말한다. …이러한 면에서 모든 음악은 다 CCM이 될 수 있다. …그러나 좀 더 넓게 질문해 보자. "동일한 시간에 어디서 만들어진 것인가?"…우리가 CCM을 생각할 때 당장 우리 머릿속에 떠오르는 것이 바로 문화 현상이다. …우리의 전통적 예배는 고문화(high culture)로서 클래식 음악을 포함하며, 우리의 현대 예배는 팝문화(popular culture)로서 째즈, 락, 포크와 같은 전자 음악을 포함한다.[162]

---

161 Lowell Hart, *Satan's Music Exposed*(Pennsylvania: Salem Kirban, 1980), 118.
162 Tim and Kathy Carson, *So You're Thinking About Contemporary*

여기서 로웰 하트와 칼슨 부부는 'Comtemporary'라는 단어를 이해함에 있어 이제까지 큰 오류가 있었음을 지적하고 있다. 대부분의 사람들이 'Contemporary'를 말할 때 그 단어의 문자적 이해와는 전혀 다른 이해를 가지고 있었다는 점이다. 이 사람들은 'Contemporary'를 '시간의 관점'에서 이해하지 않고, '형태의 관점'에서 이해하고 있다. 그러므로 당연히 CCM이라 할 때, 그것은 동시대에 만들어진 모든 음악이라는 이해보다는 특정한 음악 형태를 의미하는 단어로 이해될 수밖에 없다. 때문에 CCM 연구가 존 매큐지나(John Makujina)는 CCM을 다음과 같이 제한적으로 목록화 시켰다.

> CCM은 기독교적 내용을 담고 있는 오늘날의 모든 음악 형태를 의미하는 포괄적인 개념이다. …그럼에도 불구하고 나는 이 개념을 사용함에 있어 락이나 하드락, 디스코, 헤비메탈, 펑크, 뉴웨이브, 테크노, 팝 등과 같은 음악들로 제한하여 사용하려 한다.[163]

라차드 웹(Richard Webb) 교수 또한 CCM의 다양한 음악 형태를 목록화하면서 특별히 여섯 가지 음악만을 주요 CCM 형태 음악으로 묶었는데, 그것은 모두 컨츄리, 째즈, 블루스, 락앤롤, 경배와 찬양, 얼터너티브(alternative)였다.[164]

여기서 우리는 한 가지 공통점을 발견할 수 있다. 이 사람들 모두가 CCM을 설명하면서 일단 CCM의 문자적 정의를 반영한다. 그리고 그 뜻이 무엇인지 잘 알고 있다. 그러나 실제로 그들은 CCM을 정

Worship(St. Louis, Missouri: Chalice Press, 1997), 67~68.

163 John Makujina, *Measuring the Music: Another Look at the Contemporary Christian Music Debate*. Second Edition(Willow Street, PA: Old Paths Publications, 2002), 15.

164 Richard Webb, "Contemporary," Brian Wren, *Praying Twice: The Music and Words of Congregational Song*(Louisville, London: Westminster John Knox Press, 2000), 131에서 재인용.

의함에 있어 특별한 형태의 제한을 두고 있다. 다시 말하자면 그들에게 있어 CCM이라 하면 떠오르는 특정한 음악 목록이 따로 있는 것이다. 그리고 그 목록은 락앤롤(Rock and Roll), 헤비메탈(Heavy Metal), 하드락(Hard Rock), 블루스(Blues), 랩(Rap), 힙합(Hip-Hop)과 같은 몇 장르로 극히 제한된다. 그리고 목록화된 주요 CCM 형태는 모두 기존 전통적 교회에서 사용하기 꺼려하는 음악 형태이다. 이것은 모두 CCM을 '시간의 관점'에서 이해하지 않고, '형태의 관점'에서 이해한 결과이다.

바로 이 점이 중요하다. 이미 살펴본 바와 같이 일반적으로 사람들이 CCM이라 하면 이제까지 기존의 전통적인 교회에서 세속적 음악으로 많이 소외되었던 음악 형태를 연상한다. 그리고 어른들이 좋아하는 음악 형식도 아니다. 물론 그 대상도 젊은 층들이 중심으로 되어 있다. 그래서 포웰(Mark Allan Powell) 교수는 이러한 CCM의 특수성을 'a parallel universe'[165]이라 했다. 바로 CCM이 세속적인 음악과 나란히 가는 공유점이 있으면서도 반면에 CCM 나름대로의 독특한 실용적 특성이 있음을 강조한 것이다.

결국 필자는 이들의 주장에 힘입어 'Contemporary'라고 하는 용어의 실용적 개념을 다음과 같이 재정리하려 한다.

전통적 교회에서 꺼려했던 대중음악의 다양한 형태를 현대 젊은이들의 문화를 바탕으로 그것을 신앙적으로 승화시킨 뒤에 바로 현대 교회 음악에 적용하려는 실용적인 자유(a practical freedom)[166]

---

165 Mark Allan. Powell, *Encyclopedia of Contemporary Christian Music*, 9.

166 이러한 개념을 발견하는데 도움을 준 수업 과목은 2004년 컨콜디아신학교의 선교언어학 교수인 본퀘스키(Eugene W. Bunkowske)가 지도한 '선교 커뮤니케이션: 언어와 그 의미(Mission Comunication: Language and Meaning)'였으며, 필자는 그 수업을 통하여 "음악에 나타난 언어학적 요소: CCM을 중심으로…(Linguistic Elements for Music: Focusing on CCM)"라는 제목의

이것이 바로 필자가 주장하는 'Contemporary'라는 단어의 실용적인 적용과 이해이다. 이것은 어디까지나 'Contemporary'라는 단어의 문자적 이해를 벗어나 그것을 뛰어넘는 실용적인 개념에서 만들어진 단어 이해이다. 즉 'Contemporary'라는 단어에 대한 실용적 또는 실제적 이해인 셈이다. 따라서 이러한 실용적인 이해에 기초한 CCM의 정의는 다음과 같다.

> 전통적인 교회에서 꺼려하였던 다양한 현대의 대중음악을 현대 젊은이들의 문화에 맞추어 신앙적으로 새롭게 승화시킨 현대 기독교 음악[167]

이것이 바로 CCM의 실용적 정의이다. 그런데 여기에서 한 가지 오해할 만한 요소를 풀어야 한다. CCM의 실용적 정의를 강조함으로써 'Contemporary'라는 용어가 가지고 있는 전통적인 문자적 이해를 무시해도 된다는 인식은 큰 오산(誤算)이다. 그러한 이해는 CCM의 실용적 정의를 만들게 된 근본적인 취지와 그 목적에도 걸맞지 않는다. CCM의 실용적 정의는 CCM의 문자적 정의를 소멸시키기 위해 만든 것이 아니다. 오히려 문자적 정의를 더욱더 확실히 하기 위해서 생겨난 정의이다. 만약 이 세상의 모든 사람이 CCM의 문자적 정의에서 말하고 있는 것과 같이 CCM을 정의하고 있다면 CCM의 실용적 이해는 필요 없다. 그리고 필자 또한 그러한 때가 반드시 와야 한다고 생각한다. 그러나 아직까지는 그렇지 못하다. 그러므로 아직까지는 CCM의 문자적 이해와 더불어 그것 위에 CCM의 실용적 정의가 덧붙여져야 할 필요성이 있음을 인정할 필요는 있다고 본다.

사실상 'Contemporary'라는 용어의 문자적 이해는 현대에 사용되어지는 모든 기독교 음악을 일컫는다는 점에서 그 용어의 실용적

소논문을 제출하였는데, 본퀘스키 교수의 학문적인 지도 아래 위와 같은 개념을 얻게 되었다(이후 이 강의에 대한 내용은 'EWB-Class'로 표시한다).
167 EWB-Class, GK-Class.

이해와 일맥상통(一脈相通)하는 면이 있다. 그러나 실제적으로 우리가 사용하고 또한 이해하고 있는 CCM의 현주소를 제대로 확인하기 위해서는 'Contemporary'라는 용어의 실용적인 해석을 배제할 수 없다. 그러므로 우리가 CCM을 바로 이해하기 위해서는 한동안 문자적인 이해와 실용적인 이해가 병행되어야만 한다.

(4) 언어학적 정의

1) 왜 CCM의 언어학적 정의가 필요한가?

"왜 CCM의 언어학적 정의가 필요한가?" 그 질문에 "CCM은 일종의 언어이기 때문이다."라고 간단히 대답할 수 있을 것이다.[168] 그러나 우리들의 궁금증은 여기서 끝나지 않는다. 이러한 대답은 다음의 질문을 유발시킨다. "그렇다면 왜 CCM이 언어인가?" 그리고 "CCM이 정말 언어인가?" 이 질문에 대한 해답은 언어와 음악 사이에서 나타나는 접촉점(a point of contact)을 찾아봄으로써 분명해진다. 그 접촉점은 언어나 음악이나 둘 다 동일하게 의사소통의 매개체(a communicative vehicle)로서 그 자리 매김을 하고 있다는 데에서 발견된다.[169]

일단 언어란 무엇인가? 간단히 말해서 의사소통의 매개체 중하나이다. 특별히 미국 컨콜디아신학교(Concordia Theological Seminary, IN)의 선교언어학 교수인 본퀘스키(E. W. Bunkowske) 목사는 그의 수업 시간, '선교 의사소통: 언어와 의미〈Mission Communication: Language and Meaning〉'를 통하여 언어를 아래와 같이 정의하였다.

---

168 Barry Liesch, *The New Worship: Straight Talk on Music and the Church*, Expanded Edition(Grand Rapids, Michigan: Baker Books, 2002), 180.
169 Dan Peters & Steve Peters, *Why Knock Rock*(Minneapolis, Minnesota: Bethany House Publishers, 1984), 33.

언어는 원활한 의사소통을 위하여 추상적인 의미를 확실하게 전달하는데 쓰여지는 하나의 기술적인 명제(a technical proposition)이다. 이것은 음성적인 것과 비음성적인 것(verbal and non-verbal), 비함축적인 것과 함축적인 것(denotative and connotative)을 동시에 내포하고 있다. 언어는 또한 여러 가지 형태를 가지게 되는데, 특정한 조직이나 공동체 안에서 이해되고 사용되는 일정한 말(verbal)로, 또는 쓰여진 형태(written type)로, 또는 하나의 의미를 가진 상징(signed symbol)으로 나타난다.[170]

이러한 본퀘스키 교수의 정의에 따르면, 언어란 의사소통을 위한 하나의 매개체이며, 동시에 그것은 다양한 형태로 실제화되어 나타나는데, 그 형태가 무엇이든지 그것은 이미 특정한 의미를 전달하기 위한 일종의 상징(a symbol)이나 의미체(a signifier)로서 그 역할을 수행한다는 뜻이다. 이러한 배경에 힘입어 생각하자면, 음악 또한 의사소통을 위한 하나의 언어적 매개체일 수밖에 없다. 여기에 음악은 하나의 곡조를 지닌 소리로서, 의사소통을 위한 일종의 언어로서 그 자리 매김을 한다는 뜻이 담겨 있는 것이다.

16세기 종교 개혁자이자 음악가였던 마틴 루터(Martin Luther)는 1534년에 그가 쓴 「시편 101편 강해」를 통하여 음악과 언어의 상호 연관성과 중요성을 강조하였는데, 그는 '음악은 설교처럼 하나님의 말씀을 인간들에게 전하기 위한 하나의 언어적 매개체'[171]라고 주장했다. 이러한 마틴 루터의 음악관은 그의 종교 개혁에 실제로 큰 영향을 끼쳤으며, 음악을 통한 그의 진리전파는 일반적인 웅변이나 설교보다 더 강했다. 이미 설명했듯이 심지어는 루터의 적대자들까지도

---

170 EWB-Class, GK-Class.
171 Luther D. Reed, "Luther and Congregational Song." in *The Paper of the Hymn Society*. ed., Carl F. Price(New York: The Hymn Society of America, 1947), 1.

그의 음악이 가지고 있는 언어적 파급효과를 무서워했을 정도이다.[172] 또한 우리가 흔히 악성(樂聖)이라고 부르는 베토벤(Beethoven)도 '음악은 단순한 소리(sound)라기보다는 어떠한 사상을 전달하기 위한 하나의 언어(a language to communicate idea)'[173]라고 표현했다. 아마 독자들은 '세레나데(serenade)'라는 음악 형태가 어떠한 것인지 잘 알 것이다. 한 여인을 사랑하는 남자가 깊은 밤에 그 여인이 잠든 방의 창가 밑에서 간절히 부르는 구애(求愛)의 노래가 바로 세레나데 이다. 다시 말하자면 음악이라는 매개체를 통하여 자신의 마음을 상 대편에게 전달할 때 부르는 노래인 셈이다. 이때 음악은 단순한 소리 를 넘어서 하나의 의미와 뜻을 전달하기 위한 일종의 언어가 되는 셈 이다.

이러한 모든 분석에 비추어 본다면, 음악이란 의사소통을 위한 일 종의 언어이며, 언어라는 틀 안에서 파생되는 많은 의사소통의 수많 은 형태 가운데 하나이다. 음악이 일종의 의사소통을 위한 언어라는 사실은 이와 같은 딱딱하고 복잡한 학문적 잔소리가 없더라도 우리 가 실제적인 삶속에서 이미 경험해서 다 잘 알고 있는 사실이다. 아 마 독자들 가운데는 "이미 뭐 다 알고 모두가 그렇다고 인정하고 있 는 명확한 사실에 대하여 뭐 이렇게 복잡하고 어렵게 설명하는가?" 라고 필자에게 짜증을 내는 이도 분명히 있을 것이다. 그만큼 음악 이 의사소통을 위한 일종의 언어라는 것은 이제 삼척동자(三尺童子) 도 다 아는 일반적인 상식이 되어 버렸다. 그러므로 음악은 하나의 언어이다.[174]

자! 여기까지 온다면, 이제 우리는 "CCM이 왜 언어인가?"라는 질 문에 자연스러운 해답을 내릴 수 있게 된다. 첫째, CCM은 음악의 한

172　Millar Patrick, *The Story of the Church's Song*(Richmond, Virginia: John Knox Press, 1962), 76.
173　John Blacking, *Music, Culture, and Experience: Selected Papers of John Blacking*(Chicago: The University of Chicago Press, 1995), 36.
174　Donald P. Hustad, *Jubilate II: Church Music in Worship and Renewal*(Carol Stream, IL: Hope Publishing Company, 1993), 15.

장르(a genre)이다. 둘째, 그런데 음악은 일종의 언어이다. 셋째, 그러므로 당연히 CCM은 언어인 것이다.[175] 바로 이와 같은 논리적 구조 속에서 CCM은 일종의 언어가 되는 것이다. 일단 'CCM이 언어의 여러 가지 형태 가운데 하나'라는 개념이 정립된 이상, 이러한 관점에서 CCM의 정의를 내리는 것은 우리에게 꼭 필요한 과정이 되어 버린다. 여기에 바로 "왜 CCM의 언어학적 정의가 필요한가?"라는 질문에 대한 해답이 있다.

2) CCM을 위한 세 가지 언어학적 개념들

CCM의 언어학적 정의를 내리는 데 있어 꼭 필요한 세 가지 언어학적 개념들이 있다. ① 첫째는 '하나의 의미화 된 메시지(a signified message or meaning)'이고, ② 둘째는 '하나의 의미체(a signifier)'이며, ③ 마지막 세 번째는 '상황(context)'이다. 이 세 가지 언어학적 개념들은 CCM을 언어학적인 측면에서 정의하기 위해 꼭 살펴보아야 하는 필수 개념들이다.

CCM의 문자적 정의가 CCM이라는 단어가 구성하고 있는 세 가지 용어 'Contemporary', 'Christian', 그리고 'Music'이라는 세 가지 단어를 면밀히 살펴보는 가운데 저절로 정의된 것처럼, CCM의 언어학적 정의도 우리가 언어를 이해하는데 있어 필수적인 세 가지 개념인 'signified', 'signifier', 그리고 'context'를 자세히 고찰하는 가운데 저절로 그 그림자를 벗고 자신의 형체를 나타내 보일 것이다.

일찍이 미국 컨콜디아신학교(Concordia Theological Seminary, IN)의 볼츠(James W. Voelz) 교수는 「What Does This Mean?」이라는 책을 통하여 이 세 가지 개념을 나름대로 정리하였는데, 필자는 이 볼츠 교수의 분석에 기초하여 CCM의 언어학적 정의를 내려 보고자 한다. 현재 우리는 불빛이 없는 망망대해(茫茫大海)를 헤매

---

175 David Tame, *The Secret Power of Music: Transformation of Self and Society through Musical Energy*(Rochester, Vermont: Turn Press, 1984), 151.

고 있지만 이 세 가지 개념의 별(stars)을 등대(a light tower) 삼아 조금씩 어둠을 더듬어 가다 보면 우리도 모르는 사이 저절로 CCM의 언어학적 정의라는 안전한 항구(港口)에 닿게 될 것이다.

① 하나의 의미체 또는 상징체(a linguistic signifier)

CCM은 하나의 의미체 또는 상징체(a linguistic signifier)이다. 볼츠 교수는 하나의 상징체라는 것을 정의하면서 그것은 "인간의 오감(五感)으로 직감(直感)할 수 있는 구체적 형태의 그 무엇(a tangible physical character)을 뜻한다."[176]고 했다. 즉 인간이 구체적으로 감지할 수 없는 추상적인 내용이 인간이 감지할 수 있는 특정하고 구체적인 실제적 형태로 나타난 것이다. 의미화된 추상적(a signified) 내용과는 달리 이러한 의미체들은 구체적인 형태와 그 모습을 지니고 있다. 이러한 의미에서 CCM은 음악이라고 하는 구체적 형태를 빌린 하나의 의미체, 즉 언어가 된다. 그래서 CCM은 하나의 의미체(CCM is a signifier)라고 말하게 된다.

CCM에 있어서 이러한 다양한 의미체들은 가사(lyrics), 가락(melody), 박자(beat), 화음(harmony) 등과 같은 구체적 형태로 나타난다.[177] 이 모든 것들이 하나의 상징체로서의 역할을 하게 된다. 즉 추상적인 내용을 담은 구체적인 형태가 된다. 그러므로 이 의미체 자체에는 아무런 의미가 없다. 그저 감지(感知)가 가능한 구체적 형태(a tangible physical character)일 뿐이다. 그러나 이 의미체들이 전달자에 의하여 의미를 부여받은 무형태의 내용들(a signified message or meaning)을 포함하게 되면 그 때 의미체는 진정한 의미체(a signifier)가 된다. 다시 말해서 의미체들이 그 존재 안에 하나의 의미를 가지게 되려면 그 안에 전달자에 의하여 의미화된 내용

---

176 James W. Voelz, *What Does This Mean?: Principles of Biblical Interpretation in the Postmodern World,* 2nd Ed.(St. Louis: Concordia Publication House, 1977), 115~18, 155~75.
177 EWB-Class, GK-Class.

이 포함되어야 한다는 말이다. CCM에 있어서 이러한 다양한 의미체들, 단어, 멜로디, 비트, 소리, 등과 같은 구체적 형태로 나타난다.

그러므로 의미체의 역할은 전달자에 의하여 부여받은 내용(message)을 담아서 구체적으로 그것을 현실화시키고 전달하는 것이다. CCM에 있어서 특정한 한 단어나, 멜로디, 비트, 소리 등이 하나의 의미체인데, 이것들이 특별한 의미체로서의 역할을 하려면 그것 안에 전달자에 의하여 의미화된 내용과 메시지가 담겨 있어야 한다.

② 의미화된 내용(a signified message)

의미화된 것으로서의 CCM(a signified message)이다. 앞에서 살펴본 바와 같이, CCM은 구체적인 형태의 의미체 내지는 상징체라고 했다. 이러한 의미체의 역할은 전달자(a sender)에 의하여 하나의 내용(a message)을 수신자(a receptor)에게 전달하는 것이다. 그러므로 하나의 의미체가 진정한 의미체로서의 역할을 하려면 그 속에 반드시 하나의 의미화된 메시지, 즉 내용이 있어야 한다. 볼츠 교수는 그 내용을 바로 '의미화된 내용(a signified message)'이라고 한다.[178]

이미 알아 본 바와 같이 CCM의 특정한 한 가사나, 가락, 박자, 화음 등이 하나의 의미체인데, 이것들이 특별한 의미체로서의 역할을 하려면 그것 안에 전달자에 의하여 의미화된 내용이 담겨 있어야 한다. CCM은 언어라고 했다. 즉 하나의 의미체(a signifier)이다. 그러나 하나의 의미체로(a signifier)서 CCM은 그 속에 반드시 의미화된 내용(a signified meaning or message)이 들어 있어야 진정한 언어로서의 역할을 할 수 있다. 아무런 의미와 내용을 가지고 있지 못한 언어는 더 이상 언어(language)가 아니라 단순한 소리(sound)에 불과하다.[179]

---

178 James W. Voelz, *What Does This Mean?: Principles of Biblical Interpretation in the Postmodern World*, 96~97.
179 Allan Hart Jahsmann, *Power Beyond Words*(Saint Louis: Concor-

그러므로 언어란 반드시 그 속에 의미화된 그 무엇이 있어야 한다. 그래야 그것이 진정 언어가 된다. 즉 의미체(a signifier)는 하나의 그릇이며, 의미화된 내용(a signified message)은 그 그릇에 담긴 내용물이라고 할 수 있다. 이것은 CCM이라는 음악이 담고 있는 추상적(抽象的: abstract or intangible) 내용과 메시지를 말할 때에 사용되는 언어학적 개념이다. 즉 의미화된 CCM(CCM as a signified)이다. 이 의미화된 메시지(a signified meaning)는 철저하게 전달자의 상황과 의도와 목적에 따라 결정된다.

그러므로 의미화된 CCM이라는 개념은 철저하게 전달자 중심의 개념이다(sender-centered concept). 전달자에게는 자신이 전달하고 싶은 메시지가 있게 마련이다. 그 메시지와 의미는 개념, 느낌, 신앙, 사상, 또는 고백 등 다양할 수 있다. 그러나 이것은 구체적인 어떤 형태로 나타나지 않는다. 그래서 전달자는 추상적(抽象的: abstract, intangible)인 의미들을 구체적으로 형상화시키기 위하여 특정한 형태의 전달 방법을 사용하는데, 그것이 음악일 경우, 특히 CCM일 경우 CCM은 의미화된 내용 또는 메시지(a signified message)가 된다. 이 의미화된 메시지는 그 자체로서 효력을 발휘하지 못한다. 그 의미화된 메시지를 전달할 매개체, 즉 특정한 형태가 있어야 한다. 전달자에 의하여 의미화된 메시지가 하나의 전달 형태로 구체화된 것이 바로 하나의 의미체(a signifier)이다.[180]

③ 상황 안에서의 CCM(CCM in a certain context)

특정한 상황 안에서의 CCM(CCM in a certain context)이다. 볼츠 교수는 상황(context)을 '특정한 의미를 가지고 있는 하나의 의미체(a signifier with a signified meaning or message)가 수용자(需用者: receptor)에게 전달되었을 때 수용자가 그것을 해석하

---

dia Publishing House, 1969), 53.
180 EWB-Class, GK-Class.

는 과정에서 수용자의 해석에 결정적인 영향을 미치게 되는 정신적 (mental)인, 또는 물질적(material)인 모든 주변 조건(situation)을 뜻하는 것'[181]으로 해석했다.

위에서 고찰한 첫 번째 개념(a signifier)과 두 번째 개념(a signified message)을 고려하여 볼 때, CCM은 의미화된 내용을 그 속에 담고 있는 하나의 구체적인 의미체(a signifier which has a signified message)라 할 수 있다. 그런데 이러한 의미체는 그 상징체가 전달되는 상황에 따라 매우 다양하게 나타난다. 그러므로 상황은 언어로서의 CCM을 정의하기 위해서 매우 중요한 요건이다. CCM은 하나의 의미화된 내용을 담고 있는 하나의 의미체이다. 이때 의미화된 메시지와 내용은 철저하게 전달자(傳達者) 중심 개념(sender-centered concept)이다. 그러나 이러한 전달자의 의도는 수신자의 상황에 따라 완전히 바뀔 수 있다. 상황이라고 하는 개념은 철저하게 수용자 중심 개념(receptor-centered concept)이다.[182]

의미화된 내용과 메시지가 전달자의 의도와 목적에 영향을 받는 것처럼, 수용자의 해석은 수용자가 속해 있어서 처해 있는 정신적 또는 물질적 상황 조건에 철저하게 영향을 받게 된다. 그러므로 수용자의 상황을 고려하지 않고 전달된 모든 의미와 의미체들은 수용자에게 아무런 영향을 주지 못하는 무의미한 것이 되어 버리고 만다.[183]

3) 그러면 언어학적인 정의를 어떻게 내릴까?

이제까지 언어학의 세 가지 개념인 '의미체(a signifer)', '의미화된 메시지(a singified message)', 그리고 '상황(context)'에 대하여 고찰해 보았다. 자, 그러면 이제 위에서 분석한 세 가지 언어적 개념에

---

181 James W. Voelz, *What Does This Mean?: Principles of Biblical Interpretation in the Postmodern World,* 115~18.
182 Allan Hart Jahsmann, *Power Beyond Words,* 55.
183 Robert Park, "Reflections of Communication and Culture," in *Reader in Public Opinion and Communication,*(ed), Bernard Berelson and Morris Janowits, 2nd edition,(New York: Free Press, 1966), 167.

기초하여 CCM에 대한 정의를 내려 보자.

> CCM은 전달자가 목적하는 하나의 의미화된 메시지를 가사, 곡
> 조, 박자 등의 실제적 형태를 빌려 수신자에게 전달하는 하나의
> 언어적 의미체(음악)이다. 이때 전달된 메시지는 수신자의 상황에
> 의하여 영향을 받는다.(CCM is a linguistic signifier(lyrics,
> melody, rhythm, and so on), which has a signified
> massage(intended by a musician) in a certain receptors
> context.)[184]

이것은 CCM의 언어학적 특성을 그대로 반영한 정의이다. CCM
은 하나의 언어학적 의미체(a linguistic signifier)이다. CCM에 있
어 그 가시적(可視的: visible)인 의미체는 가사, 멜로디, 리듬, 박자
등으로 나타난다. 그리고 그 각각의 의미체는 나름대로의 메시지(a
signified meaning and message)를 내포하고 있다. 가사는 가사
나름대로, 멜로디는 멜로디 나름대로, 리듬은 리듬 나름대로 각각 전
달자의 메시지를 담고 있는 것이다. 따라서 CCM은 추상적으로 의미
화된 메시지와 내용을 가진 하나의 구체적인 의미체(가사 단어, 멜로
디, 박자, 리듬 등)이다. 이 때 '하나의 의미체인 CCM(a signifier)'
속에 '의미화된 내용(a signified message)'은 철저히 전달자 중심이
며, 이 모든 것은 반드시 수신자의 문화적 상황과 입장에 고려되어야
한다. 메시지의 내용과 목적은 그것을 전달하는 전달자, 즉 그 음악
을 창출하고 연주하며 노래를 부르는 그 전달자의 의도에 따라 좌우
된다. 그러나 그 메시지는 그 음악을 듣는 수용자의 상황과 문화적
배경 속에서 재해석된다. 결국 모든 사람이 각자의 언어를 가지고 있
듯이, 모든 사람이 자신을 표현하는데 있어 각자의 음악 형태를 가지
고 있는 셈이다. 이러한 면에서 CCM은 기독교적 가치관과 내용을 현

---

184 EWB-Class, GK-Class.

대인의 상황에 맞추어 전달하기 위한 하나의 언어인 셈이다.[185]

(5) 평가

이제까지 우리는 CCM을 정의하기 위한 세 가지 관점을 가지고 CCM을 정의해 왔다. 첫 번째가 CCM의 문자적 정의(a literal definition)요, 두 번째가 CCM의 실용적 정의(a practical definition)이고, 세 번째가 CCM의 언어학적 정의(a linguistic definition)였다.

물론 CCM에 대한 정의는 이보다 더 다양하게 분석될 수 있고, 더욱더 폭넓게 설명될 수 있다. 그러나 CCM에 대한 기본적 이해를 돕기 위한 정의로서는 이제까지 설명한 세 가지 정의만으로도 충분하리라는 것이 본 필자의 생각이다. 그것들을 다시 한 번 간단히 다시 정리하면 아래와 같다.

1) CCM을 문자적인 관점에서 정의할 때, 그것은 '기독교 신앙의 내용을 일반 대중음악이라는 스타일 안에서 표현하고 고백하는 현대 기독교 음악'이다.

2) CCM을 실용적인 관점에서 정의할 때, 그것은 '전통적인 교회에서 꺼려했던 다양한 현대의 대중음악을 현대 젊은이들의 문화에 맞추어 신앙적으로 새롭게 승화시킨 현대 기독교 음악'이다. 이것은 'contemporary'라는 단어를 단순히 문자적인 '시간의 관점'에서 해석하기보다는, 문화적인 '형태의 관점'에서 해석한 결과이다.

3) CCM을 언어학적인 관점에서 정의할 때, 그것은 기독교적 의미

---

185 James W. Voelz, *What Does This Mean?: Principles of Biblical Interpretation in the Postmoderm,* 115~18, 155~75.

(signified meaning)를 담고 있는 하나의 의미화된 오늘날의 언어(a linguistic signifier)이다.

2. CCM의 역사

(1) CCM 역사 서술의 특수성과 한계성

음악에도 역사가 있다. 그러므로 당연히 CCM도 역사가 있을 수밖에 없다. 그래서 이제부터 CCM의 역사에 대해 말하고자 한다. 그러나 역사 서술에 대한 기본적 이해 없이 무턱대고 CCM에 대한 역사를 쓰고 읽는다는 것은 매우 위험한 일이다. 왜냐하면 그것은 마치 외과 수술 방법을 잘 모르는 사람이 무턱대고 칼을 잡고 수술하는 것과 흡사한 일이기 때문이다. 혹시 그것이 가능하다 하더라도 그것은 이미 올바른 역사 서술일 수 없고, 올바른 역사 읽기일 수 없다. 그래서 필자는 CCM의 역사에 대해 말하기 전에, 먼저 역사 서술의 특수성과 한계성에 대해 이야기하려 한다.[186]

일반적으로 역사를 기술한다는 것은 그리 쉬운 일이 아니다. 왜냐하면 역사란 단순한 과거 사건의 '연대기적 나열(a simple chronical narration)'이 아니라 역사가에 의하여 특별히 선택된 사건에 대한 '역사가의 주관적 해석(a special interpretation by a person for a certain fact)'이기 때문이다.[187] 그래서 역사학자 카아(E. H Carr)는 역사의 서술이 그리 쉬운 작업이 아님을 설명하면서 '역사란 과

---

186 Bruno Nettl, *The Study of Ethnomusicology: Twenty-nine Issues and Concepts*(Grand Rapids: William B. Eerdmans Publishing Company, 1983), 194.
187 Harry Elmer Barnes, *A History of Historical Writing*, 허승일·안희돈 역, 「서양사학사」 (서울: 한울아카데미, 1994), 461~62쪽.

거, 현재, 그리고 미래의 대화이며, 동시에 역사란 역사가가 선택한 일종의 사건에 대한 역사가의 주관적 해석'[188]이라고 주장했다. 따라서 당연히 해석의 결과는 역사가의 사관(史觀: 역사를 해석하는 관점과 기준)에 따라 달라진다. 동일한 사건과 사실을 두고서도 역사가의 관점에 따라 서로 상이(相異)한 분석 결과가 나오고, 또한 동일한 역사 인물에 대한 서로 다른 평가가 나오게 되는 이유가 바로 여기에 있다.

특별히 교회 역사가 라투레트(K. S. Latourette)는 이러한 역사 서술의 특수성과 한계성을 다음과 같이 고백했다.

역사가의 어려움은 우선 우리가 이미 알고 있는 이제까지의 다양한 역사적 해석을 모두 수용하면서도 그 모든 것을 아무런 비판과 검증 없이 받아들이기에는 많은 한계점이 있다는 것과, 동시에 그럼에도 불구하고 그 역사가는 그것들 중에서 기본적인 사료를 선택해야만 역사를 쓸 수 있다는 특수성에 있다.[189]

그런데 이러한 역사 서술의 특수성과 한계성은 교회 음악이나 예배 음악의 역사 서술에서도 마찬가지로 동일하게 적용된다. 이 사실에 대하여 서울장신대학교 문성모 총장은 다음과 같이 말했다.

예배 음악의 역사를 말하기에 앞서 필요한 것은 역사가 무엇인가에 대한 이해이다. 역사는 자료의 나열이 아니며, 본대로 느낀 대로 적어 가는 기행문도 아니다. 그러므로 예배 음악의 역사를 써 나감에 있어서…자료만을 나열하는 것은 별 의미가 없다. 역사를 논한다는 것은 우리가 직접 볼 수 없고 경험할 수 없는 과거

---

188 E. H. Carr, *What is the History?*(Cambridge: Pelican Books, 1970), 10.
189 C. T. McIntire, ed., *God, History, and Historian*(New York: Oxford University Press, 1977), 49.

에 대한 추적을 말한다. …이 자료가 말해 주는 역사를 입체화시
켜 통일적으로 관찰할 수 있는 안목, 즉 사관(史觀)이 필요하다.
…같은 자료를 가지고도 사관에 따라 전혀 다른 역사가 기록될 수
있다.[190]

여기서 문성모 총장은 역사 서술의 과정을 하나의 '추적 과정'으로
보았다. CCM에 대한 역사 서술도 마찬가지이다. 그렇다면 결국 CCM
에 대한 역사 서술도 '추적! CCM'인 셈이다. 이러한 면에서 CCM의
역사도 이러한 역사의 한계점과 특수성에 맞추어 가치 있게 서술되어
야 한다.

그러나 안타깝게도 필자는 CCM에 관한 역사를 서술하기에 오늘
날 많은 어려움이 있음을 고백할 수밖에 없다. 왜냐하면 첫째, CCM
의 역사를 살펴보기 위해 제시된 구체적인 사관이 아직 명확하지 않
고, 둘째로는 동시에 이제까지 CCM의 역사를 기술하는 데 있어 자
기 나름대로의 특별한 사관을 가지고 CCM의 역사를 살펴본 사람이
거의 드물기 때문이다. 물론 이제까지 출판된 많은 CCM 관련 서적
들은 모두 하나같이 CCM에 대한 역사를 다루고 있다. 그러나 분명
한 사관에 의하여 CCM의 역사를 기술한 문헌은 참 찾아보기 힘들
다. 때문에 이제까지 서술된 CCM의 역사는 오히려 '역사(a history)'
라기보다는 그저 일어난 사건에 대한 '연대기적인 서술(a chronicle
narration)'에 그치는 경우가 많다.

따라서 필자도 CCM에 대한 역사를 기술하는 데 있어 이런 특수
성과 한계점의 어려움을 동시에 안고 있음을 솔직히 고백한다. 물론
이것은 가슴 아픈 고백이지만, 부인할 수 없는 현실이다. 때문에 필
자는 여기서 훗날 누군가 특별한 사관 속에서 자기 나름대로의 확실
한 기준을 가지고 바람직한 CCM의 역사를 써 나가기를 기도하며, 그

---

190 문성모, "예배 음악의 역사,"「민족음악과 예배」(서울: 도서출판 한들,
1997), 272쪽.

런 작업에 도움을 줄 수 있는 몇 가지 정보를 제공하는 것으로 만족하려 한다.

(2) CCM 역사 서술의 가능성

이미 앞에서 말한 바와 같이, 역사란 단순한 '객관적 서술(a objective narration)'이 아니라, 역사가의 '주관적 해석(a subjective interpretation)'이다. 따라서 과거에 일어난 특정한 사건과 사실은 역사가의 사관(史觀: 사건과 사실을 해석하는 기준)에 따라 얼마든지 달라질 수 있으며, 또한 역사가의 주관에 따라 어떤 특정한 사건과 사실이 역사 서술의 자료로 선택되기도 하고 아예 무시되기도 한다. 바로 여기에 아직까지 구체적인 역사 서술의 기본 틀을 잡지 못한 CCM 역사 서술이 매우 힘든 작업일 수밖에 없는 이유가 있다. 그러나 CCM의 역사 서술에 어려움이 있다는 것이 CCM 역사 서술의 불가능을 의미하지는 않는다. 따라서 필자는 여기서 그동안 CCM 역사를 서술함에 있어 나름대로의 길잡이를 제시한 몇몇 음악 역사가들과 그들의 책, 그리고 그 주요 내용들을 소개함으로써 미래 CCM 역사 서술의 가능성을 모색해 보고자 한다.

1) 마크 알렌 포웰(Mark Allan Powell)[191]

마크 알렌 포웰은 미국 트리니티루터란신학교(Trinity Lutheran Seminary)의 신약학 교수이다. 그는 특별히 마틴 루터의 관점에서 성서 비평(narrative criticism)을 연구하며 17권 이상의 책을 출판했다. 그런데 그는 흥미롭게도 자신의 전공 분야인 신약학 외에도 CCM에 많은 관심을 가졌다. 그래서 그는 약 7년간의 오랜 조사 기간을 투자해 무려 1088페이지에 달하는 방대한 분량의 「CCM 백과

---

191 Powell, Mark Allan. *Encyclopedia of Contemporary Christian Music*. Peabody, Massachusetts: Hendrickson Publishers, Inc, 2002.

사전」을 출판했다. 어떤 사람이 진정한 CCM 연구자인지 아닌지를 판단하는 기준이 그 사람의 책상에 이 백과사전이 놓여 있느냐 아니냐로 판가름 될 정도로 이 책은 CCM 연구자에게 마치 성서와 같은 책이다. 특별히 그는 「CCM 백과사전」을 집필함에 있어 두 가지 역사관을 가지고 있음을 말했다. 그는 책 머리말에서 다음과 같이 말했다.

> 나는 이 책이 두 가지 분야에 있어 큰 공헌을 하리라 생각한다. 대중음악의 역사, 그리고 기독교 역사에서 말이다. …첫 번째로 한 번 생각해보자…나는 지난날 동안 락앤롤(Rock and Roll)이 지구상의 어느 신학자보다도 더 많은 일을 했다고 생각한다. …내가 말하고자 하는 점은 락앤롤 음악은 매우 아름다운 것이라는 점이다. 그리고 우리는 이 책에 소개되어 있는 사람들(부적합하며 이상하다고 여겨지는 사람들(the aquare pegs and misfits))에 대한 심도 있는 연구 없이는 락앤롤의 역사를 절대로 이해할 수 없다는 점이다. …두 번째로 나는 이 책을 철저히 교회 역사의 관점에서 바라본다. 이 책이 신학교 도서관에 진열될지 의문이지만, 반드시 그렇게 되어야 한다고 생각한다. 왜냐하면 나름대로의 정체성을 가지고 새로운 기독교 음악을 만들어 내는 이 모든 현상은 매우 신중히 연구되어야 할 필요가 있기 때문이다.[192]

결국 마크 알렌 포웰은 하나는 대중음악의 역사 속에서 기독교 역사를 보려 했고, 기독교 역사 속에서 대중음악의 역사를 찾으려 했다. 이를 위해 그는 영어 알파벳 순으로 CCM과 관련된 모든 정보와 주요 인물들, 그리고 밴드(band)에 대하여 자세히 소개해 놓았다. 이러한 면에서 이 「CCM 백과사전」은 CCM에 대한 역사를 쓰려고 하는 사람뿐만 아니라 CCM과 연관된 모든 사람들에게 반드시 필요한

---

192 Ibid., 7.

자료이다.

　2) 폴 베이커(Paul Baker)[193]

　폴 베이커는 CCM 역사 서술의 선구자로서 라디오 방송과 각종 CCM 전문 잡지를 통해 활발히 활동해 온 CCM 연구가이다. 그는 자신의 책을 통하여 CCM의 태동과 발전 과정을 다양한 사료에 입각해 자세히 그려 놓았다. 그가 그려 놓은 내용은 매우 방대한데, 다행히 그의 이러한 역사 서술은 한국의 CCM 연구가 양동복 프로듀서의 책을 통해 번역되었다.[194] 양동복 프로듀서는 자신의 책 속에서 스스로 말하기를 '제2장: CCM의 역사' 부분은 폴 베이커의 책을 거의 대부분 번역한 것이라 했다.[195]

　3) 돈 쿠지(Don Cusic)[196]

　돈 쿠지는 미국 벨몬트대학(Belmont University)의 음악경영학(Music Business) 담당 교수이다. 그는 자신의 책 속에서 약 500페이지가 넘는 방대한 분량을 할애하여 오로지 CCM의 역사에 대해서만 기술하고 있다. 이 책은 크게 네 부분으로 나누어져 있고, 총 37장으로 구성되어 있는데, 성경 시대부터 1990년대까지 나타난 기독교 음악의 흐름 속에서 CCM의 현주소를 매우 자세하게 제시하고 있다. 특별히 그는 이 책의 뒷부분에서 거의 100페이지에 걸쳐 풍부한 참고 문헌과 각주, 그리고 유용한 부록들, 색인 사전 등을 첨가하였다.

　돈 쿠지 교수는 이 책에서 CCM과 관련된 세 가지 역사적 질문에

193　Baker, Paul. *Contemporary Christian Music—Where It Came From, What It is, Where It's Going.* Westchest, Ill: Crossway Books, 1985.
194　양동복, 「새로운 대중음악 CCM」 (서울: 예영커뮤니케이션, 2000), 40~254쪽.
195　위의 책, 7, 10쪽.
196　Cusic, Don. *The Sound of Light: A History of Gospel and Christian Music.* New York: Hal Leonard Corporation, 2002.

대한 답을 찾으려 시도했는데, 첫 번째 질문은 'Where'이다. 즉 "어디서 CCM이 시작되었는가?" "그 뿌리는 어디인가?"라는 질문이고, 두 번째는 'How'이다. 즉 "CCM이 어떻게 발전되고 진화되어 왔는가?"이며, 마지막 세 번째 질문은 'Why'이다. 즉 "왜 CCM은 오늘날 관심의 대상이 되었는가?"이다.

첫 번째 질문에 대해 돈 쿠지 교수는 CCM의 뿌리가 성서에서 시작되었으며, 종교 개혁을 거쳐 그 태동의 씨앗을 심게 되었고, 1960~70년대에 들어와 그 기틀을 잡았다고 말한다. 그래서 그는 이 책의 첫 부분 1~2장을 성서의 음악과 종교 개혁의 음악에 대하여 서술하는 데 할애했다. 두 번째 질문과 세 번째 질문에 대한 해답은 이 책의 구석구석에 나타난 돈 쿠지 교수의 역사적 해석에서 엿볼 수 있는데, 그는 이 모든 움직임은 시대와 역사적 요구에 따른 문화적 대응이라고 응답한다.

CCM에 대한 본격적인 역사적 해설은 네 번째 부분에서 나타나는데 28~37장까지의 분량이다. 이 부분에서 그는 CCM의 역사를 개괄하고 있으며, CCM 음악과 관련된 흑인 음악과 제임스 클리브랜드(James Cleveland), 영상 복음 전도자 지미 스와가트(Televangelists, Jimmy Swaggart) 등에 대하여 서술하고, 더 나아가 시대적 변화에 따른 CCM의 다양한 미래도 예시하고 있다. 이러한 돈 쿠지 교수의 역사 분석에 기초하여 CCM의 역사를 구분을 하자면 다음과 같다. 일단 CCM의 뿌리는 성서 속에 있으며, 종교 개혁을 통하여 그 씨앗을 심었고, 1960~70년대에 이르러 그 태동기를 맞아 오늘날에 이르러 그 열매를 맺고 있다는 것이다.

이러한 해설 외에도 돈 쿠지 교수가 이 책을 통하여 CCM의 역사와 관련된 많은 정보를 제공하고 있다는 것은 매우 놀라운 일이다. 성서속의 음악, CCM의 뿌리인 16세기 음악, 존 칼빈(J Calvin)과 루터(M. Luther)의 음악 신학, 이삭 왓츠(Isaac Watts), 존 웨슬리(J. Wesleys), 빌리 선데이(Billy Sunday)와 같은 쟁쟁한 음악 사역자들에 대한 연구 외에도 이제까지 CCM이 전파되는 데에 있어 선두 역할을 한 주요 CCM 관련 단체들까지도 나열하고 있다.

4) 찰리 피콕(Charlie Peacock)[197]

찰리 피콕은 CCM 녹음 기술자이며, 작곡가이고, 프로듀서이다. 그는 자신의 책을 통하여 CCM의 역사를 바라보는 한 관점을 제시하였다. 바로 'CCM at a cross-road in a comprehensive kingdom perspective'이다. 번역하자면, '선택의 중간 지점에 서 있는 CCM'이다. 그런데 그 CCM은 '하나님 나라 재현의 전망'에서 바라본 CCM이다. 따라서 그는 이 책을 쓴 목적이 CCM에 대한 찬사와 그 영광을 제시하기 위한 것이 아니라 오히려 회개를 촉구하고 정밀한 반성을 요구한다는 것이다. 하지만 여기서 피콕은 CCM을 고정화하지 않는다. 그는 CCM이 계속 변해 왔고, 지금도 변하고 있으며, 앞으로도 변할 것임을 강조한다. 다시 말하자면 CCM의 역사는 과거부터 시작되었으며, 현재 진행형이고, 미래에도 계속될 것이다. 그 과정에서 과거의 기독교 음악은 오늘날의 TCM이 되었고, 오늘날의 CCM은 미래의 TCM이 될 것이다. 그 역사의 정중앙, 선택의 중간 지점에 우리들이 서 있다. 이러한 피콕의 입장은 CCM의 역사를 하나의 가변적인 흐름으로 이해할 수 있도록 도와준다. 이러한 그의 사관은 CCM을 하나의 고정적인 개념 체계로 보고 이해하는 좁은 세계관을 물리치기에 아주 적합하다.

5) 존 톰슨(John J. Thompson)[198]

캐나다의 CCM 연구가 존 톰슨은 음악 작곡자이자 CCM 공연 연

---

197 Peacock, Charlie. *At the Cross Roads: at the Past, Present and Future of Contemporary Christian Music*. Nashville, Tennessee: Broadman & Holman Publishers, 1999.
198 Thompson, John J. *Raised By Wolves: the Story of Christian Rock & Roll*. Toronto, Ontario: ECW Press, 2000.

출가이다. 그는 그의 책을 통하여 몇 가지 질문을 제시했다. "기독교 락앤롤(Rock and Roll)로 대표되는 CCM이 어떻게 생겨나게 되었는가? "왜 그런 음악이 유행하며 그것을 사용하게 되었는가?" "왜 많은 사람들이 CCM을 듣는가?" 그는 이러한 질문의 해답을 기독교 락앤롤의 역사를 살펴보면서 추적했다. 다시 말하자면 교회 역사의 관점에서 CCM을 해석한 것이 아니라 세속 음악의 역사 속에서 CCM의 역사를 바라본 것이다. 특별히 흑인 가스펠을 CCM의 시초로 보고 있으며, 그것을 시발점으로 그는 각 시대를 크게 세 개의 물결로 나누어 놓았다. 첫 번째 물결은 1966년~77년까지로 보며, 두 번째 물결을 1980~89년까지로 나누었고, 세 번째 물결을 1990년~1999년까지로 보았다. 그는 이 과정에서 기독교 락앤롤로 대표되는 CCM이 교회 밖으로 나와 들판의 늑대들에 의해 거칠게 성장했음을 상징하기 위해 책 제목을 'Raised by Wolves'라고 했다. 결국 그는 세 흐름으로 구분되는 각 시대의 물결을 능동적으로 탄 CCM 사역자들의 적극적 반응이 자신이 앞에서 제시한 질문의 대답이 될 수 있음을 입증했다. 존 톰슨의 이러한 역사 해석은 세속 음악과 관련된 CCM의 시대 구분을 이해함에 있어 귀중한 자료가 될 수 있다.

6) 문성모 총장[199]

서울장신대학교 문성모 총장은 과감히 '찬송의 한국화(국악화: 國樂化)'를 주장한 선구자답게 자기 나름대로의 확고한 '음악 역사관'을 가지고 있는 음악가이자 역사가이다.[200] 그가 가지고 있는 사관을 그가 쓴 글을 통해 직접 들어 보자.

---

199 문성모, "예배 음악의 역사," 「민족음악과 예배」 (서울: 도서출판 한들, 1997), 272~81쪽.
200 이정훈, "국악 찬양의 현실 진단과 활성화를 위한 과제," 대한예수교장로회총회사회부 편, 「21세기의 도전과 문화선교」 (서울: 한국장로교출판사, 2000), 307~331쪽.

예배 음악은 본래 민중의 음악이었으며, 이 민중의 음악은 역사 속에서 끊임없이 엘리트 음악에게 도전을 받고 예배에서 배척받는 시련을 당해야 했다는 것이다. 그럼에도 불구하고 민중의 음악은 꺼지지 않는 등불처럼 예배에서의 자기 위치를 지켜 나가고 있고 오늘날에는 그 가치를 인정받고 있는 것이다. 이것은 예배 음악의 역사에 대한 지금까지의 보편적인 논의와는 전혀 다른 주장이다. 즉 지금까지는 엘리트 음악 편에서 예배 음악의 역사를 기록해 왔다. 그러나 나의 주장은 예배 음악은 민중 음악 편에서 다시 써야 한다는 것이며, 이렇게 할 때 예배 음악의 과거의 모습을 바르게 볼 수 있고 새로운 지평을 열어 갈 수 있다는 것이다.[201]

이러한 그의 주장은 "역사(歷史)는 역사(力士)가 역사(役事)한다."는 일반적인 역사 통념을 뒤집는 사관이다. 즉 "힘 있는 자에 의하여 역사가 쓰여진다"는 기본 인식을 완전히 뒤집은 것이다. 실제로 역사는 승자(勝者)의 것이며 힘 있는 자의 것이다. 따라서 패자는 침묵할 수밖에 없으며 힘 없는 사람은 아무런 기록을 남기지 못한다. 이것이 역사의 한계라면 한계라 할 수 있다.

물론 음악의 역사도 예외는 아니다. 그러므로 음악의 역사도 결국 힘 있는 엘리트 중심의 기록으로 이 한계를 벗어나지 못했다는 것이 문성모 총장의 문제 제기이다. 따라서 그는 이러한 역사의 오류를 깨기 위해서 이제부터라도 민중과 대중과 일반인의 입장에서 음악을 바라보고 그 역사를 재서술해야 한다고 주장한다. 올바른 교회 음악과 예배 음악의 역사는 민중의 관점에서 쓰여진 역사여야 함을 강조한 것이다. 이와 같이 문성모 총장의 사관은 교회 음악과 예배 음악의 역사를 민중 음악과 엘리트 음악의 투쟁 속에서 생겨난 역사로 보며, 둘 사이에서 발생한 갈등의 틈을 통하여 교회 음악과 예배 음악 흐름을 추적하는 독특한 사관이다.

---

201 문성모, "예배 음악의 역사," 「민족음악과 예배」, 273쪽.

특별히 그는 개혁이란 어떤 새로운 것을 만들어 내는 창조라기보다는 타락한 것을 원래의 그 순수한 상태 그대로 복원하는 것이라 주장하며 음악의 개혁도 새로운 음악을 창조하는 것이 아니라 원래부터 있던 음악 그 본래의 것으로 다시 회복시키는 것이라 말한다. 그에게 있어서는 그 음악의 회복이 바로 민중, 대중들의 음악이며, 특별히 한국인들에게는 한국적 음악, 구체적으로 말하자면 국악인 셈이다.[202] 그래서 필자는 문성모 총장의 사관을 나름대로 '민중 음악 사관' 또는 '민중 음악의 회복 사관' 또는 '음악의 한국화(국악화) 사관'이라 부르고 싶다.

물론 이것은 '찬송의 국악화'를 실현하기 위해 제시한 문성모 총장의 독특한 사관이지만, 당연히 그의 이러한 사관은 오늘날 CCM의 역사 서술에도 동일한 가능성을 보여 주는 사관이다. CCM의 역사도 이러한 '민중 음악 사관' 내지는 '민중 음악의 회복 사관'의 틀 속에서 쓰여질 수 있기 때문이다.[203]

물론 앞으로 계속 더 살펴볼 내용이지만, 특별히 필자는 16세기의 마틴 루터를 그 당시의 CCM 사역자로 보고, 또한 그가 새롭게 부활시킨 회중 찬송의 결과로 생겨난 코랄(chorale)을 16세기의 CCM으로 인정한다. 그렇다면 코랄이 회중과 민중과 대중을 위한 찬양이었고 그 코랄이 16세기의 CCM이었다면, 오늘날의 CCM도 회중과 민중과 대중을 위한 찬양인 셈이다. 그렇다면 당연히 CCM의 역사는 민중 음악의 사관 속에서 쓰여질 충분한 가능성이 있는 셈이다. 마치 이것을 찬성하기라도 하듯이 문성모 총장은 다음과 같이 말했다.

---

202 문성모, "예배와 음악," 「민족음악과 예배」(서울: 도서출판 한들, 1997), 296쪽.

203 여기서 말하는 민중은 흔히 우리가 '민중 신학'에서 말하고 있는 민중과는 다른 개념임을 미리 말해 두고 싶다. 여기에서의 민중은 '민중 신학'에서 말하고 있는 특별한 범위에 제한되는 민중이 아니라 그야말로 평범한 일반 서민과 회중을 의미한다. 그러나 독재 정권에 항거하는 저항 음악 중 특별히 기독교적 신앙을 담은 곡들이 있기는 하다. 이러한 저항 민중 음악을 CCM의 관점에서 해석한 사례에 대해서는 한용길. "대중 속에 보통명사로 자리 잡은 CCM." 「CCM Look」(1997. 11, 12)을 참고하라.

종교 개혁이란 무엇인가? 그것은 예배의 축을 엘리트층에서 다시 민중으로 원상 복귀시킨 사건이다. 루터의 만인제사장설은 엘리트층의 특권 의식을 일축하는 말이며, 쯔빙글리의 음악에 대한 강한 거부와 칼빈의 성가대 폐지론은 모두 중세의 귀족화되어 버린 예배 음악에 대한 타도였다. 루터와 칼빈은 음악에 대한 입장은 달랐지만 예배에서의 엘리트 음악을 거부하고, 각각 회중 찬송을 만드는데 심혈을 기울였고, 당시의 민요적 요소들을 찬송에 적극 반영하였다. 그 결과 종교 개혁을 통하여 회중들은 다시 그들의 입으로 민중의 노래를 부를 수 있게 되었다. 오늘날 우리 민중이 교회에서 회중 찬송을 부르게 된 것은 종교 개혁자들의 공로이며, 예수의 정신으로 돌아간 것이며, 예배 음악의 원형을 되찾은 것이다.[204]

찬송이란 바로 회중의 노래이어야 하며 교회 내의 소수 그룹인 엘리트층만이 향유할 수 있는 예술 가곡이 아니다. 회중이 곧 민중이며 대중이고, 따라서 회중의 노래인 찬송이 온 회중이 공감할 수 있는 명실상부한 회중 찬가가 되기 위해서는 그것이 본질상 민중의 노래(민요)나 대중의 노래(대중가요)와 맥을 같이 해야 한다. …이러한 의미에서 찬송은 민요이며 대중가요라고 과감히 정의해 볼 수 있다.[205]

여기서 그는 '민요'와 '대중가요'를 말하고 있다. 즉 현재 우리가 추적하고 있는 CCM의 한 측면을 말하고 있는 것이다. 바로 여기에 오늘날 CCM의 역사를 '민중 음악 사관' 내지는 '민중 음악의 회복 사관'의 입장에서 서술할 수 있는 이유가 있다. 이러한 면에서 문성모 총장은 CCM의 역사를 서술하는데 있어 최소한의 가능성이 담긴 독

---

204 문성모, "예배 음악의 역사," 「민족음악과 예배」, 279~80쪽.
205 문성모, "한국 찬송가와 그 문제점," 「민족음악과 예배」 (서울: 도서출판 한들, 1997), 108쪽.

특한 사관을 우리에게 제시한 셈이다. 그러나 이것 하나만으로는 부족하다. 앞으로도 CCM을 해석하는 다양한 입장에 따라 그것의 역사를 서술하는 다양한 사관들이 더욱더 많이 나와야 할 것이다. 그래야 역사가 기록될 것이고, 역사가 기록되어야 후대 사람들이 그 역사를 거울삼아 더욱더 진보되고 발전된 업적을 남길 수 있기 때문이다. 앞으로 하나님께서 보다 역량 있는 역사가들을 허락하셔서 그들의 헌신으로 CCM 역사 서술의 전성기가 오기를 간절히 기도한다.

3. CCM의 논쟁

(1) 논쟁의 세 가지 흐름

이제부터 본격적으로 CCM과 관련된 다양한 논쟁들에 대하여 고찰해보려 한다. 우선 CCM과 관련된 논쟁의 세 가지 흐름에 대하여 논해 보자. 현재까지 CCM은 오랜 시간 동안 다양한 논쟁과 재평가 속에서 현대 일반 교회에 조심스럽게 그 뿌리를 내려오고 있다. 그 과정에서 그 나름대로 주목할 만한 몇 가지 이해가 생겨나게 되었다. CCM이라는 독특한 성격의 현대 기독교 음악이 교회에서 사용되고 또한 그것이 많은 사람들에게 적지 않은 영향을 끼치게 되면서 CCM의 사용과 관련된 다양한 해석들이 나오게 된 것이다.

1) CCM의 네 가지 사용과 역할
미국 펄듀대학(Purdue University, IN) 제이 하워드(Jay R. Howard) 교수와 아이오와대학(Iowa University)의 존 스트렉(John M. Streck) 교수는 CCM의 사용과 역할을 다음과 같이 네 가지로 분류하였다.[206]

---

206 Howard, Jay R. & Streck, John M. *Apostles Of Rock: The Splin-*

① 첫째는 복음적 이해(It's an Evangelism)이다.[207]

이것은 CCM이 하나님의 말씀을 전달하기 위한 하나의 복음적 언어이며 접촉점이라는 이해에 바탕을 둔 경향이다. 이 흐름 속에서는 어떤 특정한 음악의 형태나 성격이나 배경은 전혀 문제가 되지 않는다. 일단 그 속에 신앙고백이 담겨 있으며 동시에 그 음악 속에서 복음 전파의 가능성을 엿볼 수 있다면, 모든 음악의 다양성을 포용할 수 있다는 이해이다. 그러므로 이러한 이해 속에서는 그 음악 속에 담겨 있는 신앙고백과 메시지가 가장 중요한 요소이다.

② 둘째는 오락적 이해(It's an Entertainment)이다.[208]

이것은 CCM을 현대인들의 감정과 유흥에 호소하는 매개체로 이해하는 경향이다. 현대인들이 좋아하는 세속적 정서와 문화를 기독교에 반영한 실용적 대안으로 해석되어진다. 즉 CCM은 전통적인 예배와 예전음악에 흥미가 없는 현대인들을 교회로 모이게 하기 위한 하나의 음악적 타협과 대안이라는 뜻이다. 한마디로 일종의 전통적 예전 음악을 콘서트와 같은 오락 형태로 변형시켰다는 이해이다. 그러므로 이러한 이해 속에서는 예배와 예전 음악의 전통성과 순수성을 어떻게 지키느냐 하는 것이 가장 큰 문제 요소이다.

③ 셋째는 예술적 이해(It's an Art)이다.[209]

CCM은 다양한 동기와 목적에 의하여 단순히 인간이 만들어 가는 여러 가지 예술의 한 부분이라는 해석이다. 모든 복잡한 평가와 논쟁과는 상관없이, CCM은 사람이 만들어 가는 예술적 흐름의 한 과정이지 그 이상도 그 이하도 아니라는 이해이다. 그러므로 이러한 주장

---

tered World of Contemporary Christian Music. Kentucky: The University Press of Kentucky, 1999.
207 Ibid., 49~74.
208 Ibid., 75~110.
209 Ibid., 111~48.

을 이해하는 열쇠는 CCM을 단순히 음악과 소리 그 자체로 받아들이려는 자유로운 자세이다.

④ 넷째는 사업적 이해(It's a Business)이다.[210]

CCM은 복음을 빙자하여 물질적인 이윤을 꾀하는 기독교 경영의 한 부분이라는 것이다. 다시 말하면 복음 전파나 선교적 차원의 목표에 앞서서 물질적인 이익을 도모하는 사업체라는 것이다. 즉 CCM은 그 내용이 성서적이며 복음적이라는 것 이외에는 일반 다른 음반 사업체와 다를 바가 없다는 이해이다. 그러므로 이러한 이해 속에서는 복음 전파의 동기와 목표를 새롭게 조명하는 것이 중요한 사안이다.

2) 논쟁의 세 가지 흐름

이러한 네 가지 분류를 근거로 하여 파생된 CCM에 대한 다양한 해석들은 해석자들의 상이(相異)한 주장과 맞물려 이후 수많은 논쟁을 야기(惹起)시키는 '백가쟁명(百家爭鳴: 많은 학자들의 논쟁)'의 근거가 되어 버렸다. 이와 같은 논쟁의 흐름은 일반적으로 다음과 같은 세 가지 방향으로 정리가 된다. 첫째, 긍정적인 해석, 둘째, 부정적인 해석, 그리고 셋째, 긍정적인 해석과 부정적인 해석 사이에서 중도(中道)의 길을 추구하는 중간자적인 해석이다.

CCM과 관련된 많은 관련 자료들과 문헌들을 살펴보면 한결같이 이러한 논쟁에 대하여 상당한 분량을 할애하고 있는 것을 볼 수 있다. CCM에 대한 논쟁은 마치 약방(藥房)의 감초(甘草)처럼 CCM이 사용되어지고 있는 한 계속 등장할 주제이다. CCM은 이러한 많은 논쟁과 재평가 속에서 현대 일반 교회에 조심스럽게 그 뿌리를 내리고 있다. 여기에서 한 가지 흥미로운 것은 모두 다 각각 자기들 나름대로의 다른 주장을 펴고 있으면서도 정작 그 주장의 타당성은 동일한 곳에서 찾고 있다는 점이다. 이 점이 참 독특하면서도 흥미 있는

---

210 Ibid., 149~184.

부분이다. 그들은 CCM에 대하여 서로 다른 해석과 주장을 펼치면서도 모두 다 그것이 성서적, 역사적, 문화적, 예술적 근거를 가지고 있다고 말한다.

먼저 CCM 논쟁의 세 가지 흐름으로 분류되는 그 각각의 논쟁 주요 핵심과 근거는 무엇인지 살펴보도록 하겠다.

① 긍정적인 흐름(Positive Stream)이다.

무엇보다도 CCM에 대하여 긍정적인 해석을 내리는 사람들의 주장은 CCM의 커뮤니케이션적 효과, 즉 의사소통의 특징(Communicative character)에 그 근거를 두고 있다. 바로 이것이 CCM의 복음적 이해(It's an Evangelism)이다. 이것은 CCM이 하나님의 말씀을 전달하기 위한 하나의 복음적 언어이며 의사소통의 접촉점이라는 이해에 바탕을 둔 해석이다. 그러므로 이 흐름 속에서는 어떤 특정한 음악 형태나 성격이나 배경은 전혀 문제가 되지 않는다. 설사 문제가 있다 하더라도 그냥 접고 넘어가는 포용성(openness)과 융통성(flexibility)을 지니고 있다. 일단 그 속에 신앙고백이 담겨 있으며 동시에 그 음악 속에서 복음 전파의 가능성을 엿볼 수 있다면 모든 음악의 다양성을 허용할 수 있다는 이해이다. 그러므로 이러한 이해 속에서는 그 음악 속에 담겨 있는 신앙고백(confession)과 메시지(message)가 가장 중요한 요소이다. 그 외의 다른 것들은 2차적인 것이 되고 만다.

② 부정적인 흐름(Negative Stream)이다.

부정적인 흐름은 CCM이 하나님을 찬양하기 위한 음악이 아니라 단순히 인간의 욕구(Human's Desire)를 만족시키고 충족시키기 위한 인간 중심의 음악(Human-Centered Music)이라는 이해에 그 주장의 근거를 두고 있다. 좀 더 심하게 말하는 사람들은 하나님을 떠난 '사탄의 음악(The Beat of Dragon: Satan)'이라고까지 표현한다.[211] 그와 같이 말하는 이유는 하나님을 찬양함에 있어 CCM을 사용하는 것은 전통적인 하나님 중심의 경배 목적에 어긋난다는 명제(命題) 때문이다. 찬양이란 공식적으로 하나님께 드리는 경배와 예배이다. 당연히 예배는 하나님 중심적이어야 한다. 이것을 공식적인 영어 표현으로는 'God-centered worship'이라고 표현한다. 그러나 특정한 대상과 전략에 의하여 CCM으로 하나님을 찬양한다는 것은 더 이상 하나님 중심의 음악이 아니라는 것이다. 그것은 사람들을 위한 것이고 사람들을 즐겁게 하는 위한 것이라는 말이다. 이러한 인간 중심적 음악의 측면을 일컫는 공식적 영어 표현은 'Human-centered music', 'Customer-centered music', 또는 'Entertainment centered music', 'Marketing-Oriented music'[212]이다. 이것은 CCM의 사용을 반대하고 있는 사람들 사이에서 주장되는 가장 강력한 신학적 이론이다.

③ 중간자적인 흐름(Neutral Stream)이다.

CCM 논쟁의 중간자적 입장에 서 있는 사람들은 극심한 양극화(兩極化) 현상을 보이는 CCM의 논쟁을 완화시키고 조화시키기 위해 나름대로의 부드러운 해결책을 찾아보려고 노력하고 있다. 이들은 그들의 성향(性向)에 따라 또 두 부류로 나눠지는데, 하나는 중재자(Mediator)의 입장이고 다른 하나는 피상적(皮相的: Superficial)인 입장이다. 전자(前者)는 적극적인 중간자 입장이며, 후자(後者)는 소극적인 중간자 입장이다.

전자인 적극적인 중재자의 입장은, 긍정적인 흐름과 부정적인 흐름의 둘 사이를 화해시키고 서로 조화시키기 위하여 새로운 여러 가지

---

211 Mark. Spaulding, *The Heartbeat of The Dragon: The Occult Roots Of Rock & Roll*(Sterling Heights, Michigan: Light Warrior Press, 1992), 1~6.
212 Carl F. Schalk, "Church Music in the 90s: Problems and Prognoses," *The Christian Century*,(March 21~28, 1990): 307~8.

모델들을 제시한다. 어느 한쪽에도 흠집을 내지 않고 서로를 잘 보완하고 절충하기 위하여 양쪽이 다 만족할 수 있는 끊임없는 실험적 모델을 적극적으로 만들어 낸다. 간단한 예를 들자면, 클래식 찬송가를 현대판으로 재편곡하기도 하고 현대 CCM 곡을 클래식 악기로 연주하기도 한다. 이른바 혼합 양식(blended)의 기독교 음악을 추구하는 입장이다.[213]

후자인 중간자 입장의 또 다른 하나는 그 둘 사이의 구분을 피상적인 것으로 보는 부류이다. 그들은 찬성과 반대로 나뉘어 논쟁하는 그 자체를 무의미한 것으로 인식하는 소극적 입장을 고수(固守)한다. 이것이 바로 CCM의 예술적 이해(It's an Art)이다. CCM은 다양한 동기와 목적에 의하여 단순히 인간이 만들어 가는 여러 가지 예술의 한 부분이라는 해석이다. 그들은 CCM의 논쟁에 있어 어느 한쪽에 서서 말하기를 거부한다. 그리고 그 논쟁에 말려드는 것도 싫어한다. 그러면서도 양쪽을 다 인정하려고 노력한다. 그들은 CCM 논쟁과 관련된 모든 복잡한 사항들과는 상관없이 CCM은 사람이 만들어 가는 예술적 흐름의 한 과정이지 그 이상도 그 이하도 아니라고 이해한다. 그러므로 이러한 주장을 이해하는 열쇠는 CCM을 단순히 예술적 음악과 소리 그 자체로 받아들이려는 자유로운 자세이다.[214]

지금까지 설명한 것이 CCM 논쟁과 관련된 세 가지 흐름이다. 지금 고찰해 본 CCM 논쟁의 세 가지 흐름을 기본 골격으로 하여 이제까지 CCM과 관련되어 초래된 다양한 논쟁의 주제들에 대하여 기술하려 한다. 한 가지 분명한 것은 CCM이 존재하고 사용되며 그 나름대로의 영향력을 행사하고 있는 한, 이에 대한 다양한 논쟁과 재평가는 계속된다는 것이다. 그것은 CCM을 통하여 하나님께 향하는 우리의 찬양이 끝나지 않는 한 계속될 것이다. 그러나 우리가 잊지 말

---

213 Robert E. Webber, *Planning Blended Worship*(Nashville: Abingdon Press, 1988), 16, 87.
214 Leonard R. Payton, *Reforming Our Worship Music*(Wheaton, Illinois: Crossway Books, 1999), 12.

아야 할 것은 그것이 어떠한 이해이든지 그것은 하나님의 영광을 위한 감격과 기쁨이 수반되어지는 이해여야 한다는 것이다.

(2) 논쟁의 세 가지 주제들

이제 'CCM 논쟁의 세 가지 주제들'에 대하여 알아보자. 우리는 이미 CCM의 논쟁에 있어 그 논쟁을 해석하며 바라보는 3갈래의 물줄기, 즉 세 가지 흐름들이 있음을 확인했다. 이제 이러한 세 가지 해석의 흐름의 근원(根源:origin)이 어디인지를 설명하려 한다. 즉 세 가지 방향으로 해석되는 CCM의 주요 논쟁 주제들을 소개하려 하는 것이다. 이 논쟁 주제들은 각각 그것을 출발점으로 하여 동일하게 세 가지의 물줄기를 흘려보내는데, 그것이 바로 긍정적 흐름, 부정적 흐름, 중간자적 흐름인 것이다. 그러므로 오늘은 이 논쟁들의 주제들을 설명하려 한다.

1) 세 가지 자료

우선 세 가지 CCM 논쟁 주제들을 설명하기에 앞서, 먼저 그것들을 세 가지로 요약하는 데 있어 결정적인 도움이 되었던 세 가지 자료들을 소개하려 한다.

① 필자가 수집한 CCM 관련 자료와 연구 문헌들이다. 필자는 오래 전부터 CCM과 관련된 많은 자료들과 문헌들을 수집해 왔다. 그것들은 논문, 단행본, 잡지, 테이프, 비디오, DVD, 면담 자료, 강의 노트 등의 다양한 자료이며, 필자는 그 자료들을 정리하고 읽어 나가면서 구체적인 CCM의 주요 논쟁거리들을 확인하며 요약할 수 있었다.

② CCM을 주제로 하여 나눈 많은 사람들과의 대화이다. 일반적으로 CCM에 관심을 가지고 있는 사람이나 또는 찬양과 관련된 분야에

깊은 애정을 가지고 있는 사람들은 모두 다 CCM에 대하여 저마다의 해석과 주장을 가지고 있다. 필자는 이제까지 기회가 될 때마다, 시간과 공간이 허락될 때마다 그들과 이야기를 나누었고, 그들의 주장과 의견에 귀를 기울였다. 필자가 대화를 나누었던 사람들은 참 다양하다. 그들은 전문적인 CCM 사역자들, 교회 음악 담당 사역자들, 목회자, 전도사, 락 그룹사운드 멤버, 일반인, 청소년, 기성세대 등이었다. 그들과의 자연스러우면서도 심도 있는 대화를 통하여 CCM에 대한 기본적인 논쟁들을 인식하였고, 그 가운데에서 발견한 공통점을 정리하여 요약한 것이 바로 아래의 세 가지이다.

③ 목사로서 가지고 있는 CCM에 대한 필자 나름대로의 해석과 경험이다. 그동안 찬양 사역자로 활동해 오면서 얻게 된 견해와 해석도 아래에 나타난 세 가지 논쟁 목록을 결정함에 있어 적지 않은 영향을 미쳤음을 말해 두고 싶다.

결국 필자는 위에 제시된 세 가지 자료의 줄(루프: loop)을 잡고 'CCM 논쟁'이라는 지하 동굴 아래로 내려왔다. 그리고 그곳에서 '세 개의 판도라의 상자(pandora's box)'를 발견했는데 그 각각의 상자들 안에는 CCM과 관련된 다양한 논쟁들을 고찰해 볼 수 있는 많은 내용들이 들어 있었다. 이제 필자는 그 상자들을 어두운 동굴에서 밝은 세상 밖으로 발굴해 내어 그 뚜껑을 열어 놓으려 한다. 그래서 그 모든 것들로 하여금 세상의 빛을 보게 하려 한다.

2) 세 가지 주제

그럼 이제 그 '세 가지 판도라의 상자'에 들어 있던 CCM 논쟁의 주제들이 무엇이었는지 알아보자.

① "CCM은 성서적인가, 아닌가?"

이것은 CCM의 본질(nature)과 관련된 논쟁이다. 이것은 글자 그대로 'CCM이 성서적 배경과 근거를 가지고 있는 음악이냐, 아니냐?' 를 두고서 생겨나는 논쟁이다. 재미있는 것은 쌍방(雙方)이 모두 다 자신의 주장을 입증하기 위하여 성경을 동일하게 그들의 근거로 삼고 있다는 것이다. 똑같은 성경의 말씀을 서로 다른 각도에서 해석하여 서로 다른 주장을 펼치는 사례(事例)가 어제 오늘의 이야기가 아니듯이, CCM 논쟁의 분야에 있어서도 그것은 동일하게 적용이 된다.

② "CCM은 중립적(neutral or amoral)인가, 아닌가?"

CCM이 가지고 있는 음악적 본질과 연결된 논쟁이다. 이것은 CCM이 음악으로서 가지고 있는 음악적 중립성에 대하여 논(論)할 때에 생기는 논쟁이다. 음악이란 그 자체로서는 중립적인 존재이기에 그 음악 자체를 가지고서는 판단할 수 없으며, 그 음악이 사용되는 의도와 목적에 따라 결정되어야 한다고 주장하는 측과, 그와는 반대로 음악 그 자체는 절대로 중립적이지 않으며 오히려 음악도 그 자체에 이미 하나의 의미를 지니고 있는 것이라고 주장하는 측 사이에서 일어난 논쟁이다.

③ "CCM은 복음 전파의 도구인가, 인간 중심의 유희인가?"

이것은 CCM을 문화와 역사적인 방면에서 논할 때에 발생하는 논쟁이다. CCM을 지지하는 사람들은 CCM은 현대 문화와 역사의 흐름 속에서 생겨난 자연스러운 기독교 문화이며 복음 전파를 위한 음악적 도구라고 주장하고 있다. 그러나 CCM을 반대하는 사람들은 그것이 시대의 흐름에 따라 변하는 대중의 구미(口味)에 맞게 상업적으로 남용되어진 변질적 기독교 음악이라고 평가절하(平價切下)한다. 즉 CCM은 상업적 일환에서 나온 비정상적 기독교 음악사업이라는 것이다. 이것은 하나님 중심이 아닌 인간의 감정과 유희를 자극시키는 세속적 음악이라는 것이다. 이것은 전도(傳道)와 같은 복음 전파(evangelism)의 개념, 그리고 예배의 개념이 서로 관련되어 생겨난 논쟁이다. CCM 옹호자들은 전도와 복음 전파의 개념에서 CCM의 사용을 적극적으로 권장하고 있으나, 그 반대 측은 예배가 가지고 있는 하나님을 향한 신앙의 절대성과 순수성을 강조하면서 CCM의 사용을 달갑지 않게 보고 있다. 이것은 CCM이란 현대 기독교 문화를 말살시키기 위하여 사탄(stan)이 살며시 교회 안에 숨겨 놓은 '트로이 목마(a Trojan horse)'라고 주장하는 CCM 반대 측에서 나온 주장이다.[215] 이 주장이 나온 뒤부터 여러 가지 논란이 일어나고 이것이 논쟁의 축이 되었다. 이 논쟁은 이 사이에서 생겨난 주제이다.

세 가지 논쟁의 형태에 대하여 알아보았다. 그 논쟁의 형태가 어찌되었든, 일단 위에 소개된 논쟁의 골자(骨子)들이 이제부터 필자가 서술하려 하는 CCM 논쟁의 세 가지 주제들이다. 물론 이보다 더 자세한 주제들이 나올 수 있다.[216] 그러나 필자가 믿기로는 CCM과 관련된 어떠한 논쟁도 모두 다 이 세 가지 주제 항목에 녹아 있고 포함되어져 있을 것이라 믿는다.

이미 언급한 바와 같이 이 세 가지 논쟁을 담고 있는 판도라의 상자들은 CCM에 대한 세 가지 해석의 물줄기를 형성하는 그 근원이 되었으며, 본격적인 CCM 논쟁의 출발을 알리는 신호탄(信號彈)이 되었다. 이제 이 세 가지 논쟁의 주제들을 하나하나 면밀히 고찰해 보고자 한다.

(3) CCM은 성서적인가, 비성서적인가?

이것은 CCM의 성서적 본질(nature)과 그 근거(foundation)에 대한 논쟁이다. CCM은 과연 성서적인 음악인가, 아닌가?

일단 CCM을 비성서적이며 세속적인 음악이라고 주장하는 사람들의 말을 들어 보자. "CCM이 과연 성서적인 음악인가, 아닌가?"라

---

215 Victor Sears, *Baptist Bible Tribune*(1981): 13.
216 참고하라. 강인중, "교회와 대중음악," 기독교윤리실천운동 문화전략위원회 엮음, 「대중문화, 더 이상 침묵할 수 없다」,(서울, 예영커뮤니케이션), 223~5쪽.

는 질문에 대해 성경은 기독교 음악에 대한 나름대로의 성경적 기준을 제시하고 있으며, 그 기준에 비추어 볼 때 CCM은 비성서적 음악이라고 주장하는 사람들이 있다. 그들은 그 성경적 기준에 비추어서 CCM을 비성서적이며 세속적인 유행의 산물로 배척한다. 그들에게 있어 CCM은 그들이 생각하고 있는 성경적 기준에 들어맞지 않는 음악이다. 바로 하나님을 경배하는 있어 사용되는 성서적 평가 기준에 걸맞지 않는 비성서적 음악이라는 말이다.[217] 이들은 CCM이 비성서적인 음악이라는 것을 증명하기 위해 성경에 나타난 말씀을 토대로 하여 몇 가지 수긍할 만한 성서적 음악의 기준들을 제시한다.

가장 대표적인 것이 찰스 콜슨(Charles Colson) 교수가 제시한 고린도 전서 10장 23절의 해석이다. "모든 것이 가(可)하나 모든 것이 유익한 것이 아니요 모든 것이 가하나 모든 것이 덕을 세우는 것이 아니니(고전10:23)" 콜슨 교수는 이 성경 말씀을 CCM 논쟁에 대입하여 CCM이 비성서적 음악임을 간접적으로 시사했다. 그에 따르면 모든 음악이 가능하다 할지라도 그 모든 음악이 다 유익을 끼치는 것은 아니며, 모든 음악이 다 유용하다고 해도 그 모든 음악이 다 덕을 끼치는 것은 아니라는 것이다. 이 말을 다시 표현하자면 CCM의 사용이 가능하다고 해서 그 음악이 유익을 끼치는 것이 아니며, 당장에 CCM이 유용하게 보인다 할지라도 그것은 진정한 덕을 이루는 기독교 음악이 아니라는 해석이다.[218]

엘사브 클로퍼(Elsabe Kloppers)는 다음과 같은 기준을 제시했다.

모든 경우 특정한 음악의 기준은 그 음악을 사용하는 특정한 단체와 구성원에 의하여 결정된다. 일반 예술에서 사용되는 일반

---

217 Dan Lucarini, *Why I Left the Contemporary Christian Music Movement: Confessions of A Former Worship Leader*(Auburn: Evangelical Press, 2002), 46.

218 Charles Colson, *Developing a Christian Worldview of the Christian in Today's Culture*(Wheaton, Illinois: Tyndane House, 1999), 287.

음악과는 달리 기독교 음악 또는 교회 음악은 그것 나름대로의 특별한 예전적 기능(a liturgical function)이 있다. 바로 기독교 음악은 예배와 예전적인 면에서 올바른 기능을 보여야 기독교 그 가치를 인정받게 되는 것이다. 기독교 음악을 위한 기준은 특정한 신학과 교리를 가지고 있는 교단 배경에 의하여 결정된다. 음악에 대한 사용 기준은 그 교회 단체의 신학적, 성서적, 신앙고백적, 예전적인 관점에 따라 달라져야만 한다. 그러므로 교회 음악이나 기독교 음악에 대한 평가 기준은 시대와 사람을 초월하여 객관화 될 수 없는 것이다. 과연 기독교 음악을 자기가 부르고 싶은 노래 를 마음대로 부를 수 있도록 허락하는 상대주의적 차원에서 이해 할 수 있을까? 물론 절대 안 된다![219]

많은 CCM 반대자들은 모든 음악이 다 하나님의 영광을 위한 것 이 아니라고 주장한다. 그들은 그것을 증명하는 성경 속의 구절들 을 제시한다. 바로 '에베소서 5장 19절'과 '골로새서 3장 16절'에 바 울이 언급한 세 가지 음악의 기준을 말한다. 시편(psalms), 찬송 (hymns), 그리고 영가(spiritual songs)이다. 그들은 이것이 성경 이 제시한 세 가지 기준이라고 말한다.[220] 이 세 가지 음악은 절대로 CCM과 같은 세속적인 스타일을 빌린 음악이 아니라는 것이다.[221] "왜 CCM이 시편도 아니요, 찬송도 아니요, 영가(靈歌)도 아니냐?"라는 질문에 이들은 CCM이 성경을 통하여 바울이 제시한 이 세 가지와는 동떨어져 있는 음악이기 때문이라고 주장한다. 또한 성경에 나온 '새 노래'는 새로운 음악 형태를 일컫는 것이 아니라, 새롭게 변화된 사

---

219 Elsabe Kloppers, "Liturgical Music: Worship War?," *Dialog*, Vol 34.(summer, 1995): 201.
220 사도 바울이 표현한 세 가지 표현에 대한 분석은 김철웅, "사도 바울의 찬 양론," 「월간 신앙세계」 통권 468호(2007. 7): 48~50쪽과 본서의 부록을 참고 하라.
221 Don Cusic, *The Sound of Light: A History of Gospel and Chris-tian Music*(New York: Hal Leonard Corporation, 2002), 4.

람이 부르는 찬양임을 강조한다.[222]

영국 메트로폴리탄 타버나클교회(Metropolitan Tabernacle in Central London)의 목사 피터 마스터스(Peter Masters)는 성경 어디에도 하나님을 찬양하기 위하여 과거 광신도적 신비주의자들이나 오늘날과 같은 히피(hippie)족이 사용하는 세속적 음악을 거룩한 예배 중에 사용하라고 허락한 성경 구절은 없다고 주장한다. 세속적 음악을 거룩한 예배 음악의 반열에 들 수 있도록 허락하는 성경 구절은 없다는 뜻이다.[223] 그는 성서적인 기독교 음악을 찾기 위하여 우리가 CCM을 향하여 가져야 두 가지 질문을 제시했다. ① "성경은 CCM을 통한 현대식 예배의 내용과 질서에 대하여 무엇이라고 가르치고 있는가?" ② "우리는 어떻게 CCM을 해석하고 반응해야 하는가?" 이 질문에 대한 대답으로 마스터스는 자기 나름대로의 일곱 가지 성서적 기독교 음악의 평가 기준을 제시했다. ① 성서적 기독교 음악은 분명히 시편의 방법과 예를 따라야 한다. ② 성서적 기독교 음악은 진정한 예배자에 의하여 교정되어야 한다. ③ 성서적 기독교 음악은 숭고하며 거룩한 것이어야 한다. ④ 성서적 기독교 음악은 교리적, 신학적인 방향이 확실해야 한다. ⑤ 성서적 기독교 음악은 확실한 신앙고백이 표현되는 것이어야 한다. ⑥ 성서적 기독교 음악은 작곡가의 신앙고백이 담긴 것이어야 한다. ⑦ 성서적 기독교 음악은 저질 신비주의나 광신도(狂信徒)들이 사용하는 비정상적인 음악 스타일에서 벗어난 것이어야 한다. 이러한 일곱 가지 평가 기준에 맞추어 볼 때 CCM은 성서적 기독교 음악이 아니라는 것이다.[224]

그러나 이러한 반대 주장과는 전혀 다르게, CCM은 성서의 기준을 배격하는 음악이 아니며 동시에 성서적 가르침을 벗어나지도 않는 오

---

222 Kimbery Smith, *Let Those Who Have Ears to Hear*(Enumclaw, WA: Winepress Publishing, 2001), 46.
223 Peter Masters, *Worship in the Melting Pot*(London: The Wakeman Trust, 2002), 9~12.
224 Ibid., 103~12

늘날의 기독교 음악이라고 주장하는 사람들도 있다.

미국 미시건(Michigan) 지역에는 CCM을 사용하여 예배를 드리는 갈보리교회(Calvary Church)가 있다. 그 교회에서는 에드워드 돕슨 (Edward G. Dobson)이라는 찬양 목사가 CCM을 사용하여 '구도자 예배(Seekers sensitive worship)'를 이끌고 있는데, '구도자 예배' 라는 것은 불신자들, 특별히 젊은 세대를 교회를 이끌기 위하여 예 배 음악으로 CCM을 사용하는 현대식 예배를 말한다.[225] 특별히 그는 "CCM은 비성서적이다."라고 주장하는 사람들에게 CCM을 변호하는 말로서 다음과 같은 글을 남겼다.

> 성경적 음악 스타일이라는 것은 없다(There is no such a thing as a "biblical" style of music). 우리가 잘 아는 시편은 구약 사람들이 찬양했던 그 찬양의 가사 내용들을 묶어 놓은 것 이다. 시편의 가사 내용은 오늘날까지 아무런 오류 없이 전해지고 있다. 그러나 시편의 기자들이 사용했던 음악적 스타일과 범위에 대하여 우리가 알고 있는 것은 아무것도 없다. 만약에 하나님께서 성경적인 음악 스타일을 계시하시기 원하셨다면 그 음악 스타일에 대하여 성경에 분명히 계시하셨을 것이다. 그러나 성경 상에는 그 러한 계시의 말씀이 나타나 있지 않다.[226]

그의 주장에 의하면 CCM은 비성서적인 음악이 아니라는 것이다. 그리고 'CCM은 성서에 나타난 가르침을 위반한 음악도 아니다.'라 는 주장이다. 왜냐하면 성서 속에 정녕 성서적 음악이라는 것이 무 엇인지, 그 스타일(style)과 형식(form)이 어떻게 되는 것인지 계시되

---

225 James L. Brauer, "The Role of Music in Seekers Services," *Con-cordia Journal*, Vol. 24, No. 1(January 1998): 7~20.
226 Edward G. Dobson, *Starting A Seeker Sensitive Service: How Today's Churches Can Reach the Unchurched,*(Grand Rapids, Michigan: Scripture Press, 1992), 44.

어 있지 않기 때문이다. 부연 설명을 더 하자면, 하나님은 성경을 통하여 과연 성경적인 음악 스타일이 무엇인지 확실하게 계시하지 않고 있기 때문에 어떠한 음악 스타일이 정말 진정한 성경적 스타일인지 우리는 알 방법이 없다는 것이다. 성경을 통해서 우리는 찬양 가사의 성경적 내용과 의미를 알아낼 수 있지만 그 시편의 음악 스타일이 어떤 것이었는지에 대하여는 알 방법이 없다. 음악적 스타일에 대하여 성경은 철저히 침묵하고 있다. 그러므로 성서적 음악 형태를 찾기보다는 성서적 가사 내용에 관심을 가져야 한다.[227]

이러한 변호와 더불어 몇몇 CCM 옹호자들은 오히려 성경이 CCM과 같은 음악의 사용을 장려하고 허락하고 있다고 주장한다. 그것을 증명하기 위한 대표적인 구절로 그들은 시편 149편 1절의 말씀을 주로 사용한다. "새 노래로 여호와께 노래하며…" 여기에서 관심의 초점이 되는 개념은 '새 노래'라는 것이다. 과연 "'새 노래'라는 것이 무엇이냐?"라는 질문에 CCM 옹호자들은 '새 노래'란 하나님의 은혜 속에 새롭게 된 사람이 새로운 음악을 통하여 하나님을 찬양하는 것으로, 글자 그대로 새롭게 변화된 사람이 새롭게 만들어 낸 기독교 음악이라고 답을 한다.[228]

이러한 주장에 힘입어 미국 새들백교회의 담임목사인 릭 워렌(Rick Warren) 목사 또한 성서적인 기독교 음악을 찾으려 노력하는 것은 음악의 다양성을 축소화시키는 것이라 설명했다. 더 나아가 그는 오히려 교회가 음악의 다양성을 인정하고 그 다양성을 교회 구성원의 다양성에 조화를 시키는 방향으로 나아가야 한다고 주장했다.

음악이란 세대차에 따라, 지역에 따라, 개인적인 취향에 따라

---

227 Steve Peters and Mark Littleton, *Truth about Rock: Shattering the Myth of Harmless Music*(Minneapolis. Minnesota: Bethany House Publishers, 1998), 21~22.

228 Hyuk Choi, *What is Contemporary Praise and Worship?* Excerpts read by the author. Cassette Tapes 3.(New Jersey: Grapevine Publication, 1998)

다르게 이해되는 것이다. 심지어 음악은 어떤 경우 같은 가족 사이에서도 매우 다양한 형태로 이해되고 세분화된다. 그러므로 우리는 어떤 교회가 우리와 다른 음악을 사용하는 것에 대해서 절대로 놀라거나 당황할 필요가 없다. 당신이 반드시 해야 할 일은 당신 교회의 구성원에게 맞는 기독교 음악을 사용하는 것이다. 그러므로 당신이 사용하는 음악은 당신 교회의 구성원의 특징이 무엇이며 그 정체성이 어떤 것인지를 규명해 주는 도구이다.[229]

이 말은 "CCM이 성서적이냐, 비성서적이냐?"라는 문제보다, "CCM이 그 교회에 맞는 음악이냐, 아니냐?"의 문제가 더 중요하다는 것을 말해 준다. 얼핏 들으면 다분히 원론적인 측면보다는 실용적인 측면이 강조된 것 같은 표현이기는 하지만, 이러한 주장 역시 CCM이란 성서적 원리와 가르침을 위반하는 기독교 음악이 아니라는 것을 증명하려는 다수결(多數決)에 솔직한 한 표를 던지는 내용이다.

(4) CCM은 가치중립적인가, 아닌가?

이제 'CCM의 세 가지 논쟁 주제' 중에서 두 번째 논쟁 질문인 "CCM은 중립적(neutral or amoral)인가, 아닌가?"에 대하여 고찰해 보겠다. "CCM 그 자체가 하나의 음악으로서 중립적인가, 아닌가?"라는 문제는 다분히 CCM 자체만의 문제가 아니라 모든 음악의 성격과 본질에 관한 질문이기도 하다. 당연히 이 질문에 대해서도 서로 다른 응답이 나오고 있다.

먼저 CCM를 비롯한 모든 음악이 중립적이라고 주장하는 사람들의 이야기를 먼저 들어 보려 한다. CCM을 즐겨 사용하고 있는 대부분의 사람들은 "음악이라는 것 자체는 중립적인 것이기 때문에 그 자

---

229 Rick Warren, *The Purpose Driven Church: Growth Without Compromising Your Message and Mission*(Michigan, Grand Rapid: Zondervan Publishing House, 1995), 279.

체로는 그 음악의 성격을 알 수 없고 오로지 그 음악의 가사 내용에 따라 그 음악의 성격을 따져야 한다"[230]고 주장한다. 왜냐하면 "음악 그 자체만으로는 이것이 신성한 것인지 불경한 것인지 판단할 수 없기 때문이다. 그러므로 중요한 것은 들려지는 음색이 아니라 그 음악 속에 사용되고 말해지는 가사 내용이 중요하다."[231] 스티브 라헤드 (Steve Lawhead) 교수 또한 비슷한 주장을 했다.

> 우리들은 CCM을 비판하기 전에 우리가 분명치 않은 선입관 속에 있음을 먼저 깨달을 필요가 있다. 음악이라는 것이 원래 중립적인 것인데 그러한 생각 없이 무조건 CCM을 옳지 못한 기독교 음악으로 몰아세우는 것은 잘못된 일이다.[232]

CCM 연구가 게리 크루그(Gary L. Krug)도 다음과 같이 주장했다.

> 내가 생각하고 있는 음악은 원래 중립적 가치를 지니고 있다. 그러므로 CCM 음악의 가사 내용이 불경건하거나 비신앙적인 내용을 담고 있지 않은 이상, 오늘날의 기독교인들은 그 음악을 자유롭게 듣고 즐길 자유와 권리가 있다.[233]

릭 워렌 목사 또한 음악의 중립성을 강조하고 가사 내용에 반드시 기독교적 내용이 들어가야 함을 주장했었다.

---

230 Edward G. Dobson, *Starting A Seeker Sensitive Service: How Today's Churches Can Reach the Unchurched*, 44.
231 EWB-Class, GK-Class.
232 Steve Lawhead, *Rock Reconsidered: A Christian Looks at Contemporary Music*(Downers Grove, Illinois: Inter-Varsity Press, 1981), 105.
233 Gary L. Krug, *Rock-the Beat Goes On: A Christian Perspective on Trends in Rock Music*(Milwaukee: Northwestern Publishing House, 1987), 93~94.

나는 음악 형태 그 자체만을 따져서 그 음악을 신성한 음악과 불경건한 음악으로 나누는 모든 행위를 거절한다. 누가 그것을 결정할 권리가 있는가? 모름지기 모든 음악 형태는 우리들의 문화적 배경에 따라 달라지게 되어 있다. 어떤 특정한 음색이나 리듬은 아시아인들의 귀에 경건하게 들릴 수도 있고, 또 다른 음악 형태가 중동 사람들에게 익숙할 수도 있고, 아프리카 사람들은 또 다른 리듬과 음색을 즐길 수도 있다. 그러므로 교회는 어떤 특정한 음악 형태가 경건한 음악 형태이며 올바른 기독교 음악 형태임을 주장할 수 없고 주장해서도 안 된다. 그렇다면 그 무엇이 음악을 경건하게 만드는가? 바로 그 음악 속에 들어 있는 내용이다. 기독교 음악이라고 하는 확실한 음악 형태는 없다. 오로지 기독교 가사 내용만 있을 뿐이다. 거룩한 가사 내용은 다양한 음악 형태 속에서 전파되어야 한다.[234]

위에서 살펴본 사람들의 말을 종합해 보면 공통적으로 나타나는 중심개념이 있다. 바로 "음악은 그저 음악일 뿐이다."라는 개념이다. 음악 형태 자체로는 그 음악이 신성한 음악인지 불경건한 음악인지 알 수도 없고, 또 알 필요도 없다는 것이다. 그들은 음악 형태 자체에 대하여 이러한 중립성을 강조하는 만큼, 반면에 그 음악 속에서 표현되는 가사 내용에 엄청난 강조점을 두고 있다. 왜냐하면 음악 형태를 가사 내용을 전달하기 위한 하나의 매개체로 인식하기 때문이다. 이러한 면에서 볼 때, 그들에게 있어 CCM은 더 이상 이상한 음악도 아니요, 배척해야 할 음악도 아니다. 왜냐하면 CCM 음악은 많은 종류의 다양한 음악 형태에 기독교적 내용을 담은 가사 내용을 가지고 있는 음악이기 때문이다.[235]

---

234 Rick Warren, *The Purpose Driven Church: Growth Without Compromising Your Message and Mission*, 281.
235 최유신, "록 자체가 악한 정서를 유발하지는 않는다," 「빛과 소금」 (1996. 2): 116~17쪽.

이러한 사람들의 주장에 힘입어 동일한 생각을 가지고 있는 많은 음악인들이 다양한 음악적 형태 속에서 기독교적인 내용을 전달하고 하나님을 찬양하기 위하여 노력해 왔다. 바로 기독교 락 그룹들(Christian rock groups)이다. 그 대표적인 예를 들어 보면 부활 밴드(Resurrection Band), 스위트 콤포트 밴드(Sweet Comfort Band), 에미 그랜트(Amy Grant), 스트라이퍼(Stryper), 페트라(Petra), 한국의 예레미, 예수 밴드(Jesus Band) 등이다. 이들은 모두 헤비메탈이나 하드락, 또는 락앤롤이라고 하는 음악 형태로 찬양하는 CCM 밴드들이다. 그러나 그 가사의 내용은 기독교적 내용을 담고 있다.[236]

특별히 필자도 개인적으로 오래 전 고교(高校) 재학 시절 '스트라이퍼'의 음악에 심취한 적이 있었다. 그 당시에는 항상 헤비메탈하면 사탄의 음악이라는 고정관념이 박혀 있어 매우 조심해야 할 음악 형태로 알고 있었다. 그러나 스트라이퍼의 등장은 필자에게도 참 신선한 충격이었다. "아! 이런 형태로도 찬양을 하는구나!" 그냥 듣기에는 다른 헤비메탈 음악과 전혀 다를 바가 없었다. 그러나 그 가사 내용들은 모두 성경적 내용과 가치관을 담고 있었다. 그들의 대표곡은 'To Hell with the Devil(악마는 지옥으로)' 그리고 'Always There for You(마태복음 28장 20절)'라는 곡으로 설명될 수 있는데, 그들은 한국에도 내한 공연을 하여 상당한 인기를 끌었었다. 그들의 이름 '스트라이퍼'는 '이사야 53장 10절'의 말씀에 기초하여 만든 '채찍 맞은 사람'과 같은 의미였다.[237] 1985년 '스트라이퍼'의 드러머이자 리더인 로버트 스위트(Robert Sweet)는 기자 회견에서 다음과 같이 말했다.

---

236 Mark Allan Powell, "Why Should the Fundies Have All the Good Music?," *Trinity Seminary Review*, Vol. 18, No. 1(Summer 1996): 30.
237 Mark Allan Powell, *Encyclopedia of Contemporary Christian Music*(Massachusetts: Hendrickson Publisher, 2002), 891~95.

"우리는 락앤롤 복음 전도자이다. 스트라이퍼는 오늘날의 세례 요한이 되어 락앤롤로 광야 같은 이 세상에 하나님의 말씀을 전파하려 한다. 이 락앤롤에 복음을 담아 어두운 세상에 밝은 빛을 비추려 한다. 그 빛은 바로 예수 그리스도이시다."[238]

하나님께서는 우리를 어두운 곳의 빛이 되라고 부르셨다. 락앤롤은 참으로 어두운 장소이다. 그러나 그 어두운 장소에서 우리는 빛을 비추려 한다. …많은 락 밴드들이 사탄 마귀에게 모든 영광을 돌리고 있다. 이것은 매우 이해하기 힘든 사실이다. 우리는 이것을 바꾸고 싶다. …이제부터 새로운 락앤롤의 시대가 시작될 것이다. 우리는 그것을 기뻐한다.[239]

실제로 이들의 이러한 음악 활동은 적지 않은 찬반 논란을 가져왔다. 이들의 음악 활동을 찬성하는 사람들은 다분히 오늘 우리가 살펴보았듯이 음악 형태 자체의 중립성을 인정하고 음악이 가지고 있는 가사 내용에 그 무게를 두고 있는 사람들임은 두말할 나위 없다. 1985년 여름, 락앤롤 복음 전도 밴드인 '스트라이퍼'와 자칭 사탄 숭배 음악 밴드인 슬레이어(Slayer)의 공연이 동시에 있었다. '스트라이퍼'와 '슬레이어' 두 헤비메탈 밴드의 경쟁적인 공연이었다. 그 때 '스트라이퍼'가 84%의 긍정적인 표를 얻어 그 공연에서 승리했다고 한다. 그 때 참석하였던 한 기독교 청년은 그 당시 잡지 기사를 통하여 다음과 같이 설명하며 '스트라이퍼'를 칭찬했다고 한다.

스트라이퍼는 슬레이어를 한 방에 날려 버렸다. 슬레이어는 우리들에게 마약과 음란과 사탄 숭배의 마음을 가지도록 유혹했는데 스트라이퍼는 진실된 하나님의 말씀을 노래했다. 헤비메탈로

---

238 *Time*,(March 11 1985): 60.
239 Dan Peters, Steve Peters & Cher Merrill, *What About Christian Rock?*(Minneapolis, Minnesota: Bethany House Publishers, 1986), 79.

이런 찬양을 한다는 것이 놀라울 뿐이다.[240]

이제까지 설명한 모든 것을 종합하여 볼 때, CCM을 찬성하는 사람들은 CCM을 일종의 음악으로서 중립적인 음악 형태를 가지고 있다고 생각하며, 그 음악의 가사 내용이 기독교적인 이상 그 음악의 형태는 어떤 것이든 상관없다고 생각한다.

그러나 이들과 정반대의 주장을 하고 있는 사람들도 있다. 이들은 음악이란 절대로 중립적이지 않기 때문에 CCM도 중립적이 될 수 없다고 주장한다. 그리고 그 기준에 맞추어 CCM은 올바른 기독교 음악이 될 수 없음을 피력하고 있다. 그러므로 이들은 먼저 가사 내용이 있든 없든, 음악은 그 음악 자체로서 고유의 본성과 메시지를 담고 있음을 말한다. 그리고 그 가설(假說)에 편승(便乘)하여 CCM 음악은 중립적이지 않음을 강조하고, 결국 CCM이 올바른 기독교 음악이 아님을 주장하는 것이다. 그들은 음악 자체에도 인간들에게 해를 끼치고 옳지 못한 분위기를 조장시키는 음악이 있으며 반면에 거룩한 영적 분위기를 고취하는 음악이 있다고 주장한다. 그들이 여기에서 음악이라 함은 가사 내용이 전혀 들어 있지 않은 연주곡이나 경음악까지도 포함하고 있는 말이다. 이러한 입장에서 보자면 음악의 모든 형태와, 장르와, 곡조와, 박자는 그 존재 자체만으로도 어떤 특정한 의사소통이나 메시지 전달의 역할을 충분히 할 수 있다는 결과가 나온다. 그러면 이러한 주장을 하는 사람들의 이야기를 하나씩 들어 보자.

찰스 콜슨(Charles Colson)은 "음악은 그 자체로 메시지 전달의 기능을 할 수 있으며 동시에 사람의 생각을 공교히 할 수 있는 의사소통의 도구이다."[241]라고 표현한 바 있다. 그의 이러한 주장은 다분히 음악의 중립성을 배격하고 있다. 즉 특정한 음악에 가사 내용이

---

240 *Loud and Clear,*(August, 1985): 4.
241 Charles Colson, *Developing a Christian Worldview of the Christian in Today's Culture,* 287.

없어도 그 음악은 이미 사람의 마음과 생각을 움직이게 하는 강한 매개체라는 것이다.

팀 피셔(Tim Fisher)도 이와 동일한 의견을 내놓았다.

> 음악은 중립적이지 않다. 음악은 그 자체로 이미 의사 전달의 역할을 하고 있다. 그리고 음악은 그 자체로 이미 영적인 영향을 끼칠 수 있는 메시지를 담고 있다. 그러므로 나는 기독교인으로서 음악에 대하여 특정한 기준이 있어야 한다고 생각한다. 하나님을 찬양하는데 있어 아무 음악이나 무조건적으로 사용하는 것은 옳지 못하다.[242]

이것 또한 CCM을 올바른 기독교 음악으로 인정하지 않는 해설이다. 마샬 맥루한(Marshall McLuhan)은 아주 짧으면서도 가장 확신에 찬 주장을 하였는데, 그는 "매개체(medium) 그 자체는 이미 그 속에 메시지를 담고 있다."[243]라고 주장했다. 칼 샬크(Carl F. Schalk) 교수 또한 "특정한 매개체(medium)는 이미 메시지를 가지고 있다."[244]고 했다. 여기서 매개체란 의사소통에 관계되는 모든 것을 뜻한다. 물론 음악이 이곳에 포함됨은 두말할 나위 없다. 그는 이 세상의 모든 의사소통을 위한 매개체는 그 속에 특별한 구체적 내용이 없어도 그 매개체 속에 이미 중립적이라고 판단할 수 없는 그 무엇이 들어 있음을 강조했다. 이러한 그의 주장을 음악의 문제에 대입하여 생각하면, 음악에 비록 구체적인 가사 내용이 없더라도 음악은 그 음악 자체 안에 이미 특정한 메시지를 담고 있다는 결론이 내려진다. 즉 음악이란 그 음악에 가사 내용이 있는가 없는가의 문제를 떠

---

242 Tim Fisher, *The Batter for Christian Music*(Greenville, SC: Sacred Music Service, 1992), 56.
243 Marshall McLuhan, *The Medium is the Message*(New York: Simon & Schuster, 1967), 2.
244 Carl F. Schalk, "Church Music in the 90s: Problems and Prognoses," *The Christian Century*, 308.

나서 그 음악이 이미 하나의 사람을 통해 특정한 형태를 갖추었다면 그것은 이미 중립적인 가치의 단계를 떠난 존재라는 말이다.[245]

　이러한 말에 더 비중을 가하는 사람이 있었다. 과거 CCM 활동가였던 단 루카리니(Dan Lucarini)는 다음과 같이 말했다.

> 음악 자체가 중립적(amoral)이라는 CCM 찬성자들의 철학과 전망은 한 때 많은 기독교 락커들에게 있어 하나의 교리(Christian Rocker's Creed)처럼 자리 매김 해 왔다.[246]

> 나는 단순히 일반적인 개념에서 음악을 이해할 때는 음악이 중립적(neutral)이라는 주장에 동의할 수 있다. …멜로디, 하모니, 리듬 그 자체는 중립적이다. …그러나…CCM 사역자들이 말하는 음악의 중립은 그러한 것들이 아니다. 그들은 자기들이 좋아하는 특정한 음악 형태를 말하고 있다. …누군가 그것을 작곡하고 부르게 된 이상, 그 속에는 그 사람이 창조한 특정한 형태가 나타나게 되어 있다.[247]

> 음악이 초월적(amoral)이고 중립적(neutral)일 수 있다. 그러나 모든 음악 형태가 전부다 그런 것이 아니다. 왜냐하면 그 형태 자체가 얼마든지 그것은 누군가에 의하여 세속적으로 변형될 수 있기 때문이다.[248]

　이 말은 음악을 작곡함에 있어 사용되는 리듬과 멜로디와 하모니 자체는 중립적일 수 있으나 누군가가 그것을 통하여 음악을 창조해

245　Mary McGann, *Exploring Music as Worship and Theology* (Collegeville, MN: Liturgical Press, 2002), 9.
246　Dan Lucarini, *Why I Left the Contemporary Christian Music Movement*, 88.
247　Ibid., 90.
248　Ibid., 91.

냈다면, 그것이 더 이상 중립이 될 수 없다는 말이다. 왜냐하면 누군가에 의해서 만들어지기 때문이다. 그렇다면 그 곡에는 만든 사람의 주장과 철학과 의도가 심어지기 마련이다.

이 부분에 대하여 데이비드 테임(David Tame)은 다음과 같이 말했다. "사람의 본성이 절대로 중립적이 될 수 없듯이, 음악도 또한 가사 내용이 없다고 해서 그 음악이 중립적인 가치로 이해될 수는 없다."[249]

에드워드 베스(Edward. Gene Veith)도 또한 같은 맥락에서 "일단 어떠한 특정한 작곡자나 편곡자가 음악을 하나 만들게 되면, 그 음악은 작곡자나 편곡자의 한정된 의도에 의하여 그 음악의 형태가 조성되며, 그 속에 그 작곡자와 편곡자의 세계관과 의지가 들어가게 되어 있다. 사람의 본성이 중립적이 될 수 없듯이 작곡자와 편곡자의 자세가 중립적일 수 없다. 그러므로 당연히 그 사람들에 의하여 만들어진 음악은 절대로 중립적이 될 수 없다."고 설명했다.[250]

특별히 레베카 외팅어(Rebecca W. Oettinger)는 음악이 중립적이지 않다는 것을 그 음악을 듣는 사람들의 다양한 해석에 기초하여 다음과 같이 주장했다. "음악은 중립적이거나 보편적이지 않다. 만약에 음악 자체가 정말로 중립적이라면 왜 많은 사람들이 모두 각기 서로 다른 느낌과 해석과 표현을 가질 수 있겠는가?"[251] 그의 말에 따르면 정말 똑같은 음악을 들어도, 이미 그 속에 가사가 있든지 없든지 일단 많은 사람들이 서로 다른 이미지와 느낌과 표현과 감동을 받는다는 것은 음악이 절대적으로 중립적이 아니라는 것이다. 그에 따르면 음악은 의사소통의 한 매개체이다. 하지만 모든 사람들에게 똑같

---

249 David Tame, *The Secret Power of Music: Transformation of Self and Society through Musical Energy*(Rochster, Vermont: Turn Press, 1984), 187.
250 Edward Gene Veith, "Church Music and Contemporary Culture," *Modern Reformation*. Vol. 11, No. 6(11, 2002): 37.
251 Rebecca W. Oettinger, *Music as Propaganda in the German Reformation*(Burlington, VT: Greenwood Press, 1985), 154.

은 느낌과 감동을 전해주어야만 하는 고정된 중립체가 아니라는 것
이다.

데이비드 클라우드(David W. Cloud)는 음악이 그 자체로 절대 중
립적인 가치를 지닐 수 없음을 언어기호학적 관점에서 다음과 같이
설명하였다.

음악이 중립적이지 않다는 것은 우리가 영어의 알파벳의 경우
를 살펴보면 확인될 수 있다. 알파벳이 가지고 있는 각각의 단어
한 단어는 중립적이라 할 수 있다. 그 자체로 아무런 의미를 가치
고 있지 않다. 그것 자체로는 아무런 의미도 전달하지 않는다. 그
러나 이 각각의 단어들이 어떤 특정한 단어 형태나 문장으로 나
타날 때에는 이때는 이미 중립적 가치를 넘어선 때이다. 예를 들
면 E라고 하는 단어는 그 자체로 충분히 중립적이다. 그 자체만으
로 무엇을 뜻하는지 알 수 없다. 그러나 그 단어가 특정한 음악적
가사의 한 부분으로 사용될 때에는 이미 그 단어를 사용하는 사
용자의 의도와 개념이 개입되게 되어 있다. 그러므로 이것은 이미
중립적인 의미를 넘어서는 것이다. 그러므로 음악이란 중립적이라
할 수 있는 하나하나의 음 자체가 모여 이미 하나의 의도적인 음
악이 된 만큼 절대로 중립적일 수 없다.[252]

음악은 절대적으로 중립적이지 않다. 그러므로 모든 기독교인
들은 자신의 개인적인 삶과 교회의 활동을 통하여 사용할 수 있
는 음악의 형태와 종류를 선정함에 있어 조심해야 한다. 어떤 음
악은 영적으로 유익을 끼치며 반면에 어떤 음악은 영적으로 해악
을 끼치며 사탄적 효과를 나타낸다.[253]

252　David W. Cloud, *Contemporary Christian Music: Under the Spotlight*(Canada: The Way of Life Publisher, 1998), 22.
253　Ibid., 27~28.

그는 이와 같이 모든 음(音)이 독립적으로 존재할 때에는 중립적일 수 있으나, 그 음이 특정한 사람에 의하여 의도적으로 사용된 후 하나의 음악으로 표현될 때에는 이미 중립의 가치를 넘어선 것이 됨을 주장하고 있다. 그의 주장은 실제적으로 상당한 설득력이 있다. 우리가 사용하는 모든 음계는 그 자체로는 그냥 소리일 뿐 아무런 의미가 없다. 그러나 일단 그 음들이 작곡자나 편곡자에 의하여 선택되고, 그들의 특별한 작곡 의도와 편곡 목적에 따라 재배열되기 시작하면 이미 그 음들은 단순한 소리를 넘어서 특별한 의미를 지닌 의미체가 된다는 것이다. 이것은 각각의 모든 매니아는 그 나름대로의 뜻을 지니고 있다는 것과 연결해서 음악 스타일 그 자체는 이미 그 음악을 만든 사람의 의도와 의지가 들어 있다는 것을 뜻할 수 있다.

그래도 닐 포스트맨(Neil Postman)은 "각각의 매니아는 각각의 서로 다른 영적인 과정을 만들어 낼 수 있음을 모든 기독교인들은 기억해야 한다."[254]고 주장했다. 우리가 가사 내용이 없는 경음악을 들을 때, 경음악에는 특별한 가사 내용이 없으면서도 우리들에게 주는 메시지가 들어 있음을 확인할 수 있다. 특별히 뉴에이지 음악의 경우, 우리는 가사 내용이 없는 경음악을 듣게 되는 경우가 많다. 그런데 그들의 음악 형태 자체에 무언의 메시지가 담겨 있는 것이다. 뉴에이지 음악 연구자들은 뉴에이지 음악에 자살적 요소가 들어 있다고 주장한다. 그 음악을 계속 들으면 암암리에 우울한 기분이 빨려 들어와 자살 충동을 느끼게 된다는 것이다. 이러한 분위기에 빠져들게 하기 위하여 뉴에이지 음악에는 반복되는 음률과 박자가 많다고 한다. 이것이 뉴에이지 음악의 해악성(害惡性)을 연구하는 사람들의 주장이다. 그래서 기독교계에서는 뉴에이지 음악에 대하여 경계령을 내리기도 한다. 이것은 뉴에이지 음악(New Age music)이라는 한 가지 음악 형태만을 예로 들어서 설명한 것이지만, 특별한 가

---

254 Neil Postman, *Amusing Ourselves to Death*(New York: Penguin, 1985), 10.

사 내용이 없이도 음악은 그 음악 자체만으로 그 의미와 메시지를 가지고 있다는 것을 보여 준다. 가사만이 의미와 메시지를 전달할 수 있는 유일한 의사소통의 매개체가 아니라는 것이다. 박자와 음율, 그리고 화음에도 그 나름대로의 의미와 메시지가 숨어 있다는 것이다.

이러한 실제적 근거 속에서 CCM 반대자들은 음악이란 절대로 가치중립적인 것이 아니라 그 음악 형태 자체에 나름대로의 메시지와 의미를 지니고 있는 것임을 주장하고 그 메시지는 그 음악을 만드는 사람의 의도와 그 음악을 듣는 사람의 문화적 상황과 형편에 따라 달라진다고 설명한다. 여기까지 오면 가사 내용만 기독교적인 것이라면 그 가사를 전달하는 음악의 형태는 아무런 문제가 되지 않는다는 CCM 옹호자들의 주장은 그 효력을 잃게 된다.

이처럼 CCM의 가치중립성에 대한 논쟁은 "음악이 중립적이냐, 아니냐?"라는 보다 근원적인 질문에 근거하여 이미 우리가 살펴본 바와 같이 첨예하게 서로 대립하여 있다. 그러므로 CCM의 중립적인 문제는 음악에 대한 중립 가치적 이해가 해결되기 전에는 계속될 논쟁 분야이다. 그러므로 가사 내용만을 가지고 CCM의 평가를 내리기에는 아직까지 약간의 무리가 있어 보인다. 음악이란 오로지 가사에만 치중하는 예술이 아니기 때문이다.

(5) CCM은 복음 전파의 도구인가, 인간 중심의 유희인가?

이 논쟁의 다양한 질문들은 다음과 같다. "CCM은 복음 전파를 위한 도구인가? 아니면 인간 중심의 유희(human-centered entertainment)인가?" "CCM은 하나님 중심의 찬양(God-centered worship)인가?" "CCM은 하나님 중심의 예배(God-centered worship)를 변질시키는 인간의 유희인가? CCM은 수용자 중심(receptor-centered)의 의사소통을 위한 도구인가?" "CCM은 변화하는 세대에 반응하기 위한 역사·문화적 대응인가? 아니면 복음의 시대적 적용을 빙자(憑藉)한 상업적인 기독교 사업(Christian business)인가?" "CCM은 변화하는 시대에 걸맞은 복음 전파를 위한 도구인가? 아니면 기독교를 서서히 무너뜨리기 위해 스며든 현대판 '트로이 목마(a Trojan horse)'인가?" 이것은 복음 전파와 음악 선교를 위한 의사소통(communication)과 예배와의 개념 차이 사이에서 생겨난 문제이다. 이 모든 질문은 CCM의 사용 목적과 그 의도와 관련되어 파생된 논쟁이다. 앞에 소개된 두 가지 논쟁은 비교적 CCM의 본질과 본성에 관련된 논쟁이었다. 그러나 이 주제는 다른 논쟁 주제들과는 달리 CCM의 사용 목적과 그 의도와 밀접한 관련이 있는 논쟁이다. CCM은 의사소통을 위하여 그 음악을 즐겨 듣는 수용자의 입장에 맞추어 생겨난 기독교 음악이라는 긍정적인 평가와, 반대로 CCM은 하나님 중심의 예배 의식을 망각한 인간의 유희에서 온 결과물이라고 주장하는 반대 측의 주장이 서로 팽팽히 맞서 있다.

먼저 CCM은 급격히 변화하는 시대에 기독교가 나름대로 반응하기 위한 생겨난 역사·문화적 대응임을 주장하는 사람들의 이야기를 먼저 들어 보려 한다. 이들은 CCM이 현대인들(특히 젊은이들)의 필요에 능동적으로 그리고 긍정적으로 대처하기 위하여 필요한 기독교 음악임을 주장한다.[255] 필요에 대처한다는 뜻이 그들에게 꼭 부정적인 것은 아니다. 왜냐하면 기존 기독교회의 정통성을 흐려가면서까지 역사와 문화적 흐름에 대응하는 것은 변화가 아닌 변질이기 때문이다. 그러므로 이들이 변화라고 할 때에는 어느 정도 기독교 정통성을 유지하는 가운데서 일어나는 변화를 의미한다. 교회는 항상 시대에 따라 변화하여야 하여 능동적으로 시대를 이끌어야 한다는 것이 그들의 기본 생각이다. 이러한 면에서 CCM은 기독교 음악적 차원에서 보았을 때 그들의 생각에 딱 들어맞는 기독교 음악인 것이다.[256]

---

255 Dennis C. Benson, *Creative Worship in Youth Ministry*(Loveland, Colorado: Group Books, 1985), 13~14.
256 Anthony B. Robinson, "Learning from Willow Creek Church," *The*

사실상 기독교 역사를 통하여 음악은 굉장히 실질적인 영향력을 과시해 왔다. 교회사에 나타난 영적 부흥 운동들의 선교 사역의 중심에는 항상 음악이 자리 잡고 있었음을 알 수 있다. 선교 사역으로서의 음악도 예외는 아니다.[257] 음악이 인간의 감정을 자유자재로 변화시키고 감정이입을 잘 시키는 효용성을 갖고 있기 때문에 부흥 집회에 참석한 모든 사람들의 감정과 사상을 일차적으로 하나로 결합시키고 통일시킴과 동시에 심리적인 만족과 아울러 마음 문을 열어 말씀을 쉽게 받아들이고 진리를 깨닫게 하여 신앙의 확신을 갖게 하였다. 이처럼 교회 음악이 선교적 도구로 사용될 때 그 어떤 방법보다도 효과적으로 사용되었음을 역사적인 여러 사례를 통하여 확인할 수 있다.[258] 그러므로 이러한 역사적인 증거에 기초하여 일단 CCM을 복음 전파를 위한 도구로 인정하고 있는 사람들이 있다는 것은 너무나 당연한 일이다.

1960년대 말부터 70년대를 한번 살펴보자. 제2차 세계대전 직후 미국은 역사상 가장 급속한 사회 변동과 혼란의 시기로 간주되어지고 있다. 월남전에 휘말린 미국, 전쟁을 반대하는 젊은이들의 학생 운동, 급진적인 젊은이들은 기성세대를 파괴하려 했으며 좀 덜 과격한 히피들은 술과 마약의 세계로 도피했다. 그들은 정신적인 추종자를 찾기 위해 철학자들, 신비 종교, 명상 등의 가르침을 받기 위해 찾았고 기독교가 가져다주지 못한 해결책들을 찾으려 노력했다. 이 때 등장한 세속 음악이 엘비스 프레슬리(Elvis Presri)나 비틀즈(Beatles) 등이 불렀던 락앤롤 음악이었다. 그러나 이것은 기독교 음악이 아니었다. 어디까지나 세속 음악이었다.[259]

이러한 상황 속에 교회는 교회 나름대로 기독교 청년들을 교회로

Christian Century,(January 23, 1991): 68~70.
257 정정숙, 「한국 교회 내 전임음악목사제도 현실화 모색」(서울: 서울신학대학, 1986), 34쪽.
258 오정택,「경배와 찬양」(서울: 예영미디어, 1998), 24쪽.
259 주홍근, 이종전 공저,「록 음악의 사탄적 현상」(서울: 예루살렘, 1991), 73쪽.

이끌고 개화시킬 필요가 있었다. 그 때 활성화되기 시작한 것이 '예수 운동(Jesus Movement)'으로 시작되는 CCM 활동이었다. 기독교 청년들의 신앙 회복 중심으로 CCM은 젊은이들을 다시 교회로 불러들일 수 있었으며 사회의 모든 병폐들을 지적하고 치유하기 시작했다. 이러한 찬양 운동은 상황에 "따라 알맞게 적용되어 복음을 직접 전하거나 기독교적 양심을 전달하여 세상을 맑게 하는 역할을 했던 것이다. 기독교회가 힘을 잃고 빛과 소금의 역할을 감당하고 있지 못한 상황 속에서 CCM은 신앙 밖에서 방황하고 헤매는 그 당시 젊은이들을 교회로 이끌었으며 영적 치유와 심적 치유를 하게 하였다.[260]

이러한 예수 운동의 중심에는 6~70년대에 미국의 캘리포니아 지역에서 목회했던 갈보리교회(Calvary Chapel) 척 스미스(Chuck Smith) 목사가 있었다. 그는 '예수 음악(Jesus Music)'이라고 하는 새로운 기독교 음악을 소개하였다. 척 스미스 목사는 이 과정에서 자기 교회에 있는 음악 인도자들에게 현재 유행하고 있고 즐겨 사용되고 있는 모든 음악 형태를 기독교 음악에 자유롭게 사용하고 도용하여 교회 안에서 부르고 사용할 수 있도록 격려했다. 그렇게 한 이유는 6~70년대에 믿음과 신앙을 떠나 방황하고 있는 젊은 세대를 다시금 예수 그리스도의 품으로 돌아오게 하기 위한 나름대로의 전략이었다. 한마디로 복음 전파를 위한 새로운 음악적 변화의 시도인 것이다. 결국 이러한 움직임은 6~70년대 미국에 '예수 운동(Jesus Movement)'으로 이어졌고, 결국 현재 CCM 운동의 좋은 역사적 본보기로 남아 있다. 이러한 역사적 사례는 오늘날 CCM을 복음 전파의 도구로서 인식하고 CCM을 자유롭게 옹호하고 있는 사람들에게 자신들의 주장을 확고히 주장할 수 있는 좋은 증거 자료가 된다.[261]

그렇다면 오늘날 21세기는 어떠한가? 현재 우리가 당면하고 있는

---

260 Ronald P. Byars, *The Future of Protestant Worship*(Louisville: Westminster John Knox Press, 2002), 11~12.
261 Jack Wheaton, *Crisis in Christian Music*(Oklahoma City, OK: Hearthstone Publishing, 2000), 19.

가장 큰 문제는 기존 전통의 파괴 현상이다. 포스트모던의 등장으로 인하여 진리의 문제가 상대화되면서 교회는 진리 수호에 심각한 국면을 맞이하게 되었다. 여기에 심각한 정치적, 경제적 혼란이 가중되면서 많은 젊은이들이 삶의 목표를 잃고 물질주의, 향락주의에 젖어 성적, 윤리적으로 타락하게 되었다. 이러한 시점에서 일어난 것이 경배와 찬양을 중심으로 한 CCM 운동이다.[262] 혼탁한 사회와 영적 침체 속에서 젊은이들로 하여금 하나님께 소망을 두고 경배와 찬양을 통하여 살아 계신 하나님을 예배 가운데 만나게 하는 새로운 시도였던 것이다. 뿐만 아니라 많은 신학적 지식과 뛰어난 설교, 강의 등이 있지만 그 속에서 진정 하나님을 만남으로써 변화되는 능력이 없고 예배의 형식에만 머무르고 있었던 기존의 교회에 대한 자연스러운 반발이었던 것이다.[263]

이러한 역사적 사례에 기초해 미국 미시건 갈보리교회의 찬양 인도 교역자 돕슨(E. G. Dobson)은 그가 왜 예배 시간에 CCM을 사용하게 되었는지에 대하여 다음과 같은 세 가지 이유를 제시했다. ① 전통적 TCM 음악을 하는 교회들의 부흥이 지체되고 있다. ② CCM은 특정한 세대에 알맞은 의사소통적 매개체이다. ③ CCM은 사람들로 하여금 가장 빠른 반응을 불러일으킬 수 있는 음악이다.[264] 이러한 돕슨의 주장은 다분히 CCM을 사용함으로써 얻을 수 있는 복음주의 활동과 복음 전파의 효과에 기초해 있으며 CCM을 통하여 이루어지는 의사소통의 원리에 기초해 있고 그의 예배에 참석하고 있는 사람들의 상황에 초점이 맞추어져 있다. 그에 따르면 CCM은 복음 전파를 위하여 유용한 음악이라는 말이다. 왜냐하면 CCM은 청중들에

262　David Haas, "Liturgical Music in the United States: Challenges and Concerns for the Future(part 2)," *Ministry & Liturgy*, Vol. 30, No. 8(October 2003): 11.
263　하스데반, "경배와 찬양의 예배적 의미," 「목회와 신학」 3월호(2000): 97~88쪽.
264　Edward G. Dobson, *Starting A Seeker Sensitive Service: How Today's Churches Can Reach the Unchurched*, 42.

게 관심을 끌 수 있는 복음주의 활동에 적합한 음악이기 때문이다. 그리고 더 나아가 CCM은 복음주의 활동에 필수적으로 필요한 두 가지 요건인 의사소통의 원리와 피전도자의 상황에 잘 부합하는 음악이기 때문에 CCM을 사용한다는 것이다. 그래서 돕슨은 CCM을 이해함에 있어 이와 같은 역사적 변화의 전망에서 이해하며 계속해서 다음과 같이 말했다.

> 모든 기독교 음악은 그 시대에 따라서 항상 'comtemporary' 음악이다. 만약에 기독교가 항상 CCM음악을 세속적으로 치부하고 무조건적으로 비난한다면 우리는 과거 찰스 웨슬리(Charles Wesley)의 음악도 비난해야 하고 이라 생키(Ira D. Sankey)의 음악도 비난해야 하고, 파니 크로스비(Fanny J. Crosby)의 음악도 버려야 하고, 요한 피터슨(John W. Peterson)의 음악도 버려야 한다.[265]

이러한 주장은 음악의 형태와 모습은 각 시대마다 역사적 요구와 변화에 따라 항상 달라질 수밖에 없으며, 달라져야 하고, 항상 바뀌어야 한다는 주장이다. 즉 이것은 모든 세대에 그 세대 나름대로 그 세대를 대표하는 기독교 음악 형태가 있었고 사람들은 그 음악 형태를 즐겨 사용했다는 말이다. 존 프래임(J. M. Frame)도 다음과 같이 주장했다.

> CCM은 새로운 부흥이 필요한 시기에 특정한 역사적 상황에 맞추어 시작한 된 기독교 음악이다. 그것은 어떤 특정한 사람의 의도적인 독창적 창조물이 아니다. 어떤 사람이 의도적으로 새로운 기독교 음악과 예배 형태를 만들기 위하여 생겨난 것이 아니다. 그것은 역사의 필요성에 의하여 시작된 것이며 새로운 시대가

---

265 Ibid., 44.

요구하는 변화의 흐름에 능동적으로 반응하는 과정에서 생겨난 역사의 산물이다.[266]

즉 CCM이라고 하는 것은 하루아침에 어떤 사람이 도깨비 방망이로 뚝딱 두들겨서 만들어 낸 신종(新種) 기독교 음악이 아니라 역사적 흐름과 문화적 변동에 생기는 가운데 마치 자연스럽게 생겨나게 된 음악이라는 말이다. 역사적 요구에 대한 응답이다. 이러한 주장들의 근거는 모두 다 역사적인 변화에 대한 기독교의 적응을 말하고 있다. 나름대로 일리가 있는 주장들이다. 그리고 이러한 주장들은 일반 교회 지도자들과 교회 음악가들, 심지어는 평신도들도 동감하며 이해하는 주장들이다.

이것 외에도 릭 워렌 목사는 크리스천 락 음악을 '새 노래'라고 하면서 새 노래를 부르라고 강조한다.[267] 그의 교회가 현대 팝송과 락 음악을 채택한 이유에 대하여 교인들을 대상으로 설문 조사한 결과 교인의 96%가 '성인 현대 음악'을 듣기 때문이다. 그러므로 이것이 새들백교회에서 사용하기로 선택한 주요 음악 스타일임을 주장한다. 그러나 교인들이 성인 현대 음악을 선호하고 성인 음악을 즐겨 들음으로 말미암아 락 음악을 선택할 수밖에 없었다.[268]

이와 같은 그들의 말을 다시 설명하면 CCM은 수신자의 상황에 따라 다양하게 변화하는 의사소통의 원리를 복음주의 활동에 가장 적절하게 접목할 수 있는 음악이라는 말이다. CCM은 어떤 특정한 사회나 문화에 특정한 의미를 전달할 수 있는 좋은 의사소통적 매개체이다. 그러므로 CCM은 그 음악을 이해하는 특정한 사회나 조직이나 사람에게 좋은 복음주의적 매개체가 될 수 있다. 이처럼 CCM에 대

---

266 John M. Frame, *Contemporary Worship Music: A Biblical Defense*(New Jersey: Phillipsburg Publishing, 1997), 8.
267 Rick Warren, *The Purpose Driven Church: Growth Without Compromising Your Message and Mission*, 282~83.
268 Ibid., 285.

하여 긍정적인 마음을 가지고 접근하여 그것의 활용을 적극 지원하고 있는 사람들은 공통적으로 CCM을 일종의 복음주의 활동을 위한 의사소통의 매개체로 보고 있다.

결국 CCM을 복음 전파를 위한 하나의 의사소통 원리로 인식하고 그것을 즐겨 사용하려는 사람들의 생각은 CCM의 본질이나 그 본성에 초점을 두기보다는 CCM을 사용함으로써 얻을 수 있는 실제적 효과와 임상적 결과에 더 깊은 관심을 두고 있다고 볼 수 있다. 즉 매우 실용적이고 실제적인 면을 강조하고 있다는 것이다. 그래서 CCM에 대하여 긍정적인 생각을 가지고 있는 사람들은 현대의 음악적 흐름과 형태에 익숙해져 있는 비신자들이나 또는 특정한 세대(특히 학생들과 젊은이들)를 향하여 음악적 도구를 사용해 복음을 전달할 수 있는 일종의 전도 매개체로서 CCM을 인식하려고 노력한다. 교회에 다니지 않는 비신자나 또는 특정한 세대들을 위하여 CCM은 그들이 가지고 있는 문화적 토양 속에 음악적 형태를 빌려 복음의 씨앗을 심어 준다는 점에서 확실히 그 효용가치가 크다고 보는 것이다.

따라서 CCM 옹호자(擁護者)들이 가지고 있는 이러한 생각의 근저에는 CCM을 사용하려는 구체적인 목적이 복음을 들어야 하는 대상, 즉 전도 대상에 그 초점이 맞추어질 수밖에 없다. 다시 말하자면 수용자 중심의 초점에서 본, 또는 수용자 중심에 맞춘 CCM인 것이다. 공식적인 영어 표현을 빌자면 'a receptors-centered CCM(수용자 중심의 CCM)'이 되는 것이다. 이러한 경우 CCM이 수용자 중심이 될 수밖에 없다. 그 이유는 CCM을 사용하는 목적이 일단은 복음 전파를 위한 것이기 때문이다. 복음 전파를 위해서는 복음 전파의 과정에서 의사소통의 원리가 적용되어야 한다. 그리고 의사소통의 원리가 적용되려면 전달자가 전하는 복음을 받는 수신자의 문화적 상황과 형편이 고려되어야 하기 때문이다. 때문에 당연히 CCM은 수용자 중심의 원리에 입각한 기독교 음악이 된다.[269]

---

269 Elmer L. Towns, *An Inside Look at 10 of Today's Most Innovative*

미국 컨콜디아신학교(Concordia Theological Seminary, IN)의 볼츠(James W. Voelz) 교수는 "복음주의에 목적을 둔 의사소통은 수신자가 전달자의 정보를 받지 못하거나, 받았더라도 잘못 해석할 경우 그 목적을 제대로 달성할 수 없다."[270]라고 말하면서 복음주의 의사소통은 반드시 수신자 중심의 원리에 서 있어야 함을 강조했다.

데이비드 헤셀그레이브(David. Hesselgrave) 교수도 의사소통의 원리에 대하여 말하면서 수신자 중심의 의사소통을 강조했다.

> 의사소통은 전달자의 정보를 받고 해석하며 그것에 응답하는 수신자 중심의 원리에 뿌리를 두고 있다. 그러므로 우리가 우리의 수신자에 대하여 더욱더 배우면 배울수록 우리의 의사소통은 더욱더 성공적인 것이 된다.[271]

그러므로 의사소통의 원리는 주어진 모든 정보를 해석하고 그에 맞추어 반응하는 수신자 중심의 원리임을 알 수 있다. CCM을 옹호하는 사람들은 바로 이러한 의사소통의 원리에 입각하여 CCM을 바라본다. 바로 복음 전파의 도구로서의 CCM이다. 복음을 전파하기 위하여서는 복음을 전달하는 사람과 복음을 들어야만 하는 대상 사이에 의사 전달의 과정이 필요하다. 이 과정에서 수반되어야만 하는 원리가 바로 수신자 중심의 원리이다. 다시 말하자면 복음의 듣는 사람의 상황을 잘 고려해야 한다는 것이다.

이러한 면에서 CCM을 바라보며 CCM을 지지하는 사람들은 구체적으로 두 가지 전도 대상(복음의 수신자들)을 가지고 있다. CCM의

Churches(Ventura, California: Regal Books, 1973), 16~18.
270 James W. Voelz, *What Does This Mean?: Principles of Biblical Interpretation in the Postmodern World,* 2nd Ed.(St. Loùis: Concordia Publication House, 1977), 52~53.
271 David. Hesselgrave, *Communicating Christ Cross-Culturally*(Grand Rapids, Michigan: Zondervan Publishing House, 1991), 44.

구체적인 대상은 첫째는 현대의 비신자들이며 둘째는 학생들과 젊은이들이다. 그들에게 복음을 전달하기 위해서는 그 복음을 통하여 의사를 전달할 수 있는 유용한 매개체가 있어야 하는데 그것이 바로 CCM이라는 것이다.[272] 왜냐하면 CCM은 현대를 살아가고 있는 비신자들의 음악적 기호와 그 형태에 잘 맞는 기독교 음악이며 동시에 CCM은 특별히 젊은 세대들이 좋아하는 기독교 음악 형태이기 때문이다. 그러므로 그들에게는 당연히 CCM은 복음의 수신자인 현대인들과 젊은 세대들에게 복음을 전달하기 위한 좋은 도구라는 결론이 나온다. CCM은 현대의 비기독교인들과 학생들 그리고 청년들의 취향과 기호에 맞는 음악 형태를 갖추었지만 그 속에 복음을 담고 있는 기독교 음악이다. 때문에 그러한 사람들에게 복음을 전달하기에 너무나도 좋은 도구로 보이는 것은 이상한 일이 아니다. 그러므로 CCM을 지지하는 사람들은 CCM 속에 자신들이 전달하고 싶은 복음의 내용들을 담아서 수신자들에게 던져 주는 것이다. 그리고 그 수신자들은 자신들의 문화적 상황에 맞는 음악적 옷(CCM)을 입고 전달되는 복음의 내용을 듣고, 해석하고, 그것에 대한 반응을 보이게 된다.[273]

실제적으로 특별히 CCM은 젊은 세대를 향한 복음 전달의 매개체로서 많이 사용되고 있다. 그래서 CCM 전문가 폴 베이커(Paul Baker)는 복음 전파를 위한 도구로서 CCM을 분석하면서 "CCM은 젊은 세대의 귀를 열리게 할 수 있는 좋은 음악이다. 왜냐하면 CCM은 그들의 언어이기 때문이다."[274]라고 설명했다.

특별히 미국 루터 교단의 조엘 본퀘스키(Joel Bunkowske) 목사

---

272 Roberto Munoz, "Contemporary Christian Music," *Lutheran Witness*,(December 1983): 21.
273 오윤선, 「청소년! 이젠 이해할 수 있다」 (서울: 예영 B&P, 2008), 39~44쪽.
274 Paul Baker, *Why Should the Devil Have All the Good Music?: Jesus Music, Where it began, Where it is, and Where it is going*(Waco Texas: Word Books, 1979), xv.

는 오늘날 기성 교회들이 젊은 세대를 이해하며 그들을 위하여 CCM
을 사용해야 함을 다음과 같이 분석했다.

> 만약 우리가 계속 젊은 세대의 문화적 환경과 조건을 무시한 예
> 배를 계속 드린다면, 우리가 그들이 좋아하는 악기와 음악적 형태
> 를 사용하여 예배드리는 것을 금지한다면, 누군가 그들에게 그들
> 의 음악이 사탄의 음악이라고 말한다면, 그것은 결국 우리가 그들
> 의 복음적 열망을 무시하는 것이요, 그들로부터 등을 돌리는 것이
> 다. 그것으로 그들과의 모든 대화의 끈과 통로는 끊어지게 된다.
> 복음이 울려 퍼지는 CCM 콘서트에 가는 젊은이들은 입장료를 내
> 고 그곳에 가서 복음을 만끽할 정도로 복음에 갈급해 있다.[275]

그의 이러한 분석은 젊음 세대를 위한 복음 전파의 도구로서의
CCM은 반드시 사용되어야 하며 그러한 음악으로 예배드리며 신앙고
백 하는 젊은 세대들을 향하여 기성세대들이 부정적인 견해를 절대
로 밝혀서는 안 된다는 것을 강하게 주장하고 있다.

CCM 전문가 스티브 로헤드(Steve Lawhead)도 다음과 같이 말
했다.

> CCM은 젊은 세대에게 복음을 전달할 수 있는 일종의 선교적
> 징검다리이다. 왜냐하면 CCM은 그들로 하여금 기성 교회 안에서
> 공동체적 소속감(a sense of belonging)을 느낄 수 있게 해 주는
> 음악이기 때문이다.[276]

---

275 Joel W. Bunkowske, "Church-Mission-Music," in Eugene W. Bun-
kowske, and Scott D. Alan ed., *The Lutherans In Mission*(Fort Wayne:
Lutheran Society for Missiology. 2000), 147~48.
276 Steve Lawhead, *Rock Reconsidered: A Christian Looks at Con-
temporary Music*, 4.

이와 같이 CCM을 복음 전파의 도구로 인식하고 CCM에 대하여 적극적인 지지의 손길을 보내고 있는 사람들의 생각 중심에는 CCM에 대한 본질과 본성보다는 CCM이 가지고 있는 외면적 효과와 그 효율적 가치에 더 많은 관심을 가지고 있다. 당연히 그것은 복음 전파에 있어서 수신자들의 상황과 입장을 무시할 수 없기 때문이다. 그러므로 CCM을 옹호하는 사람들은 다분히 CCM을 대하는 자세가 이론적이기보다는 실용적이며, 관조적이기보다는 적극적이며, 본질보다는 나타나는 현상적 결과를 중시하는 입장에 서 있다.

그러므로 CCM을 역사·문화적 변화에 기독교가 적극적으로 대응하는 과정에서 생겨난 일시적인 부산물로 주장하는 사람들은 CCM을 영원히 계속될 음악으로 인정하지 않는다. 각 시대에 쓰인 음악은 다 CCM임을 주장한다. 그리고 각 시대의 CCM은 모두 다 공통적으로 그 시대에 찬반론에 엇갈리며 논쟁을 낳았음을 강조한다. 그러므로 CCM은 변화하는 역사의 흐름 속에 일시적으로 나타난 기독교 음악의 일종이라는 말이다. 그러면서도 어느 정도의 지속성을 지닌 음악으로 살아 남아 있음을 이야기한다.

사실상 역사의 변화 속에서 기독교도 변해야 한다. 그러므로 당연히 기독교 음악도 변해야 한다. 그러나 이것은 무조건적인 변화를 의미하는 것이 아니다. 특별한 기준을 가지고 변해야 한다. 왜냐하면 변화는 어디까지나 근본을 잃지 않는 상황 안에서 융통성 있는 적응을 말하는 것이지 무분별한 변신을 의미하는 것이 아니기 때문이다. CCM을 역사적 변화에 대한 문화적 대응으로 해석하는 사람들은 이 점에서 약점을 보인다. 그들의 주장은 어느 정도 수긍할 수 있는 내용이다. 당연히 변화하는 세상 속에서 기독교가 제자리걸음을 걸으며 구태의연한 전통만을 고수하고 있다면 세상 속에서의 참 소금과 빛의 역할을 하지 못할 것이다. 모든 사람들이 현대식 음악 형태를 좋아하는데 굳이 교회에서만 과거의 음악 형태를 고집할 필요가 없는 이유가 여기에 있다.

그러나 여기에 한 가지 문제가 있다. 문제는 "과연 어디까지 받아들여야 하느냐?"이다. "무조건 세상에서 쓰는 음악을 받아들여야 하느냐?"는 문제가 나온다. 이 질문에 대하여 CCM을 역사·문화적 변화에 대한 기독교의 적극적 대응에서 나온 기독교 음악임을 주장하는 사람들은 정확한 기준을 제시하지 못하고 있다. 그저 그들은 CCM이란 원래 일반 대중들이 불편해하지 않는 음악 형태에 기독교적 가치관과 내용을 담은 음악임을 강조할 뿐이다. 그리고 그것이 CCM임을 강조한다. 물론 이것이 개인적인 음악 기호와 취미에 의하여 사용된다면 그리 문제가 될 리 없다. 그러나 문제는 예배와 관련이 될 때에 큰 논쟁을 낳게 된다는 것이다. 바로 "역사·문화적 변화에 대한 대응이라는 말이 CCM을 예배 시간에 사용할 수 있다는 명제에 대한 면죄부(免罪符)가 될 수 있느냐?"는 것이다. 이것이 바로 문제이다.

그래서 이들의 주장을 반대하고 나서는 사람들이 있다. 바로 CCM을 인간의 오락으로 해석하는 사람들이다. 그들에게 있어서 CCM은 역사적 변화에 따라 생겨난 음악이라기보다는 역사적 변화에 따라 더욱더 자극적이 된 인간의 오락성을 자극시키기 위해 생겨난 음악이라는 것이다. 즉 CCM은 철저히 인간 중심의 음악이요 수단이라는 것이다. 이들은 CCM을 부정적인 시각으로 바라봄에 있어 결정적인 이유가 있다. 물론 서로의 관점이 달라서 그렇다.

그렇다면 이들은 어떠한 관점으로 CCM을 바로 보고 있는가? 그리고 왜 그들은 CCM을 반대하는가? 오늘은 그 질문에 대한 답을 서술해 보려 한다. CCM 반대자들이 그토록 CCM을 싫어하는 데에는 한 가지 강한 이유가 있다. 바로 CCM은 하나님께 영광을 돌리기 위해 하나님께 드리는 음악이 아니라 인간을 즐겁게 하고 사람을 자극시키기 위한 인간 중심의 음악이라는 것이다.[277] 이런 입장에 서 있는

---

277 David Wilkerson, *Set the Trumpet to Thy Mouth*(Lindale, Texas: World Challenge, Inc, 1985), 84~87.

사람들은 CCM의 궁극적 목적이 하나님께 영광을 돌리는 것이 아니라 인간에게 기쁨과 즐거움을 주기 위한 것임을 거듭 강조하고 있다. 때문에 CCM을 반대하고 있는 사람들이 이러한 CCM의 인간 중심적 의도성을 비난하기 위하여 공식적으로 사용하고 있는 공식적 영어 표현이 있는데 그것들은 다음과 같다.

> market-driven music, pragmatical-directed music,
> human-centered music, consumer-oriented music,
> stanic-music, emotional-operational music

이러한 표현들 속에서는 한 가지 공통점이 발견된다. 모두 다 인간 중심적 단어라는 것이다. 즉 CCM은 인간과 사람들에게 초점을 맞춘 음악이라는 뜻이 담겨 있다. 이러한 표현들을 통하여 우리는 CCM을 싫어하는 사람들이 가지고 있는 기독교 음악의 이분론(二分論)을 볼 수 있다.

우리는 이러한 표현들을 통하여 CCM을 반대하는 그들이 기독교 음악을 이해함에 있어 하나님 중심의 'God-centered Christian music'과 인간 중심의 'Human-centered Christian music'으로 완전히 구분하여 이해하고 있음을 엿볼 수 있다. 즉 이러한 관점에서 그들은 CCM을 절대로 하나님 중심의 음악으로 보지 않는다. 하나님보다는 그 음악을 듣는 사람들과 청중들에게 초점이 맞추어진 기독교 음악이라는 말이다.[278]

이를 증명하기 위하여 흔히 그들은 음악의 아버지라고 하는 바흐 (J. Bach)의 말을 자주 인용하는데 데이비드 뇌벨(David Noebel)은 "모든 음악의 최종 목적과 이유는 오로지 하나님의 영광을 위한 것이지 그 외의 다른 것이 될 수 없다!"라고 주장한 바흐의 말을 내세

---

278 Jack Wheaton, *Crisis in Christian Music*, 14.

우며 CCM은 올바른 기독교적 음악이 될 수 없음을 주장했다.[279]
또한 기독교 음악 연구가 킴벌리 스미스(Kimbery Smith)는 다음
과 같이 말했다.

> 과거 CCM 음악이 없었을 때에도 젊은 청소년들은 구원의 기쁨
> 을 맛보았고 구원의 감격을 느낄 수 있었다. 과거 CCM 음악이 없
> 을 때에 그들은 어떻게 구원의 감격을 맛보았을까? 하나님께서는
> 과거와 마찬가지로 말씀의 선포를 통하여 모든 사람에게 역사하
> 고 계신다(로마서 10:7).[280]

이와 같이 그녀는 사람을 자극하는 음악보다는 하나님의 말씀
에 더 치중할 것을 경고했다. 더 나아가 찬양 사역자인 단 루카리니
(Dan Lucarini)는 "진정한 기독교 예배의 핵심은 전지전능하신 하나
님 앞에 온전히 경배하며 그분의 말씀을 듣고 순종하는 것이다. 그
이상 이 이하도 없다."[281]라고 말했다. 한때 단 루카리니는 CCM의 적
극적인 옹호자였다. 그러나 그는 진정한 예배의 핵심이 무엇인가 깨
닫게 되면서 CCM이 가지고 있는 인간 중심의 예전에 염증을 느끼
기 시작했고 결국 CCM 옹호자에서 CCM 반대자로 돌변한 사람이다.
루카리니는 CCM 음악을 단순한 기독교 음악으로 보지 않고 예배예
전을 위한 기독교 음악으로 해석한다. 진정한 예배의 목적은 복음을
전파하는 과정이 아니라 하나님께 경배하는 데 우선의 목적이 있다
는 것이다. 이러한 과정에서 그는 CCM을 예배에 적합하지 않은 음악
으로 판단하게 되었다. 그 이유는 하나이다. CCM은 하나님을 경배하
기 위한 하나님 중심의 음악이 아니라는 것이다.

---

279 David. A. Noebel, *Christian Rock*(Manitou Spring, CO: Summit
Ministries. 1978), 1.
280 Kimbery Smith, *Let Those Who Have Ears to Hear*, 71.
281 Dan Lucarini, *Why I Left the Contemporary Christian Music
Movement: Confessions of a Former Worship Leader*, 59.

더욱더 의미심장한 것은 CCM에 대하여 긍정적인 자세를 가지고 있는 CCM 연구가 존 프레임(J. M. Frame)까지도 CCM을 사용함에 있어 주의해야 할 점을 지적하면서 다음과 같이 말했다.

> 하나님의 하나님 되심을 인정해야 한다. 그러므로 예배는 반드시 하나님 중심(God-centered)이여야만 한다. 우리가 예배드리는 이유는 그가 하나님이시기 때문이다. 하나님은 예배 받기에 합당하신 존재이시다. 우리는 하나님을 기쁘시게 하기 위하여 예배하는 것이지 우리 자신을 기쁘게 하기 위하여 예배하는 것이 아니다.[282]

그의 이 말은 기독교 예배가 하나님 중심의 예배가 되어야 함을 설명했다. 당연히 CCM을 사용함에 있어도 이 부분을 의식하면서 사용해야 한다는 것이 그의 주장이다. 그는 CCM을 찬성한다. 그러나 CCM에 인간 중심의 원리가 있음을 부정하지 않고 있다. 그러므로 CCM을 반대하는 사람들은 이러한 관점에서 CCM이 인간 중심의 음악임을 강조할 수밖에 없다.

심지어 1984년도에 미국 루터교 컨콜디아 신학교의 예배학장 다이엘 리뉴잉(Daniel Reuning) 교수는 "Rock: Music or Mockery"라는 제목의 논문을 지도하면서 다음과 같이 혹평(酷評)하기를 주저하지 않았다.

> "CCM은 술집 음악(Dionysian music)이다." CCM은 알콜 중독자들을 감정적으로 자극시키기 위한 것과 똑같은 음악이다. CCM은 우리의 감정을 자극시키고 흥분케 하여 우리의 온 몸을 혼란스럽게 한다. 우리의 모든 정신과 혼과 몸을 혼란스럽게 하는 이

---

282 John M. Frame, *Contemporary Worship Music: A Biblical Defense*, 15.

러한 종류의 음악은 당연히 인본주의적 음악(anthropocentric music)다. 그러므로 CCM은 술집에서나 나오는 음악과 똑같은 음악이다.[283]

이러한 그의 말은 심하다 못해 무섭기까지 하다. 결국 이들은 CCM 음악이 기독교 예배의 본질과 목적을 흐려놓다 못해 변질시켜 놓았다고 비난한다. 그들의 입장에서 볼 때 CCM이 그렇게 예배의 근본과 목적을 변질시켜 놓게 된 것은 CCM이 비성서적 음악이었다는 현상적 증거이다. 그리고 동시에 그것은 CCM이 온전한 기독교 음악으로서 자리 매김 할 수 없는 음악임을 보여 주는 실례이다.

"CCM 음악을 왜 사용하는가?"라고 물을 때에 그들은 "인간을 자극하고 사람의 궁극적 욕구를 채워 주기 위해서 하는 것이다."라고 말한다. 그러면서 그들은 인간을 즐겁게 하기 위하여 CCM을 사용하고 있음을 매우 강조한다. 그래서 다양한 음악 스타일을 사용하게 되는 것이고 사람들이 좋아하고 특정한 세대들이 즐겨하는 음악 형태를 아무런 분별없이 사용하고 있음을 비난하는 것이다.

이제까지 살펴본 여러 사람들의 주장에 비추어 볼 때, CCM에 대하여 이러한 반대 주장을 내세우는 사람들이 CCM을 하나님 중심의 음악이 아닌 인간 중심의 음악으로 치부하는 데에는 다분히 그들의 강조점이 예배와 예전의 근본 목적에 있기 때문임을 알 수 있다. CCM을 반대하는 사람들은 대부분 예배에 대한 적극적 사랑이 충만한 사람들이다. 그리고 예배에서 차지하는 기독교 음악의 중요성과 그 가치도 또한 높이 평가하는 사람들이다. 그러므로 그들에게 있어 예배와 예전에 사용되는 음악이 인간 중심의 음악이 절대 될 수 없음을 강조하는 것은 전혀 이상한 일이 아니다. 그들에게 있어 예배는 하나님 중심으로 이루어지는 경배이지 절대로 인간을 위한 교제와

---

283 Glenn F. Merritt, *"Rock: Music or Mockery?,"*(M. Div diss., Concordia Theological Seminary, Fort Wayne, IN 1984), 13에서 재인용.

장소가 아니라는 것이 분명하다. 결국 이러한 자세를 가지고 있는 사람들이 예배 시간에 CCM을 부르고 사용하는 것에 대하여 심한 불쾌감과 비경건적 느낌을 표출하는 것은 무척 당연한 일이다. 그래서 그들은 CCM을 싫어하고 CCM에 대한 사용에 거부감을 나타내는 것이다.

CCM을 반대하는 사람들이 가지고 있는 주장의 핵심은 CCM을 사용하는 주된 목적이 인간을 위한 것이라는 데에 있다. CCM을 사용하는 것은 즉각적인 사람들의 반응과 호응만을 이끌기 위한 일종의 음악의 기술적 남용이라는 것을 강조한다. 이것은 CCM이 하나님을 찬양하기 위한 음악이라기보다는 그 음악에 나타난 리듬과 박자와 곡조로 사람들의 감정과 느낌에 호소하여 그들의 마음을 즐겁게 하기 위한 음악이라는 뜻이다.[284] 이들이 주장은 다분히 그들이 가지고 있는 예배 철학과 관련이 되어 있다. 예배는 최상의 존재에게 표하는 경의이다. 즉 존경과 경의, 찬양과 영광을 드리는 것이다. 이것은 하나님께 드려진다는 것과 존경을 표한다는 것에서 예배와 찬양의 의미가 동등한 것이다.[285] 그러므로 사실상 음악이 어떻게 사용되느냐에 따라서 예배의 전체분위기 및 개인적인 신앙의 표현과 경험들이 다르게 반응되어지는 것이다.

그래서 종교 개혁자 존 칼빈(J. Calvin)도 예배 중에 사용되는 찬양을 강조하면서 찬양은 "하나님을 향하여 경배하고자 하는 인간의 뜨거운 열정을 가지고 있으며 동시에 인간의 마음을 강하게 움직이는 힘을 가지고 있다."[286]고 주장했고, 예배 시간에 사용될 찬양과 가정이나 야외에서 불러야 하는 찬양을 엄격히 구분했다. 그는 찬양이란 실제로 성령 하나님의 감동 속에서 이루어지는 영혼의 음악적 언어여야 함을 강조한 것이다. 그러므로 찬양은 예배의 근본 목적을 성

---

284 Neil Postman, *Amusing Ourselves to Death*, 10.
285 홍정수, "찬양, 예배 음악, 교회 음악," 「교회와 신학」 제27집(1995): 199.
286 H. Y. Rayburn, *John Calvin*(London: Hodder & Staughton Ltd., 1904), 85.

취하는 데 크게 공헌해야만 했다.[287]

그런데 CCM은 어떠한가? CCM에 대하여 반감을 가지고 있는 사람들은 이러한 면에서 볼 때 CCM은 그런 부류의 음악이 아니라고 한다. 다시 말하여 성령에 이끌린 음악이 아니라는 말이다. 성령에 이끌리기보다는 인간적 욕구에 이끌린 음악이다.[288]

반대자들이 내세운 성경 구절은 '에베소서 5장 18절'이다. 하나님께서는 사도 바울의 편지를 통하여 "술 취하지 말고 오직 성령의 충만함으로 시와 찬미와 신령한 노래로 서로 화답하라."고 권면하셨다. 사도 바울의 편지를 통한 하나님의 말씀 속에 나와 있는 시와 찬미와 신령한 노래라는 것은 특별히 어떤 특정한 음악 형태를 지칭하는 것인지 알 수 없다. 왜냐하면 성경에 구체적으로 명시하지 않았기 때문이다. 그러나 한 가지 분명한 것은 성령의 충만함에서만 나오게 되어 있는 음악이라는 것이다. 이러한 음악은 일반 다른 세속적 흥분이나 즐거움이나 오락 시간에 불려지는 음악과는 당연히 차이가 나는 음악이다. 바로 성령이 충만한 가운데에서 부르는 찬양이요, 음악이다. 이는 성령의 충만함 가운데서 신앙고백을 할 수 있고, 그 신앙고백은 하나님의 구속 사역의 결과이기 때문에 진정한 찬양이 된다.

이러한 이해의 배경 속에서 CCM을 오락의 한 일종으로 보는 사람들에게 찬양은 그 어떤 경우라도 인위적인 욕구에서 발생될 리도 없고 또 그렇게 생성되어도 안 된다. 오히려 그들은 어떤 인위적으로 만들어 낸 경건의 분위기나 억지로 경건한 분위기로 만들기 위해 시도하는 CCM은 진정한 찬양이 아니라 오히려 하나님을 모독하고 성령을 욕보이는 행위로 간주하며 더 나아가 기독교 문화를 말살시키기 위한 '트로이 목마(a Trojan horse)'로 생각한다.[289]

---

287 박희석, "칼빈과 음악," 「목회와 신학」 통권 226호(April, 2008): 170~71면.

288 소재열, 「찬양과 치유 음악」 (서울: 말씀사역, 2000), 31~32쪽.

289 Lowell Hart, *Satan's Music Exposed*(Pennsylvania: Salem Kirban, 1980), 126.

그래서 CCM을 반대하는 사람들은 CCM을 교회 기독교 음악을 서서히 무너뜨리기 위하여 살며시 스며든 세속적 음악임을 주장한다. CCM을 기독교 음악으로 사용한다는 것은 알게 모르게 서서히 스며들어 기독교 음악의 종말과 변질을 꾀하기 위한 사탄 마귀의 술책이라는 뜻이다.[290] CCM을 트로이 목마라고 비난하는 사람들은 "가만히 들어온 사람 몇(유다서 1장 4절)"의 말씀에 기초하여 설명한다. 다시 말하자면, CCM은 건전한 기독교 음악 문화 속에 가만히 들어온 세속적 음악의 '트로이 목마'라는 뜻이다.[291]

빅터 시어스(Victor Sears)는 「Baptist Bible Tribune」을 통하여 공식적으로 CCM이 '트로이 목마'와 같은 음악이라며 다음과 같이 논설했다.

최근의 사탄의 술책은 설교나 가르침의 형태로 다가오지 않고 오히려 교회 행사를 통한 음악을 통해 다가온다. 요즘 거의 모든 교회에서 불려지고 공연되는 기독교 음악들은 CCM이다. 이러한 음악은 락앤롤에 바탕을 둔 음악으로 디스코나 펑키락, 홍키통기와 같은 세속적 음악 형태와 똑같은 영향력을 가지고 있는 것들이다. 사탄의 음악으로 예표되는 이러한 세속적 음악 형태가 버젓이 교회 안에서 사용되고 자행되고 있다. 이것은 당연히 현대 기독교 음악 문화를 퇴색시킬 목적으로 교회 속에 들어온 '트로이 목마'이다.[292]

CCM이 교회에 들어오게 된 현상이 트로이 목마와 똑같다. CCM은 살며시, 아주 조심스럽게, 쥐도 새도 모르게, 가만히, 우리가 인식하지 못한 상황에서 어느새 교회에 들어와 그 중앙을 차지하고 있

---

290 박정관, "동시대성의 의미는?," 「CCM Look」 (1999. 7,8): 60쪽.
291 김성호, "교회 음악의 문제, 어떻게 풀 것인가?," 「월간 목회」 (1995. 2): 71쪽.
292 Victor Sears, *Baptist Bible Tribune*(1981): 13.

는 음악이기 때문이다.

데이비드 클라우드(David Cloud)는 CCM을 '트로이 목마'로 지칭하는 대표적인 사람이다. 그는 CCM이 트로이 목마일 수밖에 없는 이유에 대하여 몇 가지로 설명하였다. 모호한 정의, 세속적 역사와 함께 이루어진 음악의 진보, 혼합적 음악, 반전통적 음악, 음악 형태와 효과의 남용, 음악 철학, 가사 내용 등이다.[293] 그는 또한 CCM이 트로이 목마로서 교회에 살짝 침투할 수 있었던 그 가능한 경로에 대해서도 네 가지로 설명하였다. ① 기독교인들의 무의식과 무감각이다. 기독교인들은 이러한 부분에 매우 둔감하여 CCM이 얼마나 해악한 음악인지 모르는 상황에 놓여 있기 때문이다. 그만큼 영적으로 무뎌졌다는 것이다. 때문에 미국의 경우 1960년대부터 이러한 기독교인의 무딘 영적 감각 때문에 CCM이 교회 안에 그 발을 들여놓게 되었다고 주장한다. ② 이러한 무딘 영적 감각으로 인해서 CCM을 그냥 아무런 생각 없이 듣는 습관적 청취이다. 사회 분위기나 교회 분위기 자체가 이것이 너무나도 당연하고 별 무리가 없는 것처럼 인정이 되어 개인적으로 CCM을 듣는데 아무런 문제가 없다는 사조가 CCM의 영입을 가능케 했다. ③ 특별 행사를 통한 특별 순서이다. CCM은 교회의 특별 행사를 통한 특별 순서로 서서히 교회의 음악으로 사용되기 시작하면서 살며시 교회 안으로 흡수될 수 있었다는 주장이다. ④ 미국 남부의 서던 가스펠(Southern Gospel)의 영향으로 CCM이 교회에 서서히 들어왔다는 설이다. 이러한 경로를 통하여 CCM은 교회 안으로 들어왔다.[294]

피터 마스터스(Peter Masters)는 이렇게 스며든 CCM이 트로이 목마로서 가지는 위험성에 대하여 세 가지를 지적했다. 첫째는 목회 차원에서의 세속화를 가져오고, 둘째, 나타날 교회 음악 문화의 쇠퇴를

---

293 David Cloud, *Comtemporary Christian music: Under the spotlight*, 10.
294 Ibid., 11~13.

초래하며, 셋째로 기독교 전체의 정체성에 혼란을 가져올 것이다.[295]

CCM을 비판하기 위한 용어로 트로이 목마라는 것 외에 특별히 제임스 스나이더(James Snyder)는 토저(A. W. Tozer)의 말을 인용하며 CCM을 '현대판 금송아지(our present gold~calf Christianity)'라고 평했다. 그는 CCM이 예배 문화의 또 다른 형태로 교회에 수입된 후부터 예배는 타락했고 부패했음을 말했다. 그리고 그는 이러한 예배 형태가 하나님께 영광과 찬송을 드리는 예배 형태에서 교회에 출석하는 기독교인들을 위한 세속적 유희로 변질된 결과임을 선언했다. 토저는 '현대판 금송아지'를 잡지 않으면 기독교는 타락할 것이라고 경고했다. 스나이더는 다음과 같이 말했다.

> 현대 기독교는 어떤 면에서 기독교 예배의 가치를 저하시키고 있다. 인간의 영적 흥분을 자극하는 종교적인 유희 때문이다. 그러므로 지혜로운 지도자는 인간의 마음이란 원래부터 공허한 상태로 지속될 수는 없다는 것을 인식해야 한다. 한번 자극을 받으면 더욱더 자극적인 것을 원하게 되어 있는 것이 인간이다. 그들은 계속 자극적인 것을 추구하게 되어 있다. 만약에 인간이 성령의 술에 취하지 아니하고 대중의 마음을 자극하는 인간적인 유희의 술로 만취한다면 그것은 성령의 역사를 방해하는 죄가 된다. 그들은 현대의 CCM 음악을 통하여 성령의 술보다는 인간의 마음을 자극하는 인간적 유희의 술로 자신을 즐긴다.[296]

스나이더는 더 나아가 CCM을 예배 시간에 사용하는 것은 교회를 예배의 장소가 아닌 일반 세속 극장이나 공연장으로 만들어 버리는 지름길이라고 비난하기도 했다. 그는 많은 사람들이 예배를 드리고 있는 것이 아니라 자신의 재능과 세속적인 연출을 하기 위해 예배 시

---

295 Peter Masters, *Worship in the Melting Pot*, 139~38.
296 James L. Snyder, *Tozer On Worship and Entertainment Selected Excerpts*.(Camp Hill, Pennsylvania: Christian Publication, 1997), 106.

간을 오용하고 있다고 주장했다. 그리고 그는 CCM을 사용하는 사람들이 이러한 자신의 행동들을 정당화하기 위해 CCM을 불신자를 개종케하고 교회로 초청하기 위한 고육지책(苦肉之策)이라고 평했다.

> 우리 교회는 아마추어 연예인 지망생들에게 그들의 재능과 기술을 선보이게 하기 위해 존재하는 것이 아니다. 나는 예수 그리스도께 진실되게 나아가려 하는 많은 기독교인들의 진실된 마음을 방해하는 이러한 예배 형태가 반드시 없어져야 한다고 생각한다. 우리는 하나님께 예배를 드리러 교회에 가는 것이지 연예인 지망생들의 재능과 기술을 보기 위해 가는 것이 아니다.[297]

이들의 주장과 같이 CCM이 정말 교회의 음악 문화를 말살시키기 위해 사탄이 교회 속에 슬며시 들여보낸 '트로이 목마'와 같은 존재라면 그리고 '금송아지'라면 그야말로 위험한 음악이며, 꼭 우리가 금지해야 할 음악일 것이다.[298]

에머스트 피커링(Emerst Pickering)은 이러한 현상을 '세속과의 타협'이라 말하며 다음과 같이 염려했다.

> 아마 오늘날 현대 교회 문화 속에 아주 살며시, 비밀스럽게 현대 교회 안에 침투해 들어와 복음 전파라는 새로운 가면을 쓰고 활약하고 있는 존재 중에 CCM만큼 큰 영향력을 끼치고 있는 것은 없을 것이다. 이것은 그야말로 교회 음악의 본 뜻을 거스르게 되는 원인을 제공하는 음악이요, 서서히 교회 음악 전체를 흔들어 놓게 될 징조이다.[299]

---

297 Ibid., 108~10

298 조영업, 「왜 열린 예배가 잘못되었는가?」 (서울: 미스바, 2001), 51쪽.

299 Emerst Pickering, *The Tragedy of Compromise: The Origin and Impact of the New Evangelism*(Greenville, SC: Bob Jones University, 1994), 3.

특별히 단 루카니리(Dan Lucarini) 또한 CCM 때문에 서서히 죽어가는 현대 교회 음악의 세태를 '바닷가 모래 위에 쓰러져 죽어가는 연약한 나비'에 비유하며 다음과 같이 말했다.

나는 CCM이라는 폭풍우에 그 날개가 찢어져 바닷가 모래 위에 쓰러져 있는 나비를 구하고 싶다. 하루 속히 세속적인 CCM 음악을 금지해야 한다. 우리 모두 전통적이고 보수적인 음악 형태로 돌아가야 한다.[300]

미국 위스컨신 대학(University of Wisconsin)의 교목인 데이비드 벤슨(David Benson) 목사도 CCM에 대하여 다음과 같이 평가했다.

나는 한때 CCM을 통하여 좋은 것들을 많이 얻을 수 있다고 생각한 적이 있었다. 그러나 더 이상 그렇지 않다. 많은 사람들이 CCM을 통하여 불신자들을 개종시킬 수 있다고 생각한다. 그런데 이제 이것은 더 이상 진실이 아님을 깨달았다. CCM 음악가들은 반드시 기억해야 할 것이 있다. CCM을 듣고 있는 거의 95%의 사람들이 이미 기독교인들이라는 사실이다. 그들이 CCM 음악을 듣는 가장 주요한 이유는 개종이 아니라 자신의 오락과 유희에 있다.[301]

그의 말을 정리하면 CCM의 사용 목적과는 전혀 다르게 CCM이 교회 현장에 사용되고 있다는 것이다. CCM을 불신자의 개종을 위한 음악이라고 말하면서 실제로 CCM은 기독교인들을 위한 예배 시간에

---

300 Dan Lucarini, *Why I Left the Contemporary Christian Music Movement: Confessions of a Former Worship Leader*, 48.
301 Kathleen Knief Winkler, "A Christian Rock Show: Crossing the Airwaves," *The Lutheran Witness*(December 1983): 14~15.

더 많이 사용되고 있다는 것이다. 그러므로 CCM을 복음 전파를 위한 도구라고 평하는 것은 자기들의 인간적인 자극을 변호하기 위한 변명이라는 것이다.

한국의 예배학자인 정장복 총장도 CCM에 대하여 긍정적인 평가를 내리면서도 한편으로 조심스러운 진단을 했다. 그는 예배 시간에 CCM을 사용하는 것은 자칫 잘못하면 기독교 예배와 기독교 모임(집회)을 혼동하게 되는 결과를 가져 올 수 있기 때문에 기독교인들은 예배와 집회를 구분할 필요가 있으며 그에 따라 사용하는 음악도 달라져야 할 것임을 지적했다.[302]

필립 헤스터만(Phillip Hesterman)도 다음과 같이 말했다.

> CCM을 너무 지나치게 사용하며 강조하는 것은 기독교 공동체의 분열을 조장시킬 위험이 있다. 그러한 분열은 바로 하나님 중심의 예배를 드리는 공동체와 인류문화적인 배경을 빙자하여 인간적인 예배를 드리는 공동체로 구체화 된다. 많은 사람들이 어떤 음악 형태이든지 그것은 예배 시간에 사용 가능한 것임을 주장하고 있는데 그것이 어디에서 온 것인가? 바로 사탄에게서 온 것이다.[303]

CCM 음악을 통한 이러한 인위적인 감정 표현과 무분별한 감정의 자극은 인간이 자기만족을 추구하며 사람을 즐겁게 하고 육체적 감각의 쾌락을 불러오기 위한 인간적 유희임을 이들은 주장한다. CCM은 성령의 역사하심 속에서 생성된 음악이 아니라는 것이다. 그러한 음악으로 복음 전파를 해 봐야 성령님의 역사하심이 없는데 어떻게 복음 전파가 이루어지겠느냐는 것이 그들의 질문이다. 바로 이것이

---

302 정장복, 「예배의 신학」 (서울: 장로회신학대학교출판부, 1999), 124쪽.
303 Phillip Hesterman, "Why I left the Contemporary Christian Music Movement: Confessions of a former worship leader," *Issues In Christian Education* Vol. 37,(Issue 1: 2003): 23~24.

CCM을 반대하는 사람들의 주된 주장이다.

이들의 주장은 다분히 예배 의식과 관련이 있으며 예배 가운데 임하시는 성령 하나님의 적극적인 역사하심을 매우 강조한다. 그러나 이들에게 CCM은 하나님을 기쁘시게 하지 않고 인간을 기쁘게 하는 음악이다. 그러므로 이들이 CCM을 시대적 적용과 대응을 빙자한 인간적인 유희로 보고 CCM의 사용을 적극 반대하고 있는 것은 예배와 관계되어 있음을 두말할 나위 없다.

우리는 이제까지 CCM과 관련된 논쟁 중 3번째 논쟁인 "CCM은 변화하는 세대에 반응하기 위한 역사·문화적 대응인가? 아니면 복음의 시대적 적용을 빙자(憑藉)한 인간적인 유희인가?"를 살펴보았다. 이들이 서로 이렇게 같은 CCM을 두고 다른 주장을 하게 되는 이유는 CCM을 바라보는 그들의 관점이 다르기 때문이다.

CCM을 복음 전파의 도구로 보는 사람들은 CCM을 복음 전파에 중요한 구실로 인식하며 본질보다는 기능적인 면에 그들 주장의 초점을 맞추고 있다. 그리고 그것은 바로 복음 전파를 위한 기능적인 면이다. 그러나 그 반대 주장을 펼치는 사람들은 CCM의 기능적인 면보다는 CCM의 본질적인 면에 더 초점을 두고 있으므로 당연히 예배 의식과 관련된 CCM을 말하게 되고 결국 CCM을 부적절한 예배 음악 내지는 사탄의 음악이라고까지 말하게 되는 것이다.

그런데 이제 이 양자 간의 분명한 차이를 그나마 해소해 보려고 노력했던 사람들이 있다. 즉 중간자적 입장에 서 있는 사람들이다. 특별히 로날드 바이어스 교수는 다음과 같이 말했다.

> 오늘날 우리가 볼 수 있는 현상은 많은 교회가 전통 예배(traditional)와 현대 예배(contemporary)라는 용어로 자기의 예배 형태를 다르게 묘사하고 있다는 점이다. 나는 이 현상이 단순히 둘 사이의 피상적(superficial) 차이점을 인식하는 경우 외에 그 이상 특별한 무엇이 있다고 생각하지 않는다. 물론 사용되

는 음악은 확실히 서로 다르다. 흔히 볼 수 있는 것이지만, 이른바 현대 예배라는 전제 뒤에는 전통 예배와 특별히 구분되는 특징이 없다.[304]

여기서 비에얼 교수는 전통 예배와 현대 예배를 구분하는 특별한 기준이 그저 단순히 약간 다른 형태의 음악을 사용하는 것뿐임을 강조하며, 그 음악 때문에 기독교인들이 서로 갈라져 예배의 근본 의미와 목적을 잃어버리는 것은 옳지 못한 사례임을 주장하고 있다.

미국 루터교 컨콜디아신학교 월드머 데그너(Waldemar Degner) 교수도 1999년도에 있었던 루터 교단 회의(Lutheran Conference)를 통하여 다음과 같이 말했다.

> 물론 CCM의 주류를 이루고 있는 락 뮤직은 요한이 계시록을 통하여 보여 주고 있는 천국의 음악은 아닐 것이다. 나는 그러한 종류의 음악을 싫어한다. 그러나 나는 그것을 통해 예수 그리스도에게 찬양하고 있는 사람들의 자유는 인정해 주고 싶다.[305]

특별히 CCM 연구가 찰리 피콕(Charlie Peacock)은 CCM에 대한 양극간의 차이점(복음 전파의 도구이냐? 인간 중심의 음악이냐?)을 좀 더 부드럽고 완화된 접근 방법으로 해결할 필요성이 있다면서 다음과 같이 말했다.

> 이미 내가 설명했듯이 지금까지 CCM에 대하여 많은 기독교인들 사이에서 수많은 비평과 평가가 있어 왔다. 기독교 음악은 교

---

304 Ronald P. Byars, *The Future of Protestant Worship*(Louisville: Westminster John Knox Press, 2002), 3.

305 Eugene W. Bunkowske, and Gregory L. Robertson ed., *The state of Gospel Communication Today*(Fullerton, CA: R.C. Raw & Co., Inc. 1999), 119~200.

회 음악의 다양성 속에서 쓰여야 함이 원칙이다. 그런데 그들의
정의가 오로지 예배 음악과 교회를 유지하기 위해 쓰이게 된다면
나는 그것에 동의하지 못한다.[306]

그는 이 말 속에서 CCM을 단순히 어떠한 특정 위치에서만 바라
보고 비판하며 판단하는 것이 옳은 방법이 아님을 간접적으로 묘사
하고 있다. CCM은 다양한 위치와 관점에서 자유롭게 바라보아야 그
가치를 제대로 인식할 수 있다는 뜻이다.

특별히 컨콜디아신학교의 본퀘스키(Bunkowske) 교수는 그가 아
프리카에서 선교할 때의 경험을 토대로 하여 선교적 입장에서 본
CCM의 긍정적 사용을 주장했다. 이 과정에서 그는 CCM이 복음 전
파의 도구이냐, 아니면 인간 중심의 음악이냐에 대해 양극간의 차이
점을 완화시키려는 주장을 했다.

그러므로 우리는 매우 다양한 음악 형태를 가지고 있으며 그
음악을 서로 조율할 필요가 있다. 이러한 의미에서 나는 예전예
식에 있어 언어의 사용에 그 초점을 두고 싶다. 예배 또한 사람들
에게 의사소통의 원리를 적용할 필요가 있는 기독교 의식이다. 그
것은 찬양을 통하여 나타나기도 한다. 그렇다면 그 찬양에 복음
의 메시지를 담아서 전하면 된다. 특별히 내가 선교했던 아프리카
의 얄라(Yala) 부족에게는 분명히 그들의 복음적 언어를 그들의
토착적 음악 형태에 맞추어 전달했을 때에 크나큰 효과가 있었다.
그들은 복음에 대하여 깊은 그 무엇인가를 배우고 있었다.[307]

---

306 Charlie Peacock, *At the Crossroads: An Insider's Look at the
Past, Present, and Future of Contemporary Christian Music*(Nashville:
Broadman and Holman Publishers, 1999), 97.
307 Eugene W. Bunkowske and R. French, *Receptor-Oriented Gos-
pel Communication*(Fort Wayne, IN: Concordia Theological Seminary,
1988), 121.

쉽게 말하자면 본퀘스키는 얄라 부족을 위한 CCM을 만든 셈이었다. 이 부분에서 본퀘스키 교수의 주장은 얼핏 보면 CCM의 복음 전파 도구로서의 CCM을 주장하고 있는 것처럼 보이지만 그는 CCM이 사람 중심의 음악이라는 점도 유념해 두고 있다. 그 증거가 그는 철저히 성서적 언어를 사용하기를 원했던 것이다. 나름대로 본퀘스키 교수는 이렇게 함으로써 CCM을 통해 야기되는 양극간의 충돌을 막아보려 했다. 바로 토착화 음악을 통한 복음 전파이면서 하나님의 영광을 찬양하는 쪽에 초점을 맞추기 위해 철저히 성경적이고 언어 복음적인 언어를 사용했던 것이다.[308] 본퀘스키 교수의 이러한 완화 노력은 그가 실제로 설교 현장에서 같이 사역했던 프렌치(French: 아프리카 이름으로 Ferdinand) 선교사와의 대화를 통하여서도 드러난다.

> "어떻게 음악의 형태를 정합니까?" "내가 보기에 예배 음악을 쓰기에 적당한 선교적 음악 형태가 있고 그렇지 못한 것이 있습니다." "그것을 구분하는 기준은 그 음악을 들었을 때에 나타나는 영적인 감동으로 알 수 있습니다."[309]

이 두 사람의 대화 가운데 이 사람들이 말하고 있는 바를 한 가지를 추론할 수 있다. 그들은 바로 CCM이 복음 전파의 도구인지 아니면 사람 중심의 음악인지에 대한 논쟁에는 관심이 없다는 것이다.

존 프레임 교수 또한 전통성가인 글로리아 파트리(Gloria Patri)와 CCM 사역자인 도나 애드킨(Donna Adkins)이 부른 'Glorify Your Name!'이라는 두 곡을 서로 비교하면서 서로 다른 두 찬양 가운데 속해 있는 가사 내용과 작곡 형태의 연결점을 찾아내려 노력했다. 그

---

308 Eugene W. Bunkowske, "Communicating Christ to the Yala People," in *God's Communicators in Mission*, Eugene W. Bunkowske and Richard French ed.,(Fort Wayne, IN: Concordia Theological Press, 1988), 78~79.
309 Eugene W. Bunkowske and Gregory L. Robertson, *The State of Gospel Communication Today*, 78~79.

러면서 얼마든지 TCM과 CCM의 상호 협조가 가능함을 주장했다.[310]

이처럼 일단 이러한 중간자적 입장에 서 있는 사람들은 두 가지 면을 모두 다 인정하고 동시에 어느 한쪽에 무리를 주지 않도록 무척 조심한다. CCM은 복음 전파의 도구로서 확실한 효용가치가 있음을 인식하고 있으면서도 동시에 사람의 음악으로 비추어지지 않도록 무척 음악 형태를 고르고 음악의 가사를 선정함에 있어 신중을 기하고 있다. CCM이 복음 전파의 도구라고 주장하는 사람들은 CCM의 본질보다는 CCM의 외형적 효과와 그 사용가치에 더 중점을 두고 CCM을 바라보는 사람들이며, 반면에 CCM을 인간 중심의 음악이라고 생각하며 그것을 배척하는 사람들은 CCM이 가지고 있는 실제적 실용가치보다는 CCM의 본질에 더욱더 큰 비중을 두고 CCM을 바라보고 있는 사람들이다.

그러므로 둘 다 중요한 부분이다. 어느 것 하나를 버릴 수 없다. 본질을 지키기 위하여 실제적 효용가치를 무시할 수도 없는 것이고, 그것 때문에 그 본질을 희석시킬 수도 없는 일이다. 이러한 면에서 중간자적인 입장에 서 있는 사람들의 이와 같은 주장은 우리가 계속 깊이 생각해 보아야 할 문제이다.

(6) 평가

우리는 이제까지 CCM과 관련된 논쟁들에 대하여 살펴보았다. 모든 사람들이 다 자신의 기준에 따라 자신의 주장을 내세우고 있다. 따라서 이러한 논쟁은 아마 앞으로도 계속될 것이다. 그래서 문화 사역자 이남윤 목사도 다음과 같이 결론지었다.

물론 아직 CCM에 대한 입장의 차이는 존재한다. CCM이 대용

---

310 John M. Frame, *Contemporary Worship Music: A Biblical Defense*, 136~8.

(代用) 음악으로 현대의 다양한 문화 속에서 성장한 신세대들에게 어필할 수 있는 기독교 대중 음악이 될 것인지, 아니면 CCM의 일부 상업적이고 오락적인 성향들로 인해 젊은이들에게 오히려 깊이 없는 감상적, 또는 피상적인 신앙 태도를 부추기는 요소가 될 것인지는 아직 논란의 여지가 남아 있는 것도 사실이다. 이러한 면에서는 아직 CCM에 대한 많은 연구와 토의가 과제로 남아 있다.[311]

그러나 이런 상황 속에서 우리가 한 가지 분명히 확인할 수 있는 것이 있다. 그것은 우리가 앞으로도 계속 다양한 논쟁과 재평가 속에서 새로운 CCM을 계속해서 창출해 나갈 것이라는 점이다. 기독교 역사가 그러했다. 여기서 우리가 잊지 말아야 할 것은 그것이 어떠한 이해이든지 그것은 하나님의 영광을 위한 감격과 기쁨이 수반되어지는 이해여야 한다는 것이다. 예를 들어 헤비메탈과 같은 거친 음악으로 찬양하는 CCM 사역자가 자신의 악보 맨 마지막 줄에 J. S. Bach가 항상 했던 것처럼 'Soli Deo Gloria'(오직 하나님께 영광을)라는 신앙고백을 남길 수 있도록 할 수 있다면 금상첨화(錦上添花)가 아니겠는가? 필자 개인의 생각으로는 이제 CCM은 논쟁의 단계를 넘어섰다. 그럼에도 불구하고 논쟁의 주요 내용을 살펴본 이유는 서로의 타당한 입장을 확인하고 서로를 보완해나가기 위함이다. 보다 좋은 결과를 꿈꾸는 논쟁은 나쁜 것이 아니다. 논쟁을 위한 논쟁이 문제이다. 아무쪼록 계속되는 CCM 논쟁 속에서 하나님이 기뻐하시고 즐거워하시는 아름다운 결과가 맺히기를 간절히 기도한다.

311　이남윤, 「N세대 문화닷컴」 개정증보판(서울: 기독신문사, 2003), 150쪽.

4. CCM의 영향력과 그 경험 통로

(1) CCM의 영향력과 기독 청년

오늘날 CCM이 기독교인들에게 강한 영향력을 미치고 있다는 사실은 이제 그 어느 누구도 부인할 수 없는 확실한 현상이다. 특별히 CCM이 젊은 기독 청년들에게 미치는 영향력은 실로 지대하다.[312] 그래서 CCM 연구가 스티브 피터스(Steve Peters)와 마크 리틀톤(Mark Littleton)은 "만약 우리가 오늘날 기독 청년들에게 미치는 음악의 영향력에 대해 제대로 이해하지 못한다면, 우리는 다음 세대와 연결될 수 있는 그 모든 값진 길을 다 잃어버리게 될 것이다."[313]라고 말했으며, 청소년 문화 연구가 스튜어트 브리스코(Stuart Briscoe)도 "청년들이 부르는 노래, 쓰는 글, 생각하는 방법은 그들을 이해함에 있어 매우 중요하다. 특별히 음악은 그것을 확실히 말해 준다."[314]고 했다. 때문에 필자는 이러한 현실적 필요와 현상에 깊은 관심을 가지고 이 부분에 대하여 나름대로 현장 조사(field research)를 실시한 바 있는데, 그 조사 결과는 매우 흥미로웠다.[315]

---

312 석정화, "CCM의 성격과 그 수용에 관한 고찰: 청소년에 미치는 영향에 대한 연구,"(미간행 신학석사학위논문, 경희대학교 교육대학원, 1988), 49~68쪽.

313 Steve Peters and Mark Littleton, *Truth about Rock: Shattering the Myth of Harmless Music*(Minneapolis, Minnesota: Bethany House Publishers, 1998), 52.

314 Stuart Briscoe, *Where Was the Church When the Youth Exploded?*(Grand Rapids, Michigan: Zondervan Publishing House, 1972), 39.

315 필자가 실행한 조사의 종류, 구조, 원리, 기간, 대상과 참여자, 방법, 과정은 다음과 같다. 조사 종류는 "John W. Creswell, *Qualitative Inquiry and Research Design: Choosing Among Five Traditions*, London: SAGE, 1988."에 소개된 다섯 가지 조사 종류 중 하나인 '현상학적 조사(a phenomenological research)'였다. 조사 구조는 "Booth, Wayne C, Colomb, Gregory and G, Williams, Joseph. *The Craft of Research*, Chicago: The University of Chicago Press, 2003"의 내용을 따랐다. 조사 원리는 "Pike, Alfred. *A Phenomenological Analysis of Musical Experience and Other Related Essays*, New York: St. John's University Press, 1970"를 참고했다. 조사 기

　그 조사를 통하여 필자가 발견한 것 중 하나는 CCM의 영향력 속에 있는 대부분의 기독 청년들이 공통적으로 다음과 같은 두 가지 현상을 인정하고 있다는 사실이다. 첫째는 자신들이 CCM을 통해 하나님을 '경험(experience)'하고 있다는 것이요, 둘째는 CCM을 통해 자기들의 신앙을 하나님께 '표현(express)'하고 있다는 점이다. 결국 그들이 인정한 현상은 간단히 2단어로 요약될 수 있다. 바로 '경험'과 '표현'이었다. 그래서 필자는 이러한 현상을 '2E(Two E)'라 정의했는데, 이것은 필자가 '경험(experience)'과 '표현(express)'이라는 각 영문의 앞 글자를 따서 편의상 새롭게 제시한 용어이다.[316] 이처럼 오늘날 많은 기독 청년들이 CCM을 통해 자신의 '2E'를 실천하고 있다. 이 사실은 오늘날의 CCM이 우리 기독 청년에게 미치는 영향력이 얼마나 큰 것인지 확실히 보여 주는 실제적인 사례라 할 수 있다.

　이러한 이유 때문에 요즘의 젊은 기독 청년들을 목회 대상으로 삼고 있은 대부분의 신앙 지도자들은 항상 CCM을 찬양의 주요 매개

간은 필자가 한국을 잠시 방문한 2006년 7월부터 8월까지의 두 달 간이었고 장소는 서울이었다. 조사 대상과 참여자(samples)는 서울에 살고 있는 15명의 기독 청년들로서 이들의 나이, 신앙 연대, 성별, 교단, 학력 수준은 필자가 선정한 조사 기준에 맞추어 나름대로 엄격하게 결정되었다. 조사 방법은 '현장 관찰(a participant observation)'과 '직접 상담(face-to-face interviews)'을 병행한 두 가지 방법이었다. '현장 관찰'의 경우는 필자가 각각 따로 약속을 정하여 이들과 함께 CCM(CWM) 예배에 참석해 그들이 만들어 내는 현상을 현장에서 조사했으며, 이 과정에서 필자는 특정한 현상을 사진으로 담기도 하고 글로 남기기도 했다. '직접 상담'의 경우는 필자가 이들을 두 달 동안 각각 일주일에 한 번씩 만나 자유로운 질의응답(質疑應答)을 하면서 진행되었다. 이 과정에서 선택된 15명의 기독 청년들은 일주일간 CCM을 듣고 연주하면서 경험했던 실생활의 모든 현상을 일기(a daily journal)로 적어야 했으며, 필자를 만날 때에 그 일기를 가지고 오게 되어 있었다. 당연히 '직접 상담'은 그들이 적은 일기에 기초하였다. 그러므로 필자가 얻은 가장 중요한 조사 결과물은 기독 청년들이 제공한 말과 글이다. 이렇게 해서 얻어진 정보(말과 글: data, descriptions)는 필자에 의해 '다섯 가지 경험 통로'의 측면에 맞추어 새롭게 항목화(categorize)되었고, 이렇게 항목화된 정보는 필자에 의해 다시금 재분석되어 CCM의 영향력에 대한 나름대로의 문제점과 발견점을 제시하고 그것에 따른 선교학적 의미와 향후 현장에서 적용될 수 있는 긍정적인 전략들을 제시하였다. 자세한 내용은 필자의 논문 CTS-Diss, 120~39(Chapter Three: Research Design)을 참고할 것.

316　참고하라. CTS-Diss, 220~22.

체로 사용하고 있다. 바로 CCM을 통한 기독 청년의 예배 갱신과 회복을 위해서이다.[317] 미국의 루터파 신학자 클레멧 프레우스(Klemet Preus)가 공식적으로 'CCM은 젊은 기독교인들에게 다양하고 가치 있는 대안(alternative)을 제공하는 현대 기독교 음악'[318]이라 주장한 것도 바로 이런 상황에 근거했다. 또한 미국의 루터교 목사 윌리엄 블리스(William M. Bliese)는 그가 목회하고 있는 임마누엘루터란교회(Emmanuel Lutheran Church: Dayton, Ohio)에서 '피쉬 하우스(The Fish House)'라는 'CCM 카페'를 하나 운영하고 있는데, 이 카페를 통한 자신의 목회에 대해 그는 다음과 같이 설명하였다.

> '피쉬 하우스' 목회는 참으로 유익하다. …많은 젊은이들이 '피쉬 하우스'를 통해 예수 그리스도 앞으로 나오고 있다. …'피쉬 하우스'는 오늘날 젊은 기독교인들을 위한 하나의 대안 목회(an alternative)이다. 매번의 콘서트를 통하여 우리는 예수 그리스도를 전하고 있다. '피쉬 하우스'에서는 젊은이들의 마음을 열도록 이끌어 주는 다양한 음악이 연주된다. 다른 곳에서는 예수 그리스도를 듣지 못하는 많은 젊은이들이 이 '피쉬 하우스'에서 예수 그리스도에 대하여 듣는다. …그들은 교회로 오라면 오지 않는다. 그러나 내가 콘서트 장으로 인도하면 그들은 관심을 가지고 따라온다. …크리스천 락이나 CCM 등은 예수 그리스도에 대해 말한다. …콘서트가 끝난 뒤 많은 젊은이들이 예수 그리스도에게 관심을 가지며, 성경에 대해 물어오고, 신앙 상담을 요청해 오는 경우가 많다.[319]

---

317 오윤선, 「청소년! 이젠 이해할 수 있다」 (서울: 예영 B&P, 2008), 159쪽.
318 Klemet Preus, "Contemporary Christian Music: An Evaluation," *Concordia Theological Quarterly*, Vol. 51, No. 1(January 1987): 1.
319 Steve Rabey, "Fish House: A Christian Music Ministry," *The Lutheran Witness*,(December, 1983): 17~18.

CCM 연구가 다니엘 다힐링(Daniel F. Dahling) 또한 자신이 사역하고 있는 목회 현장의 현실(미국 루터교 교회)을 아래와 같이 묘사하며 기독 청년들에게 미친 CCM의 영향력에 대해 설명했다.

근래 CCM은 환영과 비난의 소리를 동시에 들으며 여기까지 왔다. 비록 이러한 형태의 음악이 현재까지 우리가 사용해 오던 루터교 성가처럼 공식적인 예배 음악이 되지 못하지만, 어떤 경우의 CCM은 우리 루터교 젊은 신앙인들을 위해 매우 다양한 구조 속에 받아들여지고 있다. 그 이유는 하나이다. CCM은 젊은이들을 자극하고 동시에 그들로 하여금 교회의 한 구성원으로 느끼게 할 만큼 그 영향력이 강하기 때문이다.[320]

CCM 연구가 스티브 밀러(Steve Miller)도 기독 청소년을 향한 CCM의 영향력을 설명하기 위해 미국 조지아 지역의 침례 교회(Flat Creek Baptist Church, Fayetteville, Georgia)의 어느 한 찬양 사역자의 말을 다음과 같이 인용했다.

CCM 음악은 청소년들에게 영구적인 메시지를 전하고 있다. 그래서 빌리 그래함 목사도 자기 집회에 이러한 음악을 사용했다. 이제 이러한 경향은 더 이상의 논쟁의 여지가 없는 사실이다. 그래서 켄들러(Chandler)는 "일반 기존 교회에서 CCM을 사용하는 이러한 경향은 2001년을 넘어서 굉장히 파급효과(fortissimo)를 가져올 것이다."라고 예언했었다.[321]

---

320 Daniel F. Dahling, "*An Analysis of Comtemporary Popular Christian Music*"(M. Div Diss., Concordia Theological Seminary, 1983), 3.
321 Steve Miller, *The Contemporary Christian Music Debate: Worldly Compromise or Agent of Renewal?*(Waynesboro, Georgia: OM literature, 1993), 1.

켄들러의 예언처럼 21세기에 접어든 오늘날 젊은 기독 청년들을 향한 CCM의 영향력은 이제 전혀 부정할 수 없는 사실이 되어 버렸다. 그렇다면 기독 청년들은 어떠한 경로와 어떠한 통로를 통하여 CCM으로부터 영향을 받으며 자신들이 설명한 '2E'를 실천하는 것일까? 그 해답을 추적해 보자.

(2) 다섯 가지 경험 통로

CCM의 영향력 속에 있는 오늘날 대부분의 기독 청년들이 '2E'를 인정하고 있다는 사실은 이미 앞에서 살펴본 바이다. 이러한 전제하에 다음과 같은 질문을 한 번 던져 본다.

"그렇다면 과연 그들은 오늘날 CCM을 듣거나 또는 연주함에 있어 어떤 통로를 통하여 '2E'를 인정하게 되는 것일까?" "그들은 왜 그렇게 2E를 인정하는 것일까?" "대체 CCM의 어떤 요소가 그들로 하여금 그렇게 인정하도록 만드는 것일까?" "대체 CCM은 그들에게 있어 어떠한 의미가 있는 것일까?"

이러한 질문들은 한 마디로 CCM을 통하여 '2E'를 인정하게 되는 경험 통로(experiential domains of meaning for recognizing 2E through CCM)에 관한 질문이다. 그래서 편의상 필자는 앞으로 이것을 간단히 '2E를 위한 경험 통로(experiential channels for 2E)'라 축약해 부르겠다. 위에 소개된 질문의 대답은 앞으로 CCM을 통한 기독 청년 목회에 중요한 지침이 될 것이며, CCM을 통한 음악 선교에도 유익한 정보가 될 것이다.

특별히 미국 우스터대학(Wooster College, Ohio)의 종교문화학 교수인 로빈 실리반(Robin Sylvan)은 "The Connection between Music and Religion"이라는 논문을 통하여 음악과 관련된 여덟 가지 경험 통로를 우리에게 소개한 바 있다.[322] 뿐만 아니라 CCM 사역

---

322 Sylvan, Robin, *Traces of the Spirit: The Religious Dimensions of*

자인 밥 라슨(Bob Larson) 또한 락앤롤(Rock and Roll) 음악이 인간에게 미치는 영향력의 통로를 크게 네 가지로 구분하여 설명했었다.[323] 필자는 이 두 사람이 제시한 통로들 중에서 특별히 '2E를 위한 경험 통로'와 관련될 수 있는 몇 가지를 선택하여 앞에서 제시한 질문의 답을 찾아보고자 한다.

결국 필자가 선택한 경험 통로는 모두 다섯 가지인데, ① 사회·문화적 통로(social-cultural experiential channel), ② 상징·기호적 통로(semiological experiential channel), ③ 육체적 통로(physical experiential channel), ④ 감정적 통로(emotional experiential channel), ⑤ 영적 통로(spiritual experiential channel)이다.[324]

1) 사회·문화적 통로[325]

"사회와 문화에 연결되지 않은 음악은 절대로 사람에게 영향을 주지 못한다."[326]고 말한 존 블랙킹(John Blacking)의 주장처럼, 사회·문화적 통로(social-cultural experiential channel)는 CCM이 우리의 일상생활과 우리의 언행심사(言行心事)에 매우 강한 영향을 끼친다는 뜻이다. 왜냐하면 CCM을 통하여 느낀 하나님의 경험이 우리들의 일상생활 속에서 그대로 적용되고 있기 때문이다.[327] 이것은 마치 어느 날 아침, 우연히 들었던 한 CCM의 가사 내용과 그 감동이 그 날 하루 우리가 행하는 모든 언행심사(言行心思)를 주관할 수 있

Popular Music(New York: New York University Press, 2002), 19~44.

323 Bob Larson, *Rock & Roll: The Devil's Diversion*(McCook, Nebraska: Bob Larson Publisher, 1967), 64~136.

324 CTS-Diss, 8~10.

325 이 부분에 대하여 필자가 수집한 기독 청년들의 말과 글, 그리고 그것에 대한 보다 세밀한 분석은 다음을 참고하라. CTS-Diss, 34~37, 146~60.

326 John Blacking, *Music, Culture, and Experience: Selected Papers of John Blacking*(Chicago, IL: The University of Chicago, 1995), 35.

327 John Blacking, *How Musical Is Man?*(Seattle: University of Washington Press, 1973), 10.

다는 현상에 바탕을 둔 해석과도 같은 것이다. CCM을 통하여 변화된 우리의 사회·문화적 모습을 보면서 우리는 하나님이 함께 하심을 경험하게 되고, 또한 이것을 통하여 하나님을 향한 우리의 신앙을 표현할 수 있는 통로가 되는 것이다. 그래서 필자는 이것을 사회·문화적 통로라 부른다.[328]

필자가 만났던 기독 청년들은 모두 다 이 부분에 있어 적극적인 반응을 보였다. 이들이 보인 반응은 크게 두 단어로 요약될 수 있는데, CCM을 통한 변화(change)와 변형(transform)이다. 여기서 '변화'란 이전과 완전히 다른 모습으로 바뀌는 것이고, '변형'이란 이전 것이 좀 더 진보되거나 심화되는 것을 의미한다. 그들은 실제로 CCM을 통해 자기들의 행동과 말, 심지어는 사고체계까지도 변화되거나 변형될 때가 있다고 말했다. CCM을 통해 그들의 신앙생활 전반이 영향을 받았다는 말이다.

특별히 그들의 말 속에서 '전후 관계의 원리(a principle of before and after)'를 찾아 볼 수 있었는데, 그들이 CCM을 접하기 전과 접한 뒤에 나타난 자신의 변화와 변형을 서술하는 과정에서 인식되었다. 왜냐하면 그들에게서 가장 많이 나온 표현이 "CCM을 들은 이후로…," "CCM을 알게 된 후부터…," "CCM을 배운 뒤부터…," "CCM을 연주한 이후로…"였기 때문이다.

CCM을 접한 후 그들이 언급한 결과들은 대부분 좋은 내용들이었으나 이러한 변화와 변형에는 항상 긍정적인 것만 있지는 않았다. 물론 나쁜 쪽으로의 변화와 변형도 있었고, 최악의 경우 CCM을 들으면서 그 소리에 자극을 받아 옆의 사람에게 화를 벌컥 낸 경우도 있었다. 이러한 상반된 결과를 초래한 원인은 그들의 서로 다른 선호도와 환경 조건에 있었다. CCM을 좋아하는 사람은 CCM을 통해 긍정적인 사회·문화적 반응을 보인 반면에 CCM을 원래부터 좋아하지 않

---

328 Dan G. MaCartney, "Music and the Worship of the Living God," *Modern Reformation*, Vol. 11, No. 6(2002, 6): 18.

거나, CCM을 좋아하지만 그 때 자신의 상황이 좋지 못할 경우 부정적인 반응을 보였다. 특별히 소리, 박자, 가사의 선호도에 따라 각각 다른 민감한 반응이 나왔다.

그러므로 어쨌든 사회·문화적 통로를 통해 그들이 말한 CCM의 영향력은, 그것이 긍정적이든 부정적이든 상관없이 확실한 것이었다. 일단 CCM이 청소년들의 사회·문화적 모습에 적지 않은 변화와 변형을 주고 있음을 자기들 스스로 인정한 셈이며, 그 근원에는 자신들의 선호도와 상황적 조건이 있음을 설명한 것이다. 다시 말하자면 CCM 자체가 가지고 있는 영향력과 더불어 기독 청년들 자신의 선호도와 상황도 그러한 변화와 변형의 이유가 되었다는 말이다. 기독 청년들은 이렇게 사회·문화적 통로를 통하여 자기들의 '2E'를 실천하고 있었다.

2) 상징·기호적 통로[329]

상징·기호적인 통로(semiological experiential channel)란 우리로 하여금 무엇을 회상케 하고, 기억나게 하며, 특정한 형상을 상기시키게 만드는 모든 현상과 그 과정을 말한다.[330] CCM에 있어서도 이것은 예외가 아니다. 예를 들자면, 특정한 CCM은 어느 한 사람에게 예수 그리스도의 십자가를 연상케 하며, 과거 그가 하나님을 처음 만났을 때의 그 감격을 회상케 만들기도 하고, 또한 놀라웠던 그 은혜의 순간을 기억나게 만들기도 한다. 이것은 CCM이 우리들로 하여금 실제적으로 묘사할 수 없는 하나님의 사랑과 그 은혜의 순간을 우리의 뇌리 속에 구체적인 상징과 형상으로 구체화시켜 주는 역할을 한다는 뜻이다.[331] 그래서 필자는 이 부분을 조사함에 있어 길버

---

329 참고하라. CTS-Diss, 37~38, 161~70.

330 Paul Tillich, *Systematic Theology III*(Chicago, IL: University of Chicago, 1963), 197~98

331 한 가지 흥미로운 것은 구도자 예배(seekers music worship)를 추구하는 윌로우크릭교회(Willow Creek)의 빌 하이벨스 목사는 "우리는 십자가를 사용하지 않는다. 좋아하지 않는다. 이것은 죄의식을 생각나게 한다. 그래서 즐겨

트 로젯(Gilbert Rouget) 교수의 주장에 근거하여 기독 청년들의 '정신적 연상이나 기억(mental images or remembrances)'에 중점을 두고 조사 하였다. 그것은 "기독 청년들은 CCM을 통해 무엇을 연상하고 무엇을 기억해 내는가?"라는 질문의 대한 해답을 찾는 과정이었다.[332]

필자가 만났던 기독 청년들은 이 부분에 있어서도 매우 활동적인 반응을 보였다. CCM을 통해 발생되는 정신적 연상이나 기억은 매우 다양했다. 특정한 사람이나 물건 등과 같이 매우 인식하기 쉬운 '실제적인 것(tangible things)'도 있었고, 반면에 본인들 스스로도 잘 설명해 낼 수 없는 과거의 어렴풋한 기억처럼 '비실제적(intangible)'인 것도 있었다. 그들로 하여금 이러한 연상과 기억을 불러일으키는 요소 중 가장 강력한 것은 CCM의 반복되는 가사였다. 미국에서는 흔히 이러한 음악을 '세븐 일레븐 송(7-11 Song)'이라 한다. 풀이하면 7개의 단어가 11번 계속 반복되어 나오는 음악이다. 똑같은 가사 내용의 반복인 것이다. 물론 그들이 처해 있는 각자의 개인적 상황도 예외는 아니었다.

그런데 여기서 필자가 매우 흥미롭게 생각한 것은 기독 청년들이 CCM을 통해 얻게 되는 자기의 이러한 연상과 기억을 하나님께서 CCM을 통해 허락하신 결과로 믿고 있다는 점이었다. 그런데 더욱더 필자를 놀라게 한 것은 그럼에도 불구하고 그들의 말과 글에 어디하나 성령에 대한 언급이 없었다는 점이다. 이것은 "보혜사 곧 아버지께서 내 이름으로 보내실 성령 그가 너희에게 모든 것을 가르치고 내가 너희에게 말한 모든 것을 생각나게 하리라(요 14:26)"라고 말씀하

사용하지 않는다."고 말했다는 것이다. 슐츠(K. Deltev Schulz), "선교학적 관점에서 바라 본 칭의와 성화(Justification and Sanctification in Missiological Perspective)", 2007년 3월 23일, 컨콜디아신학교(Concordia Theological Seminary) 철학 박사(Ph. D) 과정 수업 시간 중에서 발췌함.

332 Gilbert Rouget, *Music and Trance: A Theory of the Relationship Between Music and Possession*(South Band: Better World Book, 1985), 101.

신 예수님의 교훈과는 뭔가 걸맞지 않은 조사 결과였다.

결국 기독 청년들에게 있어 CCM을 접함에 있어 성령론이 매우 약했던 것을 발견할 수 있었다. CCM을 통해 즉각적으로 반응을 나타내며 자신들의 과거 기억을 그 자리에서 되찾아내고, 가사 내용과 관련된 사람과 물건을 연상하는 데에는 익숙하지만, 그것을 고백함에 있어 성령님에 대한 이해가 그들에게 부족했음을 인식할 수 있었다. 어쨌든 기독 청년들은 이러한 상징·기호적 통로를 통하여 자신의 '2E'를 실천해 나가며 CCM을 접하고 있었다.

3) 육체적 통로[333]

"음악이 인간에게 주는 가장 기본적인 영향력은 육체적 반동과 움직임이다."[334]라는 말이 있듯이, 육체적인 통로(physiological experiential channel)는 CCM이 기독 청년에게 주는 가장 기본적인 영향력이며 가장 근본적인 경험 통로이다.[335] 우리는 CCM을 들을 때 손을 들고, 춤을 추며, 손뼉을 치기도 한다. 또는 눈을 감고 가만히 명상을 하기도 하고, 때로는 눈물을 흘리기도 한다. 왜 그렇게 하는가? 무엇이 우리로 하여금 그렇게 하도록 만드는가? 그것은 모두다 CCM을 통하여 경험하는 하나님의 은혜에 대한 우리의 적극적인 표현이자 외적 신앙고백이기 때문이다. 이는 CCM을 통한 하나님의 경험이 우리의 전 육체를 통하여 나타나고 표현된다는 뜻이다. 당연히 기독 청년에게는 더욱더 그렇다.[336]

필자가 만났던 기독 청년들은 이 부분에 있어 가장 확실했다. 일

---

333 참고하라. CTS-Diss, 39~40, 171~84.

334 James Emery. White, *Opening the Front Door: Worship and Church Growth*(Nashville, TN: Convention Press, 1992), 83.

335 Lowell Hart, *Satan's Music Exposed*(Pennsylvania: Salem Kirban, 1980), 49.

336 Susan McClary, "Same as it ever was: Youth Culture and Youth Music," in *Microphone Friends: Youth Music and Youth "Culture*, ed., A. Ross and T. Rose(New York: Routledge, 1994), 33.

단 이것은 필자의 개인적인 '현장 관찰'만으로도 충분히 확인되는 현상이었다. 이렇게 확인된 현상은 그들과의 '직접 상담'을 통해 더욱더 명확해졌다. 그들은 CCM과 함께 춤추며, 박수치며, 울며, 소리 지르며, 뛰며, 손을 들며, 무릎을 꿇으며, 서로 부둥켜 안았다. 이처럼 그들은 CCM을 통해 '2E'를 실천함에 있어 매우 다양하게 즉각적으로 반응하였다.

물론 그들로 하여금 그러한 육체적 현상을 일으키게 한 요소는 CCM의 박자와 가사와 그들의 개인적 상황이었다. 특별히 군중심리가 작용된다는 것이 특징이었다. 혼자 CCM을 접할 때에는 잘 하지 않던 반응을 많은 사람들이 다 같이 모인 곳에서는 자신도 모르게 실행하게 된다는 말이다. 어떤 때에는 CCM을 통한 CCM 인도자의 예배 중, 요구에 의해 원치 않는 육체적 반응을 보이는 경우도 있었다. 어떤 경우 자신이 한 육체적 반응과 현상에 대하여 전혀 기억하지 못하거나 납득하지 못하는 경우도 몇 있었다. 이러한 사람들은 나중에 필자가 찍은 그때의 상황을 보여 주면 깜짝 놀라곤 했었다.

어쨌든 육체적 통로는 기독 청년들이 CCM을 통해 하나님을 경험하고 자신의 신앙을 표현하는 '2E'의 가장 대표적인 사례였다. 어떤 경우 기독 청년으로부터 육체적 통로에 대한 현장 조사는 너무나 당연한 것에 대한 불필요한 조사라는 의견이 나올 정도였다. 그야말로 너무나 당연한 경험 통로로 인식되었던 것이 바로 육체적 통로이다.

4) 정신적 통로[337]

일반적으로 CCM을 통하여 하나님을 경험하게 될 때에 우리는 정신적으로 많은 변화를 일으키게 된다. 우울하고 낙심했던 마음이 희망으로 바뀌게 되며, 상처 입었던 상한 마음이 CCM을 통하여 새로운 치유를 경험하며 새롭게 회생하게 된다.[338] CCM을 통한 인간

---

337 참고하라. CTS-Diss, 40~41, 185~95.
338 Frances Mischel & Mischel Walter, "Psychological Aspects of Spirit Possession," *American Anthropologist* 60(1958): 250.

의 정신적인 경험이 이미 '음악 치료(the clinical psychology of music)'라는 학문 분야에서 많이 연구되었으며, 실제적으로 적용되어 쓰이고 있다.[339] 특별히 젊은 청소년들에게 매우 큰 효과를 거두고 있다.

정신적 통로(psychological Channel)에 있어 필자가 만났던 기독 청년들의 말과 글은 크게 두 가지 현상으로 요약되었다. 하나는 '감정적 현상(emotional phenomenon)'이며 다른 하나는 '정신적 상황(mental situations)'이다. '감정적 현상'이란 울고, 웃고, 화내고, 기뻐하는 등의 희노애락(喜怒哀樂)의 현상을 말하며, '정신적 상황'이란 갑작스런 마음의 변화와 심경(心境)의 전환 상태를 의미한다. 그러므로 '감정적 현상'은 '정신적 상황'의 구체적인 내용이고, '정신적 상황'은 '감정적 현상'이 발생될 때의 상태를 설명한 말이다. 즉 하나는 현상의 내용이고, 다른 하나는 현상의 상태인 셈이다.[340]

특별히 그들로 하여금 이런 현상과 상황을 만들도록 자극하는 CCM의 요소는 멜로디와 가사 내용이었다. 그러나 그것만은 아니었다. CCM을 접하는 그들 '감정의 민감성(emotional sensitivity)'도 그 원인 중 하나였다. 특별히 이들이 만들어 내고 묘사한 정신적 통로의 특징은 매우 급속한 감정과 상황의 변화였다. 그들은 CCM을 접하면서 무릎을 꿇고 울다가 또 금방 일어나서 기쁘게 춤추며 움직인다. 이러한 면에서 정신적 반응은 육체적 반응의 또 다른 촉매 통로였다.

특별히 필자의 흥미를 자극했던 부분은 목사의 설교보다도 찬양의 가사에 더 큰 정신적 위안을 얻을 때가 있다는 말이었다. 다시 말하자면 그냥 단순히 말로만 전해지는 설교보다는 음악으로 들려지는

339　Thayer E. Gaston, *Music in Therapy*(New York: MacMillan, 1968), 17~24, Suzanne B. Hanser, *Music therapist's Handbook*(St. Louise, Missouri: Warren H. Green, Inc, 1987), 10.
340　Carl E. Seashore, *Psychology of Music*,(New York: McGraw-Hill, 1938), 30.

CCM의 가사 내용을 통해 더 큰 감동과 자극을 받았다는 말이다. 그래서 그들은 설교보다 CCM을 통해 더욱더 큰 하나님을 경험하고 더 자신 있게 자신의 믿음을 표현한고 있다고 했다. 그런데 이 부분에 있어 더욱더 필자를 놀라게 한 점은 그들이 정신적 통로에 대해 말하면서 한 번도 성령님에 대한 언급을 하지 않았다는 점이다. 이상하게 '2E'를 말하면서도 성령님에 대한 설명은 없었다.

5) 영적 통로[341]

일찍이 아프리카 종교 음악의 영적 영향력에 대해 연구한 콤라 아모크(Komla W. Amoaku) 박사는 음악을 통해 인간이 만들어 내는 영적 반응과 현상이 매우 다양함을 설명했다.[342] 그러므로 우리가 CCM을 통하여 받는 영향력 중에는 영적인 차원의 것도 있다. 우리는 CCM을 매개체로 하여 하나님을 영적으로 경험한다. 신앙을 바로 세운다. 심지어는 신학도 세운다. CCM을 통하여 하나님의 임재와 그분의 만지심을 경험하는 이 모든 과정이 다 영적인 통로를 통하여 나타나는 일들이다. 이것이 CCM을 통하여 하나님을 경험할 수 있는 영적인 통로(spiritual Channel)이다.[343]

그러나 필자가 조사를 하면서 제일 어려웠던 부분이 바로 이 영적 통로였다. 필자는 이곳에서 기독 청년들에게서 커다란 '모순 속의 불일치(paradoxical discrepancies)'를 읽을 수 있었다. 대부분의 기독 청년들은 자신이 CCM을 통하여 영적 체험을 하고 있다고 고백했다. 그러나 이상하게도 그것을 잘 표현하거나 서술하지 못했다. 정작 자신들은 CCM을 통하여 영적 체험을 강하게 하고 있다고 말하면서도,

---

341 참고하라. CTS-Diss, 41~43, 195~208.
342 Komla W. Amoaku, "Toward A Definition of Traditional African Music: A Look At the Ewe of Ghana," in *More Thank Drumming: Essays on African and Afro-Latin Music and Musicians*, ed., I. V. Jackson(Westport, CT: Greenwood Press, 1985), 34~35.
343 G. Van Der Leeuw, *Sacred and Profane Beauty: The Holy in Art*(New York: Holt, Rinehart and Winston, 1963), 231.

일단 그 현상에 대하여 자세히 설명해 달라고 하면 시원한 설명을 내놓지 못했다. 내면의 강한 확신과 그것을 설명하려는 외적 묘사가 서로 일치하지 않았던 것이다.

이런 상황에서 결국 그들은 크게 두 부류로 나뉘었다. 첫 번째는 그럼에도 불구하고 열심히 설명하려고 노력하는 부류였고, 두 번째는 그런 설명을 아예 부정하는 부류이다. 첫 번째 부류는 나름대로 자신이 체험하고 확신하고 있는 영적 체험에 대하여 설명하려 하지만, 대부분이 다른 경험 통로에 속한 이야기거나 아니면 전혀 상관이 없는 엉뚱한 이야기를 하고 있었다. 두 번째 경우는 아예 나중에 그 설명 자체를 거부했다. 그들은 다음과 같이 말했다. "영적 체험을 어떻게 인간의 말로 설명할 수 있느냐?" "그것은 불가능하며, 할 당위성도 없다." 결국 이들의 말과 글을 통해서 CCM을 통해 하나님을 경험하는 영적 통로에 대해서는 구체적인 정보를 얻어내지 못하였다.

그러나 한 가지 발견된 것이 있다. CCM을 접하면서 특별히 아무런 예고 없이 갑자기 무의식중에 반응하게 되는 모든 현상과 일들에 대해 그들은 그것이 자기들의 영적 체험과 관련된 것으로 인식하고 있었다는 점이다. 물론 이것은 앞에서 설명한 사회·문화적, 상징적, 육체적, 정신적 경험 통로를 다 포함한 반응이다. 그 어떠한 반응이든지, 일단 그것이 갑자기 무의식중에 일어나거나 발생하는 현상이면 그들은 그것을 영적인 것으로 인정했다.

(3) 발견점

필자가 지금까지 설명한 현장 조사를 통하여 나름대로 몇 가지 발견한 내용들이 있다. 특별히 이 내용들은 앞에서 고찰한 다섯 가지 경험 통로를 중심으로 발견된 것들이다. 일단 필자는 여기서 발견한 것의 요점만 간략히 소개하고 넘어가고자 한다.[344]

---

344 더 자세한 내용과 보충 설명에 대해서는 다음을 참고하라. CTS-Diss,

1) 이미 예상했던 것처럼, 오늘날 기독 청년을 향한 CCM의 영향력은 이제 더 이상 부정될 수 없는 진실이라는 점이다. 그것이 긍정적이든 부정적이든 이제 CCM의 영향력에 대하여 그 존재 여부를 따지는 것은 무의미한 일임을 재확인했다. 물론 이것은 너무나 당연하고 평범한 발견이다. 그러나 빠져서는 안 될 필수 조건이다.

2) CCM을 통해 발생하는 다양한 현상들은 앞에서 설명한 다섯 가지 경험 통로를 통해 비교적 분명하고 자세하게 관찰된다는 점이다. 다시 말하자면 CCM의 영향력은 이 다섯 가지 경험 통로를 통하여 그 진가를 발휘한다는 뜻이다.

3) 이 다섯 가지의 경험 통로들은 서로 나누어질 수 없으며, 분리될 수 없는 통합적이고 종합적인 통로라는 점이다. 이들은 각자 나름대로의 독립성을 가지고 있다. 그러나 그 각각의 독립성은 어디까지나 다섯 가지 경험적 통로들 사이의 깊은 관련성 속에서 존재하는 '상호 의존적 독립성(a mutual dependent separation)'이다. CCM을 통한 다섯 가지 경험적 통로는 서로가 혼돈 없이(unconfusedly), 변동 없이(unchangeably), 분할됨 없이(indivisibly), 분리됨 없이(inseparably), 갈라짐 없이(unbreakable) 항상 같이 공존하며 상호 응합(相互應合)한다. 때문에 이 다섯 가지 경험의 통로를 각각 나누어 따로 생각한다는 것은 마치 한 부모에게서 태어난 5형제 중 한 아들을 일부러 고아원에서 데리고 온 아이로 억지 취급하는 것과 똑같은 것이다. 다시 말하자면 구분(categorize)은 될 수는 있으나, 분리(separate)되거나 나누어질 수 없는 복합적인 경험 통로라는 뜻이다.

4) CCM의 영향력은 결국 '2E'를 발생시킨다. 바로 하나님께로부터 오는 '경험(experience)'과 하나님께로 향하는 '표현(express)'이다. 그러나 '2E'를 발생하도록 만드는 각각의 경험 통로는 서로 다르

211~18.

다는 점이다. 특별히 하나님께로 향한 믿음과 신앙의 표현이라는 측면은 '외적인 경험 통로(the external channels)'를 통해 인식된다(사회·문화적 통로, 육체적 통로). 그러나 하나님을 경험한다는 측면은 '내적인 경험 통로(the internal channels)'를 통해 인식된다(상징·기호적 통로, 정신적 통로, 영적 통로). 다시 말하자면, 기독 청년들이 하나님께 자신의 믿음과 신앙을 표현함에 있어 CCM이 미치는 영향력은 그들이 만들어 내는 사회·문화적 통로와 육체적 통로를 통하여 인식되며, 반면에 그들이 하나님을 경험하는데 있어 CCM이 주는 영향력은 그들이 만들어 내는 상징·기호적 통로, 정신적 통로, 영적 통로를 통하여 알 수 있다는 말이다. 결국 CCM의 영향력과 관계된 다섯 가지의 경험 통로가 '2E'라는 현상 속에서 세 가지 내적 통로와 두 가지 외적 통로로 구분된 것이다.

5) 이렇게 구분된 세 가지 내적 통로와 두 가지 외적 통로는 서로 교차하며 이동한다는 점이다(overlap moving). 왜냐하면 '2E' 현상은 서로 교차하며 발생하기 때문이다. 어떤 때에는 내적 통로에서 외적 통로로 교차할 때도 있고, 다른 때에는 그 반대인 경우도 있다. 예를 들면 CCM을 접하면서 그 영향력으로 인해 내적으로 기쁨이 생겼기 때문에 외적으로 춤을 추기도 하고 손을 흔들기도 한다. 이것은 내적 통로에서 외적 통로로의 이동이다. 그러나 반대로 CCM을 접하면서 그 영향력으로 인해 외적으로 눈을 감기 때문에 CCM의 가사 내용에 묘사된 예수 그리스도의 모습이 연상되기도 한다. 이것은 외적 통로에서 내적 통로로의 이동이다.

6) 세 가지 내적 통로는 두 가지 외적 통로를 통해 다양한 현상을 발생시키도록 자극한 실제 숨겨진 의미이며(the real hidden meaning), 두 가지 외적 통로는 숨겨진 세 가지 내적 통로를 현장화시켜 우리에게 보여 주는 실체(the visualized phenomenon)라는 점이다.

7) 기독 청년들에게 영향력을 끼치는 CCM의 세 가지 요소가 있음을 알게 되었고, 이 세 가지 요소는 각각 서로 다른 세 가지 경험 통로에 깊은 영향력을 미친다는 사실을 알게 되었다. 세 가지 요소는 바로 리듬(rhythm), 멜로디(melody), 하모니(harmony)이며, 리듬은 육체적 경험 통로와 관련이 있고, 멜로디는 정신적 경험 통로와 연결되며, 하모니는 영적 경험 통로와 접촉점을 가진다.[345]

8) 이러한 CCM의 영향력은 CCM 자체가 가지고 있는 자연적 힘이기도 하지만, 오로지 그것만이 100% 원인이 아니라는 점이다. 기독 청년들의 개인적인 '상황과 조건(contextual reasons and situational condition)'도 그 원인이 된다. 그러므로 CCM의 영향력에 대한 연구는 항상 기독 청년들의 상황과 조건에 대한 연구가 병행되어야 한다.

9) 다섯 가지 경험 통로 중에서 특별히 영적인 통로는 다른 네 가지 경험 통로를 모두 포함하고 있다는 점이다. 특별히 필자가 만난 기독 청년들에게는 영적 통로라는 객관적으로 독립된 통로가 없었다. 그들은 그저 네 가지 다른 경험의 통로를 통하여 어떤 특정한 현상이 무의식중에 갑자기 예상치 못한 상태에서 발생하면 그것이 바로 영적 통로를 통한 현상이라고 인정한다. 그러므로 네 가지 다른 경험 통로는 영적 통로를 만들어 내는 또 다른 요소가 된 셈이다.

10) 기독 청년들이 CCM의 영향력을 서술함에 있어 성령에 대한 이해가 너무나 부족하다는 점이었다. 이것이야말로 이미 앞에서 설명한 '모순 속의 불일치'가 발생한 근본적 이유이다. 기독 청년들이 가지고 있는 내면의 강한 확신에도 불구하고 그 성령의 역사하심과

---

345 Manly P. Hall, *The Therapeutic Value of Music*(The Philosophical Research Society, 1955), 17.

임재에 대하여 잘 설명하지 못했으며, 동시에 그것을 고백하거나 언급하지도 않았다. 특별히 '성령 들림 또는 홀림(the possession of something)'과, '성령 충만(the fullness of the Holy Spirit)'의 차이를 잘 이해하지 못하고 있었다. '성령 들림(성령 홀림)'이란 특정한 영이 한 사람의 모든 것을 홀려서 그 사람을 하나의 로봇처럼 마음대로 조종하는 상태를 의미한다. 여기에서 그 인간의 자아는 없어진다. 그러나 '성령 충만'은 다른 개념이다. 성령 충만은 한 사람의 모든 것이 다 정상적인 상태에서 하나님의 주권 속에 들어 있는 것이다. 그러므로 인간은 인간대로 자신의 자아를 잃지 않고 하나님의 일을 완수해 나가는 것이다. 이것이 성령 충만이다. 하나님의 절대적인 주권 속에 있으면서도 그 안에 보호받는 인간의 자유 의지를 말한다. 성령님은 바로 그렇게 역사한다. 그래서 브라우치(Manfred T. Brauch) 교수는 이것을 '거룩한 역설의 신비(a paradoxical mystery)'라 말했다.[346] 그러나 애석하게도 필자가 만난 기독 청년들은 이러한 성령론이 약했던 것이다. 때문에 그들은 그저 무의식중에 발생하게 된 모든 현상에 대해 그것을 영적인 반응으로 판단하게 된 것이다.

지금까지 총 열 가지의 발견점을 소개하였다. 여기서 우리가 한 가지 잊지 말아야 할 점이 있다. 결국 이 모든 것은 성령 하나님의 역사라는 점이다. 그러므로 성령 하나님의 역사에 대하여 무관심해서는 안 된다. CCM! 그 속에 역사하시는 성령 하나님의 놀라운 개입하심만이 그 모든 것을 가능케 한다는 사실을 우리는 잊지 말아야 한다. 성령 하나님의 놀라운 역사만이 CCM을 통하여 우리가 하나님을 경험할 수 있도록 하며 동시에 우리의 믿음과 신앙을 표현하도록 하는 '2E'를 만들어 낼 수 있다. 우리는 이제 위에 언급되어진 다섯 가지의 경험 통로를 통하여 우리의 '2E'를 실천할 때마다 그분의 사랑

---

346 Manfred T. Brauch, *Hard Sayings of Paul*(Dowmers Grove, Illinois: InterVarsity Press, 1989), 7.

과 그 분의 은혜를 기억하고 감사해야 할 것이다.

(4) 적용과 제안

그렇다면 위의 발견점들을 어떻게 적용할 수 있을까? 특별히 CCM 을 통해 음악 선교를 실천하고 있는 CCM 사역자들과 여러 교회 지도자들을 위해 '발견한 내용의 적용'을 다음과 같이 몇 가지로 요약해 소개하려 한다.[347]

1) 기독 청년들을 돌보는 관점에서 CCM 사역자들과 교회 지도자들은 CCM과 관련된 오늘날 기독 청년들의 선호도와 그 경향(preference and tendency)에 대하여 반드시 깊은 관심을 가져야 하고 배워야 한다. 그래서 그들이 왜, 어떻게, 그리고 어디서 CCM을 접하며 그것을 즐겨하는지 잘 인식하고 있어야 한다. 이것에 대한 해답은 이미 위에서 설명했다.

2) CCM을 연구하는 입장에서 CCM 사역자들과 교회 지도자들은 CCM이 어떻게, 왜, 언제 기독 청년들에게 영향을 끼치는지 잘 알고 있어야 한다. 이미 다섯 가지 경험 통로를 통하여 CCM의 영향력이 작용하고 있음은 밝혀진 바이다. 그러나 그 경험 통로를 통하여 특정한 현상을 만들어 내는 각 공동체와 각 개인의 차이점은 인정해야 한다. 그러므로 각각의 CCM 사역자들이 몸담고 헌신하고 있는 공동체와 그 개인들이 상황에 따라 CCM이 어떻게 작용하고 있는지 빨리 알아내는 것이 중요하다.

3) 위의 두 가지 적용에 기초하여 CCM 사역자들과 교회 지도자들은 이러한 발견점을 기독 청년들에게 가르쳐야 한다. 왜냐하면 CCM

---

347 CTS-Diss, 218~25

의 영향력에 완전히 노출되어 있는 그들이 정작 그 점에 대해 아무런 사전 정보가 없다는 것은, 마치 사람을 아무런 지도와 나침반 없이 그냥 구명조끼 하나 달랑 입혀서 배를 태워 망망대해(茫茫大海)로 보내는 것과 같은 것이기 때문이다. CCM 사역자들과 교회 지도자들은 특별히 CCM이 미치는 긍정적인 영향력과 부정적인 영향력에 대하여 기독 청년들에게 가르치고 교육할 필요가 있다.

4) 특별히 성령의 역사에 대한 심도 있는 가르침이 필요하다. 그들이 고백한 '2E'의 현상이 정말 그들이 바라고 있는 '2E'가 되기 위해서는 성령님에 대한 올바른 이해가 없이는 불가능하다. 그렇지 않으면 그들은 스스로를 속이고 있는 '2E'를 실천하고 있으며, 또 뜻밖에 속임을 당하는 '2E'를 실천하고 있는 셈이다. CCM을 통한 성령님의 역사는 우리 스스로의 힘으로 체험할 수 없는 하나님 은혜의 영역에 들어가기 위해 의도적으로 사용하는 일종의 마약 같은 촉매제가 아니다. 물론 성령님께서 CCM을 통하여 그들 위에 역사하신다. 그러나 CCM 때문에 성령님이 움직이시는 것은 아니다. 그러나 필자의 조사 결과에는 기독 청년들이 성령님을 끌어들이기 위한 촉매제로서 CCM을 접하는 경우가 많았다. 이것은 모두 다 현대 기독 청년들에게 성령론에 대한 교육이 얼마나 시급한 것이며 중요한 것인지 깨닫게 한다. 올바른 성령론 위에 올바른 '2E'의 실천도 있게 될 것이다.

5) CCM을 기독 청년의 신앙생활에 또 다른 대안으로 제시해야 한다. CCM을 장려하는 것은 오랜 시간 세속적인 오락 문화에 물들어 있는 기독 청년들의 방향 전환을 기대할 수 있다. 어차피 그들은 오락이 필요한 세대이고, 때문에 그것을 얻을 수 있는 곳으로 달려간다. 이것을 무조건 나쁘다고 해서 막을 수만은 없다. 물론 흐르는 물을 무조건 막는 방법도 중요하지만, 어차피 흘러야 하는 물이라면 차라리 좋은 곳으로 흐를 수 있도록 방향을 틀어 주는 것도 좋은 방법

이다. 단지 그 방향을 바꾸어 주면 된다. 그 대안이 바로 CCM이다. 그래서 CCM 연구가 스티브 피터스와 마크 리틀톤은 다음과 같이 말했다.

> 수년 동안 우리는 학부모들에게 당신의 자녀에게 CCM에 관심을 가지게 하고 그들로 하여금 CCM을 듣게 하라고 매우 큰소리로 강조하며 권면해 왔다. 30년 전만 해도 세상의 음악을 대신할 그 어떤 대안책도 없었다. 그러나 오늘날에는 세상 음악의 대안들이 수백 가지이다. 얼마나 많이 있는가?[348]

이 말은 자녀들이 세속 헤비메탈이나 락 음악을 듣고 타락하는 것을 그냥 보고 있는 것보다 차라리 CCM 헤비메탈이나 CCM 락 음악을 듣게 하라는 권면이다. 물론 피할 수 있고 억제될 수 있는 문제라면 구태여 그렇게 대안을 찾을 필요가 없다. 그러나 어차피 피할 수 없고 억제될 수 없는 상황이라면 대안책이라도 마련해야 되는 것이다. 이 점에 있어 오늘날 CCM은 기독 청년들을 세속적 오락으로부터 보호할 수 있는 좋은 대안책이 될 수 있다. CCM을 기독교 오락이나 기독교 여가 선용의 하나로 사용할 경우 그것이 가능해지는 것이다. 이 순간이 바로 CCM이 건설적인 'Christian Entertainment' 또는 'Christian refreshment'의 대안으로 새롭게 자리 매김 하게 되는 순간이다.[349]

6) 목회자들의 음악 교육이 시급하다. 이제부터는 각 신학교 마다 각 교단의 목회자를 양성하는 목회학 석사 과정(Master of Divinity)에 '찬양 신학' 내지는 '음악 목회' 또는 '찬양 예배'에 대한

---

348 Steve Peters and Mark Littleton, *Truth about Rock: Shattering the Myth of Harmless Music*, 91.
349 Ibid., 86.

CCM 전공 과목이 필수 과목으로 배정되어야 한다.[350] 왜냐하면 21세기는 문화의 세기이며, 그 문화 속에 CCM이 있다. 이제 목회자도 CCM을 모르고는 목회자로서의 직분을 감당키 힘든 때가 되었으며, CCM 찬양 사역자와의 원활한 동역 관계를 유지할 때가 되었다. 그러므로 목회자 양성 교육기관인 전문 학위 과정에서 CCM을 필수 과목으로 채택하여 CCM의 올바른 보급과 활용에 대해 교육할 필요가 있다.[351]

7) 평신도의 찬양 교육 또한 당면 과제이다. 따라서 CCM 전문 사역자 양성을 위해 힘써야 한다. 훌륭한 찬양 사역과 찬양 예배를 이끌어 낼 수 있는 CCM 전문 사역자 양성 기관이 시급하게 필요하다. 그것도 각 분야별로 찬양 인도자, 싱어, 연주자, 기술 등 다방면의 전문 사역자가 필요하다.[352] 많은 교회들이 CCM을 통하여 찬양하고 있으면서도, 제대로 훈련되고 양육된 전문 사역자를 찾기는 매우 드물다. 교회 대부분의 직책을 보면 일정한 기간 교육과 자격을 갖춘 상태에서 임명되며 사역한다. 그런데 유독 CCM 사역에 대해서는 특별한 기준이 없다. 그저 약간의 재능과 그 부분에 관심 있는 사람에게 그냥 쉽게 맡겨 버리는 경향이 많았었다. 이 말은 좋게 말하면 누구나 할 수 있는 것이지만, 나쁘게 말하면 아무나 하는 것이 되어 버린다. 이렇게 되면 그 결과는 뻔하다. 특별히 검증받지 않은 'comment(멘트: 찬양 중 인도자의 말)'는 정말 위험하다. 따라서 이 어려움을 빨리 해결해야 한다. 그래서 미국 트리니티루터란신학교(Trinity Lutheran Seminary)의 마크 알렌 포웰(Mark Allan

---

350 Anne Bagnall Yardley, "Teaching Music in the Seminary," *Teaching Tehology & Religion*, Vol. 6, No. 3(July, 2003): 170.
351 Barry Liesch, *The New Worship: Straight Talk on Music and the Church*, Expanded Edition(Grand Rapids, Michigan: Baker Books, 2002), 231~32.
352 Leonard R. Payton, *Reforming Our Worship Music*(Wheaton, Illinois: Crossway Books, 1999), 41.

Powell) 교수는 다음과 같이 말했다.

> CCM 사역자들은 다른 기독교인들과 같이 그들의 일상생활을 통해서 예수님의 증인되는 삶을 살도록 부름을 받았다. …나는 그들에게 다음과 같이 권면한다. 신학교에 가서 신학을 배워라! 깁슨(Gibson) 기타를 내려놓고 칼 바르트를 들어라! …루터를 읽고, 바울을 읽어라![353]

이 말은 평신도 모두가 다 신학생이 되고 목사가 되라는 말이 아니다. 이제는 기초적인 신학적 지식에 배경을 두고 찬양 사역을 하라는 말이다. 바야흐로 평신도 전문 찬양 사역자 양성의 질적 향상을 시도할 때가 온 것이다.

8) CCM을 통한 '찬양 선교'의 활성화가 필요하다. 그래서 존 윌슨(J. F. Willson)은 "음악 없이 영혼을 구하려는 노력은 마치 발 없이 달리는 것과 같고, 손 없이 권투하는 것과 똑같은 일이다."[354]라고 말했으며, 연세대학교 이계준 교수도 "하나님의 선교의 장(場)인 세계 또는 역사를 중심으로 해야 한다는 의미에서 교회 음악의 폭을 넓혀야 한다."[355]고 주장했다. 특별히 사우스웨스턴 침례신학교(Southwestern Baptist Theological Seminary)의 헌트(T. W. Hunt) 교수는 다음과 같이 말했다.

> 음악 선교는 매우 다양한 활동을 포함하고 있다. 어떤 선교사는 궤변적인 성향이 강한 도시 선교를 위하여 음악을 효과적으로

---

353 Mark Allan Powell, "Why Should the Fundies Have All the Good Music?," *Trinity Seminary Review*, Vol. 18, No. 1(Summer 1996): 33~34.
354 John F. Willson, *Introduction to Church Music*, 나운영 역, 「교회 음악입문」 (서울: 대한기독교서회, 1980), 74쪽.
355 李桂俊, "교회 음악의 갱신," 「韓國敎會와 하나님의 宣敎」 (서울: 展望社, 1981), 226쪽.

사용하기도 하며…어떤 선교사는 농촌 선교를 위해 음악을 사용하기도 한다. …이처럼 음악이란 항상 선교 방법(missions)에 있어 매우 중요한 매개체였다.[356]

헌트의 이 말은 선교에 있어 음악의 다양성이 얼마나 중요한 것인지 다시 한 번 깨닫게 하는 말이다. 그렇다면 21세기의 새로운 기독교 음악 CCM도 선교에 있어 필수적인 요소임이 틀림없다. 그렇지 않고 계속 CCM을 예배 음악와 교회 음악의 차원에서만 살펴보면, 끝도 없는 논쟁과 논란만 과열될 뿐이다. 이제부터라도 선교적 차원에서, 특별히 음악 선교의 차원에서 CCM을 예배로부터 예배 밖으로, 교회로부터 세상 밖으로 이끌어 낸다면 CCM의 또 다른 활성화를 기대할 수 있다. 바로 음악 선교의 한 부분으로 사용 되는 것이다. 어디까지나 선교적 차원에서의 CCM은 효용가치가 충분히 있다고 생각한다.[357]

5. CCM과 문화

(1) 왜 CCM과 문화인가?

"왜 CCM과 문화인가?" 이 질문에 대하여 케네스 파커(Kenneth E. Parker) 목사는 "음악은 문화의 또 다른 언어이다."[358]라고 대답했으며, 미국 콜롬비아신학교(Columbia Theological Seminary)의

---

356 T. W. Hunt, *Music in Missions: Discipling Through Music*(Eugene, Oregon: Wipf and Stock Publishers, 1987), 9.
357 최상일, "CCM의 선교적 활용에 대한 연구,"(미간행 신학석사학위논문, 감리교신학대학교 신학대학원, 1999), 49~57쪽.
358 Kenneth E. Parker, "Music, the Cultural Frontier of the Church," *Windstorm Christian Music Magazine*(July/August, 1983): 10.

예배학 교수인 브라이언 워렌(Brian Wren)은 "서로 다른 문화는 서로 다른 음악을 창조한다."[359]고 대답했고, 캐나다의 CCM 연구가 존 톰슨(John Thompson)은 "CCM은 기독교 신앙과 문화가 함께 결합된 결정체이다."[360]라는 말로 응답했으며, 교회 연구가 레이스 앤더슨(Leith Anderson)은 CCM의 앞 자 'Contemporary'가 문자적인 개념이 아니라 어디까지나 문화적인 개념이라고 주장했다.[361] 바로 여기에 CCM과 문화의 상관관계를 살펴봐야 할 합당한 이유가 있다.

오늘날 현대 일반 문화를 이끌어 가고 있는 매개체들 중에 우리 기독교 문화에도 적지 않은 영향력을 행사하고 있는 것들이 많이 있다. 특별히 기독 청년들의 경우 그 파급효과가 더 큰데, 그 형태는 여러 가지로 나타난다(영화, 연극, 음악, 공연, 책 등).[362] 그 중에서 지금 우리가 살펴보고 있는 CCM은 특별히 현대 일반 문화와 기독교 문화를 연결시킨 실험적 음악의 한 장르(Genre)로서 청소년들을 중심으로 현대 기독교 문화를 이끌어가고 있는 중요한 매개체 중의 하나이다.[363]

이러한 상황을 배경으로 하여 우리는 한 가지 질문을 하게 된다. "CCM은 현대 기독교 문화와 어떠한 상관관계를 지니고 있는가?" "CCM과 문화는 어떤 관계 모델로 규정될 수 있는가?" 이것은 현대 기독교 문화에 대하여 관심을 가지고 있는 사람이라면 적어도 한번 정도 생각해 봤을 질문이다. 왜냐하면 이 질문은 CCM이 현대 기독

---

359 Brian Wren, *Praying Twice: The Music and Words of Congregational Song*(Louisville, London: Westminster John Knox Press, 2000), 56.
360 John J. Thompson, *Raised By Wolves: the Story of Christian Rock & Roll*(Toronto, Ontario: ECW Press, 2000), 11.
361 Leith Anderson, *A Church for the 21st Century*(Minneapolis, Minnesota: Bethany House Publishers, 1992), 148~49.
362 김형태, 「청소년 문화와 인성교육」 (서울: 기독교리더십연구원, 1998), 22~29쪽.
363 신국원, "문화 선교의 선교성을 어떻게 확보할까?: 신학적 근거와 실천 방안," 「문화 선교의 이론과 실제」 (서울: 예영커뮤니케이션, 2003), 62쪽.

교 문화에 어떠한 영향력을 끼치고 있는지를 알기 위한 질문이며, 동시에 현대 기독교 문화에 CCM의 영향력이 어떠한 모습과 현상들로 존재하는지를 점검해 보기 위한 질문이기 때문이다.

그러므로 이 질문에 대한 올바른 해답은 세 가지 유익을 우리에게 가져다준다. 첫째, CCM이 현대 기독교 문화 속에서 어떠한 모습으로 자리 매김을 할 것인지 보여 주는 청사진이다. 둘째, 각자 개인이 어떠한 모델에 속해 있는지 알게 됨으로써 자신의 자리를 찾고 앞으로 나가야 할 개선책을 모색하게 한다. 셋째, CCM과 현대 기독교 문화의 문제에 대한 해답을 찾고자 하는 우리에게 특정한 '문화 선교'[364]의 방향을 결정해 주는 나침반을 제공한다.

(2) 다섯 가지 자료

이를 위해 필자는 다음의 중요한 다섯 가지 자료를 참고하려 한다.

1) 독일 루터파 목사였던 리차드 니버(Niebuhr, H. Richard) 교수가 제시한 예수 그리스도와 문화의 다섯 가지 관계성이다. 우리가 이미 잘 알고 있듯이, 리차드 니버가 소개한 다섯 가지 관계성은 ① 문화에 대립하는 그리스도(against), ② 문화의 그리스도(of), ③ 문화 위에 있는 그리스도(above), ④ 문화와 역설인 그리스도(paradox), ⑤ 문화의 변혁자 그리스도(transform)이다. 여기서 리차드 니버는 이 다섯 가지 관계성을 설명함에 있어 단순히 분석만 해놓았지 정작 자신이 어떤 관계성 모델을 선호하고 있는지에 대해서는 확실히 말하

---

364 '문화 선교'라는 용어는 그 개념이 아직 확실히 정립되지 않은 상태에서 사용되고 있다. 대체로는 문화를 통해서 복음을 전한다는 의미와 문화를 향한 복음적 가치의 실현이라는 의미로 사용된다. 문화를 통한 복음 전파와 문화 자체의 변혁을 위한 노력은 21세기 교회의 주요 관심사가 되어야 할 것이다. 참고하라. 신국원, "문화 선교를 통한 예술 창조 – 하나님 나라를 건설한다,"「월간 목회」(1997년 10월): 61~67쪽.

지 않았다.[365]

2) 미국 루터파 컨콜디아대학(Concordia University, Wisconsin)의 안구스 뮨지(Angus J. L. Menuge) 교수가 제시한 이론이다. 그는 위에 소개한 리차드 니버의 주장을 오늘날 21세기 루터 신학의 관점에서 재분석하였다. 리차드 니버는 그의 책에서 '문화와 역설인 그리스도'의 관계를 설명할 때 바울(Paul), 마틴 루터(Martin Luther), 키에르케고르(Kierkegaard)를 이러한 역설적 관계의 대표적 모델로 꼽았다.[366] 그런데 안구스 뮨지 교수는 리차드 니버가 마틴 루터를 그 모델로 소개했다는 점을 문제 삼았다.[367] 물론 안구스 뮨지는 루터파 신학자로서 마틴 루터의 신학과 세계관이 역설적인 것을 인정한다. 그가 그것을 부정하는 것은 아니다. 다만, 그는 리차드 니버가 그것을 마치 '수박 겉핥기'식으로 가볍게 분석했다는 점을 아쉬워한다. 결국 이러한 문제 의식 속에서 그는 리차드 니버의 다섯 가지 관계 모델들을 새롭게 재분석했다.[368]

3) 1966년부터 1967년 사이에 세계루터교단연맹에서 제작한 「예배와 문화에 대한 선언문(Nairobi Statement on Worship and Culture」이다. 여기서 루터파 신학자들은 리차드 니버의 다섯 가지 관계 모델에 입각하여 예배와 문화의 관계를 다음과 같이 네 가지로 나누어 분석했

---

365 H. Richard Niebuhr, *Christ and Culture*(New York: Harper & Row, Publishers, 1951), 39~44.
366 H. Richard Niebuhr, *Christ and Culture*, 170~176.
367 Angus J. L. Menuge, "Niebuhr's Christ and Culture Reexamined," in *Christ and Culture: Dialogue*, ed. Angus J. L. Menuge(St. Louis: Concordia Publishing House, 1999), 31~55.
368 미국 컨콜디아신학교(Concordia Seminary, St. Louis)의 로버트 콜브(Robert Kolb) 교수 또한 안구스 뮨지 교수와 동일한 입장에서 이러한 리차드 니버의 주장을 마틴 루터의 관점에서 재평가했다. 이 과정에서 그는 특별히 일곱 가지 문제점을 제시하며 리차드 니버의 주장을 비평했다. 참고하라. Robert Kolb, "Niebuhr's Christ and Culture in Paradox Revisited," *Lutheran Quarterly*, Vol. 10, No. 4(1996): 259~79.

다. ① 문화를 초월하는 예배(worship as transcultural), ② 상황 속의 예배(worship as contextual), ③ 문화와 반대되는 예배(worship as counter-cultural), ④ 교차하는 문화 속의 예배(worship as cross-cultural)이다.[369]

4) 미국 듀크대학(Duke University)의 제프리 웨인라이트(Geoffrey Wainwright)가 제시한 예배와 문화의 다섯 가지 관계 모델이다. 그는 철저히 리차드 니버의 다섯 가지 모델에 근거하여 예배를 바라보았다.[370]

5) 미국 펄듀대학(Purdue University, IN) 제이 하워드(Jay R. Howard) 교수와 아이오와대학(Iowa University)의 존 스트렉(John M. Streck) 교수의 분석이다. 두 교수는 리차드 니버의 다섯 가지 모델 중 세 가지 모델만을 사용하여 CCM의 특징을 다음과 같이 구분하였다. ① '문화에 대립하는 그리스도' 관점에서 본 '분열적 CCM(separational CCM)', ② '문화의 그리스도' 입장에서 본 '통합적 CCM(integrational CCM)', ③ '문화의 변혁자 그리스도'의 맥락에서 본 '변혁적 CCM(transformational CCM)'이다.[371]

(3) 다섯 가지 관계 모델

필자는 앞에서 소개한 다섯 가지 주요 자료에 근거하여 'CCM과 기독교 문화 사이에 나타날 수 있는 다섯 가지 관계성 모델(Five

---

369 S. Anita Stauffer, "Worship and Culture: An International Lutheran Study," *International Review of Mission,* Vol. 337(1996): 184~88.
370 Geoffrey Wainwright, "Christian Worship and Western Culture," *Studia Liturgica* Vol. 12(1977): 20~33.
371 Jay R. Howard, & John M. Streck, *Apostles Of Rock: The Splintered World of Contemporary Christian Music*(Kentucky: The University Press of Kentucky, 1999), 16~17, 191.

Models in Relationship between CCM and culture)'을 제시해 보려 한다. 따라서 앞으로 소개하게 될 다섯 가지 모델은 CCM과 기독교 문화 사이에 생겨나는 모든 문제에 가능한 해답들이 될 수 있다.

1) 기독교 문화와 대립되는 CCM

이것은 현대 기독교 문화와 대립하며 역행(逆行)하는 CCM이다. 즉 'CCM Against Christian Culture'이다. 이것은 CCM이란 진정한 기독교 문화가 아닌 세속적 문화의 산물(byproduct)이라는 인식에 기초한 모델이다. 좀 더 심한 표현을 쓴다면, 이미 앞에서 설명한 'CCM은 사탄이 기독교 문화를 말살시키기 위하여 보낸 현대판 트로이 목마(Trojan Horse)'라는 것이다. 이 모델 안에서 CCM은 어디까지나 현대 기독교 문화를 파괴하며, 곡해하고, 왜곡시키는 매개체로서 존재한다. CCM이 어떻게 발생했든, 그 사용의 정당성이 성경에 기초하든지 말든지, 그 사용의 실제적 효과와 혜택이 어떠하든 CCM은 현대 기독교 문화를 오염시키는 것이 분명하다는 것이다. 그러므로 이 모델 안에서는 '양자택일(兩者擇一)' 또는 '둘 중 하나(either-or decision)'의 기준만이 존재한다. CCM을 버리든지, 아니면 CCM을 선택하든지 둘 중의 하나이다. CCM을 버리면 현대 기독교 문화를 선택하는 것이고 CCM을 택하면 현대 기독교 문화를 버리는 것이다. 이 모델의 장점은 CCM의 세속화 경향을 강하게 지적하고 있다는 점이다. 따라서 이 모델은 CCM 사역자로 하여금 항상 긴장하게 만들며, 언제나 흔들리지 않는 신앙의 틀 속에서 혹시나 찬양의 가면을 쓴 세속 음악을 만들어 내는 오류를 행치 않도록 견제한다. 그러나 이 모델에는 결정적인 단점이 있다. CCM은 기독교 문화와 단절되어 존재할 수 없다는 점이다. 아무리 부정해도 CCM은 기독교 문화와 어떤 면에서든지 연결성을 가지고 있다. 그러므로 이 모델 안에서의 CCM과 기독교 문화 사이의 양자택일 문제는 매우 실현 가능성이 없을지도 모른다.

2) 기독교 문화를 위한 CCM

즉 ‘CCM For Christian Culture’이다.[372] 이 모델 안에서 CCM은 기독교 문화를 살찌우는 하나의 획기적인 매개체로 작용한다. 이 모델에서 기독교 문화와 CCM은 서로 협력할 수 있는 일치된 접촉점이 있다. CCM 자체가 하나의 기독교 문화의 한 부분으로 작용하게 된다. 따라서 이 모델 안에서 CCM은 기독교 문화를 위하여 반드시 필요한 것인 동시에 그 문화 자체이다. 특별히 CCM은 이 모델 안에서 세속 문화에 빠져 있는 많은 사람들을 참된 기독교 문화의 첫 관문에 노크를 할 수 있도록 유도(誘導)할 수 있는 접촉점으로 그 자리매김을 한다. 이러한 면에서 이 모델은 CCM과 현대 기독교 문화의 관계성을 이해함에 있어 어느 정도의 일치성 내지는 융통성과 포용성을 내포하고 있다. 이 모델의 장점은 우선 CCM과 기독교 문화의 접촉점과 연결성을 인정한다는 점에 있다. 한 마디로 둘 사이에 대화의 장을 열어 놓은 모델이다. 그러나 단점도 있다. CCM만이 특정한 공동체나 개인을 기독교 문화와 연결시킬 수 있는 유일한 매개체로 인식할 위험이 있다. 그리고 CCM만을 추구하는 것을 유일한 해결책이라고 주장할 우려가 있다.

3) 기독교 문화 위의 CCM

이것은 기독교 문화를 뛰어 넘는 CCM 모델을 말한다. 즉 ‘CCM Above Christian Culture’이다. 이 모델 안에서 CCM은 여전히 기독교 문화와 관계성을 지닌다는 것은 인정한다. 그러나 이 모델 안에서 CCM은 꼭 기독교 문화와 관련해서 그 장점과 단점에 대해 해석해야만 하는 특정한 독립된 분야로서 존재하지 않는다. 다시 말하자면 CCM은 기독교 문화를 대립하는 것도 아니요, 기독교 문화를 위한 것도 아니요, 그저 하나의 시대적 산물이라는 것이다. 그러므로

---

372 리차드 니버는 ‘Of’라는 말을 사용했으나 필자는 ‘Of’를 ‘For’로 바꾸어서 설명하려 한다.

이 모델 안에서는 CCM과 현대 기독교 문화의 상관관계성을 규명하려 하는 그 어떤 시도도 의미가 없는 것이 되어 버린다. 그 이유는 CCM은 문화를 뛰어넘는 '그 무엇'이라는 전제가 이미 깔려 있기 때문이다. 따라서 이 모델의 장점은 모든 것을 포괄하는 종합적 성격을 가지고 있다는 점이다. 이 모델 안에서는 CCM과 기독교 문화 사이의 그 어떤 충돌과 대립도 인정하지 않으며 신경 쓰지도 않는다. 그러므로 얼핏 보기에는 둘 사이의 거룩한 평화를 실현하는 모델로 보인다. 그러나 이 모델 또한 결정적인 단점을 가지고 있다. 바로 "기독교 문화를 뛰어넘는 '그 무엇'이 과연 어떤 것인가?"하는 문제이다. 이 질문에 만족할 만한 답이 없다. 여러 가지 주장이 나오지만 확실한 것은 하나도 없다. 오히려 이 모델 안에서 CCM은 자신의 정체성을 잃어버린 그저 허공에 뜬 무의미한 명제로 추락하고 만다.

4) 기독교 문화와 역설 가운데 있는 CCM

이 모델은 'CCM and Christian Culture in Paradox'의 모델이다. 이 모델 안에서 CCM은 기독교 문화와 관계성을 지닌 매개체로 존재하면서도 때에 따라 기독교 문화에 긍정적 영향을 끼칠 수도 있으며, 반대로 상황에 따라 부정적인 영향을 끼칠 수 있는 가변적이면서 역동적인 매개체로 존재한다. 이 모델 안에서 CCM은 역설적인 형태로 기독교 문화와 관계한다. 때때로 CCM과 기독교 문화는 충돌하면서도 어떤 때는 서로 융화된다. 두 가지를 동시에 인정하지 않으면 안 되는 진퇴양난(進退兩難)의 입장에 서 있는 사람들이 이 모델을 선호한다. 그러므로 이 모델의 장점은 CCM과 기독교 문화를 구별시켜야 하는 책임과 연결시켜야 하는 의무를 다 만족시킨다는 점이다. 따라서 어중간한 중간 지대에 있는 사람들에게 나름대로의 해결책을 제시해 준다. 투쟁할 때는 투쟁하고, 화해할 때는 화해하며, 그때그때의 임기응변(臨機應變)을 통해 나름대로의 자리를 찾아간다. 그러나 결정적 단점이 있다면 바로 기회주의자로 보일 위험이 있다는 점이다. 자기 자신의 주체적 사고와 철학 없이 그때그때 어려움을 모면해가는 나약한 문화 사역자로 보일 위험이 있다.

5) 기독교 문화를 변혁하는 CCM

이것은 'CCM the transformer of Christian Culture'의 모델이다. 이 모델 안에서 CCM은 단순히 기독교 문화를 위한 매개체로 존재하지 않는다. 그 이상의 것을 추구한다. 즉 기독교 문화를 바꾸어 놓는 CCM, 기독교 문화를 변혁시켜 놓는 CCM, 기독교 문화를 개혁하는 CCM으로 작용한다. 이 모델 안에서 CCM은 기독교 문화의 전반을 휩쓰는 놀라운 작용을 하게 된다. 한 마디로 '문화 변혁적 CCM'이 되는 것이다. 여기서 '문화변혁적'이라는 말은 '이 세상에 대한 하나님의 주권을 인정하는 개혁 신학적 전제 위에서, 적극적인 복음을 통한 문화와의 만남 및 변혁을 시도하려는 태도'[373]를 의미하는데, 이 모델 안에서는 CCM이 이러한 태도를 지지하는 주인공으로 등장한다.

(4) 평가

그렇다면 위에서 살펴본 다섯 가지 관계성 모델 중에서 어느 것이 가장 정확히 CCM과 현대 기독교 문화의 관계를 설명하고 있는 것일까? 아쉽지만 이 질문에 대한 정확한 답은 있을 수 없다. 왜냐하면 각 사람의 입장에 따라, 그리고 그 공동체의 성격에 따라 그 해답은 각각 다르게 나타날 것이기 때문이다. 그래서 리차드 니버 교수 자신도 이 다섯 가지 모델은 영원한 문제(enduring problem)이기 때문에 우리가 아무리 이 연구를 계속한다고 해도 어느 것이 최상의 것이며 올바른 것인지 결론에 이를 수도 없고, 결론을 지을 수도 없다고 말했다.[374] 이러한 면에서 보자면 리차드 니버의 관점은 매우 기독

---

373 문화선교연구원 엮음, 「문화 선교의 이론과 실제」 (서울: 예영커뮤니케이션, 2003), 13쪽.
374 H. Richard Niebuhr, *Christ and Culture*, 43~44, 230.

교 현실주의적인 면이 없지 않아 있어 보인다.[375]

그러나 우리는 최소한 다음과 같은 세 가지 가능성을 생각해 볼 수 있다. ① 그것이 어떠한 것이든지 그들의 해답은 위에 나타난 다섯 가지 중 하나가 될 것이다. ② 경우에 따라 다섯 가지 모두가 될 수도 있을 것이다. ③ 물론 다섯 가지 이외의 다른 것이 나올 수 있다는 가능성도 또한 무시할 수는 없다. 그래서 안구스 뮨지 교수는 이러한 가능성에 대하여 다음과 같이 'Model 1', 'Model 2', 'Model 3'의 구조로 나누어 설명했다.[376]

(M1) 다섯 가지 모델 모두 특정한 때에 따라 적당한 모델이 될 수 있다.

(M2) 다섯 가지 모델 어느 하나도 제대로 되고 맞는 것이 없다.

(M3) 다섯 가지 모델로 구분은 가능하지만 우리가 그리스도와 문화에 대한 확실한 답을 찾는 다는 것은 불가능하다. 이 외의 다른 것이 될 수도 있다.

그러므로 여기에서 우리가 다섯 가지 모델 가운데 어떠한 것이 CCM과 현대 기독교 문화의 관계성을 가장 잘 보여 주는 정답인지 성급히 단언(斷言)하는 것은 옳지 못한 것이라 생각된다. 이것은 마치 CCM을 무턱대고 사탄의 음악으로 완전히 비난하는 것도 문제지만, CCM을 아무런 분별력 없이 완전한 찬양으로 속단(速斷)하는 것도 그에 못지않은 큰 문제인 것과 같은 이치이다.[377]

하지만 여기서 우리가 꼭 알고 넘어가야 할 중요한 점이 있다. 바로 이 다섯 가지 모델들을 통하여 우리 각자가 어떤 모델 형태에 속

---

375 문용식, 「그리스도인을 위한 문화 이해」 (서울: 예영커뮤니케이션, 2005), 451쪽.

376 Angus J. L. Menuge, "Niebuhr's Christ and Culture Reexamined," in *Christ and Culture: Dialogue*, ed. Angus J. L. Menuge, 43.

377 안환균, 「르뽀, 기독 문화가 위태롭다」 (서울: 규장출판사, 1999), 188~9쪽.

해 있으며 왜 그 모델에 속하게 되었는지를 점검해 봐야 한다는 것이
다. 그렇게 함으로써 그 모델 가운데에서 발생되고 있는 많은 문제점
들에 대하여 어떻게 대응할 것인지 생각하고, 그것을 통하여 자신의
입장에서 CCM과 기독교 문화의 관계성을 새롭게 다시 정립해 나가
는 것이 더욱더 중요하다. 그 이유는 다섯 가지 모델이 한결같이 모
두 CCM과 기독교 문화 사이에서 발생할 수 있는 다섯 가지 가능성
에 대해서 말하고 있기 때문이다.

물론 이 부분에 있어 필자도 예외는 아니다. 만약 독자들이 필자
의 개인적인 의견을 묻는다면, 필자는 다섯 가지 모델 중 마지막 모
델인 '기독교 문화를 변혁하는 CCM' 모델에 속해 있으며, 그 모델을
지지하고 있다고 대답할 것이다. 왜냐하면 일단 필자의 개인적 관점
이 CCM을 환영하는 입장에 서 있기 때문이다. 그리고 안구스 뮨지
교수가 분석했듯이, 리차드 니버 교수 또한 개인적으로는 이 모델이
가장 이상적인 모델임을 묵시적으로 나타낸 것 같은 느낌이 들기 때
문이다.[378] 무엇보다도 CCM이 21세기 찬양 개혁의 주역이라면 마땅
히 그런 모델 속에 속해야 할 것이기 때문이다. 가령 헤비메탈과 같
은 음악으로 찬양할 때에 변혁이 동반되지 않는다면 그것은 오히려
해서는 안 될 금기 사항이 되기 때문이다.[379] 이러한 책임 의식에 대
해 문화 사역자 이남윤 목사는 다음과 같이 주장했다.

모든 그리스도인과 모든 교회는 계속적으로 무엇이 복음이고 무

---

378 안구스 뮨지는 리차드 니버 교수가 '문화를 변혁시키는 그리스도'의 모델
을 소개하면서 다른 모델의 경우와는 달리 그 모델의 장점과 약점에 대해 아무
런 분석을 하지 않았다는 사실에 근거하여 리차드 니버가 '문화를 변혁시키는
그리스도' 모델을 가장 최상의 모델로 생각하고 있었음을 주장했다. 그러나 안
구스 뮨지는 자기 나름대로 이 모델이 가지고 있는 장점과 약점에 대해 서술했
는데 참고하라. Angus J. L. Menuge, "Niebuhr's Christ and Culture Re-
examined," in *Christ and Culture: Dialogue,* ed. Angus J. L. Menuge,
43~46.
379 Keith Green, *Can God Use Rock Music?*(Lindale, TX: Pretty Good
Printing, 1982), 12.

엇이 문화이며 이 둘 간의 관계는 어떤 것인지의 문제로 씨름해야
한다. 복음은 모든 문화가 변화할 것을 요구하기 때문이다. …그것
은 과연 "예수님이라면 이 시대의 문화와 세대를 어떻게 보실까"
하는 성경적인 안목을 뜻한다(마9:36). …우리는 성경적인 가치
에 입각해서 이 세상의 문화를 변혁시키는 크리스천이 되어야 한
다.[380]

따라서 우리는 이 다섯 가지 모델 중 어느 것이 정확히 옳은지 알
수 없지만, 어떤 모델을 추구해야 하는지는 알 수 있다. 적어도 찬양
을 통하여 새로운 개혁을 꿈꾸는 CCM 사역자라면, 맨 마지막 모델
인 '기독교 문화를 변혁하는 CCM' 속에 서 있어야 할 것이다.[381]

---

380 이남윤, 「N세대 문화닷컴」 개정증보판(서울: 기독신문사, 2003), 6~7쪽.
381 Ronald P. Byars, *The Future of Protestant Worship*(Louisville: Westminster John Knox Press, 2002), 16.

마틴 루터와 CCM

1. 마틴 루터의 삶-음악가

(1) 마틴 루터를 해석하는 새 역사관(歷史觀)

역사학적으로 볼 때 한 인물의 생애(生涯)가 담긴 역사적 전기(傳記)를 기록한다는 것은 그리 쉬운 작업은 아니다. 왜냐하면 그것은 그 인물의 삶을 서술하는 역사가의 관점에 따라 묘사가 많이 달라질 수 있기 때문이다. 이 때 이러한 역사가의 관점을 우리는 '사관(史觀: 역사를 해석하는 기준과 관점)'이라 부른다. 그러므로 당연히 한 인물에 대한 삶의 서술과 평가는 그것을 기록하는 역사가의 개인적인 사관에 따라 변화무쌍할 수밖에 없다.[382]

특별히 미주 장로회신학대학 김인수 총장은 역사 속의 인물들을 평가하고 연구하는데 있어 부딪히는 이러한 방법론적 한계점과 특수성을 다음과 같이 서술하였다.

---

382 E. H. Carr, *What is the History?*(Cambridge: Pelican Books, 1970), 10.

역사에 나오는 인물에 대한 평가는 평가하는 사람의 시대와 위치에 따라, 그리고 평가자가 사용한 사료에 따라 달라질 수밖에 없다. 이것이 역사 기술의 한계이다. 따라서 한 인물에 대한 평가는 한 시대의 한 사가에 의해 평가된 것이 전부일 수 없고 항상 재해석되고 재평가되어야 하는 것이다. 뿐만 아니라 역사 기술에 쓰여진 사료의 검증과 진위의 규명도 후세 사가들에 의해 이루어져야 하는 작업 중에 하나이다. …그러므로 새로운 사료가 발굴되고 새로운 증인이 나타났을 때 지금까지의 역사 기록이 수정되고 바로 잡혀져야 되는 것이 사학도가 감당할 일 중 하나이다.[383]

여기에서 김인수 총장은 역사 속의 인물에 대한 서술이 그 사람을 바라보는 역사가 한 사람의 사관에 따라 달라지며, 그리고 그가 사용하는 사료(史料)에 따라 천차만별(千差萬別)일 수 있다는 점을 강조한 것이다.

예를 들어 1세기 기독교의 핵심 인물인 인간 바울(Paul)을 한 번 살펴보자. 인간 바울은 예수님 다음으로 가장 논쟁의 대상이 되는 인물이라는 일반적 평가가 말해 주듯이 그에게는 참으로 많은 수식어가 따라 붙는다. 신학자 바울, 목회자 바울, 저술가 바울, 선교사 바울, 1세기 마지막 사도 바울, 예수의 언행을 집대성한 학자 바울, 심지어는 예수님의 가르침을 사용한 기독교의 새로운 창시자 바울이라는 파격적인 평가까지 있을 정도이다. 왜 한 사람에 대하여 이렇게 많은 해석과 평가가 나오는가? 그 이유는 사도 바울을 바라보는 모든 사람들의 관점이 그 만큼 서로 다르기 때문이다. 역사가가 많으면 많을수록 그 사람에 대한 평가와 해석도 더 많을 수밖에 없다. 이와 같이 한 인물에 대한 초상화는 그 인물을 그려내는 역사가의 붓이 그 시대 상황이라는 물감과 함께 어디로 어떻게 움직이느냐에 따

---

383 김인수, "吉善宙 牧師의 나라 사랑 정신에 대한 考察,"「韓國敎會史論叢」(서울: 閔庚培敎授華甲紀念論文刊行委員會, 1994), 98쪽.

라 많이 달라질 수 있다. 그러므로 이제부터 필자가 추적할 마틴 루터(1483~1546)의 삶도 이와 같은 역사적 서술방법의 특수성과 한계점을 동시에 지니고 진행하게 될 것이다.[384]

그렇다면 과연 마틴 루터의 직함을 오늘날의 용어로 표현한다면 무엇이 가장 적합할까? 미국 리폼드신학교(Reformed Theological Seminary)의 로버트 갓프리(Robert Godfrey) 교수는 마틴 루터에 대하여 말하기를 "예수 그리스도를 제외하고 역사상 마틴 루터만큼 심각한 논쟁과 토론의 대상이 된 인물은 없었을 것이다."[385]라고 했다. 때문에 16세기 이후로 이제까지 마틴 루터의 삶을 연구한 수많은 전기(bibliography)들이 출판되어 왔다. 그런데 대부분의 전기들은 거의 신학자로서, 목회자로서, 더 나아가 종교 개혁자로서의 마틴 루터를 묘사하고 있다.[386] 때문에 정작 음악가인 마틴 루터의 삶에 대해 다룬 전기는 그리 많지 않다. 간혹 있다고 해도 그저 단편적인 내용뿐이다.[387] 그래서 밀라 패트릭(Millar Patrick)은 다음과 같이 말했다.

종교 개혁자 마틴 루터에 대한 이야기는 너무나 잘 알려져 있다. 그래서 우리가 더 이상 그 부분에 대하여 책을 쓸 필요가 없을 정도이다. 그러나 그가 교회 음악에 끼친 가늠할 수 없는 업적(the priceless service)에 대해서는 잘 모르고 있다. 이제 우리

---

384 Roland H. Bainton, "Interpretations of the Reformation," in *The Reformation: Material or Spiritual?*, ed. Lewis W. Spitz(Boston, D. C. Heath and Company, 1962), 1~7.

385 Robert Godfrey, *The Life and Thought of Martin Luther*, Cassette Tapes 1~9, Excerpts read by the author(Maitland, Florida: Reformed Theological Seminary, 1993), Tape 1, A)

386 Mark Edwards, and George Tavard, *Luther: A Reformer for the Churches*(Philadelphia: Fortress Press, 1983), 7~9.

387 Robin A. Leaver, *Luther's Liturgical Music: Principle and Implications*(Grand Rapids, Michigan/Gambridge, U.K.: William B. Eerdmans Publishing Company, 2007), 3~5.

는 여기에 깊은 관심을 가져야 한다.[388]

물론 종교 개혁의 첫 관문을 열었던 마틴 루터이기에 우리가 이러한 현상을 보게 되는 것은 그리 이상한 일도 아니고 놀랄 일도 아니다. 그러나 종교 개혁 신학자로서 그의 업적 때문에 음악가로서 활동했던 마틴 루터의 사역이 종종 소외되고 그 빛을 잃게 되는 것은 무척이나 안타까운 일이다. 그래서 필자는 종종 차라리 마틴 루터가 종교 개혁 신학자가 아니었다면, 오히려 그가 음악가로서 후대에 그 명성을 날렸을 지도 모른다는 흥미로운 추측을 할 때도 있다. 때문에 일단 필자는 본 장에서 마틴 루터의 삶을 종교 개혁 신학자라는 관점보다는 오히려 그를 단순히 16세기 음악가 중의 한 사람으로 인정하고 추적해 보려 한다. 좀 더 엄밀히 말하자면 마틴 루터의 종교 개혁을 신학적인 관점에서 보지 않고, 음악적인 관점에서 재해석하려는 것이다.

그러나 오해가 없기를 바란다. 이것은 종교 개혁 신학자로서의 마틴 루터를 무시하려는 것이 아니다. 다만 종교 개혁 신학자인 마틴 루터의 삶을 좀 더 강조하기 위하여 그를 음악가라는 또 다른 측면에서 추적하는 과정일 뿐이다. 그래서 종교 개혁 신학자로서 마틴 루터를 잠시 제2차적인 문제로 다루는 것뿐이다. 바로 이것이 마틴 루터의 삶을 기록함에 있어 본 필자가 붙잡고 있는 사관이다.

그렇다면 왜 마틴 루터와 CCM의 관계를 추적함에 있어 음악가로서의 루터의 삶을 먼저 고찰해 봐야 하는가? 이유는 간단하다. 왜냐하면 어느 한 사람의 신학과 신앙은 그 사람의 생애와 동떨어져 있지 않기 때문이다. 더욱이 마틴 루터의 경우만큼 그의 신학과 신앙이 그의 삶과 너무나도 깊게 밀착되어 있는 경우도 드물다.[389] 그래

---

388 Millar Patrick, *The Story of the Church's Song*(Richmond, Virginia: John Knox Press, 1962), 70.

389 Roland H. Bainton, *Here I Stand: A Life of Martin Luther*(Nashville, Tennessee, 1950), 266~71.

서 독일 함부르크(Hamburg)신학교 역사학 교수인 베른하르트 로제
(Bernhard Lohse)는 말하기를 "루터의 삶이란 그의 신학적 통찰력
을 추적하기 위한 실존적 의미이다."[390]라고 표현하기도 했다. 바로 여
기에 우리가 루터의 음악관을 통해 CCM을 재조명하려면 먼저 음악
가 루터의 삶을 추적해 봐야 하는 이유가 있다. 그럼 이제부터 음악
가 마틴 루터의 삶을 짧게나마 한 번 추적해 보자.

(2) 출생과 가정 배경

마틴 루터는 1483년 11월 10일 아버지 한스 루터(Hans Luther)
와 어머니 마가레테 지글러(Margarethe Ziegler) 사이에서 태어났
다.[391] 그리고 그가 훗날 자신의 동역자인 게오르그 슈팔라틴(Georg
Spalatin)에게 보낸 편지에서 말한 것과 같이 바로 그 다음날 성 베
드로교회(St. Peter Church) 교회에서 유아 세례를 받았다.[392]

마틴 루터의 부모는 비교적 신앙심이 깊은 사람들이었다.[393] 마틴
루터의 아버지 한스 루터는 농부인 하이네 루터(Heine Luther)의 맏
아들로 태어났다. 그러나 당시 법에 따라 아버지의 모든 재산이 동생
인 하인츠 루터(Heinz Luther)에게 상속됨을 보고 그는 일찍부터 부
모 옆을 떠나 스스로 삶을 개척하여 독일의 동부 할레 주에 있는 광
산 도시 아이스레벤(Eisleben)에서 광부(鑛夫)로 생활하며 생계를 유

---

390 Bernhard Lohse, *Martin Luther-Eine Einfuhrung in sein Leben
und sein Werk*, trans., Robert C. Schultz, *Martin Luther: An Introdu-
tion to His Life and Work*(Philadelphia: Fortress Press, 1980), 19.
391 마틴 루터의 탄생일에 대하여는 약간의 논란이 있다. 왜냐하면 마틴 루
터 자신도 자신의 생일을 정확히 확신하지 못했기 때문이다. 그래서 1482년을
주장하는 사람도 있고, 1484년을 고집하는 사람도 있다. 참고하라. Martin.
Brecht, *Martin Luther [3]: His Road to Reformation, 1483~1521*, trans.
James L. Schaaf.(Minneapolis: Fortress, 1985), 1:1.
392 Mark Edwards, and George Tavard, *Luther: A Reformer for the
Churches*, 23.
393 Calk, Harlter and Carl F. Schalk, eds., *A Handbook of Church
Music*(St. Louis: Concordia Publishing House, 1978), 16.

지해 나갔다.[394]

그러나 이러한 아버지와는 달리 마틴 루터의 어머니 마가레테 지글러는 꽤 수준 있는 가문의 딸이었던 것 같다. 그녀에 대한 하이코 오버만(Heiko A. Oberman)의 말을 한 번 들어 보자.

> 이제까지 알고 있었던 것처럼 마가레테 지글러는 농사꾼의 딸이 아니었다. …지금까지의 여러 오해와 실수에도 불구하고 한 가지 확실히 밝혀진 사실은 한스 루터(Hans Luther)가 린데만(Lindemann)이라는 여자와 결혼했는데 그녀는 농부인 자기 남편과는 달리 아이제나흐에 기반을 잡은 가문의 딸이었다는 것이다. …루터 시대에 루터의 두 사촌이 있었다. 그들은 루터 어머니의 큰 오빠의 아들들이다. 그 중에 형은 아이스레벤의 요한 린데만(Johann Lindemann)인데 법률학 박사이며 작센 선제후의 고문이었고, 동생 카스파 린데만(Kaspar Lindemann)은 라이프치히와 오데로 강변의 프랑크푸르트 볼로냐에서 공부한 후 의학 박사 학위를 받은 사람이었다. 그는 훗날 선제후 프리드리히와 그의 후계자인 요한의 주치의로 활동하였고 종종 루터를 진찰하기도 했다. 또한 카스파는 죽기 전 4년 동안 비텐베르크대학의 의학 교수로 재직했었다.[395]

이러한 집안의 내력으로 볼 때, 마틴 루터가 일찍부터 라틴어 학교에서 공부하고 뒤 이어 에르푸르트대학(the University of Erfurt)에서 법학을 공부하게 된 배경에는 이와 같은 어머니 마가레테 지글러 계열로 이어지는 집안 분위기가 한 몫 한 것 같다. 또한 특별히

---

394 Victor Paulos, *Luther, Servant of God*(Saint Louis, Missouri: Concordia Publishing House, 1966), 50.
395 Heiko A. Obermann, *Luther: Man between God and the Devil*, trans. Eileen Walliser-Schwarzbart(New Haven: Yale University Press, 1989), 88~90.

어릴 적 교육 혜택을 크게 입지 못한 부친의 욕심도 있었을 것이다. 마틴 루터의 아버지는 자신의 아들만큼은 열심히 공부하여 법률가로 꼭 성공하길 바랐다. 그래서 열심히 공부시켰다. 물론 우리가 다 잘 알고 있듯이 그 뜻은 이루어지지 않았다.[396]

일단 마틴 루터의 음악적 관심과 재주는 그의 부모로부터 간접적인 영향을 받았음이 틀림없다. 왜냐하면 이를 암시하는 마틴 루터의 고백이 있기 때문이다. 그는 「Urban Regius(1535년)」라는 책의 머리말에서 스스로 말하기를 "나는 어린 시절 나의 어머니 마가레테 지글러가 즐겨 불렀던 짧은 소가곡(小歌曲: a little ditty)을 오랫동안 잊지 않고 기억한다."[397]고 했다. 이것을 도리나 맥큐시(Dolina MacCuish)는 좀 더 자세하게 설명했다.

> 마틴 루터는 그의 어머니가 자기 앞에서 노래했던 상황을 잘 기억했다. 그래서 그는 상당히 많은 민요(folk-songs)의 레퍼토리(repertoire)를 얻을 수 있었다. 그가 기억한 것은 어머니가 숲속에서 땔감으로 쓸 나무 조각을 주우면서 불렀던 높은 조의 기쁜 노래(overtones of pleasure)였다.[398]

동시에 루터는 어린 시절 아버지 한스로부터 "술에 취해서 흥청망청 되느니 차라리 그 대신에 노래 부르는 것이 더 좋은 것이다."[399]라는 충고를 들었던 것도 기억하고 있었다. 이것을 볼 때 루터는 어릴

---

396 Mark Edwards, and George Tavard, *Luther: A Reformer for the Churches*, 24.

397 이 노래 가사(歌詞)의 한 대목은 "만약 사람들이 너와 날 싫어한다면, 우리의 결점 때문일 거야(If folk don't like you and me, the fault with us is like to be)"였다. Roland H. Bainton, *Here I Stand: A Life of Martin Luther*, 18.

398 Dolina MacCuish, *Luther and his Katie: The influence of Luther's wife on his ministry*(Great Britain: Christian Focus Publications, 1999), 13.

399 Robin A. Leaver, *Luther's Liturgical Music: Principle and Implications*, 21.

때부터 음악에 관심이 있었고 그것을 즐기는 부모 밑에서 자라났음이 틀림없다.

동시에 이러한 부모의 영향 외에도 마틴 루터에게는 음악에 대한 남다른 천성적 감성(a natural insight)이 있었던 것으로 보인다. 왜냐하면 어린 마틴 루터에게 대부분의 감성이 예민한 예술가에게서 볼 수 있는 잦은 감정의 변화와 우울증이 있었다는 사실 때문이다.[400] 이것은 어떤 경우 매우 심하게 나타나는데, 정신분석학자 에릭 에릭슨(Erik H. Erikson)은 마틴 루터의 청년시절을 연구하면서 이와 관련된 몇 가지 사례를 소개했다.[401] 특별히 그는 1507년 마틴 루터가 에르푸르트(Erfurt)의 수도원 성가대석에서 갑자기 일어나 엎드리며 미친 사람처럼 "Ich bin's nicht!" "Non sum" "그것은 내가 아니다!"라고 비명을 질렀던 사례를 이야기하면서,[402] "마틴 루터는 한때 약간 위태로운 청년으로서 여러 갈등 증후군(症候群)에 시달리고 있었다."[403] "그는 우리로 하여금 한 명의 정신병자를 다루고 있다는 느낌이 들만큼 난해한 자기 계시를 보여 준다."[404]고 말했다. 물론 이러한 분석에 대하여 지금도 많은 논란의 여지가 있다.[405] 하지만 어쨌든 이러한 감성적인 부분의 민감성도 마틴 루터의 음악적 소질을 자극시켰을 가능성은 충분히 있다고 본다.

그래서 일찍이 음악가 마틴 루터의 삶에 대한 연구를 시작한 루터

400　Steven Ozment, *The Age of Reform 1250~1550*(New Haven and London: Yale University Press, 1980), 223~30.

401　Erik H. Erikson, "Young Man Luther," in *The Reformation: Material or Spiritual?*, ed. Lewis W. Spitz(Boston, D. C. Heath and Company, 1962), 80~91.

402　Scheel, Otto, *Dokumente zu Luther's Entwicklung*(Tuebingen, J.C.B. Mohr, 1929), 533. Erik H. Erikson, *Young Man Luther: A Study in Psychoanalysis and History*(New York: W. W. Norton & Company. Inc, 1958), 49에서 재인용.

403　Ibid., 15.

404　Ibid., 16.

405　Roland H. Bainton, "Luther's Struggle for Faith," in *The Reformation: Material or Spiritual?*, ed. Lewis W. Spitz(Boston, D. C. Heath and Company, 1962), 93~94.

교단 신학자 칼 샬크(Carl F. Schalk) 교수는 "루터가 어릴 때부터 부모로부터 경험한 이러한 음악적 유산과 개인적 기질은 훗날 16세기 종교 개혁을 통한 루터교 예배를 형성하는데 의미심장한 영향을 끼쳤다."[406]고 설명한 바 있다.

결국 우리는 일종의 현악기인 루트(lute) 연주뿐만 아니라 작곡에도 능했던 마틴 루터의 음악적 재능이 그가 '어릴 적 부모로부터 직접 접했던 음악(full scope in the family sing-songs)[407]으로부터 시작되었음을 인식할 수 있다. 이처럼 마틴 루터는 어린 시절부터 쉽게 음악을 접할 수 있는 가정환경 속에서 자라났으며 본인의 천성도 음악에 꽤나 민감했었음을 짐작할 수 있다.

(3) 음악 교육 과정

이제 생후 6개월 된 마틴 루터는 1484년 여름 부모와 함께 자신의 고향인 아이스레벤(Eisleben)을 떠나 그의 유년 시절을 보내게 될 만스펠트(Mansfeld)로 이사하게 된다. 그리고 그가 7~8세 정도 되었을 1491년 3월 12일(성 조지의 날: St. George's Day)에 마틴 루터는 라틴 학교인 만스펠트학교(Mansfeld School)에 입학하고 1497년 봄에 그 학교를 졸업한다.[408]

이 학교의 교육 내용은 읽는 것과, 쓰는 것과, 노래하는 것과 라틴어였는데 특별히 마틴 루터는 라틴어로 노래하는 것에 많은 관심을 보였다.[409] 그리고 교육 구조는 문법과 논리와 수사학을 함께 배우는

---

406 Carl F. Schalk, *Luther On Music: Paradigms of Praise*(Saint Louis: Concordia Publishing House, 1988), 9.
407 Dolina MacCuish, *Luther and his Katie: The Influence of Luther's wife on his ministry*, 16.
408 E. G. Schwiebert, *Luther and His Times*(St. Louis: Concordia Publishing House, 1950), 106.
409 Heinrich Boehmer, *The Road to Reformation*, trans. John Doberstein and Theodore Tappert(Philadelphia: Muhlenberg Press, 1946), 6.

3중적 구조(threefold trivium curriculum)로 되어 있었다.[410] 또한 학생들은 모두 3등급으로 나누어졌는데, 초등급인 'Tabulisten'에서는 초급 라틴어를 비롯한 십계명, 신앙고백, 감사 기도, 주님의 기도와 같은 기본적인 신앙을 교육시켰으며, 중등급인 'Donatisten'에서는 라틴 불가타역 시편(the Psalms from the Latin Vulgate)을 읽기 위한 중급 라틴어를 비롯해 그 당시 카톨릭 교회의 기본적인 예식에 대하여 교육했으며, 고등급인 'Alexandristen'에서는 학생들로 하여금 성가대에서 찬양을 하도록 했으며, 시편을 통한 찬양을 가르쳤고, 카톨릭 미사 교본을 교육시켰다.[411]

이러한 3등급체제 속에서 이루어진 네 가지 교육 내용과 3중 구조의 주된 목적은 일단 학생들로 하여금 공식적인 미사 예배에 사용되는 라틴어를 능수능란(能手能爛)하게 잘 구사하도록 가르치는데 있었다. 왜냐하면 라틴어는 예배 의식에 필요한 사도신경이나 주님이 가르쳐 주신 기도 등을 암송하는데 꼭 필요한 언어였기 때문이다. 그런데 이러한 라틴어 암송은 모두 다 노래를 통하여 암송하게 되어 있었다. 따라서 당연히 이 과정에서 음악과 노래는 학습과정의 중요한 매개체일 수밖에 없었다. 결국 마틴 루터는 음악과 노래를 통하여 그 당시 중세 예배 의식을 배웠던 것이다.[412]

이때의 상황을 예일대학(Yale University)의 롤란드 베인톤 (Roland H. Bainton) 교수는 아래와 같이 묘사했다.

유년 학교에서 루터를 포함한 어린 학생들은 성가(sacred song)를 배웠다. 그들은 거룩송(the Sanctus), 축복송(the

---

410 Ernest F. Livingstone, "The Place of Music in German Education from the Beginnings through the 16th Century," *Journal of Research in Music Education* 15(1967): 243~77.
411 E. G. Schwiebert, *Luther and His Times*, 110~17.
412 Albrecht Beutel, "Luther's Life," in *The Cambridge Companion to Martin Luther*, ed., Donald K. Mckim,(Cambridge: Cambridge University Press, 2003), 4.

Benedictus), 하나님의 어린양(the Agnus Dei), 고백의 기도(the Confiteor) 등을 암송했다. 그리고 그들은 시편과 찬양 부르는 법을 교육받았다. 이때 루터는 마리아의 노래(the Magnificat)를 무척 사랑했다. 그들은 모두 예배와 저녁 기도회, 매번의 절기에 진행되는 행진에 참석하였으며, 루터가 공부했던 마을마다 교회와 수도원이 가득했다.[413]

로버트 헨돈 피페(Robert Herndon Fife) 또한 다음과 같이 적었다.

성가대 구성원으로서 매일 거치는 경건 훈련의 과정은 중세의 명절이나 종교 축제 과정에서 부르게 되는 노래를 익히는 것이었다. 그래서 음악에 대한 열렬한 영성을 가지고 있었던 어린 루터는 이러한 것을 보고 듣고 경험하는 과정에서 음악적 기술뿐만 아니라 훗날 그의 사역을 돕는데 필요한 많은 청사진을 얻어냈음이 분명하다.[414]

칼 샬크 교수도 다음과 같이 서술했다.

음악은 학생들 교육 과정에서 매우 중요한 부분이었다. 그들은 카톨릭 예배 의식을 배웠으며, 교회력에 따른 여러 가지 행사에 참여해야 했고, 시편을 통한 기본적인 음악 이론을 공부했다. …보통 아침에 일어나면 매일의 기도와 찬양으로 하루를 시작했으며 때로는 낮에도 동일한 기도와 찬양을 해야 했다. 뿐만 아니라 지정된 성가곡과 기도문을 암송해야 했으며, 이러한 모든 교육 내용은 훗날 학생들 중에 카톨릭 사제가 될 수 있는 사람들을 위한

---

413 Roland H. Bainton, *Here I Stand: A Life of Martin Luther*, 20.
414 Robert Herndon Fife, *Young Luther*(New York: The Macmillan Company, 1928), 37.

목적에서 이루어진 것이었다.[415]

에릭 에릭슨도 예외는 아니다.

여기서 우리는 마틴 루터가 학교에서 성가대 합창도 배우고 라틴어 고전도 몇 권 읽었다는 것을 잠깐 지적하고 지나가야 한다. 라틴어를 배우는 학생들은 교회에서 노래를 불러야만 했다. 분명히 그는 그 과정을 통해 그의 내부에 있는 어휘력을 통해 음악의 꽃을 피울 수 있도록 돕는 소리를 듣고 순간들을 경험했을 것이다. 아니, 반드시 그랬을 것이다.[416]

그러나 마틴 루터가 꼭 이렇게 공식적인 교육 과정을 통해서만 음악을 경험하고 배운 것은 아니었다. 마틴 루터 유년 시절의 삶 그 자체가 항상 음악과 함께 한 삶이었다. 이러한 사실은 마틴 루터가 보낸 유년 시절의 성탄절을 묘사한 도리나 맥큐시의 글에서 잘 나타난다.

성탄절이 다가왔을 때 마틴 루터는 친구들과 함께 가가호호(家家戶戶: from door to door) 다니며 캐롤(carol singing)을 불렀다. 그들이 문 앞에서 캐롤을 부를 때 어느 한 농부 아저씨는 그들 앞에 서서 우락부락한 목소리로 "이 아이들이 어디서 왔나?"라고 물으며…그들에게 소시지(sausages)를 주었다.[417]

살펴본 바와 같이 만스펠트학교는 항상 음악을 생활화하는 마틴 루터에게 훌륭한 선생들 밑에서 교회 음악을 배울 수 있도록 허락한

---

415 Carl F. Schalk, *Luther On Music: Paradigms of Praise*, 13.
416 Erik H. Erikson, *Young Man Luther: A Study in Psychoanalysis and History*, 79~80.
417 Dolina MacCuish, *Luther and his Katie: The Influence of Luther's wife on his ministry*, 14.

첫 교육의 장소였으며, 마틴 루터로 하여금 교회 음악에 대한 첫 경험을 시작할 수 있도록 인도한 곳이다.[418]

그 후 마틴 루터는 그가 14세 되는 1497년 막데부르크(Magdeburg)로 옮겨 간다. 이곳에서 그는 라틴성당학교(Latin cathedral school)에 입학한다. 그리고 그곳에서 루터는 공동생활형제단(the Brethern of the Commom life)을 비롯한 수도공동체생활단(a quasi-monastic community)과 함께 지낸다.[419] 이 때 마틴 루터는 그들과 함께 비교적 단순하지만 매우 실제적인 영성 훈련을 경험하게 된다.[420] 바로 이 과정에서 마틴 루터는 성당 예배 예식(the liturgical services of the cathedral)에서 직접 찬양할 수 있는 기회를 놓치지 않았다.[421]

훗날 마틴 루터는 이 때 처음 배운 'Individual chant(the Sanctus in the Mass for boys)'를 회상하는 말과 글을 많이 남겼다.[422] 그 중에는 특별히 장례식을 위한 성가곡들에 대한 언급도 있었다.[423] 이후 루터가 만든 많은 독일 찬송가들은 거의 다 이때 배운 예배곡들의 번

---

418 Ulrich Leupold, "Luther's Musical Education and Activities," *The Lutheran Church Quarterly* 12(1939): 423~28.

419 Bernhard Lohse, *Martin Luther's Theology: Its Historical and Systematic Development.* trans Roy A. Harrisville(Minneapolis: Fortress Press, 1999), 30.

420 Bernhard Lohse, *Martin Luther-Eine Einfuhrung in sein Leben und sein Werk,* trans., Robert C. Schultz, *Martin Luther: An Introduction to His Life and Work*, 21.

421 Martin Brecht, *Martin Luther [1]: His Road to Reformation, 1483~1521,* trans. James L. Schaaf, 16.

422 참고하라. LW 22: 76; Sermons on John 1~2(1537~38), LW 14: 50; Psalm 118(1535), LW 3: 155; Lectures on Genesis(1535~1545), LW 22: 102~103; Sermons on John 1~2(1937~38), LW 41: 137; On the Councils and the Church(1539), LW 10: 410; Lectures on Psalm 72: 6(1513~1516), LW 15: 275; On the Last Words of David(1543), LW 21: 197; Sermons on the Sermon on the Mount(1532) [on Matthew 6: 27], LW 29: 151; Lectures on Hebrews(1517~1518) [on Hebrews 3: 10], LW 6: 218; Lectures on Genesis(1535~1545) [on Genesis 34: 30], LW 32, 75; Defense and Explanation of All Articles(1521).

423 참고하라. LW 53: 328; Preface to the Burial Hymns, LW 18: 334; Lectures on the Minor Prophets(1524~1526), LW 31: 130; Explanation of the 95 Theses(1518), LW 4: 16; Lecutres on Genesis(1535~1545)

역곡이며, 대중들이 쉽게 사용하는 음악의 형태를 도입하는 작곡법도 이때 공식적으로 배운 듯하다.[424]

두말할 여지없이 1년 동안 막데부르크에서 마틴 루터가 경험한 음악 수업은 그가 만스펠트 지역에서 공부한 내용들을 실제로 직접 실천하며 발전시키는 것이었다. 마틴 루터는 이곳에서 실제로 교회력에 따라 진행되는 교회 음악의 필수적인 원리를 배우며 그 실천의 실제를 경험한 것이다. 무엇보다도 그것은 공동체영성생활단과 함께한 독특한 체험 속에서 함께 이루어진 귀한 경험이었다. 이처럼 14세 사춘기 시절 마틴 루터가 경험한 이때의 영성 체험과 음악 수업은 그것이 비록 1497년부터 1498년까지의 짧은 1년이었지만, 훗날 루터의 개혁적 신앙과 신학에 큰 영향력을 끼치는 근본이 된다.[425]

그 뒤 이제 15세가 된 마틴 루터는 1498년에 아이제나흐(Eisenach)로 간다. 그리고 그곳에서 Georgen학교에 입학하여 1501년까지 머문다. 여기서 마틴 루터는 많은 친구들을 사귀게 되며 그들 중 일부는 마틴 루터의 나머지 생애 동안 계속해서 친구로 남게 된다.[426] 또한 특별히 우리는 이때 마틴 루터가 귀족 가문인 샬베(the Schalbe)와 코타(Cotta) 집안에 자주 드나들며 두터운 친분을 쌓았다는 점을 눈여겨봐야 한다. 왜냐하면 이 사실은 음악에 대한 마틴 루터의 관심이 이들과의 교제 속에서 한층 더욱더 무르익었음을 보여 주는 좋은 역사적 증거이기 때문이다. 이 점에 대하여 베른하르트 로제 교수는 다음과 같이 묘사했다.

> 루터는 1498년부터 1501년까지 아이제나흐에서 기본 교육 과정을 이수했다. 그 때 루터는 종종 경건하며 학식 있는 귀족 가문인

---

424 Robin A. Leaver, *Luther's Liturgical Music: Principle and Implications*, 24~25.

425 Derek Wilson, *Out of Storm: The Life and Legacy of Martin Luther*(New York: St. Martin's Press, 2007), 7~8.

426 임영만, "마틴 루터 음악에 대한 고찰," 「신학 이해」 제15권(호남신학대학 출판사, 1997), 355쪽.

샬베(the Schalbe)와 코타(Cotta) 가족들의 집에 자주 방문하였
는데, 이들 집안의 분위기는 프란체스코 영성을 반영하고 있었으
며 특별히 음악에 대한 조예와 관심도 매우 깊었다.[427]

특별히 이 중에서 코타 집안의 안주인이었던 코타 여사는 젊은 마
틴 루터가 부르는 노래와 그의 루트 악기 연주를 매우 좋아했으며
그가 교회에서 기도하는 헌신된 자세를 높이 평가했었다.[428] 이러한
사실을 도리나 메퀴시와 에릭 에릭슨은 각각 다음과 같이 서술했다.

그 어머니 코타 여사는 마틴 루터와 같은 교회에 다니던 사람
이었다. 그녀는 젊은 마틴 루터가 부르는 달콤하고 생기 있는 노
래와 신중한 표현력에 매료되었다. 그래서 그녀는 마틴 루터를 세
인트조지가(St. George's Square)에 있는 자신의 큰 저택으로
자주 초대하여 많은 관심과 환대를 베풀어 주었다. …마틴 루터의
음악 사랑은 그가 그 집에서 루트 악기를 연주할 때에 더욱더 빛
을 발했다. …마틴 루터는 그 가문으로부터 넘치는 사랑과 환대를
받았다. 훗날 마틴 루터가 이때의 코타 여사를 회상하며 "신앙심
이 깊으며 성품이 좋은 여자보다 이 세상에 달콤한 것은 없다."라
는 표현을 할 정도였다.[429]

마틴 루터는 코타라는 이탈리아계 가문을 알게 되었고, 살베
가문과도 친하게 지냈다. 소문에 의하면 그는 코타와 매우 친분
이 깊었다고 한다. 그녀는 마틴 루터의 음악성과 경건함을 높이
샀고, 혼자 있는 그의 형편을 동정하며 제2의 어머니와 같은 마음

---

427 Bernhard Lohse, *Martin Luther-Eine Einfuhrung in sein Leben
und sein Werk*, trans., Robert C. Schultz, *Martin Luther: An Intro-
duction to His Life and Work*, 21~22.
428 E. G. Schwiebert, *Luther and His Times*, 127.
429 Dolina MacCuish, *Luther and his Katie: The Influence of Luther'
s wife on his ministry*, 16~17.

으로 따스하게 그를 대하였다. …어쨌든 어린 마틴 루터에게 자신의 음악적 재능을 알아 주는 제2의 어머니가 있었다는 사실은 매우 흥미로운 일이다.[430]

이 외에도 마틴 루터는 성 마리아성당(St. Mary's Church)의 사제였던 요하네스 브라운(Johannes Braun)과도 친분을 쌓았는데, 그로부터 인문주의적 전통이 곁들여진 음악을 배우면서 마틴 루터는 도전을 받았다고 한다.[431] 결국 음악에 대한 마틴 루터의 열정과 관심은 그로 하여금 그와 동일한 열정을 지니고 있는 주변 사람들과 쉽게 어울릴 수 있도록 했다. 그리고 마틴 루터는 그들과의 교제를 통하여 더욱더 많은 음악적 수련을 쌓았음이 틀림없다.

동시에 마틴 루터는 학비 조달을 위하여 때때로 쿠렌데(Kurrende: 학비를 벌기 위한 아마추어 합창단)라 불리는 성가대에서 노래하기도 하였는데, 이때 상황을 칼 샬크 교수는 다음과 같이 묘사했다.

루터는 아이제나흐에서 비교적 완벽한 지도하에서 음악 수업을 받은 학생들을 중심으로 결성된 쿠렌데(Kurrende)라는 학생 성가대에 참여할 기회를 얻었다. 그들은 행사 때마다 여러 집을 방문하여 노래하였고, 특별한 결혼식이나 장례식 때 노래를 불러 주고 그 대가로 소정의 학비를 지원받았었다. 그 당시 이러한 학비 벌이는 집을 떠나 먼 곳에서 공부하는 학생들에게 수치스러운 것이 아니었다.[432]

---

430 Erik H. Erikson, *Young Man Luther: A Study in Psychoanalysis and History*, 81.
431 Harold J. Grimm, *The Reformation Era 1500~1650*, 2 Edition(New York: Macmillan Publishing Co., Inc., 1973), 77
432 Carl F. Schalk, *Luther On Music: Paradigms of Praise*, 14.

훗날 마틴 루터는 이때의 자신을 회상하며 "하나님의 이름으로 집에 찾아와 빵을 구걸하는 사람을 함부로 멸시하지 말라! 나 역시도 아이제나흐에 있을 때 그렇게 다니며 도움을 구한 적이 있다!"[433]는 설교를 하기도 하였다.

이후 18세에 접어든 마틴 루터는 1501년 그 당시 최고의 명성을 자랑하던 에르푸르트대학(the University of Erfurt)에 입학해서 1505년까지 그곳에서 공부하며 문학 석사를 마치게 된다. 에르푸르트대학에서 보낸 마틴 루터의 삶은 기숙사에서 매일 경건 생활을 하며 정해진 기도문을 드려야 하는, 거의 신학교에서 보내는 삶과 같았다. 그리고 저녁에는 친구들과 노래를 부르고 악기를 연주하며 시간을 보냈다.[434]

"마틴 루터는 에르푸르트대학에 다니던 시절에 열심 있고, 사교적이며, 특별히 음악을 즐기는 학생(music-loving student)으로 알려졌다."[435] 그는 이곳에서 음악 이론뿐만 아니라 실제적인 작곡을 공부하게 되며 훗날 음악을 통한 개혁 운동에 함께 동참하는 많은 친구들을 사귀게 된다. 이때의 상황을 도리나 맥큐시는 다음과 같이 설명했다.

> 마틴 루터는 매우 학업에 열심이었으며 모든 학교 생활에 충실했었다. 그의 주변에는 같이 다니는 일단의 친구 무리들이 있었으며 항상 저녁마다 모여 학생들이 가지고 있는 악기를 연주하며 노래를 불렀다.[436]

하인츠 엔더만(Heinz Endermann)은 좀 더 구체적으로 표현했다.

---

433 *Sermon on Keeping Children in School*(1530), LW 46: 250.

434 Preserved Smith, *The Life and Letters of Martin Luther*(Boston and New York: Houghton Mifflin Co., 1911), 5.

435 Williston Walker, *A History of the Christian Church*, Fourth Edition(New York: Scribner, 1985), 422.

436 Dolina MacCuish, *Luther and his Katie: The Influence of Luther's wife on his ministry*, 14.

마틴 루터는 에르푸르트대학에서 진 거슨(Jean Gerson), 요하네스 틴택토리스(Johannes Tinctoris) 같은 사람 밑에서 음악 이론을 공부하였다. 그러나 그 당시 루터와 같은 때 그 대학을 다녔던 학생들 중에 많은 사람이 훗날 마틴 루터와 함께 종교 개혁을 하면서 그들의 실제적 음악 능력을 나타낸 것을 생각해 볼 때 루터가 이곳에서 배운 것은 단순히 음악 이론에만 국한된 것은 아니었음을 짐작할 수 있다. 이것은 에르푸르트대학에서 루터가 익힌 음악 공부가 얼마나 유익한 것이었는지 보여 준다.[437]

실제로 훗날 마틴 루터의 종교 개혁을 음악적 차원에서 도와 준 사람들 중에는 이 시기에 에르푸르트대학에서 공부한 사람들이 많이 있다. 몇 사람 예를 들면, 요하네스 바인만(Johannes Weinmann: 1477~1542),[438] 게오르그 슈팔라틴(Georg Splatin: 1484~1545),[439] 유스투스 요나스(Justus Jonas: 1493~1555),[440] 볼프강 다흐슈타인(Wolfgang Dachstein: 1487~1553),[441] 게오르그 라

437　Heinz Endermann, "Martin Luther in Erfurt: Student, Monch und Wissenschaftler," *Luther: Zeitschrift der Luther-Gesellschaft* 72(2001): 83~95.

438　1498년에 입학하여 1509년까지 에르푸르트대학을 다녔다. 후에 루터를 위해 작곡을 돕는 오르간 연주자가 된다. Nan Cooke Carpenter, *Music in the Medieval and Renaissance Universities*(Norman: University of Oklahoma Press, 1985), 265.

439　1498년에 입학하여 1502년까지 에르푸르트대학에서 공부했다. 후에 루터뿐만 아니라 멜랑히톤(Melanchthon)과도 깊은 친분 관계를 가졌다. LW 53: 221.

440　1501년에 입학하여 1505년까지 에르푸르트대학에서 공부한 루터의 동기 동창이다. 그는 법학과 신학을 공부했으며 에르푸트트대학과 비텐베르크대학에서 학생들을 가르쳤다. 그는 시(詩)를 잘 써서 작사가로 활동했으며 루터의 음악 사역과 성경 번역 사업에 충실한 조력자로 활동했다. 특별히 그는 루터가 죽을 때에 그의 임종을 지켜 본 사람 중 한 명이다. *Encyclopedia Britannica* 11th ed., s.v. "Justus Jonas"

441　그는 1503년에 에르푸르트대학에 입학하여 신학을 공부했다. 1520년까지 도미니칸(Dominican) 수련생으로 지냈으며 1521년부터 오르간 연주자로 활동하게 된다. 그는 음악을 통해 루터를 도와 스트라스부르그 개혁을 시도했으며 최초의 복음 전도 오르간 연주자로 인정받고 있다. http://de.wikipedia.org/

우(Georg Rhau: 1488~1548),[442] 요하네스 슈팡엔베르크(Johannes Spangenberg: 1484~1550)[443] 등이다. 이처럼 마틴 루터는 에르푸르트대학에서 음악 이론뿐만 아니라 실제적인 작곡과 편곡 부분까지 학습했으며, 더 나아가 나중에 자신의 개혁을 돕는 미래의 음악 동역자들까지 만난 것이다.

그런데 이것이 마틴 루터에게 있어서는 그 당시 일반적인 독일 사람들이 경험할 수 있는 평범한 삶의 끝이었다. 왜냐하면 바로 이 뒤에 그는 예상치 못했던 하나님의 역사하심으로 수도사의 길을 걷게 되었으며, 더 나아가 자신이 처음에 의도하지 않았던 종교 개혁자의 길을 걸어야만 했기 때문이다.

(4) 종교 개혁 활동

마틴 루터에 대한 많은 전기와 연구서들이 공통적으로 묘사하고 있듯이, 수도사가 되겠다는 16세기 마틴 루터의 결심과 실천은 1세기 사도 바울의 다메섹 사건만큼이나 갑작스럽고 순간적인 것이었다. 그래서 이 둘은 종종 서로 비교되기도 한다.[444] 그러나 하나님에게 있어서는 이 두 사건 모두 이미 창세 전에 계획된 섭리의 성취일 뿐이었다.

---

wiki/Wolfgang_Dachstein(2007. 11)

442 1508년에 에르푸르트대학에 입학하여 1512년에 비텐베르크대학으로 편입했다. 음악 교사로 활동하였으며, 후에 출판업에도 종사하여 문서 활동을 통한 마틴 루터의 개혁 사업을 여러모로 도와 주었다. Mattfeld, Victor H. *Georg Rhaw's Publication for Vespers.* Brooklyn: Institute of Mediaeval Music, 1966.

443 1509년에 입학하여 철학, 신학, 음악 등을 공부했다. 그는 많은 작곡을 하였으며, 동시에 루터가 평생 동안 남겨 놓은 음악 자료를 한 곳에 모아 정리한 사람이기도 하다. Daniel Zager, "Music for the Lutheran Liturgy: Johannes Sapngenberg's *Cantiones ecclesiasticae/Kirchengesenge Deutsche*(1545)," *This is the Feast: A Festschrift for Richard Hillert at 80*(St. Louis: Morning Star, 2004), 45~60.

444 Erik H. Erikson, *Young Man Luther: A Study in Psychoanalysis and History*, 93.

1505년 7월 2일, 마틴 루터는 친구와 함께 스토테른하임(Stotternheim)의 색스니 마을을 지날 때 갑자기 천둥번개를 동반한 벼락을 맞게 된다. 그 날 그 벼락에 친구는 그 자리에서 사망하고 자신은 구사일생(九死一生)으로 살아난다. 마틴 루터는 이때 얼마나 놀라고 두려웠던지, "성 안나여(St. Anne), 나를 도와주소서. 나를 살려주소서. 그러면 사제가 되어 평생을 헌신하겠습니다!"라고 소리쳤다.[445] 이후 마틴 루터는 삶과 죽음과 같은 본질적인 문제에 관심을 가지게 되었고, 결국 1505년 7월 17일에 아버지가 그토록 소망했던 법학도로서의 길을 버리고 수도사로서의 길을 선택한다. 하나님께서는 그렇게 마틴 루터를 부르셨다.[446]

이제 수도사가 된 마틴 루터는 이때부터 음악과 뗄레야 뗄 수 없는 불가분(不可分)의 관계를 지니게 된다. 이 기간은 이제까지는 취미로, 여가로, 또는 신앙인이 가져야 할 기본적인 종교 활동의 한 부분으로 인식했던 교회 음악과 찬양이 완전히 그의 삶이 되어 버린 때였다. 이때의 상황을 많은 학자들이 아래와 같이 묘사했다.

> 마틴 루터는 수도사가 되겠다는 공식적인 선언을 마치자마자 공동체 구성원과 함께 성 어거스틴날(St. Augustine's day)에 'Magne pater Augustine'을 찬양했다. 그는 이제 수도공동체의 한 구성원으로서 매일 그들과 함께 그레고리 성가(Gregorian chant)로 찬양하는 특별한 예배 의식에 완전히 몰입하게 되었다. …이제 마틴 루터는 때때로 찬양에 참여했던 이전의 학생 시절과는 달리 매일의 시간을 하나님께 찬양해야만 하는 수도사로서 살아가게 된 것이다.[447]

---

445 Justo L. Gonzalez, *The Story of Christianity: The Early Church to the Present Day*, in Volume Two(New York: Prince Press, 2001), 16.
446 Derek Wilson, *Out of Storm: The Life and Legacy of Martin Luther*, 1~2.
447 Robin A. Leaver, *Luther's Liturgical Music: Principle and Implications*, 31.

수도사가 된 이후 마틴 루터는 매일 지정된 종교 의식에 참여했다. …여덟 시간을 자고 난 뒤 다음날 새벽 한 시나 두 시에 종소리와 함께 일어났다. …두 번째 종이 울리면…이어서 모두들 성가대 자리에 가서 앉아 찬양을 한다. 이것은 45분간 진행된다. 그리고 먼저 찬양하는 인도자(cantor)를 따라 부르는 살베 레기나(Salve Regina)로 끝이 난다. …그 뒤 아베 마리아와 주기도문을 노래하며 하나 둘씩 짝을 지어 예배당 밖으로 나간다.[448]

수도원 생활 속에서 제한된 감정의 출구는 기도와 참회, 무엇보다도 찬송이었다. 24시간 동안 일곱 차례에 걸쳐 수도사들은 성가대에서 예배 형식으로 기도를 드린다. 두 성가대가 서로 번갈아 가며 찬송을 부르기도 하고, 먼저 독창이 나올 때도 있고, 이 독창에 회답하는 형식의 찬송가를 부르기도 한다. …어거스틴 수도사들은 그들이 찬송하는 것을 자랑스럽게 생각했고, 평판 또한 좋았다. 찬양을 매우 중요하게 생각하는 마틴 루터가 이러한 수도원을 택한 것은 단순한 우연이 아니었다.[449]

이후 마틴 루터는 모범적인 수도 생활로 1507년에 정식 사제로 안수를 받는다. 그리고 첫 번째 미사곡을 부른다.[450] 이제 카톨릭 신부가 된 마틴 루터는 그의 스승 요한 폰 슈타우피츠(Johann von Staupitz: ?~1524)의 권유로 1508년부터 비텐베르크대학(Wittenberg University)에서 공부하게 된다. 미래에 교수로 쓰임 받기 위해서이다. 그리고 그는 1509년에 신학사를 마치고 1512년에 박사 학위를 받는다.[451]

---

448 Roland H. Bainton, *Here I Stand: A Life of Martin Luther*, 27~28.
449 Erik H. Erikson, *Young Man Luther: A Study in Psychoanalysis and History*, 131~32.
450 LW 54: 234.
451 Mark Edwards, and George Tavard, *Luther: A Reformer for the*

이 기간 중에 마틴 루터는 1510년 11월부터 1511년 4월까지 에르푸르트 분회 대표단으로 수도원과 관련된 일을 수행하기 위해 카톨릭의 중심부인 로마와 밀란(Milan) 지역을 여행하게 된다. 그러나 이 여행의 결과는 좋지 않았다. 마틴 루터는 카톨릭 신앙에 대한 엄청난 회의와 실망을 느꼈다.[452] 그는 이 여행 중 로마 바울성당의 거룩한 계단(scala sancta)을 오르며 무의미한 종교행위로 가득한 카톨릭의 타락을 보았다.[453] 그래서 그는 "갈 때는 오이를 가지고 갔지만, 올 때는 마늘을 가지고 왔다!"는 말로 자신의 여행이 최악이었음을 표현했다.[454]

그러나 음악 부분에 있어서 그는 좋은 경험을 하였다. 그는 이 여행을 통해 그곳의 여러 교회를 방문했고 다양한 교회 음악을 접했다.[455] 이 과정에서 조스퀸(Josquin)의 음악을 들었으며,[456] 성 제이콥교회(St. Jakob's church)에서 연주된 오르간 성가에 깊은 감명을 받기도 했다.[457] 이러한 마틴 루터의 음악적 성향을 일찍 감지한 마틴 루터의 고향 아이스레벤(Eisleben)의 사제 요하네스 브라운(Johannes Braun)이 마틴 루터에게 본격적으로 작곡을 해보라고 권유한 것도 이때였다.[458]

마틴 루터는 1512년 박사 학위를 받은 뒤 비텐베르크대학에서 강의를 시작했다. 그의 첫 번째 강의는 바로 시편 강의였다(1513~1514년).[459] 그 뒤로 그는 계속해서 로마서 강의(1515~1516년), 갈라디아

Churches, 25~26.

452 Robert Godfrey, *The Life and Thought of Martin Luther*, Cassette Tapes 1~9, Excerpts read by the author, Tape 1, A.

453 Victor Paulos, *Luther, Servant of God*, 61~64.

454 Roland H. Bainton, *Here I Stand: A Life of Martin Luther*, 38.

455 LW 54: 271.

456 Allan A. Atlas, *Renaissance Music: Music in Western Europe, 1400~1600*(New York: Norton, 1998), 254~55.

457 Robin A. Leaver, *Luther's Liturgical Music: Principle and Implications*, 32.

458 LW 48: 3~5

459 "Dictata super psalterium," LW 10: 11.

서 강의(1516~1517년), 히브리서 강의(1517~1518년)를 맡았고, 끝내는 다시 시편 강의(1518~1521년)로 돌아왔다.[460]

여기서 한 가지 흥미로운 것은 마틴 루터가 교수로서 가르친 강의의 처음과 끝이 모두 찬양과 관련된 시편이었다는 점이다.[461] 마틴 루터를 오로지 신학자로 연구하는 사람들에게는 이때 마틴 루터가 행한 로마서 강의와 갈라디아서 강의에 많은 관심을 둔다. 그리고 그 강의를 그의 종교 개혁과 깊게 연결시킨다. 물론 시편 강의도 마찬가지이다.

그러나 마틴 루터를 음악가로 연구하는 사람들은 그들과 달리 오히려 마틴 루터 강의의 처음과 끝이 찬양과 관련된 시편 강의였다는 사실에 적지 않은 '학문적 호기심(an academic curiosity)'을 느낀다. 왜냐하면 바로 마틴 루터가 음악을 통한 개혁을 실시하게 된 성경적 틀이 바로 이 시편 강의를 통하여 세워졌을 가능성이 충분히 있기 때문이다.[462] 이것을 에릭 에릭슨 교수는 다음과 같이 설명했다.

> 찬양을 매우 귀중한 것으로 여겼던 마틴 루터가…나중에 교수가 되었을 때, 그가 첫 번째 강의 과제로 꼽은 것이 시편이었다. 이것은 대학의 교과 과정과 일치된 그의 우연의 선택으로 보일 수도 있으나 그가 맨 처음으로 시편을 강의하고 싶어 한 것은 우연의 일치가 아니었다.[463]

특별히 이 기간(1513~1521년)은 1517년 마틴 루터가 비텐베르크성당에 '95개항 질의서'를 걸어야만 했던 그 이유와 과정과 결과를 너

---

460 "Operations in psalmos," LW 14: 279~349.
461 Uuras, Saarnivaara. *Luther Discovers the Gospel: New Light upon Luther's Way from Medieval Catholicism to Evangelical Faith.* Saint Louis: Concordia Publishing House, 1943.
462 Carl F. Schalk, *Luther on Music: Paradigms of Praise,* 16.
463 Erik H. Erikson, *Young Man Luther: A Study in Psychoanalysis and History,* 131~32.

무나도 잘 보여 주는 매우 중요한 시기이다.[464] 물론 마틴 루터가 자신의 신학을 확실히 발견한 정확한 장소와 날짜에 대해서는 많은 논란의 여지가 있다. 하지만 마틴 루터의 기본 신학이 이 시기에 결정된 것은 확실하다.[465] 그 이후의 삶은 그저 이때 발견한 복음을 체계화시키고 지켜 나가기 위한 기나긴 투쟁이었을 뿐이다.[466] 이러한 그

---

464 Mark Edwards, and George Tavard, *Luther: A Reformer for the Churches*, 29.

465 Robert Godfrey, *The Life and Thought of Martin Luther*, Cassette Tapes 1~9, Excerpts read by the author, Tape 1, A.

466 필자는 칼빈 신학을 배운 장로교 목사로서 루터파 신학교에서 공부하며 두 교파를 서로 비교할 수 있는 좋은 학문적 혜택을 경험했다. 이러한 필자의 경험에 비추어 볼 때, 마틴 루터의 신학은 같은 시대 종교 개혁자였던 존 칼빈에 비하여 약간 허술하다는 느낌을 받았다. 존 칼빈은 그가 쓴 「기독교강요」를 통하여 그의 신학을 나름대로 완벽히 집대성하고 죽었다. 그래서 그의 후계자들이 별 어려움 없이 칼빈 정통주의를 이끌어 가는데 큰 분열이나 어려움이 없었다. 그러나 마틴 루터의 경우는 약간 달랐다. 그는 자기 신학을 스스로 체계화한 저서를 남기지 않았다. 현재까지 남아 있는 몇몇 저서들 또한 필요한 상황에서 급히 쓴 글들이다. 따라서 그가 죽은 후 그 뒤의 루터 정통주의를 만들기까지 적지 않은 진통이 있었다. 그래서 필자는 종교 개혁의 문(門)은 처음 마틴 루터가 열었지만, 그 열린 개혁의 문을 통해 많은 것을 집대성한 사람은 존 칼빈임을 주장한다. 물론 마틴 루터의 신학도 나름대로 참 매력 있는 내용들이 많았다. 그리고 지극히 성경적이었다. 그의 신학은 성경이 나간만큼 나가고 성경이 멈춘 곳에서 멈추었다. 글자 그대로 '오직 성경만이(Sola Scriptura)'였다. 그러나 이상하게도 마틴 루터의 신학은 '이신칭의(以信稱義: Justification by grace through faith)'와 관련된 다른 교리들을 제외하고 그의 다른 부분에 대하여는 필자의 가려운 부분을 확실히 긁어주기에 2% 부족했다. 뭔가 결정적인 부분에 가서는 확실한 대답을 내놓지 않았다(성화, 하나님의 주권적 은혜를 통한 예정, 세례, 은혜의 통로 등). 그저 모든 것을 '이신칭의' 교리에 몰아넣고 그 외의 것은 두리뭉실하게 넘어가는 경향이 있었다. 일단 그가 개혁자이기 이전에 카톨릭 사제였다는 한계점 때문이었으리라 생각한다. 실제로 마틴 루터는 카톨릭에 반대했던 자신의 교리를 제외하고 그 외의 다른 것은 거의 카톨릭의 가르침을 지키고 있었다. 그 중에 대표적인 것이 바로 '마리아 숭배론'이었다. 바로 여기에 마틴 루터의 후예들이 훗날 루터 정통주의를 완성할 때까지 많은 진통을 겪을 수밖에 없는 결정적 이유가 있었다. 필자는 이러한 사실을 정통 루터파 신앙고백서인 「The Book of Concord: 협화신조」를 공부하는 가운데 알게 되었다. 「The Book of Concord: 협화신조」는 1577년에 만들어진 것으로, 1546년 마틴 루터가 죽은 후 그의 신학을 해석하고 적용하는 과정에서 사분오열(四分五裂)된 루터 교단들을 재통합하기 위해서 만든 "공동 신앙고백서"이다. 이 고백서 작성의 중심 인물은 브렌츠(Brenz)의 제자였던 야곱 안드레(Jacob Andreae)와 멜랑히톤(Philipp Melancthon)의 제자였던 마틴 켐니츠(Mattin Chemnitz)였다. 이후 이 고백서는 「Augsburg Confession: 아우구스부르크 신앙고백서」가 발표되던 1580년 6월 25일 정식 협정서로 인증되었다. 이 신앙고

의 투쟁 과정은 그가 죽기 직전 말년에 쓴 자기 고백 속에서도 그대로 나타난다.[467] 그러므로 이 기간에 마틴 루터는 로마서 강의와 갈라디아서 강의를 통하여 자신의 신학적 틀을 발견하기도 했지만,[468] 그와 동시에 시편 강의를 통하여 그 종교 개혁을 이루기 위한 한 도구로서 교회 음악과 찬양에 대한 새로운 발견도 경험했을 가능성이 얼마든지 있다.[469] 마치 이것을 증명이라도 하듯이 실제로 마틴 루터는 다음과 같이 말했다.

백서의 역사적 공헌은 갈라진 루터 교단을 하나의 신앙고백으로 모두 묶어 주었다는 데 있으며, 멜랑히톤파와 루터파의 화합을 일구어냈고, 동시에 루터주의와 칼빈주의의 교리적 경계선을 분명히 했다는 데 있다. 그러나 어떤 부분에 있어서는 마틴 루터의 신학이 그대로 반영되지 않은 것도 있다. 그러므로 이것은 어디까지나 마틴 루터를 따르던 후대 루터파 신학자들의 신학이지 100% 마틴 루터의 신학은 아니다. 하지만 그 출발점은 역시 마틴 루터의 신학에 뿌리를 두고 있다. 이와 같이 존 칼빈은 「기독교강요」를 남김으로써 그의 개혁 신학을 정교히 해놓고 죽었으나, 루터 신학의 출발점인 마틴 루터는 약간 그렇지 못했던 것이다. 바로 여기에 '개혁 신학'과 '루터 신학'의 형성 과정에서 보이는 차이점이 있다. 때문에 루터파들은 마틴 루터가 죽은 후 결국 「The Book of Concord: 협화신조」가 나오기 전까지 약 30년의 세월의 통해서 멜랑히톤을 중심으로 하여 시작된 교단의 분열을 감수해야만 했고, 루터 신학과 루터주의 신학이 서로 갈라지는 아픔도 맛보아야 했다. 결국 나중에 가서 「The Book of Concord: 협화신조」를 작성함으로써 그 아픔을 씻어냈다. 루터 교단과 관련된 많은 학교들의 이름이 '컨콜디아(Concordia)'인 이유도 바로 여기에 있다. 물론 칼빈주의도 비슷한 경향이 있었으나 루터주의만큼 심하지는 않았다. 결국 마부르크 회의 (Marburg Colloquy, 1529)에서 성만찬 이해의 불일치로 나누어진 두 개신교의 큰 무리는 쯔빙글리와 존 칼빈으로 이어진 '개혁교파: Reformed Church'와 마틴 루터가 이끈 '루터교파: Lutheran Church'로 서로 나뉘게 되었고, '개혁교파'는 「기독교강요」와 「웨스터민스터 신앙고백서」를 중심으로 그 신학을 이어갔고, '루터교파'는 「협화신조」와 「루터 작품선집」을 통하여 그 신학을 지켜나간 셈이다. 참고하라. 이형기, 「세계 교회의 분열과 일치추구의 역사」(서울: 장로회신학대학교출판부, 1994), 134~38, Tappert, Theodore G. ed. and trans. *The Book of Concord: The Confessions of the Evangelical Lutheran Church.* Minneapolis: Fortress Press, 1959, Fendt, E. C. *What Lutherans Are Thinking.* Columbus, Ohio: The Wartburg Press, 1947.
467   Martin Luther, "Luther's Road to the Reformation," in *The Reformation: Material or Spiritual?*, ed. Lewis W. Spitz(Boston, D. C. Heath and Company, 1962), 74~79.
468   마틴 루터가 로마서 강의와 갈라디아서 강의를 통해 복음을 재발견했을 때의 상황묘사에 대하여는 다음을 참고하라. LW 34: 336~37.
469   Helen Pietsch, "On Luther's Understanding of Music," *Lutheran Theological Journal* Vol. 26, No. 3(December 1992): 163.

시편의 말씀이 우리에게 메시아를 선포하며 나타낸 이후로, 시편은 우리에게 주는 기쁨과 위안을 주는 사랑스러운 말씀이다. … 하나님의 창조물이자 선물인 음악은 우리로 하여금 그 시편 말씀을 더욱더 명쾌하게 이해할 수 있도록 돕는 매개체이다. 특별히 회중 찬송으로 진실된 찬양을 드릴 때에 더욱더 그러하다.[470]

나는 그들의 장막에서 울려 퍼지는 기쁨의 소리를 들을 수 있다. 그것은 하나님의 도우심으로 이룬 구원과 승리의 환희를 노래하는 찬양과 성가이다. 우리는 이제 모두 이 감사의 찬양에 모두 함께 동참할 수 있다. 왜냐하면 우리는 하나님 안에서 동일한 신앙과 믿음을 가지고 서로의 고통을 함께 나눌 수 있는 한 공동체이기 때문이다.[471]

시편은 찬양하기 위한 것이다. …어떠한 시편이든지 모든 음조(tone)로 불려질 수 있다. 그러나 본문의 뜻에 적합하도록 때로는 기쁘고 힘차게, 때로는 침울하면서도 거칠게 해야 한다.[472]

위에 인용된 마틴 루터의 글에서 그가 특별히 시편을 통한 '회중 찬송의 가능성', 그리고 '모든 음조의 가능성' 등을 언급한 사실로 볼 때, 마틴 루터의 이 말은 그가 시편 강의를 통하여 음악에 대한 새로운 통찰을 얻었음을 입증하는 확실한 증거이다.[473] 다시 말하자면 마틴 루터가 로마서 강의와 갈라디아서 강의를 통하여 '이신칭의(以信

470　Walter E. Buszin, *Luther On Music*, ed. Johnnes Riedel, Pamphlet Series No. 3.(St. Paul: Lutheran Society for Worship, Music and the Arts, 1958), 14.

471　"*Commentary on Psalm 118*"(1530), LW 14: 79.

472　Martin Luther, *Reading the Psalms with Luther*(St. Louis: Concordia Publishing House, 2007), 12.

473　Robin A. Leaver, *Luther's Liturgical Music: Principles and Implications*, 32.

稱義: Justification by grace through faith)[474]의 복음을 재발견했다면, 그는 시편 강의를 통하여 회중 찬송 형태의 교회 음악과 찬양을 재발견했다는 말이다.[475]

그러나 이것이 오로지 그의 시편 강의가 음악의 재발견에만 이바지했다는 뜻이 아니다. 동시에 그의 로마서 강의와 갈라디아서 강의가 이신칭의 복음의 재발견에만 영향을 주었다는 뜻도 아니다. 왜냐하면 실제로 마틴 루터는 시편 강의를 통하여서도 복음을 재발견했기 때문이다.[476] 다만 필자는 마틴 루터를 음악가의 관점에서 볼 때, 이 중요한 시기를 이와 같은 틀에서 구분하여 이해할 수 있다는 것을 말할 뿐이다.

어쨌든 마틴 루터가 1517년 10월 31일 비텐베르크 성당에 카톨릭 교황청의 타락을 고발하는 '95개항 질의서'를 게시한 이후로 그와 로마 교황청 사이의 기나긴 전쟁은 불가피한 일이었다. '95개항 질의서'의 원제목은 「면죄부의 능력과 효용성에 관한 토론(Disputation on the Power and Efficacy of Indulgences)」이며 라틴어로 쓰여졌다.[477] 이 질의서는 교황에 대한 공격이 아니라 면죄부를 설교하는 설교자들을 위한 질문서였다. 처음에 마틴 루터는 교황도 자신과 똑같은 질문을 가지고 있었을 것이라 생각했던 것 같다. 따라서 마틴 루터가 처음부터 종교 개혁의 의지를 가지고 큰 야망 속에서 이러한 돌출 행동을 했던 것은 아니다.[478] 이 사실에 대하여 롤란드 베인톤은 다음과 같이 서술했다.

---

474 마틴 루터가 직접 설명한 이신칭의에 대한 내용은 다음을 참고하라. "Disputation Concerning Justification," LW 34: 152~68.

475 마틴 루터의 시편 강의에 대해서는 LW 10, 11, 12, 13, 14를 참고하라.

476 Derek Wilson, *Out of Storm: The Life and Legacy of Martin Luther*, 79~80.

477 질의서의 내용에 대하여는 다음을 참고하라. LW 31: 9~250.

478 Martin Luther, "Luther's Road to the Reformation," in *The Reformation: Material or Spiritual?*, ed. Lewis W. Spitz, 75.

루터는 이 95개조 항목을 일반 다른 사람들에게 퍼뜨릴 의도가 아니었다. 다만 그는 여러 학자들과 이름 있는 관계자들을 초대하여 토론을 벌이고 그 뜻을 명확히 밝히려 했을 뿐이다. 이것을 은밀하게 독일어로 번역하여 출판한 것은 다른 사람들이 한 일이다. 짧은 시간에 이 논제는 독일의 화젯거리가 되었다…그는 캄캄한 밤중에 오래된 한 성당의 종탑 계단을 꼬불꼬불 기어 올라가는 사람과 같다. 아무 것도 보이지 않는 어둠 속에서 자기 몸의 균형을 잡기 위해 더듬거리며 손을 뻗다보니 그만 손에 한 밧줄이 잡혔다. 그리고 그것을 당겼는데 뎅그렁하는 소리가 났으며, 그 소리에 자기 자신도 놀라고 말았다.[479]

이와 같이 마틴 루터는 그저 신학자들과 그 문제를 놓고 같이 토의해 보자는 단순한 의도에서 '95개항 질의서'를 걸었었다. 그런데 그렇게 내걸었던 '95개항 질의서'가 그토록 빨리 큰 역사적 폭풍을 몰고 올지는 마틴 루터 자신도 전혀 예상을 못했었다.[480] 마틴 루터 자신도 훗날 이때의 일을 회상하며 "하나님은 나를 인도하시되 마치 돌격해 오는 대적을 보지 못하도록 눈가림을 한 군마(軍馬)와 같이 나를 인도하셨다."[481]고 고백했었다. 그 당시 발달한 인쇄술과 통신 기술 덕택에 그의 '95개항 질의서'는 두 주일도 안 되어 삽시간에 전 유럽에 퍼질 수 있었다. 그것은 마틴 루터가 한 일이 아니라 모두 마틴 루터가 모르는 사이에 다른 사람들에 의해 이루어진 일이었다.[482] 결국 이 일 이후로 마틴 루터는 자신이 상상하지도 못했던, 다시 돌이

---

479 Roland H. Bainton, *Here I Stand: A Life of Martin Luther*, 63~64.

480 Justo L. Gonzalez, *The Story of Christianity: The Early Church to the Present Day*, in Volume Two(New York: Prince Press, 2001), 20.

481 J. L. Neve, *A History of Christian Thought*, 徐南同 譯, 「基督敎敎理史」(서울: 大韓基督敎書會, 1965), 338~9쪽.

482 Robert Godfrey, *Theology of Luther*, Cassette Tapes 1~9, Excerpts read by the author, Tape 1, A.

킬 수 없는 종교 개혁자의 길을 가게 된 것이다.[483]

지속되는 깊은 갈등과 논쟁 끝에, 급기야 1520년 9월 21일 로마 교황은 마틴 루터를 파문한다는 교서(敎書)를 발표하였고 같은 해 12월 10일 마틴 루터는 비텐베르크성당에서 모든 사람들이 지켜보는 가운데 그 교서를 불태워 버렸다. 결국 마틴 루터와 로마 카톨릭 교황청은 이렇게 서로 원수가 되고 말았다.[484]

그러던 중 마틴 루터가 본격적으로 자신의 종교 개혁에 음악을 사용하게 되는 결정적 사건이 발생한다. 1523년 7월 1일, 마틴 루터를 따르던 두 젊은이가 화형(火刑)당했다. 그들의 이름은 하인리히 뵈즈(Heinrich Voes)와 요한 에쉬(Johann Esch)인데, 둘 다 벨지안 어거스틴파 수도사(Belgian Augustinian monks)였다. 이 두 사람은 로마 교황청으로부터 마틴 루터가 가르치고 있는 것과 동일한 내용을 전파하고 있다는 판결을 받아 그 죄로 불에 타 죽었다. 이 날은 마틴 루터의 종교 개혁을 위한 첫 순교자가 생겨난 순간이다.[485]

이때 마틴 루터는 매우 슬픈 마음으로 이 사실을 모든 사람들에게 알릴 필요성을 느꼈는데, 그 일을 위해 그가 선택한 방법이 바로 음악이었다. 자신이 직접 노래를 작사, 작곡하여 사람들로 하여금 부르게 한 것이다.[486] 그렇게 해서 탄생한 곡이 바로 그 유명한 'Ein neues Lied Wir heben an(A New Song Now Shall Be Begun: 새로운 찬양이 시작될 것이다)'라는 곡이다.[487] 울리히 로이폴트(Ulrich

---

483　Williston Walker, *A History of the Christian Church*, Fourth Edition(New York: Scribner, 1985), 422.
484　Mark Edwards, and George Tavard, *Luther: A Reformer for the Churches*, 28~9.
485　LW 32: 261~83.
486　이중태, 「찬송가 탄생의 비밀」 (서울: 도서출판 선미디어, 2007), 297~99.
487　필자가 처음 이 곡을 들었을 때의 느낌은 조용하면서도 잔잔하게 사람의 감성을 울리는 곡조였다. 필자가 들었던 디스크(Compact Disc) 정보는 다음을 참고하라. Martin Luther, "A New Song Now Shall Be Begun," With con. David A. Johnson & other Lutheran Musicians, *Martin Luther: Hymns, Ballads, Chants, Truth*, 4-CD Set, Compact Disc, 1-Fourth Track, 2004.

S. Leupold)는 마틴 루터가 이러한 노래를 만들어야만 했던 상황에
대해 다음과 같이 서술했다.

> 마틴 루터의 적대자들은 이 두 청년의 죽음은 교회의 가르침
> 과 평화를 어긴 결과임을 주장했다. 마틴 루터는 이런 식으로 이
> 사건의 본질을 왜곡하는 그 적대자들의 모습을 그냥 참으며 지켜
> 볼 수 없었다. 그래서 그는 이들의 주장이 거짓임을 증명하고, 아
> 울러 두 청년의 죽음을 순교로 인식시키기 위해 이 곡을 작곡하
> 였다. …특별히 마틴 루터는 이 곡을 작곡함에 있어 그 당시 모든
> 사람이 쉽게 외워서 부를 수 있도록 쉬운 곡조와 단순한 언어를
> 사용했다.[488]

다시 말하자면 이때 만든 마틴 루터의 이 노래는 단순한 노래를
뛰어넘어 로마 교황청의 무자비함을 온 유럽에 알리기 위한 일종의
대외 선전용 저항이었다.[489] 그리고 그것은 그 당시 발달된 인쇄술과
부르기 쉬운 곡의 특성에 힘입어 짧은 시간 안에 많은 사람들에게
전해졌으며 마틴 루터가 계획한 대로 만족할 만한 효과를 얻었다. 그
것은 루터가 걸었던 '95개항 질의서'가 그렇게 빨리 사람들에게 전달
될 수 있었던 것과 같은 이치이다. 사람들은 마틴 루터가 만든 노래
를 통하여 마틴 루터의 개혁 의지를 읽었다. 드디어 마틴 루터가 음
악을 통하여 로마 교황청과 힘을 겨루게 된 것이다.[490]
　이처럼 마틴 루터가 직접적으로 이러한 음악 사역에 뛰어들게 된
원인은 교회 음악이나 또는 찬양에 대한 특별한 감흥에서 시작된 것

488　LW 53: 211~13.
489　이 곡에 대한 상황적 배경과 가사 전문에 대하여는 다음을 참고하라.
Concordia Theological Seminary, *Martin Luther: Hymns, Ballads,
Chants, Truth*(Saint Louis: Concordia Publishing House, 2004), 8~12
490　Kyle C. Sessions, "The Sources of Luther's Hymns and the Spread
of the Reformation," *The Lutheran Quarterly* Vol. III, No. 3(August,
1965): 206.

이기보다는 그의 개혁 활동 가운데 뜻밖에 경험하게 된 이러한 특정 사건 때문이었다.[491] 따라서 마틴 루터가 처음부터 예배 개혁에 목적에 두고 작곡을 시작한 것은 아니었다. 그는 처음에는 그저 그 당시 직면하게 된 정치적 상황에 능동적으로 대처하기 위한 목적에서 작곡을 시작했을 뿐이다. 그런데 그 이후로 발전된 모든 상황이 그로 하여금 예배 개혁의 단계까지 손을 뻗치도록 만들었다고 볼 수 있다.[492]

어쨌든 이 사건과 이 때 만들어진 노래는 중요한 의미를 지닌다. 그래서 미국의 루터파 컨콜디아신학교 리차드 레취(Richard C. Resch) 교수는 이 사건과 이때 작곡된 노래가 가지는 역사적 의미를 다음과 같이 설명했다.

> 마틴 루터를 작곡가로서 첫걸음을 내딛도록 만든 중요한 사건이 있었다. 그것은 1523년 7월에 생겨난 사건으로 마틴 루터 종교 개혁의 첫 순교자가 생기는 사건이었다. …교회 음악을 공부함에 있어 이 사건이 중요한 이유는 이 사건으로 말미암아 마틴 루터의 첫 찬송가가 작곡되었으며, 이때 하인리히 뵈즈와 요한 에쉬를 위해 만든 'A New Song Now Shall Be Begun'이라는 이 예언적 찬양이 그 제목 그대로 오늘날까지 계속되어 오늘날까지도 우리가 부르는 회중 찬송의 첫 출발점이 되기 때문이다.[493]

이와 같이 'A New Song Now Shall Be Begun'이라는 곡은 다음

---

491 Paul G. Madson, "The Incarnation in Luther's Hymns," *Lutheran Synod Quarterly*, Vol. 37, No. 4(December 1997): 11~12.
492 Frederic Baue, "The Protestant Song from Luther to Marot to Campion," *Concordia Journal*, Vol. 24, No. 1(January 1988): 22.
493 Richard C. Resch, "Luthetr's Hymns, Part II: The Psalms, Canticles, and Newly Composed Hymns," ed., Daniel Zager, *Luther on Liturgy and Hymns*(Fort Wayne, IN: Concordia Theological Seminary Press, 2006), 77.

과 같은 네 가지 면에서 중요한 의미를 지닌다. ① 마틴 루터로 하여금 음악 개혁자로서 첫 걸음을 내딛도록 한 곡이며, ② 로마 교황청의 타락을 음악을 통해 저항한 그의 첫 작품인 동시에, ③ 위에 언급된 두 명의 순교자들을 추모하는 추모곡이며, ④ 더 나아가 앞으로 진행될 모든 개혁 활동에 하나님의 은혜를 구하는 곡이다.[494]

이후 1524년 마틴 루터는 자신의 친구이자 동역자였던 요한 발터(Johann Walter)의 도움으로 「비텐베르크 성가집」을 출간한다. 그리고 위에 언급한 추모곡을 포함한 23곡이 그 성가집에 수록된다. 이것이 바로 개신교 찬양을 담은 첫 번째 성가집이다.[495] 다시 말하자면 카톨릭 음악과 대비하여 사용할 수 있는 공식적인 개신교 개혁 찬양집이 발간된 것이다. 그래서 많은 사람들이 이 성가집이 나온 1524년을 개신교 교회 음악이 탄생한 해로 인정하고 있다.[496]

이후 마틴 루터는 왕성한 작곡 활동을 하여 4권의 성가집을 발간하였으며 그의 평생 동안 기록에 남은 것만으로도 총 37곡이나 되는 찬양을 작곡했다.[497] 그 중에 순수 창작곡은 9곡이며, 나머지 28곡은 각각 라틴어 성가들을 수정하거나, 종교 개혁 이전의 찬송을 재번역 했거나, 또한 시편을 이용하여 만든 편곡한 곡들이다. 이들의 절반은 종교 개혁이 한창 진행되던 1524년을 전후해서 만들어졌으며, 나머지 곡들은 1543년에 이르기까지 오랜 시간에 걸쳐 만들어진 곡들이다.[498]

---

494 물론 이 곡이 로마 교황청에 저항하기 위해 마틴 루터가 만든 최초의 찬송이 아니라는 주장도 있다. 왜냐하면 이 곡이 최초의 곡임을 증명하는 확실한 문헌적 증거가 아직 없기 때문이다. 그러나 필자는 이 곡이 그 당시 인쇄되어 많은 사람들에게 전해졌고 불렸으며, 이 곡이 만들어지기 이전의 다른 곡들에 대한 정보 또한 아직 발견되지 않았기 때문에, 그리고 이 곡의 작곡 연대가 이 사건이 일어난 연도와 동일하기 때문에 첫 작품이라고 인정하는 것이다. 참고하라. 홍정수. "찬송가의 생성과 마르틴 루터," 서정운 명예총장 은퇴 기념 출판위원회 편, 「하나님의 나라와 선교」 (서울: 대한기독교서회, 2001), 278~79쪽.
495 LW 53: 212~13
496 김철륜, 「교회 음악 교육학」 (서울: 에덴문화사, 1983), 187쪽.
497 John Makujina, *Measuring the Music: Another Look at the Contemporary Christian Music Debate.* Second Edition(Willow Street, PA: Old Paths Publications, 2002), 228.
498 Richard Marius, *Martin Luther: The Christian Between God and*

그 중에서 우리에게 가장 잘 알려진 것이 바로 'Ein feste Burg ist unser Gott(내 주는 강한 성이요: 찬송가 384장)'라는 찬양이다.[499] 시편 46편 1절과 2절의 말씀을 기초로 한 이 찬양 또한, 마틴 루터가 자신의 오랜 친구이자 종교 개혁 동역자였던 레온하르트 카이저(Leonhard Kaiser)의 순교 소식을 듣고 작곡한 것이라 한다. 마틴 루터는 레온하르트 카이저가 주교(主敎)로부터 내려진 명령에 의하여 불에 타죽고 난 뒤, 그의 순교를 추모하는 동시에 그의 결백과 정당성을 많은 사람들에게 호소하기 위해 이 찬양을 지었던 것이다.[500]

그러나 찬양을 작곡한 것만으로 끝난 것이 아니다. 마틴 루터는 1523년부터 1526년까지 찬양과 관련된 개신교 예배를 개혁하며 그것을 문서화하기 시작했다. 이 기간에 출판된 것들은 모두 4작품이다. 「개교회 안에서 실천되는 예배 의식에 관하여(Concerning the Ordering of Divine Worship in the Congregation, 1523, 3)」, 「미사 예식서(Formula Missae, 1523)」, 「모든 교회를 판단하며 교역자와 교사들을 임명할 수 있는 교회의 권한(The Right and Power of a Christian Congregation to Judge all Teaching and to Call Appoint, and Dismiss Teachers, Established and Proved from Scripture, 1523)」, 「독일어 미사 예배 규범(The German Mass and Order of Service, 1526)」.[501]

Death(Cambridge, Massachusetts: The Belknap Press of Harvard University Press, 1999), 386.

499 이 찬양에 대한 자세한 해설과 음악 형식, 그리고 가사 내용에 대한 분석은 다음을 참고하라. Capuchin Edward Foley, "Martin Luther: A Model Pastoral Musician," *Current in Theology and Mission*(December 1987): 415~17.

500 김철륜, 「敎會音樂論」 (서울: 호산나음악사, 1990), 105쪽.

501 「미사예식서(1523)」는 로마 카톨릭 미사의 모든 예식을 그대로 보존한 상태라 로마 카톨릭 교회 미사의 요약판이라 할 수 있다. 그러나 「독일어 미사 예배 규범(1526)」은 모든 카톨릭 예배 자료를 독일 신자들의 특수성에 맞게 대폭 개편하였다. 이 4작품의 영문 번역본 악보, 그리고 자세한 해설은 다음을 참고하라. 문성모, "예배에서의 시편 활용에 관한 역사적 고찰," 「민족음악

이와 같이 마틴 루터가 1520년 그가 쓴 "3대 논문"[502]과 1529년 「대·소요리문답(Larger and Smaller Catechisms」[503] 등을 통해 로마 교황청과 엇갈리고 있는 자신의 신학적 입장을 사람들에게 알렸다면, 동시에 그는 비슷한 시기인 1520년 초반부터 이러한 「성가집」과 「예배 모범서」의 지속적인 출판을 통해 새로운 찬양을 소개하며 자신의 개혁 의지를 모든 사람들에게 알린 셈이다. 결국 마틴 루터는 로마 교황청과 갈등하고 있는 자신의 신학적 입장을 글과 음악이라는 두 가지 매개체를 통하여 전 유럽에 전파한 것이다.[504]

하지만 여기서 우리가 한 가지 확인하고 바로 잡아야 할 역사 해석

과 예배」(서울: 도서출판 한들, 1997), 373~4쪽, 이형기, 「종교 개혁신학사상-루터와 칼빈을 중심하여」(서울: 장로회신학대학 출판부, 1984), 184~203쪽, Theodore Hoetty-Nickel, "Luther and Music," in *Luther and Culture,* Martin Luther Lectures, Vol. 4(Decorah, Iowa: Luther College Press, 1960), 183~211, Robin A. Leaver, "Theological Consistency, Liturgical Integrity, and Musical Hermeneutics in Luther's Liturgical Reforms," *The Lutheran Quarterly,* Vol. IX, No. 2,(Summer 1995): 117~38.

502 이것은 마틴 루터가 1520년 6개월 동안에 쓴 세 개의 논문이다. 마틴 루터의 종교 개혁 신학을 전반적으로 조망할 수 있는 내용을 담고 있다. ① "독일 기독교 귀족들에게 보내는 글"로는 만인제사장설을 중심으로 성서 해석과 회의 소집에 부여된 교황의 독점적 권한을 부정하고 사제의 결혼을 주장했으며, 평신도의 자유와 권한을 제시했다. 그는 여기서 교황과 일반 기독교 농부의 차이점은 신분(statue)이 아니라 직책(amt)이라고 주장했다. ② "교회의 바벨론 포로 시대"는 성례전에 대한 문제를 다루었다. 여기서 마틴 루터는 기존의 7성례를 부정하고 성만찬과 세례만을 진정한 성례로 인정했으며, 평신도에게도 떡 뿐만 아니라 포도주까지도 함께 분배할 것을 주장했고, 화체설을 부인했다. ③ "기독교인의 자유"는 율법에 얽매이지 않는 그리스도 안에서의 자유를 주장하고 이신칭의의 교리를 강화시켰다. 이 3대 논문의 내용에 대하여는 다음을 참고하라. Dillenberger, John. *Martin Luther Selections From His Writings.* New York: Doubleday & Company, 1961.

503 1526년 이후로 독일에 마틴 루터의 개혁 신학을 따르는 무리들이 많아짐에 따라 마틴 루터는 그들에게 자신의 신학적 입장을 일목요연하게 규명하여 교육할 필요성을 느꼈다. 그래서 십계명, 사도신경, 주기도, 세례 성례, 죄의 고백과 용서, 성만찬, 기도 생활, 기독교인의 윤리 등의 내용을 담아 정리한 것이 「대·소요리문답」이다. 참고하라. Stump, Joseph. *An Explanation of Luther's Small Catechism.* BiblioBazzar, 2006.

504 *Paul Nettl, Luther and Music,* trans., Frida Best and Ralph Wood(Philadelphia: Muhlenberg, 1948/Reprint New York: Russel & Russel, 1967), 41.

의 오류가 있다. 바로 마틴 루터가 종교 개혁을 시작하자마자 그 즉시 그의 음악 사역도 함께 시작되었다는 주장이다. 물론 이것은 큰 오해이다. 사실은 그렇지 않다. 왜냐하면 실제로 마틴 루터가 개혁 운동의 한 일환으로 음악 작곡에 몰두하기 시작한 시기는 그가 '95개항 질의서'를 제시한 1517년으로부터 약 5~6년이 지난 1523~4년부터였기 때문이다. 그러므로 마틴 루터가 음악을 그의 개혁 운동에 사용한 것은 사실이지만, 그가 개혁 운동을 시작하자마자 바로 음악을 도입한 것은 아니었다는 주장이 올바른 해석이다.

각설(却說)하고, 일단 그 출발 시기가 어떠하든 마틴 루터의 음악 사역은 실로 그 영향력이 대단했다. 한 마디로 무서웠다는 표현이 적절할 정도이다. 실제로 루터의 음악은 그의 설교보다 더 큰 영향을 끼쳤다.[505] 그래서 CCM 연구가 스티브 밀러(Steve Miller)는 그 당시 마틴 루터를 공격했던 사람들의 평가를 직접 인용하며 그 당시 그의 음악이 가지고 있었던 무서운 영향력에 대해 다음과 같이 묘사했다.

심지어는 마틴 루터의 적대자들까지도 결국에는 그의 음악이 가지고 있는 강한 영향력을 인정할 수밖에 없었다. 당시 예수회 소속이었던 콘제누스(Conzenius)는 "루터의 찬양은 그의 글이나 설교보다 더 강하고 힘이 있다."고 울상을 지었으며, 스페인 카톨릭 수도사인 토마스(Tomas a Jesu)조차도 "마틴 루터의 음악이 유럽에 루터란 교단을 팽창시키는데 결정적 역할을 했다는 것은 그리 놀랄 일이 아니다."라고 말했다. 그 당시 마틴 루터의 음악은 일터에서, 장터에서, 길거리에서, 또는 벌판에서도 불리고 있었다.[506]

---

505 T. Harwood Pattison, *Public Worship*(Philadelphia: American Baptist Publication Society, 1900), 161.
506 Steve Miller, *The Contemporary Christian Music Debate: Worldly Compromise or Agent of Renewal?*(Waynesboro, Georgia: OM literature, 1993), 115.

롤란드 베인톤 역시 마틴 루터의 음악이 평신도들에게 쉽게 빨리 전파되었다는 말을 덧붙이며 마틴 루터의 음악이 가지고 있었던 그 큰 영향력에 대하여 다음과 같이 적었다.

> 루터를 따르던 사람들은 찬양하는 것을 배웠다. 연습 시간은 주로 주중에 전체 회중들을 중심으로 정해졌으며, 요리 문답 공부 시간 이후에도 집에서 가족들끼리 찬양하도록 권면했다. 그래서 루터를 반대하는 한 카톨릭의 예수회 신부는 "루터의 설교보다는 그의 찬양이 더 많은 사람을 죽이고 있다."라고 증거했었다.[507]

이러한 상황을 감지한 마틴 루터 자신도 스스로 "우리가 복음을 노래한 이후로 우리 적대자들은 복음의 능력을 무시하지 못하게 되었다."[508]고 선언했다. 이처럼 마틴 루터의 음악은 그의 글이나 설교보다 힘이 더 강했다. 이렇게 해서 촉진된 마틴 루터의 종교 개혁은 그의 음악을 전파하는 그 과정 속에서 교회 음악과 찬양에 커다란 변화를 일으킬 수밖에 없었다.[509] 이러한 마틴 루터의 음악을 통한 개혁 사역은 독일뿐만 아니라 전 유럽에 영향을 끼쳤으며, 결국 오늘날 우리는 전 세계 교회를 통하여 그 영향력이 남긴 결과를 보고 있다.[510]

(5) 말년과 죽음

그러나 마틴 루터의 말년은 그리 순탄하지 않았다. 그의 건강 상

507　Roland H. Bainton, *Here I Stand: A Life of Martin Luther*, 271.
508　Luther D. Reed, "Luther and Congregational Song," in *The Paper of the Hymn Society*. ed., Carl F. Price(New York: The Hymn Society of America, 1947), 1.
509　Kyle C. Sessions, "The Sources of Luther's Hymns and the Spread of the Reformation," *The Lutheran Quarterly*: 206.
510　차종순, 「교회사」 (서울: 한국장로교출판사, 1992), 237쪽.

태는 매우 좋지 않았으며 그의 개혁 운동도 개혁자들 간의 의견 차이로 작은 분열을 경험했다. 우선 자유 의지에 관한 에라스무스(Erasmus)와의 의견 충돌로 그를 따르는 인문주의자들이 갈라져 나갔고, 그 뒤 칼슈타트(Karlstadt)를 중심으로 하는 과격 개혁주의자들이 마틴 루터를 멀리했으며, 급기야 마틴 루터가 농민 혁명을 반대함으로써 서민층의 지지까지 잃는 가장 큰 타격을 입었다.[511]

그래도 그는 끝까지 자신의 옆을 지켜 준 가족의 힘으로 살아가고 있었으며 음악을 향한 그의 사랑은 변하지 않았다. 이때도 마틴 루터는 여전히 음악은 어릴 때부터 아이들에게 반드시 가르쳐야 하는 것임을 주장했고, 직접 자기 자녀들과 음악을 즐겼다.[512]

> 낮에는 아이들이 루터의 서재에서 놀았다. 언젠가 그는 그의 아들 한스에게 다음과 같이 말했다. "내가 앉아서 글을 쓰고 있노라면, 한스는 나에게 노래를 불러 준다. 그러나 소리를 너무 크게 내면 지도를 좀 해 준다. 그래도 아들은 계속 노래를 부른다."[513]

나중에 마틴 루터가 아파서 누웠을 때 항상 그의 옆에 있던 사람은 그는 아내 카타리나 폰 보라(Katherine von Bora)였다. 흔히 사람들은 그녀의 이름을 줄여서 케티(Katie)라 불렀다. 일반적으로 마틴 루터는 잘 알려져 있지만 그의 부인이었던 케티에 대해서는 모르는 경우가 많다. 그러나 마틴 루터와 함께 한 그녀의 삶 또한 마틴 루터를 이해함에 있어 매우 중요하다. 왜냐하면 이 둘의 결혼은 마틴 루터 개혁 운동의 일환으로 생겨난 결과였으며 그만큼 많은 화제를 뿌렸던 사건이었기 때문이다.[514] 무엇보다 가정관과 결혼관에 대한 마

---

511 이형기, 「세계 교회사 II」 (서울: 한국장로교출판사, 1994), 81~84쪽.
512 LW 45: 369.
513 William J. Petersen, *Martin Luther had a wife*(Chepstow, Gwent, Great Britain: Bridge Publishing Company, 1984), 25.
514 마틴 루터와 카타리나 폰 보라(케티)의 결혼은 마틴 루터의 삶에 있어 종교 개혁만큼이나 큰 개혁이었다. 왜냐하면 그것은 41세의 마틴 루터가 26세의

처녀와 결혼한 것이며, 더 나아가 그 당시 결혼이 금지되었던 사제와 수녀와의 결혼이었기 때문이다. 그러나 오늘날에는 그것이 개신교 성직자 결혼의 모본이 되었다. 케티는 10세 정도 때부터 수녀원에서 자라왔다. 아버지가 재혼한 뒤 그녀는 계모와 갈등이 많았다. 그래서 그녀는 무작정 수녀원으로 도망쳤고 6년 뒤 정식으로 서원하고 수녀가 되었다. 그러나 1520년대 초, 마틴 루터의 글들이 그 수녀원에서 읽혀진 뒤부터 그의 개혁 신학에 동조하는 수도사들과 수녀들이 자신의 서원을 깨고 수도원을 떠나는 일이 잦아졌다. 급기야 1523년 4월 10일, 케티를 포함한 12명의 수녀들이 마틴 루터에게 도움을 요청했고, 마틴 루터는 그 수도원을 자주 방문하는 청어(herring) 장수 레오나르트 코프(Leonard Kopp)의 청어 통나무에 수녀들을 숨겨 수도원에서 탈출시켰다. 탈출한 12명의 수녀 중 3명은 자신의 집으로 돌아갔고, 8명은 모두 결혼했으나 케티는 잘 되지 않았다. 결국 마틴 루터는 친구의 권유와 부모님의 압력에 못 이겨 모든 책임을 지고 1525년 6월 13일 케티와 결혼했다. 청혼은 케티가 먼저 했으며 개혁자 아내의 길이 험한 것을 알고 마틴 루터는 거절했다가 후에 결혼을 결심했다. 그러므로 이 결혼은 사랑에 의한 것이라기보다는 자신의 개혁을 실천하기 위한 한 과정이었다. 그러나 훗날 마틴 루터가 "나는 프랑스와 베니스를 다 주어도 나의 아내 케티와 바꾸지 않겠다!" "케티, 당신은 당신을 진정으로 사랑하는 남자와 결혼했소이다. 당신은 황후요!" "갈라디아서는 나에게 내 아내와 같은 성경이다!"라고 고백한 것을 볼 때 결혼한 뒤 서로의 사랑이 싹튼 듯하다. 어쨌든 이 결혼은 매우 큰 파장을 몰고 왔다. 적대자들은 "이 불경건한 결혼을 통해 태어나는 자녀는 머리가 둘 달린 괴물일 것이다."라며 저주를 퍼부었다. 심지어 마틴 루터의 동역자였던 멜랑히톤도 이를 비난했었다. 마틴 루터는 3남 3녀를 두었다. 그들은 요하네스(Hohannes), 엘리자벳(Elisabeth), 막달레나(Magdalene), 마틴(Martin), 폴(Paul), 마가레테(Margarete)였다. 그들 중 아무도 아버지를 따라 성직자의 길을 간 사람은 없다. 둘째 아들 마틴이 신학을 공부했지만 평신도로 지낼 뿐이었다. 두 사람 모두 일반인들이 결혼한 뒤 겪는 어려움과 행복을 똑같이 맛보았다. 케티는 말이 빠르고 눈치가 빨랐으며, 마틴 루터는 성격이 급했다. 그래서 둘은 종종 말다툼이 심했다. 그래서 마틴 루터는 결혼 생활을 '인격 연마 훈련장'이라고 표현했었다. 그러나 종교 개혁 과정에서 케티는 힘이 되었다. 마틴 루터가 두려움 속에서 낙심했을 때 그의 아내 케티가 사람이 죽었을 때 입는 옷을 입고 남편 앞에 서서 "하나님이 죽어서 이런 옷을 입었다."고 했다. 그때 마틴 루터는 "하나님이 왜 죽었느냐?"며 화를 냈고, 그런 마틴 루터에게 아내 케티는 "하나님이 죽지 않았는데 왜 당신이 두려워하시오?"라고 물으며 마틴 루터의 두려움을 해결해 주었다. 케티는 남편이 죽은 4년 뒤 하나님의 품에 안겼다. 이러한 마틴 루터와 케티의 결혼이야기는 마틴 루터의 독특한 영성을 추적하기 위한 또 다른 추적 거리이다. 왜냐하면 어느 한 개인의 진정한 인격과 영적 성장을 볼 수 있는 곳이 바로 결혼 생활이기 때문이다. 이와 관련된 마틴 루터의 결혼과 가정 생활에 대해서는 다음을 참고하라. Dolina MacCuish, *Luther and His Katie: The influence of Luther's wife on his ministry*, 57~125, William J. Petersen, *Martin Luther had a wife*, 11~35, J. H. Alexander, "Katherine von Bora: Wife of Luther," *Reformed Perspectives Magazine*, Vol. 9, Number. 19, May 6~12, 2007. Roland H. Bainton, *Here I Stand: A Life of Martin Luther*, 223~37, Marius, Richard. *Martin Luther: The Christian Between God and Death*, 436~41, Mark

틴 루터의 신학 정립에 많은 영향을 끼쳤다.[515]

마틴 루터가 죽을 때에 그의 마지막 순간을 옆에서 바라 본 친구 중 하나가 유스투스 요나스(Justus Jonas)였는데 그도 역시 음악가였다. 그는 마틴 루터에게 "당신은 예수 그리스도 안에서, 그리고 당신이 믿고 있는 그 교리 안에서 확실한 믿음 가운데 하나님 앞에 설 준비가 되어 있습니까?"라고 물었고, 마틴 루터는 분명한 목소리로 "네."라고 답한 뒤 세상을 떠났다.[516] 16세기의 음악가 마틴 루터는 자신이 태어난 고향 아이스레벤에서 이렇게 하나님의 품으로 떠났다. 그 때가 1546년 2월 18일, 그의 나이 63세였다.[517]

(6) 평가

여기까지 우리는 마틴 루터를 음악가로 간주하고 그의 생애를 간략하게 훑어보았다. 이 과정에서 우리가 한 가지 확실하게 주장할 수 있는 것은 음악가로서의 그의 삶이 그가 행한 종교 개혁과 철저히 맞물려 있었다는 점이다.[518] 그래서 폴 헨리 랑(Paul Henry Lang) 교수는 종교 개혁과 맞물린 음악가 마틴 루터의 삶을 다음과 같이 요약했다.

독일 개신교의 궁극적인 운명은 어릴 때 다녔던 학교에서 (Eisenach) 명랑하게 노래를 배우고 불렀던 한 학생이자, 나중에 장성하여 복합 음율의 미사(polyphonic Masses)와 종교 합창곡

Edwards, and George Tavard, *Luther: A Reformer for the Churches*, 33~4.

515 이양호, 「루터의 생애와 사상」 (서울: 대한기독교서회, 2002), 117~200쪽.

516 Obermann, Heiko A. *Luther: Man between God and the Devil*, trans. Eileen Walliser-Schwarzbart, 3.

517 Robert Godfrey, *The Life and Thought of Martin Luther*, Cassette Tapes 1-9, Excerpts read by the author, Tape 1, A.

518 Luther D. Reed, "Luther and Congregational Song," in T*he Paper of the Hymn Society*. ed., Carl F. Price, 4.

(motets)에 익숙한 한 카톨릭 사제였던 이 사람, 마틴 루터에게
달려 있었다. 그는 한 마디로 귀에 음악을 달고 살았던 사람이다
(with music ringing in his ears).[519]

그는 여기서 독일 개신교의 운명에 대해 말할 때, 마틴 루터가 어
린 시절 받았던 음악 교육 과정과 카톨릭 사제가 된 뒤에 그가 경험
한 교회 음악에 대해 강조하며, 더 나아가 그 모든 것을 16세기 독일
개신교 종교 개혁의 주된 요소와 연결시켰다. 이것을 다시 말하자면,
음악을 통한 마틴 루터의 종교 개혁은 이미 그가 유년 시절, 소년 시
절, 학창 시절, 대학 시절, 수도사 시절에 배우고 경험했던 음악에 빚
진 바가 크다는 것이다. 그때까지의 음악적 경험이 없었다면 음악을
통한 종교 개혁도 없었을 것이라는 말이다. 이 사실을 칼 샬크 교수
는 아래와 같이 설명했다.

> 의심의 여지없이 음악에 대한 마틴 루터의 이와 같은 독특한
> 관점은 그가 훗날 쓴 글에서 나타나듯이, 그가 어린 시절 집에서
> 들은 음악, 학생 시절 학교에서 배운 음악, 그리고 그가 사제로서
> 수도원에서 익힌 음악에 의하여 그 틀이 잡혀졌음이 틀림없다. 그
> 가 나중에 쓴 글을 통하여 알 수 있듯이, 이때의 경험들은 그가
> 발견한 새로운 복음과 더불어 교회 음악의 개혁과 그것들을 향한
> 그의 삶의 태도를 바로 세우는데 결정적인 역할을 하였다.[520]

마틴 루터의 음악을 독일 민족음악의 관점에서 연구한 정기락도
아래와 같이 주장했다.

> 특히 음악에 있어 루터는 대단한 식견을 갖고 있었는데, 선천적

---

519 Paul Henry Lang, *Music in Western Civilization*(New York: W. W.
Norton & Co., Inc., 1941), 207.
520 Carl F. Schalk, *Luther On Music: Paradigms of Praise*, 10.

으로 타고난 음악성, 좋은 목소리, 악기를 연주할 수 있는 능력과 함께 그의 출생지 아이스레벤이 갖고 있던 독일의 전통적인 음악 환경 및 그가 수도사로서 활동했던 튀링엔 등지에서 루터는 남다른 음악 체험을 할 수 있었다. 이 같은 환경은 루터로 하여금 단순히 음악을 애호하는 수준을 넘어 음악적 창의성을 발휘하게 하며 곧 종교 개혁과 예배 의식의 개혁에까지 영향을 미쳤다.[521]

한마디로 마틴 루터는 타고난 하나님의 음악적 은사를 그의 평생을 통하여 배우고 발휘한 사람이었다.

그러나 여기서 우리가 잊지 말고 기억해야 할 또 다른 중요한 점이 있다. 이것은 마틴 루터 개인 스스로 이룬 그의 업적과 작품이 아니다. 다시 말해 이것은 마틴 루터가 어릴 때부터 이러한 개혁을 스스로 꿈꾸고 철저한 계획 속에 미리 준비해 온 결과가 아니라는 점이다. 마틴 루터는 자기 스스로 역사에 길이 남을 음악가가 되기 위하여 그렇게 준비해 온 인물이 아니며, 훗날 음악을 통하여 위대한 개혁을 이루기 위해 와신상담(臥薪嘗膽)하며 칼을 갈아 온 사람도 아니다. 그는 그저 하나님이 이끄시는 곳으로 믿음을 가지고 자기에게 주어진 길을 가며 묵묵히 실천한 사람이었다. 즉 마틴 루터의 삶은 하나님께서 창세 전에 하늘에서 계획하신 주권적 뜻을 이 땅에 이루어가는 한 과정이었다. 그 과정 속에서 성령님이 역사하신 것이다. 그래서 베다니루터란대학(Bethany Lutheran College, MT)의 커트 에거트(Kurt J. Eggert) 교수는 다음과 같이 평가했다.

이 모든 일의 결과는 마틴 루터 음악의 멜로디 때문도 아니요, 그들이 독일에 있었던 이유 때문도 아니고, 오로지 복음을 통한 성령 하나님의 놀라운 능력 때문에 이루어진 일이었다. 성령 하나

521　정기락, "마르틴 루터의 민족교회 음악,"「음악과 민족」제 6호(1993): 243쪽.

님께서 그의 음악을 사용하셨고, 그 음악을 통하여 사람들을 감동시키신 것이다.[522]

"마틴 루터, 그는 루터주의나 개신교주의(Palestrian)도 아니었고, 그의 추종자들에게 그의 가르침을 노래에 담은 예배 음악을 제공하는 단순한 아마추어(dilettante) 음악가도 아니었다."[523]고 말한 발터 버진(Walter Buszin)의 평가와 같이 마틴 루터는 하나님께서 사용하신 그 시대의 도구였을 뿐이다. 하나님께서는 마틴 루터를 16세기의 종교 개혁 신학자이자 종교 개혁 음악가로 사용하시기 위하여 처음부터 그의 삶을 그렇게 인도하셨던 것이다. 모든 것이 하나님의 선하시고 기쁘신 주권적 섭리와 은혜 가운데 일어난 일이었다. 우리는 이것을 잊지 말아야 할 것이다.

때문에 하나님의 철저한 예정과 섭리 가운데 이루어진 이러한 마틴 루터의 개혁 활동은 훗날 그를 따르는 많은 사람들에게 귀한 음악적 유산을 남겨 주었는데, 특별히 루터 교단 예배 의식에 초석이 되었다. 이것을 미국 한인 루터 교회 목사인 박민찬 목사는 다음과 같이 증거했다.

종교 개혁 이후 200년 동안의 유럽 음악의 역사는 루터교 음악의 역사라고 말해도 전혀 무리가 없을 정도로 많은 작곡가와 오르간 연주자들이 루터 교회에서 배출된다. 즉 수난곡의 대가 하인리히 쉬츠와 함께 3S로 불리는 샤인, 샤이트를 비롯하여 북스테후데, 파헬벨 등의 오르간 음악가 그뤼거, 네안더 같은 찬송가 작가들이 그들이다. 특히 루터교 음악을 이야기할 때 가장 대표적인 작곡가로 요한 세바스찬 바흐를 꼽지 않을 수 없다. 헨델 또한 루

---

522 Kurt J. Eggert, "Luther, The Musician," *Lutheran Synod Quarterly*, Vol., XXIX(March 1989): 16.
523 Walter E. Buszin, *Luther On Music*, ed. Johnnes Riedel, Pamphlet Series No. 3, 3.

터교 집안 출신이다.[524]

많은 사람들이 "루터 교단의 교회는 찬양하는 교회(singing Church)"[525]라 말하는 이유가 여기 있다. 그러므로 교회 음악이나 찬양에 대한 이야기를 할 때 루터 교단의 예배 의식에 대해 말하지 않는 경우가 거의 없다.[526] 따라서 당연히 종교 개혁을 이야기할 때마다 마틴 루터가 나오듯이, 기독교 음악을 이야기할 때마다 마틴 루터가 나와야 한다. 왜냐하면 오늘날 우리가 누리고 있는 이 찬양의 자유는 하나님께서 은혜로 허락하신 마틴 루터의 음악적 유산이 없었으면 일어날 수 없는 결과였기 때문이다.

그러므로 지금부터라도 하나님께서 허락하신 음악가 마틴 루터의 삶과 신학을 음악적 측면에서 더욱더 깊이 연구할 필요성이 있다. 물론 그동안 심도 있는 연구 결과가 부족하여 음악가 마틴 루터의 삶을 제대로 분석함에 있어 아직까지 미흡한 점이 많다는 것은 인정한다. 그러나 그렇다고 해서 벌써부터 마틴 루터의 삶을 음악가의 관점에서 이렇게 한 번 그려 볼 수 있는 최소한의 가능성까지 포기할 필요는 없다. 왜냐하면 마틴 루터는 분명히 음악가였기 때문이다. 그리고 음악가로서의 삶을 살았기 때문이다. 더 나아가 그 영향력이 아직까지 살아 있으며 앞으로도 계속될 것이기 때문이다.

자, 그렇다면 이런 파란만장한 삶을 살아간 음악가 마틴 루터는 과연 어떤 음악 철학을 가지고 있었으며 그것을 어떻게 표현했을까? 이 질문에 대한 대답을 다음 장에서 또 추적해보자.

---

524 박민찬, "루터 교단(16)." 「크리스챤 타임즈」 제504호(2007. 11. 20): 11면.
525 Luther D. Reed, "Worship," in *What Lutherans Are Thinking*, ed. E. C. Fendt,(Columbus, Ohio: The Wartburg Press, 1947), 409.
526 박성완, 「루터교 예배 이해」 (서울: 컨콜디아사, 2000), 21쪽.

2. 마틴 루터의 음악 철학

(1) 다섯 가지 음악 철학

앞에서 우리는 음악가 마틴 루터의 삶을 살펴보았다. 그래서 마틴 루터의 삶도 음악가의 관점에서 충분히 검토될 수 있음을 확인할 수 있었다. 그렇다면 이제 음악가로서 마틴 루터가 가지고 있었던 음악 철학은 어떤 것이었는지 한 번 살펴보자.

1988년 미국의 루터교 예배학자인 칼 샬크(Carl F. Schalk) 교수는 마틴 루터의 음악 철학을 아래와 같이 다섯 가지 패러다임(five paradigms of praise)으로 묶어서 설명했었다.

> 이러한 활동 속에서 루터는 삶과 예배에 있어 음악이 가지고 있는 가치를 이해하고 실천하는 종교 개혁 운동을 진행하였다. 이때 루터가 교회 음악을 이해함에 있어 가지고 있었던 다섯 가지 중요한 명제가 있었는데 바로 '음악의 다섯 가지 패러다임'이다. (1) 하나님의 창조물이자 선물로서의 음악(music as God's creation and gift), (2) 선포와 찬양으로서의 음악(music as proclamation and praise), (3) 예전예식으로의 음악(music as liturgical song), (4) 대제사장의 노래로서 음악(music as the song of royal priests), (5) 보편적인 교회의 연결을 상징하는 음악(music as a sign of continuity with the whole church).[527]

그런데 칼 샬크 교수는 21세기의 빠른 변화를 인식한 듯, 그로부터 18년 뒤인 2006년에 또 다른 소논문을 발표했다. 그리고 그 논문에서 그는 마틴 루터의 음악 철학을 21세기의 흐름 속에서 다시금 재

---

527 Carl F. Schalk, *Luther On Music: Paradigms of Praise*(Saint Louis: Concordia Publishing House, 1988), 31~32.

분석했다. 그는 그 논문에서 마틴 루터의 음악 철학이 21세기에 재조명 되어야 하는 필요성을 언급하며 마틴 루터의 음악 철학을 다음과 같이 세 가지로 다시 재정리했다.

> 나는 오래 전에, 정확히 말하자면 18년 전에, 여기저기 흩어져 있는 마틴 루터의 글과 말을 모아서 마틴 루터의 음악 철학에 대한 소논문을 출간했었다. …그 소논문을 발표한지 거의 20년이 가까워 오는 지금, 여기저기에서 생겨나는 문제들은 우리로 하여금 교회의 예배 음악에 대한 마틴 루터의 말과 글들을 다시금 재조명해야 한다는 절박한 필요성을 느끼게 한다.[528]

> 현대 예배에 수많은 소동과 잡음이 많은 때에, 나는 우리가 꼭 재점검하고 재강조해야 할 마틴 루터의 세 가지 음악 철학이 있다고 믿는다. 그것들은 다음과 같다. 1) 역사 속에 나타난 신앙에 징표로서 예배예전 이해와 예배 음악 이해의 연속성, 2) 복음을 전하는 말씀과 찬양으로서 나타나는 음악의 위치와 역할, 3) 이러한 이해 속에 주어지는 교회 음악가의 특별한 위치와 역할.[529]

결국 1988년의 논문이 마틴 루터의 음악 철학을 정리한 것이라면, 2006년의 논문은 그의 음악 철학을 21세기라는 현실적 상황 속에 적용하기 위한 길잡이였다고 볼 수 있다.

그런데 이러한 칼 샬크의 주장을 이어받은 사람이 또 있었다. 바로 라이더대학(Westminster Choir College of Rider University)의 음악 교수인 로빈 리버(Robin A. Leaver)이다. 그는 2007년에 마틴

528　Carl F. Schalk, "Luther on Music Revisited: Reassessing Luther's Thought on Music for Today," ed., Daniel Zager, *Luther on Liturgy and Hymns.*(Fort Wayne, IN: Concordia Theological Seminary Press, 2006), 123.
529　Ibid., 124.

루터의 음악 철학을 다음과 같이 다섯 가지로 소개했다.

> 1) 음악은 하나님의 선물, 2) 음악은 마음의 기쁨을 창조하기 위한 것, 3) 음악은 사탄 마귀를 쫓는 무기, 4) 음악은 깨끗한 기쁨을 만들어 내는 것, 5) 평화의 시대를 구축하는 음악[530]

이와 같이 칼 샬크가 쓴 1988년과 2006년의 두 소논문, 그리고 로빈 리버가 쓴 2007년의 논문은 서로 병합되는 부분이 많으면서도 동시에 증보된 면도 많다. 때문에 이후 이들의 연구 결과는 마틴 루터의 음악 철학을 설명함에 있어 항상 필수 기준이 되어 왔고 앞으로도 그럴 것이다.

따라서 필자도 당연히 마틴 루터의 음악 철학을 서술함에 있어 일단 이 두 사람의 선자료(pre-materials)에 기본 좌표를 두고 시작할 것이다. 그러면서 그 외 공간이 허락되는 만큼 다른 사람들의 자료들로 충분히 보충하면서 마틴 루터의 음악 철학을 추적해 보려 한다. 이런 틀 속에서 앞으로 필자가 추적할 마틴 루터의 음악 철학은 아래와 같이 다섯 가지이다.

> 1) 하나님 태초의 창조물 중 하나로서의 음악(music as God's creation from the beginning of the world), 2) 신학에 버금가는 하나님의 선물(music as God's gift, next to theology), 3) 말씀 선포로서의 음악(music as preaching God's Words), 4) 예배 요소로서의 음악(music as liturgical song for worship), 5) 교회를 이어주는 교량(橋梁)으로서의 음악(music as a sign of continuity with the whole church)

---

530 Robin A. Leaver, *Luther's Liturgical Music: Principles and Implications*(Grand Rapids, Michigan: William B. Eerdmans Publishing Company, 2007), 65~103.

필자는 위에 제시된 다섯 가지 요점들을 추적함에 있어 그것들을 오늘날 CCM과 연결하여 추적할 것이며, 아울러 다른 사람들의 해석보다는 마틴 루터가 직접 한 말과 직접 쓴 글에 더 큰 비중을 두고 추적할 것이다. 즉 다른 사람이 아닌 마틴 루터 스스로 위에 제시된 다섯 가지 음악 철학에 대하여 직접 증언할 수 있도록 하자는 것이다. 왜냐하면 어떤 사람의 철학을 추적함에 있어 당사자(當事者)의 말과 글을 직접 듣고 바로 읽어보는 것보다 더 확실한 방법은 없기 때문이다. 자! 그럼 이제부터 마틴 루터로부터 직접 그의 음악 철학에 대한 이야기를 들어 보자.

(2) 하나님의 창조물로서의 음악

마틴 루터를 음악가로 이해한 유진 브랜드(Eugene Brand) 교수는 마틴 루터가 가지고 있었던 음악 철학의 첫 번째 조항을 '음악이란 인간이 만들어 낸 예술이나 과학이 아닌 하나님의 창조물'[531]이라는 이해 속에서 찾았다. 마치 이것을 증명이라도 하듯, 마틴 루터는 1538년 게오르그 라우스 심포니(Georg Rhau's Symphoniae: 1538)의 추천사 및 머리말에서 음악은 하나님의 창조물이며 하나님께서 그 음악의 근원되심을 다음과 같이 설명했다.

> 음악을 하나님의 위대한 창조물 중 하나로 여기지 않는 사람은 이미 인간이라고 불릴 가치도 없는 사람임이 분명하다. 이때 그가 듣고 있는 것은 음악이 아니라 분명 망아지의 울부짖음이나 돼지의 꿀꿀거리는 소리임을 인정해야 할 것이다.[532]

---

531 Eugene Brand, "Luther: The theologian of music," *Pastoral Music*, (1984, 5): 21.
532 Walter E. Buszin, *Luther On Music*, ed. Johnnes Riedel, Pamphlet Series No. 3(St. Paul: Lutheran Society for Worship, Music and the Arts, 1958), 6.

음악이라는 주제는 너무나 위대한 것이기에 내 스스로 그것이 가지고 있는 혜택에 대하여 간단하게 설명한다는 것은 불가능하다. 그러므로 여러 젊은 친구들이여, 하나님의 훌륭한 창조물 중 하나인 음악은 여러분들에게 마땅히 추천되어야 하는 것이다. 음악으로 인하여 당신은 부끄러운 욕망의 공동체로부터 탈출할 수 있을 것이며, 동시에 이 하나님의 창조물인 음악으로 창조주 하나님을 찬양하고 인정하는 데 익숙해질 것이다.[533]

심지어 만약 당신이 어떤 특정한 틀 속에 하나님의 창조물인 음악을 가두려 한다면, 당신이 얻을 수 있는 것은 아무것도 없다. 우선 음악 그 자체를 보라. 당신은 태초 때부터 그것이 개인적이든, 집합적이든, 음악이 모든 창조물들 속에 내재하며 그들과 속에 깊이 관계하고 있음을 발견하게 될 것이다. 왜냐하면 소리와 화음이 없는 것은 아무것도 아니기 때문이다. …음악이란 여전히 하나님께서 만드신 창조물 가운데 매우 아름다운 것 중 하나이다.[534]

이와 같이 마틴 루터는 음악을 하나님의 창조물로 이해했다. 이러한 사실은 그가 철저한 하나님 창조 중심의 음악 철학을 가지고 있었음을 보여 준다. 바로 음악은 하나님께서 창조하신 것이기에 하나님의 것이라는 말이다.

그렇다면 이것을 오늘날 CCM과 연결하여 생각해 보자. 결국 CCM 자체도 하나님 창조의 한 부분임을 알 수 있다. 다만 그 형태와 외형이 마틴 루터가 인식하고 있던 16세기의 음악과 다를 뿐이다. 그러나 음악이라는 본질적인 면에서는 16세기 마틴 루터가 가지고 있었던 것과 오늘날 21세기의 CCM은 특별한 차이가 없다. 그러므로 CCM

---

533 LW 53: 324.
534 LW 53: 322.

을 마틴 루터의 첫 번째 음악 철학에 비추어 생각해 볼 때, 우리가 CCM을 무조건 사탄의 음악으로 몰아붙이는 것은 약간 무리가 있어 보인다. 일단 "음악이란 놀라운 하나님의 창조물 중 하나이다!"라는 것이 마틴 루터가 가지고 있는 음악 철학의 첫 출발점이었다.

(3) 신학에 버금가는 하나님의 선물로서의 음악

만약 음악이 하나님께서 창조한 여러 부분 중 하나라면, 그리고 많은 창조물 중에 뛰어난 것 중 하나라면, 그리고 우리들이 그 음악을 사용하여 부르고, 즐기며, 더 나아가 하나님께 영광을 돌리는 수단으로 사용한다면, 그 음악은 틀림없이 하나님께서 우리에게 선물로 주신 것이 분명하다. "음악은 하나님의 선물!" 이것이 마틴 루터가 가지고 있었던 두 번째 음악 철학이다.[535]

마틴 루터는 동일한 "게오르그 라우스 심포니(1538)의 추천사"에서 하나님의 선물인 음악의 위대성을 다음과 같이 서술했었다.

> 주님의 이름으로 문안한다! 나는 개인적으로 내 온 맘의 정성을 다하여 하나님을 찬양하는 음악을 하나님이 우리에게 허락하신 훌륭한 선물이라고 추천하고 싶다. 그러므로 이것은 모든 사람들에게 추천되어야 한다. 그러나 음악이 가지고 있는 그 장점과 혜택이 너무나 위대하여 이 추천사를 어디부터 시작하며 어디서 끝내야 할지 모를 정도이다. 그래서 종종 나는 그것 때문에 당황하게 된다. 나는 정말 음악을 여러분들에게 추천해 드리고 싶다. 그러나 내가 하는 그 어떤 추천의 이야기도 음악을 설명하기에는

---

535 이러한 마틴 루터의 음악 철학은 칼빈의 것과 동일하다. 칼빈도 음악은 하나님께서 인간에게 주신 선물이라고 이해했다. 칼빈에 의하면 하나님이 인간의 타락에도 불구하고 남겨 주신 일반 은총의 한 부분으로 음악이 존재함을 주장했다. 그리고 창세기 4장 21절(가인의 아들 유발)의 말씀을 성경적 근거로 내세운다. 참고하라. John Calvin, *Commentaries on Genesis,* Vol. 1(Grand Rapid, Michigan: Wm. B. Eerdmans Publishing Company, 1948), 218~9.

부족하며 부적절할 것이다. 이 세상에 누가 하나님의 선물인 음악을 완전히 이해할 수 있을까?[536]

이와 같이 마틴 루터는 분명히 음악을 하나님이 인간에게 수여하신 위대한 선물로 간주하였다. 마틴 루터에게 있어 하나님의 창조물 중 하나인 음악은 당연히 하나님께서 우리 인간에게 주신 선물일 수밖에 없다.

그런데 그의 이러한 음악 철학이 여기서 끝난 것은 아니다. 그는 하나님의 선물인 음악을 다른 것에 비교했다. 바로 신학이다. 그는 음악을 바로 신학에 버금가는, 또는 신학 다음의 가치(next to theology)를 지닌 하나님의 선물로 묘사했다. 이러한 그의 음악 철학은 그가 직접 쓴 글과 그가 직접 남겨 놓은 말을 통하여 증명이 되는데, 한 개의 편지글과 두 개의 대화 속에 나타난다. 첫 번째, 1530년 10월 4일 루트비히 젠플(Ludwig Senfl: 1486~1542)에게 보낸 편지 내용이다.[537]

나는 신학에 버금가는 예술적 가치가 있는 것으로 음악만한 것은 이 세상에 없다고 생각한다. 그리고 그것을 공개적으로 주장하는 것에 대하여 전혀 부끄러움을 느끼지 않는다. 오로지 음악만이 신학 다음으로 신학만이 할 수 있는 부분을 같이 이루어 낸다. 다시 말하자면 우리들에게 모든 걱정과 어려움을 주는 마귀에

---

536 LW 53: 321~22.

537 루트비히 젠플은 스위스에서 태어나 독일에서 활동한 천재 카톨릭 음악가이다. 마틴 루터가 언제 어떻게 루트비히 젠플을 만났는지는 정확히 모른다. 그러나 둘 사이에 서로 자주 편지 왕래가 있었음은 분명하다. 루트비히 젠플은 일찍부터 그의 뛰어난 음악 실력을 인정받았다. 그래서 황제 막시밀리안 1세의 궁정 작곡가로 활동하며 카톨릭 성당의 최고 음악가 위치까지 올라갔다. 하지만 그는 마틴 루터와 편지를 주고 받았다는 이유 하나만으로 이단 음악가로 오해받아 결국 위치가 하락되었고, 1540년 이후부터는 소식도 끊겼다. 그래서 그가 순교했을 것이라고 말하는 사람도 있다. 이처럼 루트비히 젠플은 편협한 중세 교회의 잣대에 의하여 역사 속에 그림자처럼 사라진 안타까운 종교 음악가 중 한 사람이며, 음악을 통하여 카톨릭과 루터를 연결했던 작곡가였다. 참고하라 http://en.wikipedia.org/wiki/Ludwig_Senfl(2008. 3)

게 고통을 받는 사람에게, 조용하면서도 활기찬 영의 소생을 주
는 것은 음악이다.[538]

두 번째로, 이 편지를 쓴지 8년이 지난 1538년, 마틴 루터는 친구
집에서 음악 파티가 끝난 뒤 '탁상 대화(Table Talk)'를 하는 가운데
다시 한 번 음악이 신학 다음으로 위대한 하나님의 선물임을 다음과
같이 표현하였다.

> 음악은 신학 다음으로 하나님이 우리에게 주신 위대한 선물이
> 다. 나는 음악을 연구하기 위하여 좁지만 나의 모든 지식을 절대
> 로 포기하고 싶지 않다. 그리고 젊은이들은 반드시 예술, 즉 음악
> 을 배워야 한다. 왜냐하면 그것은 그들을 좋게 만들며, 매우 훌륭
> 한 사람으로 변화시킨다.[539]

세 번째로, 이러한 음악 철학에 힘입어 마틴 루터는 음악을 신학
에 버금가는 하나님의 선물로 인정치 않고 오히려 그것을 경멸하거나
평가절하(平價切下)하는 사람들을 몹시 싫어했다. 그래서 종종 그들
을 향해 다음과 같은 경고의 말을 하곤 했었다.

> 나는 음악을 미친 사람들이나 하는 행위(fanatics do)로 경멸
> 하는 사람들을 이해할 수 없고 용납할 수도 없다. 왜냐하면 음악
> 이란 하나님이 주신 선물이며 은사이기 때문이다. 음악은 사람으
> 로부터 온 것이 아니다. …나는 음악을 신학의 그 다음 자리에 놓
> 는다. 그리고 그것을 높이 평가한다.[540]

---

538 Walter E. Buszin, *Luther On Music*, ed. Johnnes Riedel, Pamphlet
Series No. 3, 7.
539 Ewald M. Plass, *What Luther Says*(St. Louis: Concordia Publish-
ing House, 1959), 979.
540 LW 15: 980.

이와 같이 마틴 루터가 직접 남기고 쓴 글과 말을 통하여 우리는 그가 확실히 음악을 신학에 버금가거나 또는 그 다음에 위치하는 하나님의 선물이자 은사로 인정했음이 분명함을 알 수 있다.

마틴 루터가 1530년에 적은 편지 글과 1538년의 '탁상 대화'를 통하여 직접 한 말들은 음악이 신학에 버금가는 하나님의 선물이라는 점에서는 별 차이가 없다. 그러나 첫 번째, 1530년의 편지글은 영적 치유의 측면에서 음악을 설명했고, 두 번째, 1538년 '탁상 대화' 속의 말은 교육적 측면에서 음악을 이해했으며, 그리고 맨 마지막 말은 음악에 대해 불건전한 인식을 가지고 있는 사람에 대한 공개적 경고이다. 어쨌든 우리는 여기서 마틴 루터가 음악 속에서 신학을 발견하고 음악을 다시 강조했음을 알 수 있다. 이것이 바로 마틴 루터가 가지고 있던 두 번째 음악 철학이다.

이러한 그의 두 번째 음악 철학을 오늘날 CCM과 연결시켜 생각해 보면, CCM 또한 하나님의 선물임을 알 수 있다. 그러나 '음악이 신학에 버금가는 선물'이라는 점에 보았을 때, 우리가 여기서 한 가지 조심해야 할 부분이 있다. 왜냐하면 신학 중에는 하나님이 계신 '신학(神學)'이 아니라 사람을 맵게 죽이는 '신학(辛學)'이 있기 때문이다. 신학이 하나님을 떠난 '사신신학(死神神學)'을 할 때 옳지 못한 엉뚱한 '신학(辛學)'이 나오듯이, 음악도 하나님의 임재를 떠난 '사신음악(死神音樂)'을 할 때 아름다운 '음악(音樂)'이 아닌 어둡고 음란한 '음악(淫樂)'이 나올 수 있기 때문이다. 그러므로 CCM도 하나님 중심의 초점을 떠나면 하나님께 영광 돌리는 'Contemporary Christian Music(CCM)'이 아닌, 오히려 하나님의 영광을 가리는 'Contemporary Corrupt Music(CCM)'이 될 수밖에 없다. 바로 여기에 우리가 CCM을 다루며 조심해야 할 부분이 있다. 어쨌든 마틴 루터는 음악을 하나님의 선물, 더 나아가 신학에 버금가는 하나님의 선물로 인식했다.

(4) 말씀 선포로서의 음악

이미 살펴본 대로 마틴 루터의 첫 번째 음악 철학(음악은 하나님의 창조물)과 두 번째 음악 철학(음악은 신학에 버금가는 하나님의 선물)은 서로 떨어질 수 없는 하나의 요소이다. 그런데 하나님께서 음악을 창조하시고, 그 음악을 우리 인간에게 신학에 버금가는 선물로 주셨을 때에는 분명히 특별한 목적이 있어서 주신 것이다. 그 중하나가 바로 음악을 통한 말씀 선포이다. 이런 면에서 마틴 루터는 음악을 설교와 동일하게 인식했던 대표적인 인물이다. 이 사실을 칼샬크 교수는 아래와 같이 설명했다.

> 마틴 루터의 입장에서 볼 때, 하나님께서 인간에게 음악을 선물로 주신 이유는 우리 인간이 그 음악을 통하여 하나님을 찬양하고 그분께 영광을 올려 드리기 위함이다. 특별히 하나님께서는 그의 말씀을 음악을 통해 선포하심으로써 그 목적을 이루시기 원하신다. 그러므로 마틴 루터에게 있어 음악의 주요 기능은 '영광의 선포(doxological proclamation)'이다. …말씀 선포와 관련하여 그 어느 누구도 마틴 루터만큼 말씀과 음악의 하나됨(the union of word and music)에 대하여 그토록 정확하고 사려 깊게 이야기한 사람이 없다.[541]

그럼 정말 그러한지 이제부터 마틴 루터의 말을 직접 들어 보자. 이 부분에 있어 마틴 루터는 너무나도 정확하게 이야기했다. 일단 그는 시편 강의를 통해 직접 "음악은 하나님의 위대한 선물이다. 음악은 종종 나로 하여금 그것을 통하여 설교하도록 나를 자극한다."[542] 고 말했고, "음악을 작곡하는 것은 하늘나라의 신비와 영적 은혜를

---

541 Carl F. Schalk, *Luther On Music: Paradigms of Praise*, 37.
542 LW 15: 182.

설교하는 것이다."[543]라고 했다. 그는 계속해서 다음과 같이 말했다.

> 시편은 달콤하고 아름다운 찬양이다. 왜냐하면 비록 사람들이
> 그 시편을 직접 노래하지 않고 그저 그 단어와 문장을 암송할 뿐
> 이어도, 그것은 분명히 메시아를 노래하고 설교하고 있기 때문이
> 다.[544]

이러한 그의 주장은 조스캥 데프레즈(Josquin Desprez)의 음악을
논평한 그의 말 속에서 다시 한 번 확인된다.[545]

> 하나님께서는 그의 백성들에게 음악을 통하여 복음을 설교하
> 고 계신다. 조스캥의 음악 작품은 이러한 사실을 그대로 보여 주
> 는 한 예이다. 그의 모든 음악 작품은 매우 경쾌하며, 음미할 만
> 하며, 잔잔하며, 사랑스럽다. 그의 음악들은 어떤 특정한 규칙이
> 나 법칙에 의해 묶인 강제적이며 위협적인 음악이 아니라 그 반대
> 로 오히려 그저 자연스럽게 흘러가는 피리새의 아름다운 노래 소
> 리(the song of finch)처럼 들린다.[546]

풀이하면 마틴 루터는 한마디로 "하나님께서 음악을 통하여 설교

543　LW 11: 275.
544　LW 15: 273~74.
545　조스캥 데프레즈는 르네상스 시대 유럽의 위대한 작곡가 가운데 한 사
람이다. 조스캥은 생캉탱대성당의 성가대원으로 있었던 것으로 추정되며
1459~72년 밀라노성당의 가수로 있었다. 1474~79년경 밀라노의 갈레아초 마리
아 스포르차 공작에게 봉사했으며, 1486~94년경 교황령 부속 예배당에서 봉사
했다. 그 무렵부터 1499년 사이의 어느 때인가 페라라의 에르콜레 공 1세의 성
가대 지휘자로 있으면서 프랑스 왕 루이 12세의 왕실 예배당과 캉브레성당과도
관계를 가졌다. 페라라에 있을 때 그는 에르콜레 공에게 경의를 표하기 위해 미
사곡 '페라라의 에르콜레 공(Hercules Dux Ferrariae)'을 작곡했을 뿐 아니라
그의 요청으로 모테트 '미제레레(Miserere)'를 작곡했다. 1505년 에르콜레 공이
죽자 페라라를 떠난 듯하며 후에 콩데에 있는 노트르담대성당의 사제장이 되었
다. *Encyclopedia Britannica* 11th ed., s.v. "Josquin Desprez."
546　LW 54: 129~30.

하고 계시며 그것은 조스캥 데프레즈의 음악에 의하여 이미 증명된 사실이다."[547]라고 선언한 셈이다. 음악가에게 할 수 있는 칭찬 중에 이보다 더한 칭찬이 어디에 있으랴? 마틴 루터는 실제로 그의 음악을 통하여 하나님의 말씀을 들었던 것이다.

말씀 선포로서의 음악에 대한 마틴 루터의 이러한 음악 철학은 게오르그 라우스 심포니(Georg Rhau's Symphoniae in 1538)를 위한 그의 머리말에서 또 다시 나타난다.

> 따라서 교부들과 예언자들이 하나님의 말씀을 가까이하는 것만큼 다른 것에 관심을 가지지 않고 오히려 음악을 가까이한 것은 바로 이러한 이유 때문이다. 그러므로 우리는 음악 속에 하나님의 말씀을 담아 사람들에게 은혜를 전하는 수많은 찬양과 시편들을 가지고 있다. 반면에 다른 일반 음악들은 그저 하나님의 말씀이 없는 일반적 가사 내용을 전달하는 것에 불과하다. 결국 음악과 언어의 이러한 연결은 그 두 가지를 함께 사용해 하나님을 찬양할 수 있도록 하나님께서 우리 인간에게 허락하신 선물임을 우리로 하여금 깨닫게 한다. 한 마디로 말씀과 함께 전달되는 아름다운 곡조 속에서 울려 퍼지는 음악을 통한 하나님의 말씀 선포이다.[548]

이렇게 음악을 통한 말씀의 선포를 강조한 마틴 루터는 그것이 음악에만 국한된 것이 아님을 선언했다. 즉 하나님의 말씀은 사람의 입으로만 전달되는 것이 아니며 오히려 모든 예술적 활동을 통해 전달될 수 있는 것임을 주장한 것이다.

---

547 Paul Nettl, *Luther and Music*, trans., Frida Best and Ralph Wood(Philadelphia: Muhlenberg, 1948 / Reprint New York: Russel & Russel, 1967), 19.
548 LW 53: 323~24.

하나님의 말씀은 이제까지 사도들을 통하여 매우 풍부하고 정확하게 선포되어져 왔다. 그러나 항상 사람의 입에서 구술(口述)되어 전달되는 형태로 전해진 것은 아니었다. 그 외에 미술, 글, 음악과 같은 여러 예술적 형태를 통하여 선포되기도 하였다.[549]

다시 말하자면 하나님께서 우리 인간에게 주신 모든 예술(미술, 문학, 조각, 음악 등)은 다 하나님의 영광을 나타내며 그 영광을 모든 열방에 선포하기 위한 매개체라는 뜻이다.

그런데 그 중에서 마틴 루터는 특별히 음악을 좀 더 강조했던 것이다. 왜냐하면 그에게는 음악이야말로 하나님의 말씀을 선포하기에 가장 적합한 매개체로 느껴졌기 때문이다. 그래서 마틴 루터는 그 많은 예술들 가운데 음악이 가장 효과적인 매개체임을 주장했다. 그래서 우리는 1530년 루트비히 젠플(Ludwig Senfl)에게 보낸 그의 편지 속에서 다른 예술적 활동과 비교했을 때 음악이 가장 효과적으로 하나님의 말씀을 선포하기에 적합한 매개체임을 강조한 흔적을 볼 수 있다.

바로 여기에 왜 예언자들이 다른 예술적 매개체를 전혀 사용하지 않고 오로지 음악만을 사용했는가에 대한 이유가 있다. 그들은 자신의 신탁(神託)과 신학을 정립하고 전하기 위해 기하학, 수학, 점성학 등을 사용하지 않고 오로지 음악을 사용했다. 왜냐하면 그들은 시편과 찬양을 통한 하나님 말씀의 선포를 경험하면서 신학과 음악이 가지는 서로의 깊은 연관성을 이해하고 있었기 때문이다.[550]

따라서 마틴 루터는 음악을 통한 말씀 선포를 일종의 '예술적 설

---

549   "Sermons on the Gospel of St. John," LW 24: 404.
550   LW 49: 428.

교'로 인정했다. 바로 음악을 통한 하나님 말씀 선포의 예술적 이해이다. 이러한 자신의 주장을 입증하기 위하여 마틴 루터는 열심히 성경적 사례들을 찾았다. 그래서 마틴 루터는 "우리는 다윗을 비롯한 그 외의 신앙 선배들이 어떻게 그들의 신앙고백을 음악 속에 넣어서 노래해 왔는지 보아 왔다. 때문에 음악은 모든 시대에 있어 평화를 주는 도구이다."[551]라고 말했다. 그는 특별히 다윗의 말(삼하 21: 1)을 주해(註解)하면서 다음과 같이 주장했다.

> 시편의 말씀이 우리에게 메시아를 선포하며 나타낸 이후로, 시편은 우리에게 주는 기쁨과 위안을 주는 사랑스러운 말씀이다. 물론 우리가 특정한 음악적 형식을 빌려 노래하지 않고 단순히 그 가사 내용만 읽어 내려가더라도 이 모든 것은 가능한 일이다. 그럼에도 불구하고 하나님의 창조물이자 선물인 음악은 우리로 하여금 그 시편 말씀을 더욱더 명쾌하게 이해할 수 있도록 돕는 매개체이다. 특별히 회중 찬송으로 진실된 찬양을 드릴 때에 더욱더 그러하다.[552]

그런데 굳이 이러한 역사적 사례를 찾지 않더라도 마틴 루터의 이러한 세 번째 음악 철학은 하나님의 자기 계시 속에서 그대로 증명된다. 왜냐하면 삼위일체 하나님께서 자기 백성에게 음악을 통해 자신의 계시를 전하셨다는 역사적 사실이 성경 속에 명백히 증거되어 있기 때문이다(신 31:19~22, 눅 2:8~20). 이 중에서 마틴 루터는 특별히 성령 하나님의 역사하심을 매우 강조하였다. 성령과 음악에 대한 마틴 루터의 이해는 1538년에 그가 쓴 「음악 모음집(a collection of part-song)」의 머리말에서 나타난다.

---

551 Ewald M. Plass, *What Luther Says*(St. Louis: Concordia Publishing House, 1959), 980.
552 Walter E. Buszin, *Luther On Music*, ed. Johnnes Riedel, Pamphlet Series No. 3, 14

성령 하나님께서도 음악을 당신의 사역을 위한 도구로 인정하신다. 이러한 역사는 성령 하나님께서 실제적으로 음악을 통해 역사하신 역사적 사실을 성경에 기록하게 하심으로 입증이 된다. 음악을 통한 성령 하나님의 역사는 선지자와 예언자들을 통하여 이루어졌으며(예: 엘리사)…이러한 이유 때문에 예언자들과 교부(敎父: the Fathers)들은 음악만큼 하나님의 말씀과 밀접한 관계를 지닌 것이 없음을 강조했었다. …모든 사람은 그들이 하나님의 말씀과 음악을 함께 혼용하여 하나님을 찬양할 수 있음을 깨달아야만 한다.[553]

마틴 루터의 이 말은 삼위일체 하나님께서도 음악을 선용(善用)하셨음을 보여 준다. 그리고 음악을 통하여 전달된 계시가 진정한 하나님의 말씀이 되도록 성령 하나님께서 역사하셨을 뿐만 아니라, 그 모든 사건이 이미 성경 속에 기록되어 있고, 많은 선지자들과 교부(敎父)들 조차도 그 사실을 인정한 바 있음을 가르쳐 준다. 그러니 이 말은 이제 우리도 음악을 통한 말씀 선포가 성경적 방법임을 깨달을 수 있어야 한다는 뜻이 담긴 말이다.[554]

---

553 Ibid., 4.
554 하나님께서 직접 음악을 사용하셨다는 성경적 사실(신 31:19~22 / 눅 2:8~20)과 이를 인정한 루터의 주장에 근거하여, 필자는 나름대로 '삼위일체 하나님'과 '찬양 신학'을 연결시켜 또 다른 하나의 신학 개념을 새롭게 창출할 수 있다고 생각한다. 이름하여 '삼위일체 교리 속에서 바라본 찬양 신학(a theology of praising in the light of the doctrine of Trinity)'이다. 삼위일체는 기독교의 가장 근본 되는 교리이자 진리이다. 그렇다면 "찬양을 삼위일체의 교리 속에서 어떻게 이해할 수 있을까?" ① 성부 하나님께서는 찬양의 원리(principle)와 대상(object)을 보여 주신다. 원리에 있어 구약의 원리는 성부 하나님께서 모세에게 노래를 가르쳐 주시며(신 31:19, 22) 인간을 창조하신 목적을 계시하실 때에 보이며(사 43:21), 신약의 원리는 천사들의 찬양을 통하여 메시아의 탄생을 알리실 때 나타난다(눅 2:8~20). 찬양의 대상에 있어 성부 하나님께서는 찬양하지 않으신다. 왜냐하면 성부 하나님께서 찬양드려야 하는 존재는 없기 때문이다. 그래서 성부 하나님께서는 오로지 찬양받으실 분이다. 성부 하나님께서는 찬양을 통하여 계시하시며, 그 찬양을 통하여 영광을 받으신다. ② 성자 예수님께서는 성부 하나님의 뜻에 따라 이 세상에 오셔서 직접 찬양을 실천하심으로 찬양의 모범을 보여 주셨다(practice). 예수님께서는 마지막

이와 같이 '말씀 선포로서의 음악' 또는 '설교로서의 찬양'이라는 마틴 루터의 독특한 세 번째 음악 철학은 음악과 설교 말씀이 가지고 있는 상호간의 절묘한 관계를 새롭게 정립하게 한다. 다시 말하자면 찬양한다는 것도 일종의 하나님의 말씀을 전하는 설교 방법 중의 하나라는 뜻이다.[555]

이러한 마틴 루터의 음악 철학은 "말씀 선포(설교)와 음악(찬양)이(preaching and praising) 항상 구원받은 자의 마음속에서 우러나오는 불가항력적 기쁨의 결과라는 데 서로 같은 공통분모를 지닌다."[556] 다시 말해 마틴 루터에게 있어 말하는 것과 노래하는 것(say

----

만찬을 마치시고 감람산으로 가시며 성부 하나님께 찬양을 드렸다(마 26:30, 막 14:26). 넓은 의미에서 '찬양(Praise)'이란 단어는 꼭 곡조가 담긴 음악만을 의미하지 않는다. 하나님을 향한 모든 영광의 행위는 찬양이다. 이러한 면에서 성자 예수님의 모든 언행과 삶은 그 자체가 찬양이었음을 알 수 있다. ③ 성령 하나님께서는 찬양을 찬양이 되게끔 역사하신다(application). 성령 하나님께서 함께 하시지 않는 그 어떤 행위도 하나님께 찬양이 될 수 없다. 성령 하나님께서는 우리의 모든 찬양이 삼위일체 하나님께 영광이 되도록 적용하신다(삼상 16:23, 요 16:13~15, 눅 1:41~45, 67, 행 16:24~26). 그러므로 영화로운 삼위일체 속에 함께 계시는 각각의 삼위일체 하나님께서는 동일하게 우리의 찬양에 서로 깊이 관여해 계신다. 성부 하나님께서는 찬양의 절대적 대상(the target)과 원리(principle)로서, 성자 예수님께서는 찬양의 실제적 모습(the practical performance)으로서, 성령 하나님께서는 우리의 찬양을 진정한 찬양이 될 수 있도록 인도하시고 적용하시는 모습(the leading application)으로서 각각 우리의 찬양 속에 깊게 관여해 계신다. 즉 성부 하나님께서는 찬양의 절대적 목적과 대상(absolute goal and target)이 되시며, 성자 예수님께서는 찬양의 외적 증거(external evidence)가 되시며, 성령 하나님께서는 찬양의 내적 조명(internal inspiration)이 되신다. 이것이 바로 필자가 나름대로 구상하고 있는 '삼위일체 교리 속에서 바라 본 찬양 신학'의 기본 구조이다. 이러한 삼위일체 이해의 기본적 이해 구조는 엡 1:3~14의 말씀과 아더 W. 핑크(Arthur W. Pink)의 책을 참고한 결과이다. 그는 자신의 책에서 삼위일체적 관점에서 바라본 구원을 설명했다. 필자는 이것을 동일한 삼위일체의 관점에서 찬양이라는 주제를 가지고 재해석해 본 것이다. 따라서 이러한 이해는 삼위일체 하나님의 역할을 구분해 놓은 것이지(categorize) 갈라놓은 것이 아니다(separate). 참고하라. Arthur W. Pink, *The Sovereignty of God*(FL: Mt. Zion Publications, 1996), 50, 김철웅, "삼위일체 하나님의 찬양," 「*The Christian Herald*」(2007. 8. 28), 16면.

555 Helen Pietsch, "On Luther's Understanding of Music," *Lutheran Theological Journal* Vol. 26, No. 3(December 1992): 167.

556 Carl F. Schalk, *Luther On Music: Paradigms of Praise*, 39.

and sing)은 동일한 개념으로 구원의 감격이 넘치는 사람이 피할 수 없는 기쁨의 외적 표현인 셈이다.[557]

그래서 실제로 마틴 루터는 이러한 '찬양 설교', '음악 설교'를 실천했는데, 자신의 설교 내용을 음악으로 만들어 표현했다.[558] 그 중의 한 예가 바로 '성도여 우리 같이 기뻐하세(Dear Christians Let Us Now Rejoice)'라는 곡이다. 이것은 시편 22편의 말씀을 설교하면서 그 말씀의 내용을 음악 형태로 만든 찬양이다.[559] 특별히 독일 튀빙엔 대학의 오스왈드 바이어(Oswald Bayer) 교수는 이 찬양이야말로 마틴 루터의 기독론을 가장 잘 보여 주는 찬양이라고 했다.[560] 이와 같이 마틴 루터는 성경 말씀을 통하여 얻은 하나님의 계시를 글로 써서 입으로 설교했고, 입으로 설교한 내용으로 노래를 만들어 찬양했던 것이다. 이 사실을 칼 샬크 교수는 아래와 같이 서술했다.

> 마틴 루터 또한 음악(music), 성가(hymnody), 예배(liturgy)를 설교와 선포의 매개체로 보았다. 마틴 루터가 복음 전파의 한 매개체로 음악을 사용한 구체적인 예가 있는데, 바로 개혁 운동 초기에 만들어진 두 개의 찬양이다. 하나는 'Dear Christians, One and All, Rejoice(LW 353)'라는 곡이다. …다른 하나는 'Salvation unto Us Has Come(LW 355)'이라는 곡이다. …이 두 가지 찬양은 구원의 이야기를 들려 주고 하나님께서 하신 일들에 대하여 아주 명확하면서도 간결하게 전하고 있다. …이처럼 마틴

---

557 Carl F. Schalk, *Music in Lutheran Worship*(St Louis, MO: Concordia Publishing House, 1983), 4.

558 Robin A. Leaver, "Theological Consistency, Liturgical Integrity, and Musical Hermeneutics in Luther's Liturgical Reforms," *The Lutheran Quarterly*, Vol. IX, No, 2(Summer 1995): 117~38.

559 Oswald Bayer, "The Modern Narcissus," *Lutheran Quarterly* 9(1995): 301~13.

560 Oswald Bayer, "Martin Luther," in *The Reformation Theologians*. ed., Carter Lindberg(Malden, Massachusetts: Blackwell Publishers Inc, 2002), 59.

루터에게 있어 찬양과 선포는 필수 불가결하게 연결되어 있다.[561]

그런데 이러한 시도를 마틴 루터만 한 것이 아니다. 이러한 16세기 마틴 루터의 음악 설교를 그대로 실천한 18세기 음악가가 있다. 바로 요한 세바스찬 바흐(J. S. Bach)이다. 음악의 아버지이자 철저한 독일 루터파 기독교인이었던 바흐는 이러한 '설교로서의 음악'을 가장 잘 보여 준 좋은 역사적인 사례이다.[562] 사실상 마틴 루터와 바흐 사이에는 거의 200년이라는 긴 세월의 공백이 있다. 그러나 둘 사이에는 이 공백을 잠재우기에 충분한 유사점과 관계성이 있다.

먼저 이 둘의 유사점을 살펴보자. 일단 둘이 음악을 배운 장소가 똑같다. 둘 다 어린 시절 아이스레벤(Eisenach)에서 초등 교육을 받았고, 동일한 라틴어 학교에서 음악을 공부했었다. 마틴 루터나 바흐나 똑같은 곳에서 음악적 교육을 받은 것이다. 또한 1539년 마틴 루터가 오순절 설교를 했던 라이프치히(Leipzig)에서 바흐 역시 1723년 합창 지휘자로 사역했었다. 바로 마틴 루터가 설교했던 그 자리에서 바흐는 음악으로 봉사했다는 말이다.[563] 그래서 오늘날에도 라이프치히의 성 도마교회(St. Thomas Church)에 가면 마틴 루터와 바흐의 초상화가 교회 유리 창문(stanied glass window) 위에 나란히 새겨져 있는 것을 볼 수 있다.[564]

이러한 유사점 외에도 이 둘의 관계성을 살펴보면 그 의미는 더욱

561　Carl F. Schalk, "Luther on Music Revisited: Reassessing Luther's Thought on Music for Today," In *Luther on Liturgy and Hymns.* ed., Daniel Zager.(Fort Wayne, IN: Concordia Theological Seminary Press, 2006), 129~30.
562　Robin A. Leaver, *The Theological Character of Music in Worship*(Saint Louis: Concordia Publishing House, 1989), 6~7,
563　G. Stiller, *Johann Sebastian Bach and Liturgical Life in Leipzig,* trans. Herbert J. A. Bouman, Daniel F. Poellot, and Hilton C. Oswald(St. Louis: Concordia Publishing House, 1984), 67, 102.
564　Robin Leaver, "Luther and Bach, the "Deutsche Messe" and the Music of Worship," *Lutheran Quarterly* Vol. XV, No. 3(Autumn, 2001): 320~23.

더 의미심장해진다. 일단 마틴 루터는 독일 루터파 교단의 기초를 세운 출발점이요, 바흐는 그 교단의 교리에 따라 신앙생활을 하는 독일의 한 성도였다. 그러나 이러한 일반적 관계성 외에 우리가 주목해야 할 특별한 관계성은 바로 이 둘 사이에 나타난 음악가와 신학자의 관계성이다. 이 관계성에 대하여 미국 이스트맨음악학교(Eastman school of music)의 다니엘 자거(Daniel Zager) 교수는 아래와 같이 설명하였다.

> 마틴 루터가 16세기 음악가로 알려진 뛰어난 신학자(a theologian informed musician)였다면, 바흐는 그 반대로 18세기의 신학자로 알려진 음악가(a musician informed theologian)였다. 마틴 루터는 음악을 사랑하고 그것을 하나님의 선물로 인정했던 신학자였고, 바흐는 마틴 루터의 신학과 가르침을 음악을 통해 완성한 독일 루터 교단의 위대한 작곡가이자 음악가였다. 그러므로 마틴 루터가 신학자였지만 동시에 음악가였듯이, 바흐 역시 음악가면서 신학자였던 것이다.[565]

한 마디로 마틴 루터는 자신의 신학을 음악에 담았고, 바흐는 자신의 음악에 마틴 루터의 신학을 담았다. 때문에 마틴 루터의 신학은 바흐 음악의 기초가 되었으며, 바흐의 음악은 마틴 루터 신학의 표현 방식이 되었다. 그래서 루터 교단 신학자 프리드리히 슈멘트(Friedrich Smend) 교수는 "마틴 루터가 음악을 신학에 버금가는 것으로 꼽았다면, 바흐는 신학을 자신의 음악에 버금가는 소명으로 생각했다."[566]고 주장했다.

---

565 Daniel Zager, "Luther and Bach: Theologians in Word and Music," in *Luther on Liturgy and Hymns*, ed., Daniel Zager(Fort Wayne, IN: Concordia Theological Seminary Press, 2006), 105.
566 Friedrich Smend, "Luther and Bach," *The Lutheran Quarterly*. Vol. 1, No. 4(November 1949): 404.

이러한 관계성으로 볼 때 당연히 마틴 루터의 신학을 음악으로 표현한 바흐는 '말씀 선포로서의 음악' 또는 '설교로서의 음악'을 가장 잘 실천한 역사적 사례가 될 수밖에 없다. 그래서 컨콜디아신학교(Concordia Theological Seminary)의 마틴 나우만(Martin Naumann) 교수는 다음과 같이 말했다.

> 기독교 신앙인이자 음악가의 위치에 있었던 바흐에게는 그의 음악을 통하여 표현하고 싶은 것이 있었다. 그는 그것을 중요한 주제를 지닌 언어의 형태를 빌려서 표현했다. 그는 예수 그리스도와 그의 십자가 사건을 설교했으며 이 세상의 구원자인 하나님의 아들을 찬양했다. 바로 여기에 우리가 바흐를 설교자라고 부를 수 있는 이유가 있다.[567]

한 마디로 바흐는 '음악 설교자', '찬양 설교자'였다는 말이다. 설교자가 한 편의 설교를 준비하기 위해 쏟아 붓는 정성과 동일한 정성으로 바흐는 그의 음악 한 곡 한 곡을 작곡했던 것이다. 마치 이것을 증명이라도 하듯, 바흐의 작곡실은 마틴 루터의 책으로 가득했었다고 한다.[568] 바흐가 마틴 루터의 책을 읽으며 작곡했다는 이야기이다. 이것은 마치 설교자가 설교를 준비하면서 수많은 주석을 참고하는 것과 동일한 이치이다. 그래서 프리드리히 슈멘트 교수는 "바흐는 그의 음악을 낳기 위해 마틴 루터의 작품과 결혼했다."[569]고 말하며 "마틴 루터를 통하지 않고서는 바흐를 이해할 수 없다."[570]고 선언할 정도였다.

---

567 M. J. Naumann, "Bach the Preacher," *The Little Bach Book,* ed. T. Hoelty-Nickel(Valparaiso, Indiana, 1950): 15.
568 Robin A. Leaver, *J. S. Bach and Scripture: Glasses from the Calov Bible Commentary*(St. Louis: Concordia Publishing House, 1985), 1~5.
569 Friedrich Smend, "Luther and Bach," *The Lutheran Quarterly.* Vol. 1, 409.
570 Ibid., 410.

일반적으로 '독일 루터 교단 설교학'에서는 설교에 필요한 다섯 가지 요소를 가르친다. 그 다섯 가지 요소들은 exordium(도입과 서론), propositio(핵심 성경 본문), tractatio(성경 본문의 해석), applicatio(적용), conclusio(결론)이다. 그런데 바흐의 음악에는 이러한 다섯 가지 요소가 다 들어 있다. 즉 구조적 면에서 볼 때에 바흐가 작곡한 한 편의 음악은 강대상에서 외쳐진 한 편의 설교인 것이다.[571] 실제로 바흐의 'B 단조 미사곡'에는 다양한 신학적 요소들이 담겨져 있다. 특별히 복음과 율법, 이신칭의와 같은 루터주의 신학이 고스란히 드러난다.[572] 그래서 다니엘 자거 교수는 "바흐가 신학적인 의미를 설교하기 위한 지속적인 수단으로 음악을 사용하였다(Bach constantly uses these musical means to point to and proclaim theological meanings)."고 말했다.[573]

그러나 바흐만 그런 것이 아니다. 이러한 예는 기독교 찬송의 역사를 통해 많이 찾을 수 있는데, 특별히 영국의 아이삭 왓츠(Issac Watts: 1674~1748) 목사가 대표적이다.[574] 그는 영국 사우댐프턴 태생으로 영국 찬송가의 아버지라 불리며, 시편 찬송의 엄격한 전통을 극복하고 새로운 찬송시의 창작에 공헌하여 600여 편의 찬송시를 지은 사람이다.[575] 그 당시 18세기 영국의 CCM 목회자였다고 할 수 있겠다. 특별히 그의 대부분의 찬송시는 그의 설교를 요약한 것으로 유명하다.[576] 그는 "깨어 믿음에 굳게 서서 남자답게 강건하여라(고전

---

571 Robin A. Leaver, *J. S. Bach as Preacher: His Passions and Music in Worship*(St. Louis: Concordia Publishing House, 1982), 27~35.

572 Paul W. Hofreiter, "Bach and the Divine Service: The B Minor Mass," *Concordia Journal*(December 2002): 224.

573 Daniel Zager, "Luther and Bach: Theologians in Word and Music," in *Luther on Liturgy and Hymns*, 119.

574 Geoffrey Wainwright, *Doxology: The Praise of God in Worship, Doctrine, and Life*(New York: Oxford University Press, 1980), 212.

575 Robert E. Webber, *Worship: Old & New*(Grand Rapids, Michigan: Zondervan Publishing House, 1982), 181~2.

576 H. Escott, *Issac Watts, Hymnographer*(London: Independent Press, 1962), 1~10.

16:13)"를 본문으로 '거룩한 용기 두려움의 치유책'이라는 설교를 하였는데, 이 설교에서 그는 기독교인들이 용기를 발휘해야 할 여러 가지 경우를 제시하였다. 몇 가지 소개하면, 죄인들 앞에서 그리스도인의 경건함을 보여야 할 때, 이교도들과 냉소자들 앞에서, 세상 사람들이 시대에 뒤떨어졌다고 비웃을 때, 압제당하는 이들을 위해 변호해 줄 때, 죄를 꾸짖을 때, 불의와 부조리를 개혁하는 일을 할 때, 순교자적 신앙을 증거할 때 등등이었다. 이 설교를 마치면서 아이삭 왓츠 목사는 다음과 같이 물었다고 한다. "나는 십자가의 군사, 어린 양을 따르는 사람이 아닌가?" "그렇다면 어찌 하나님의 큰 뜻을 시인하고 전파하기를 두려워 하겠는가?" 그리고 그 대답으로 이 자신의 설교를 찬송시로 요약하여 그 당시 무디(D. L. Moody)의 동역자였던 복음성가 사역자 아이라 데이비드 생키(Ira D. Sankey)에게 주었고, 생키는 그 설교에 곡을 붙여 찬양한 것이다. 그것이 바로 그 유명한 찬송가 391장 '십자가 군병 되어서(Am I a soldier of the cross?)'이다. 그러므로 이 찬송가는 '찬송 설교'였다.[577]

그렇다면 오늘날을 한 번 바라보자. 바흐와 그 외 여러 사역자들의 음악을 통하여 실현된 이러한 마틴 루터의 음악 철학은 21세기에 또 다른 설교형태의 신학적 동기를 제공한다. 바로 '음악 설교(music preaching)' 또는 '찬송 설교(song preaching)'이다. 일찍이 미국 콜롬비아신학교(Columbia Theological Seminary)의 예배학 교수인 브라이언 워렌(Brian Wren)은 다음과 같이 주장했다.

> 연설(speech)과 노래(song)는(더 넓게 말해서 심지어 악기 연주까지도) 매우 비슷한 점이 많다. …둘 다 의미(meaning)를 전달한다는 점에서 더욱 그러하다. 비언어적인 소리도 언어적 의미를 가지고 있는 셈이다. 만약 서로 다른 두 사람이 입을 닿고 아

577　오픈해설찬송가 편찬위원회 편, 「Open 해설찬송가」 (서울: 아가페 출판사, 1991), 391장, "십자가 군병 되어서".

무 말 없이 단순히 허밍(humming)만 사용하는 것으로도 "나는 피곤하다.", "나는 행복하다.", 심지어 "나는 당신을 사랑한다."라는 서로의 뜻을 전달할 수 있다.[578]

이것은 연설이나 음악이나 서로 특정한 의미를 전달하고 있다는 측면에서 유사점이 있다는 말이다. 그래서 음악언어학자 프리스(S. Frith) 교수는 음악이 바로 연설임을 다음과 같이 말했다.

음악은 항상 하나의 연주이며 개개인은 항상 자신의 어투로 가사를 말하고 듣는다. 그래서 음악은 시보다는 차라리 연극에 가깝다. 단지 의미론적으로가 아니라 감정을 드러내는 직접적인 기호와 특징을 보여 주는 상징인 소리 구성으로 의미를 전달하는 가사는 말이나 연설로 기능한다.[579]

그렇다면 음악은 연설이며, 하나님의 말씀을 대언(代言)하는 연설은 설교인 셈이다. 그래서 한신대학교 류창현 교수도 "이제 설교는 언어라는 전달 매체를 통해서만 선포된다는 고정관념을 버려야 한다. …언어가 상실된 세상에서 말로만 선포되는 설교는 한계가 있다."[580]고 말하며, 새로운 설교 방식의 필요성을 강조했다. 이와 동일하게 음악 사역자 민호기 또한 다음과 같이 말했다.

하나님의 살아 있는 말씀은 목사의 설교를 통해서뿐만 아니라, 말씀에 곡조를 붙인 찬양을 통해서도, 교독문 낭독을 통해서도,

---

578 Brian Wren, *Praying Twice: The Music and Words of Congregational Song*(Louisville, London: Westminster John Knox Press, 2000), 55.
579 S. Frith, "Why Do Songs Have Words?," in *Music for Pleasure: Essay in the Sociology of Pop*, ed., S. Frith(Cambridge: Polity, 1988), 120.
580 류창현, 「포스트모던 사회와 교회」 (서울: 프리칭아카데미, 2006), 75쪽.

기도를 통해서도 선포될 수 있다. …당시 유입된 경배와 찬양이나 복음성가 중 성경 본문에 그대로 곡을 붙인 'Scripture Song'의 경우처럼 찬양을 통해 하나님의 살아 있는 말씀이 다양하고도 직접적으로 역사하는 것을 체험한 세대에게는 찬양이 주가 된 예배가 새로운 세대의 예배의 대안으로 자연스럽게 받아들여지게 되었다.[581]

더 나아가 서울신학대학교 설교학자 정인교 교수는 오늘날 설교의 패러다임 변화를 주장하면서 나름대로 몇 가지 '특수 설교'를 소개하였는데, 그 중에 가장 첫 번째가 바로 찬송 설교(음악 설교)였다. 그는 다음과 같이 말했다.

> 찬송 설교(Lide Predigt)는 '경배와 찬양', 그리고 '열린 예배'의 영향으로 우리 강단에도 서서히 알려지기 시작한 설교 형식이다. 찬송 설교는 '경배와 찬양'에서 선보이는 '음악을 섞은 멘트' 식의 말씀 증거와는 다른데, 요즘 사람들이 이런 찬송 설교에 대해 깊이 이해하고 있지 못하는 것이 현실이다. 찬송 설교는 고전적 찬송 설교와 현대적 찬송 설교로 나눌 수 있는데, …이 설교의 특징은 설교의 본문을 성경 대신 특정한 찬송가로 잡는다는 것이다. …찬송가를 본문으로 설정하는 것을 언뜻 이해하기 어려울 수도 있다. 하지만 먼저 찬송이 무엇인가 생각해 보면 받아들이기가 한결 쉬워진다.[582]

결국 이 모든 주장은 음악이 설교이며, 오늘날 21세기에는 말과 연결된 '설교학'과 견줄 만한 새로운 설교법이 필요하다는 말이다. 그

---

581 민호기, "전 세대에 부합하는 자발적 예배로의 회복," 「월간 목회」 제354호 (2006, 2): 76쪽.
582 정인교, 「청중의 눈과 귀를 열어주는 특수 설교」 (서울: 두란노아카데미, 2007), 53~54쪽.

중에 하나가 바로 음악과 연결된 '찬양설교학' 내지는 '찬양인도자학'
이다.

'설교학'이 설교자를 위한 영성과 설교 작성법 내지는 설교 전달의
실제까지 교육한다면, '찬양설교학'이나 '찬양인도자학'은 찬양 인도
자의 영성과 찬양 인도법의 실제를 교육한다. 왜냐하면 설교자가 '구
술(verbal language)'을 통해서 하나님의 말씀을 전파하기 위해 선
택받은 사람이라면, 찬양 인도자는 '음악(musical language)'을 통
해서 하나님의 말씀을 전파하기 위해 부름 받은 사역자이기 때문이
다. 그러므로 둘 다 독립적인 학과이면서도 서로 연관성이 있는 학과
가 되는 것이다.

그렇다면 이제 우리는 설교의 정의에 비추어 찬양 인도의 새로운
정의도 세울 수 있다. 일단 설교란 무엇인가부터 살펴보자. 설교학자
정장복 교수는 설교의 정의를 다음과 같이 정의했다.

> 설교란 택함 받은 설교자가 당대의 커뮤니케이션(의사소통의
> 원리)을 통하여 회중에게 하나님의 말씀인 성서의 진리를 선포하
> 고, 해석하고, 이 진리를 회중들의 삶에 적용시키는 것이다."[583]

그렇다면 이러한 설교의 정의에 맞추어 본 찬양 인도의 정의는 어
떻게 될까? 자연적으로 다음과 같이 될 것이다.

> 찬양 인도란 택함 받은 인도자가 당대의 의사소통(communication)
> 원리를 통하여 하나님의 선물인 음악 안에서 하나님께 영광을 돌리며
> 동시에 그 속에 하나님의 뜻을 담아 전달할 수 있도록 회중을 이끄는
> 사역이다.[584]

---

583 정장복, 「설교사역론」 (서울: 대학기독교서회, 1990), 120쪽
584 이 정의는 필자가 설교 사역과 함께 연결된 찬양 사역을 분석하기 위해
나름대로 만든 정의이다. 찬양 인도의 정의는 이보다 더 다양할 수 있으나, 반
드시 어느 한 가지로 정의되어야 한다. 따라서 찬양 인도에 대한 정의는 음악

사실 둘 다 거의 같은 정의라 할 수 있다. 그러나 굳이 둘의 차이점을 찾는다면, 하나는 '음악(musical language in singing)'을 통한 말씀의 선포요, 하나는 '말(verbal language in speaking)'을 통한 말씀의 선포라는 것이다.

여기서 우리는 설교자와 찬양 인도자의 상호 관계에 대해 한 번 생각해 봐야 한다. 브라이언 워렌(Brian Wren) 교수는 이 관계를 'clergy and musician'의 관계로 묘사했다.[585] 현재까지 설교자는 특별히 안수(按手) 받은 성직자이지만, 찬양 인도자는 성직자와 평신도의 구분 없이 모두에게 그 자격이 열려 있는 상태였다. 그래서 이제까지 찬양 예배 인도자는 설교자와 비교할 때 어디까지나 설교자를 보조하는 일종의 협력자로 자리 매김을 해 왔다. 그러나 이미 오늘날 예배에 있어 설교와 찬양의 비중이 거의 동일해진 만큼 설교자와 찬양 예배 인도자의 역할 비중도 이러한 이해 속에서 새롭게 이해되어야 할 것이다. 더욱이 이제는 찬양 인도만을 전담하는 목사가 있을 정도여서 이 부분에 대한 가치관의 변화는 매우 시급한 문제라 생각한다. 더불어 그동안 설교에 대해서는 웬만하면 강한 비판을 하지 않으면서, 유독 찬양 인도자의 찬양법과 선곡에 대해서는 자신의 마음에 들지 않을 경우 대놓고 비판을 늘어 놓는 좋지 않은 습관도 사라져야 한다. 왜냐하면 21세기에는 찬양 인도도 설교만큼이나 성스러운 헌신이기 때문이다. 더불어 찬양 인도자를 대하는 평신도의 자세도 달라져야 한다. 물론 이를 위해서 찬양 예배 인도자의 영적 성숙과 그에 걸맞은 진보가 우선 이루어져야 함은 두말할 나위 없다. 바로 여기에 찬양 인도자와 설교자의 상호 협력 관계가 잘 이루어져야 할 이유가 있다. 이를 위해 오늘날은 전문 찬양 목회자의 교육과 파

설교, 또는 찬양 설교라는 측면에서는 이처럼 정의될 수 있을 것이다. EWB-Class, GK-Class.
585 Brian Wren, *Praying Twice: The Music and Words of Congregational Song*(Louisville, London: Westminster John Knox Press, 2000), 140~41.

송이 시급한 때가 되었으며, 지금 고찰하는 마틴 루터의 세 번째 음악 철학(말씀 선포로서의 음악)은 매우 유용한 신학적 근거가 될 수 있다.[586]

(5) 예배예전적(禮拜禮典的) 요소로서의 음악

무엇보다도 마틴 루터는 음악을 예배와 분리시켜 생각하지 않았다. 그래서 마틴 루터는 그의 라틴 미사(Latin Mass: 1523)를 위한 글에서 "하나님을 향한 예배를 무시하거나 없앤다는 것은 지금은 물론이거니와 앞으로도 절대 상상되어질 수 없는 이야기이다."[587]라고 말하면서 예배의 절대적 중요성을 강조하였다. 특별히 마틴 루터는 라틴 미사(Latin Mass)뿐만 아니라 독일 미사(German Mass)의 음악적 요소에도 많은 관심을 기울였다.[588]

1539년, 마틴 루터는 동역자 멜랑히톤(Melanchthon)과의 '탁상대화'를 통하여 "음악을 통한 모든 예배를 지켜 나가는 것은 매우 중요한 일이다."[589]라고 말하면서 예배에 있어 음악이 차지하고 있는 필수 불가결한 위치를 강조하였다.

특별히 마틴 루터의 예배 의식과 찬양을 한 권의 책으로 집대성한 울리히 로이폴트(Ulich. S. Leupold) 교수는 독일 미사를 위한 마틴 루터의 머리말을 해설하면서 마틴 루터가 얼마가 예배 요소로서의 음악에 대하여 깊은 관심을 가지고 있었는지 다음과 같이 설명했다.

---

586 참고하라. 김철웅, "설교자와 찬양 인도자," 「월간 신앙세계」 통권 472호 (2007. 11): 54~56쪽.
587 "An Order of Mass and Communion for the Church at Wittenberg(1523)," LW 53: 20
588 Paul Nettl, *Luther and Music*, trans. Frida Best and Ralph Wood(Philadelphia: Muhlenberg Press, 1948/Reprint New York: Russel & Russel, 1967), 77.
589 LW 50: 361.

예배를 위한 적당한 음악적 조화에 대한 관심은 마틴 루터로 하여금 하우스만(Hausmann)의 지속적인 요청을 받아들여 독일 미사를 만들어 내기 시작하는 데서 그 절정에 이르렀다. 이를 수행함에 있어 마틴 루터는 자신의 음악적 재능에 만족하지 못하여 예배 담당자인 코날드 러쉬(Conrad Rupsch: ?~1525)와 요한 발터(Johann Walter: 1496~1570)에게까지 협력을 요청했다. … 루터는 독일 미사를 위해 특별히 음악적인 부분에 필요한 몇 가지 원리를 지적했다.[590]

이와 같이 마틴 루터는 예배를 위하여 자신이 직접 음악을 만들기도 했으며 다른 음악가 친구들에게 부탁하기도 했다. 결국 이러한 예배 요소로서의 음악에 대한 루터의 관심은 '회중 찬송(congregational praising)'이라는 형태로 구체화되고 실제화되었다.[591] 회중 찬송에 대한 루터의 공헌에 대하여 칼 샬크(Carl F. Schalk) 교수는 다음과 같이 해설하였다.

찬양 또는 음악과 관련하여 마틴 루터가 행한 개혁에 있어 최고의 업적은 무엇보다도 루터가 예배 속에 회중 찬양을 다시 부활시켜 놓았다는 점이다. 그런데 이상하게도 이러한 루터의 관심은 많이 무시되어 온 것이 사실이다. 루터는 일반 성도들도 좀 더 적극적으로 예배 속의 찬양에 동참하기를 소망했으며, 그러한 루터의 소망이 결국 회중 찬양의 회복을 가져오게 한 것이다. 물론 현대 개신교도들에게 있어 음악을 통한 찬양은 아마 일반 예배 속에 가장 기본적인 요소로 인식이 될 것이다. 그러나 평신도에게 찬양이 금지된 그 당시의 루터에게 있어 음악이란 예배 시간에 모든 사람들이 함께 동일한 찬양을 부를 수 있도록 도와주는 하나

---

590 LW 53: 55.
591 Derek Wilson, *Out of Storm: The Life and Legacy of Martin Luther*(New York: St. Martin's Press, 2007), 348~9.

의 매개체였다.[592]

칼 샬크 교수의 이 말은 예배 음악과 관련된 이러한 마틴 루터의 개혁적 시도가 없었다면 오늘날 우리가 예배 때 다 같이 드리는 회중 찬양도 없었을 것이라는 말이다. 결국 '예배 요소로서의 음악'이라는 마틴 루터의 또 다른 음악 철학은 회중 찬송이라는 형태로 실제화되었으며, 그것에 힘입어 오늘날까지 그 전통이 계속 유지되고 있음을 알 수 있다. 이러한 마틴 루터의 음악 철학은 마틴 루터가 절대로 음악과 예배를 분리시켜 이해하지 않았다는 확실한 증거를 보여 준다.

이것을 오늘날 CCM과 연결하여 생각해 보자. 이미 앞에서 말했듯이 교회 음악과 예배 음악은 엄밀히 말해 차이점이 있다. 이러한 차이점을 인식한 상태에서 본다면, 일단 CCM을 교회 음악으로 볼 수 있다는 데에는 큰 어려움이 없어 보인다. 그러나 문제는 예배 음악이다. 정말 CCM을 예배 음악으로 볼 수 있는가? 이 문제는 아직도 많은 논란이 있다. 그러나 이미 이 논쟁에 대한 결론은 그 해답이 나온 상태이다. 왜냐하면 어쨌든 이미 대부분의 한국 교회에서 부분적이든 전부이든 CCM을 예배 음악으로 사용하고 있기 때문이다. 이러한 현실에 대하여 숭실대학교 박양식 교수는 다음과 같이 말했다.

CCM을 예배 음악으로 사용할 수 있느냐는 필자가 보기에 이미 결판이 난 문제이다. CCM을 예배 음악으로 사용하기를 꺼린다고 하는 교회에서도 이미 예배 안에 CCM을 도입하고 있는 경우가 많기 때문이다. 그런데도 자꾸 CCM을 예배 음악으로 사용하는 것이 가능하냐 아니냐를 묻는 것은, 확신이 서지 않거나 정서상 수용에 어려움을 느끼기 때문이다. 따라서 CCM의 예배 음악적 가능성은 사용할 것이냐 말 것이냐의 차원에서 논의될 것이 아니

---

592   Carl F. Schalk, *Luther On Music: Paradigms of Praise*, 41.

라, 어떻게 사용해야 좋겠는가의 차원에서 논의되어야 한다.[593]

물론 아직까지 CCM을 주일 예배의 온전한 찬양으로 드리기에는 많은 어려움이 있다. 그러나 그것은 어디까지나 교회 구성원의 정서와 문화적 거리감에서 오는 어려움이지 CCM 자체의 문제는 아니라고 본다. 물론 모든 CCM이 다 예배 음악에 적합한 것은 아니다. 그렇다고 해서 또 모든 CCM이 다 예배 음악이 될 수 없는 것도 아니다. 다만 필자가 여기서 말하고 싶은 것은 CCM이라는 이유 하나만으로 CCM이 예배 음악의 자리에 끼지 못하는 비극이 발생해서는 안 된다는 것이다. 만약 그런 일이 있다면, 나사렛 예수 그리스도께서도 백인이 아닌 중동 사람이라는 이유 하나만으로 백인 교회에 들어가지 못하고 밖에 앉으셔야 한단 말인가? 하나님께 부름 받은 사람은 누구나 예배 처소에 들어갈 수 있듯이, 하나님의 뜻 가운데 만들어진 CCM도 충분히 예배 음악의 한 요소가 될 수 있다. 이것이 바로 마틴 루터의 네 번째 음악 철학(예배 요소로서의 음악)을 통하여 본 CCM의 가능성이다.

(6) 교회를 이어주는 교량(橋梁)으로서의 음악

종교 개혁자들과 카톨릭 교회 사이의 갈등은 예배 형태와 예전 의식에서도 예외는 아니었다. 때문에 존 칼빈과 울리히 쯔빙글리처럼, 마틴 루터도 음악과 같은 외형적 요소를 하나님의 은혜를 받기 위한 일종의 필수적 요소로 남용(misuse)하는 카톨릭의 타락한 예배를 강하게 비판했었다.[594]

그래서 마틴 루터도 '성탄절을 위한 설교(Sermon on the Gospel

---

593 박양식,「문화를 알면 사역이 보인다」(서울:기독연합신문사, 2004), 185쪽.

594 Carl F. Schalk, *Key Words in Church Music*(St. Louis: Concordia Publishing House, 1978), 70.

for the Main Christmas Service in 1522)'를 통하여 "종을 울리고, 촛불을 태우며, 오르간의 소리에 맞추어 노래하며 기도를 외우는 것과 같은 외형적 실천을 통해야만 하나님의 은혜를 받을 수 있다고 생각하는 사람들은 정말 바보 같은 사람들이다."[595]라고 말하며 카톨릭 교회의 예배 형태를 노골적으로 비판했었다.

그러나 그렇다고 해서 마틴 루터가 카톨릭의 모든 예배 의식을 송두리째 무시하고 파괴한 것은 아니었다. 일단 우리는 그가 종교 개혁자이기 이전에 먼저 충실한 카톨릭 사제였다는 점을 절대 잊어서는 안 된다. 때문에 그는 특별히 자신이 확신하고 있는 복음의 내용과 특별히 관련이 없는 다른 것에 대해서는 대부분 카톨릭의 전통을 그대로 지켜나갔다.[596] 다시 말하자면 그는 카톨릭의 기존 전통을 따르면서 모든 교회의 일치성과 연결성을 유지하려고 무척 노력했던 것이다. 카톨릭의 전통을 아예 무시하지 않고 다만 자신이 다르게 생각하고 있는 부분에 대해서만 그것을 새롭게 개혁하려 했던 것이다. 이것은 마틴 루터와 다른 종교 개혁자들을 비교했을 때 나타나는 가장 큰 차이점 중 하나이다.[597]

이러한 사실은 종교 개혁의 실제 의도를 밝힌 벤츠(A. R. Wentz) 교수의 평가를 통해 밝혀진다. 그는 다음과 같이 말했다.

> 종교 개혁에 있어서는 이전 시대의 모든 장점들이 무시되지 않았다. 종교 개혁은 기독교의 새로운 해석을 확립하려는 노력이나 또는 새로운 형태의 기독교 사상을 형성하려는 노력이 아니었다.

---

595 "Sermon on the Gospel for the Main Christmas Service(1522)," LW 52: 79.

596 Franklin M. Segler, *Understanding, Preparing for, and Practicing Christian Worship,* Second Edition(Nashville, Tennessee: Broadman & Holman Publishiers, 1966), 36~37.

597 Cameron A Mackenzie, "The Other Reformers and Christian Worship: Not Quite Lutheran," in *Luther on Liturgy and Hymns,* ed., Daniel Zager.(Fort Wayne, IN: Concordia Theological Seminary Press, 2006), 87~103.

그것은 단순히 이전 시대의 모든 훌륭한 업적을 더욱 진전시키려
는 노력이었으며 로마 카톨릭주의의 세력과 희랍적 사변의 유혹을
극복하고 기독교의 근원적 본질을 그리스도 안에 계시된 하나님
의 자비하신 의지라는 새로운 중심에 집약시키려는 노력이었다. …
루터는 고래(古來)의 귀중한 유산을 존중하였다.[598]

다시 말하자면 종교 개혁이란 카톨릭 전통과의 단절이 아니라 어
디까지나 카톨릭 전통에 기반을 둔 개혁의 또 다른 움직임이었다. 이
러한 폭넓은 평가에 비추어 루터 교단의 예배 연구가 리드(Luther
D. Reed) 교수는 "마틴 루터와 그의 추종자들은 예배와 음악의 개혁
에 있어 전통적인 라틴어 예배의 성격을 그대로 유지하는 가운데 그
것을 나름대로 정화시키려 노력했다."[599]고 분석했고, 폴 니틀(Paul
Nettl) 교수도 "마틴 루터는 절대로 과거 라틴어 형식의 전통적 예배
음악과 그 틀을 버리지 않았다. 그러나 존 칼빈이나 울리히 쯔빙글리
는 달랐다. 특별히 쯔빙글리는 예배 시간에 그 어떤 음악적 기술과
인간적 기교도 허락하지 않았을 정도였다."[600]고 주장하며, 다른 종교
개혁자들과 전혀 다른 마틴 루터의 개혁 의도를 변호했었다.

물론 그 당시 마틴 루터가 평신도들이 이해하기 어려운 카톨릭
의 라틴어 예배 형식보다는 모든 사람이 쉽게 다가갈 수 있는 모국
어(母國語)인 독일어를 사용한 새로운 예배를 선호한 것은 사실이
다. 다시 말하자면 마틴 루터는 그 당시에 없었던 새로운 예배 형식
을 만들어 낸 것이다. 그러나 그렇다고 해서 마틴 루터가 전통 라

---

598 A. R. Wentz, in V. Ferm's book, *What Is Lutheranism?*, 1930, 84, J.
L. Neve, *A History of Christian Thought*, 徐南同 譯, 「基督教教理史」 (서울:
大韓基督教書會, 1965), 343~4쪽에서 재인용.
599 Luther D. Reed, "Worship," in *What Lutherans Are Thinking*, ed.
E. C. Fendt,(Columbus, Ohio: The Wartburg Press, 1947), 396~98.
600 Paul Nettl, *Luther and Music*, trans. Frida Best and Ralph
Wood(Philadelphia: Muhlenberg Press, 1948 / Reprint New York: Rus-
sel & Russel, 1967), 4, 78.

틴어 예배 자체를 무시하거나 폐지한 것은 절대 아니다. 오히려 마 틴 루터는 독일어 예배를 라틴어 예배의 연결점으로 이해했다. 따라 서 마틴 루터는 독일어 예배를 통해 평신도를 위한 다양한 예배 형 식을 시도하면서도 동시에 과거 전통 라틴 미사와의 연결성을 이루 려고 무척 조심하며 노력했다.[601] 바로 여기에 마틴 루터가 조스캥 데 프레스(Josquin des presz: 1450/55~1521), 루트비히 젠플(Ludwig Senfl: 1486~1542)와 같은 카톨릭 출신 작곡가들에게 코랄의 작곡 을 의뢰할 수 있었던 이유가 있다.[602]

그럼 정말 그랬는가? 이 부분에 대한 마틴 루터의 말을 직접 들어 보자. 이러한 마틴 루터의 의도는 1522년 그가 쓴 "예식에 있어 두 종류를 모두 이어받음(Receiving Both Kinds in the Sacrament)" 이라는 글에서 잘 나타난다.

> 예식에 있어 옛날의 고전적 형태를 계속 유지하도록 하자. 라틴 미사(Latin Mass)를 통해서도 성스러운 의복과 성가를 유지하며 그 외 모든 유용한 예식을 통해 미사가 더욱더 돋보이도록 하자. 다만 이러한 모든 것들은 우리의 양심을 위협하지 않는 외적인 요 소(external factors)가 될 뿐임을 인정하자.[603]

이러한 그의 철학은 그로부터 1년 뒤인 1523년 '미사 순서와 교 회의 회합(Order of Mass and Communion for the church at Wittenberg)'을 위한 글 속에서 다시 나타난다.

> 그러므로 우리는 우선적으로 다음과 같은 우리의 의도를 알려

---

601 Frank C. Senn, "Luther's Liturgical Reforms: Luther the Medieval Liturgist," in *Luther on Liturgy and Hymns,* ed., Daniel Zager.(Fort Wayne, IN: Concordia Theological Seminary Press, 2006), 15.
602 Min Joo Ra, *"The Effect of Music Ministry in Church Growth"*(D. Min. Diss., Concordia Theological Seminary, 2002), 30.
603 LW 36: 254

야 한다. 우리의 의도는 과거의 예배 형태를 완전히 없애자는 것이 아니다. 오히려 오늘날의 타락된 비정상적 예배 형태와 그 음악을 새롭게 정화(purify)해 새로운 복음적 요소로서의 회복을 꿈꾸자는 것이다. 우리는 절대적으로 과거의 예배 형태를 부정하지 않는다.[604]

계속해서 마틴 루터는 시편 118편(1030)을 주석하면서 다시 한 번 음악을 통한 교회의 통일성과 연결성을 다음과 같이 강조하였다.

나는 그들의 장막에서 울려 퍼지는 기쁨의 소리를 들을 수 있습니다. 그것은 하나님의 도우심으로 이룬 구원과 승리의 환희를 노래하는 찬양과 성가입니다. 우리는 이제 이 감사의 찬양에 모두 함께 동참할 수 있습니다. 왜냐하면 우리는 하나님 안에서 동일한 신앙과 믿음을 가지고 서로의 고통을 함께 나눌 수 있는 한 공동체이기 때문입니다.[605]

이처럼 마틴 루터는 절대로 자신이 새로 만든 예배 형태를 지키기 위하여 과거의 예배 형식을 버리거나 무시하지 않았다. 그가 이러한 예배를 통하여 음악 개혁을 시도한 것은 사실이다. 그러나 그렇다고 해서 그가 과거 전통음악의 모든 형식과 틀까지 모두 무시하거나 버린 것은 절대 아니었다.

그러나 마틴 루터의 주변 적대자들은 그것을 계속 오해하며 매도했다.[606] 그래서 그는 끊임없이 그의 올바른 의도를 여러 경로를 통

---

604 LW 53: 20.
605 "Commentary on Psalm 118(1530)," LW 14: 79.
606 마틴 루터를 카톨릭 예배 형식의 파괴자로 비난하는 사람들의 주장에 대하여는 다음을 참고하라. Frank C. Senn, "Martin Luther's Revision of the Eucharistic Canon in the Formula Missae of 1523," *Concordia Theological Monthly* 44(1973): 118, William D. Maxwell, *An Outline of Christian Worship: Its Development and Forms*(London: Dacre, 1936), 77,

해 위와 같이 밝힌 것이다. 마틴 루터는 어디까지나 그 당시 오염되고 타락된 카톨릭 예배 음악의 정화와 개정을 강조했고, 평신도를 위한다는 그 목적에서 벗어나지 않으려 노력했다. 한마디로 마틴 루터는 바로 음악을 통한 교회간의 분열보다는 건전한 다양성 속에서 새로운 연합을 꿈꾸었던 것이다.[607]

이와 같이 마틴 루터는 음악을 자신의 개혁과 카톨릭 교회를 연결하는 교량(a bridge-point)으로 인식하는 아주 독특한 음악 철학을 가지고 있었던 것이다. 이것을 통하여 마틴 루터는 카톨릭 교회와의 분열을 가속화시키기보다는 둘 사이의 차이점을 극복하려 노력했다. 그래서 마틴 루터는 사제(司祭)를 안수(按手)하기 위한 필수 조건으로 음악적 자질(資質)을 강조했으며, 찬양과 음악을 신학의 교과 과정에 넣어 교회 음악의 학문화를 정진시키기도 했다.[608]

그렇다면 이러한 마틴 루터의 다섯 번째 음악 철학은 오늘날의 CCM과 연결해서 생각할 때에 어떠한 의미가 있는 것일까? 오늘날 CCM을 반대하는 사람들이 가지고 있는 흔한 오해 중 하나가 CCM 사역은 기존의 전통 예배 형식을 모두 무너뜨리기 위한 위험한 도전이라는 점이다. 필자는 그들의 이러한 극단적 오해에 동의하지 않는다. CCM 사역은 절대로 전통 예배 형식을 무너뜨리기 위해서 나온 새로운 기독교 음악이 아니다. CCM 사역이 추구하는 바는 변하는 시대에 따라 이러한 다른 기독교 음악도 있다는 사실을 보여 주고, 또한 이러한 사역이 전통 예배와의 연결성 속에서도 얼마든지 이루어질 수 있음을 보여 주기 위한 사역이다. 물론 CCM은 그 시대의 새로운 기독교 음악이다. 그러나 전통 예배를 무시하거나 무너뜨리기 위한 새로운 기독교 음악은 아니다. 그런데 이와 같은 오해가 생기는

Gregory Dix, *The Shape of the Liturgy*(London: Dacre, 1945), 629~31.
607 Robin A. Leaver, "Theological Consistency, Liturgical Integrity, and Musical Hermeneutics in Luther's Liturgical Reforms," *The Lutheran Quarterly*, Vol. IX, No. 2(Summer 1995): 117~18.
608 Ewald M. Plass, *What Luther Says*(St. Louis: Concordia Publishing House, 1959), 980.

이유는 이러한 변화에 익숙치 못한 공동체가 그 사역의 본뜻을 이해하지 못하기 때문이다.

CCM 사역자들 중에서 그 어느 누구도 전통 예배를 사탄의 예배나 전혀 하나님의 임재가 없는 예배라고 비난하지 않는다. 다만 서로 형식이 다른 예배라고 인정할 뿐이다. 모름지기 전통 예배는 전통 예배로서, CCM 예배는 CCM 예배로서 나름대로 그 가치와 의미를 지니고 있다. 다만 CCM 형식의 예배가 더 은혜로운 사람은 거기로 가서 하나님을 찬양할 뿐이다. 개인적으로 필자는 전통 예배와 CCM 예배 두 곳에서 모두 다 동일하게 그 예배만의 은혜와 감동을 맛본다. 이러한 면에서 CCM은 '음악이란 교회를 이어주는 교량'이라는 마틴 루터의 다섯 번째 음악 철학에 비추어 볼 때 절대로 다른 형태의 예배를 배격하고 CCM을 통한 예배만을 고집하는 과정에서 나온 그런 음악이 아니다.

(7) 평가

지금까지 우리는 마틴 루터의 음악 철학에 대하여 모두 각각 다섯 가지로 나누어 추적해 보았다. 그 결과 16세기 마틴 루터의 다섯 가지 음악 철학은 오늘날 21세기에도 별 무리 없이 적용되는 음악 철학이며, 더 나아가 우리가 오늘날의 CCM을 이해함에 있어서도 많은 도움을 주는 음악 철학이었음을 알 수 있다. 또한 그의 음악 철학은 철저히 하나님 창조 섭리에 입각한 음악 철학이었고, 성서적 증거에 바탕을 둔 음악 철학이었으며, 말씀 선포와 예배 요소 같은 예전적 입장에서 파생된 음악 철학이었다.

물론 역사상 한 인물의 음악 철학을 단순히 다섯 가지로만 요약하여 설명하고 그것이 그 사람의 모든 음악 철학이었다고 주장하는 것은 터무니없는 일임이 분명하다. 당연히 마틴 루터의 음악 철학은 이보다도 더 많으며 다양하다. 그러나 필자는 여기서 만족하려 한다.

왜냐하면 여기까지 정리한 마틴 루터의 다섯 가지 음악 철학만으로도 일단의 기본적인 조망은 충분하리라 생각하기 때문이다.

자! 그렇다면 이러한 마틴 루터의 다섯 가지 음악 철학은 어떤 신학적 이해 속에서 형성되었을까? 그리고 이러한 마틴 루터의 음악 철학은 어떠한 신학적 틀 속에서 구체화되었을까? 이 질문에 대한 답을 다음 장을 통하여 다시 또 추적해 보자!

3. 마틴 루터 음악 철학의 신학적 기초

(1) 음악 철학과 음악 신학

앞에서 우리는 칼 샬크(Carl F. Schalk) 교수의 분석에 기초하여 마틴 루터가 지니고 있었던 음악 철학을 다섯 가지로 분류하여 추적해 보았다. "그렇다면 그러한 마틴 루터의 다섯 가지 음악 철학은 어떤 신학적 이해 속에서 형성되었을까?" 그리고 "마틴 루터는 앞에서 소개된 다섯 가지 음악 철학을 어떠한 신학적 이해 속에서 구체화시켰을까?" 이 질문은 마틴 루터의 음악 철학과 그의 신학이 서로 어떻게 연결되어 있는지 알아볼 수 있도록 인도하는 질문이며, 오늘날 CCM을 마틴 루터의 관점에서 해석할 수 있는 열쇠가 어디에 있는지 묻는 질문이다.

이 질문에 답하기 전에, 우선 필자가 이 책에서 나름대로 정의하고 있는 '음악 철학'과 '음악 신학'의 관계성을 독자들에게 간단히 설명할 필요가 있다고 본다. 사실상 이러한 작업은 또 다른 책 한 권을 쓸 수 있을 만큼의 광범위한 소재이다. 그러나 이것은 본서가 다루고 있는 주요 소재가 아니기 때문에 필자는 본서를 이해하는데 필요한 만큼의 설명만 하고 지나가려 한다.

일단 필자는 마틴 루터가 가지고 있었던 음악의 '일반적 이해

(general understanding)'를 그의 음악 철학이라고 규정했다. 그리고 마틴 루터가 음악을 종교 개혁에 구체적으로 사용함에 있어 붙들고 있었던 '특별한 개념(special concepts)'을 그의 음악 신학이라 규정하고자 한다. 즉 음악에 대한 마틴 루터의 일반적 이해가 그의 음악 철학이라면, 그러한 그 음악을 실제로 사용하기 위한 특별 개념이 바로 그의 음악 신학인 것이다. 그러므로 음악 철학이 음악 신학보다 좀 더 넓은 개념인 반면에, 음악 신학이 음악 철학보다 좀 더 세밀하고 구체적인 개념이라 할 수 있다. 마틴 루터의 음악 철학은 그의 음악 신학 속에서 구체화되며, 그의 음악 신학은 그의 음악 철학의 지지를 받는다. 이것이 바로 필자가 나름대로 가지고 있는 마틴 루터 음악 철학과 음악 신학의 관계성이다. 그럼 이제부터 이러한 이해를 바탕으로 마틴 루터의 음악 신학에 대한 추적 여행을 떠나 보자.

확실히 마틴 루터의 음악은 철저히 그가 가지고 있었던 나름대로의 신학적 바탕 위에 그 기초를 두고 있었다.[609] 그래서 일찍이 로버트 스티븐슨(Robert Stevenson)은 마틴 루터가 음악가로서 후대에 남긴 가르침을 총 여덟 가지로 정리하면서 음악에 대한 마틴 루터의 모든 주장은 그의 독특한 신학과 밀접한 관계가 있다는 점을 강조하였다.[610] 호티 니켈(Hoetty-Nickel) 교수 또한 마틴 루터의 음악 철학을 이해하려면 그것을 반드시 그의 신학과 연결시켜 분석해야 한다고 말한 바 있다.[611] 이것은 우리가 앞에서 살펴본 마틴 루터의 다

---

609 Kurt J. Eggert, "Music, Hymnody, Liturgy and Worship," *Lutheran Synod Quarterly,* Vol. XXIX(March 1989): 19.

610 마틴 루터가 남긴 여덟 가지 가르침의 항목은 다음과 같다. 1) 새로운 음악 평가 기준을 제시함, 2) 음악은 단순히 듣기만 하는 것이 아니라 학습해야 하는 것이다, 3) 음악을 기본 초등 교과의 필수 과목으로 주장함, 4) 음악을 사제로서 서품받기 위한 필수 조건으로 주장함, 5) 어거스틴(Augustine)의 음악 윤리(musical moral grounds)를 따르려 노력했다, 6) 교회 음악의 우수성을 항상 주장했다, 7) 회중 찬송을 강조하면서도 동시에 절대로 오르간과 성가대의 역할을 축소화하지 않았다. 8) 음악 목회자를 위한 교회의 경제적 지원을 아끼지 말아야 한다. Robert Stevenson, "Luther's Musical Achievement," *The Lutheran Quarterly,* Vol. 3, No. 3(August, 1951): 255.

611 Theodore Hoetty-Nickel, "Luther and Music," in *Luther and Cul-*

섯 가지 음악 철학이 앞으로 우리가 추적할 마틴 루터의 음악 신학과 밀접한 관계가 있음을 다시 한 번 확인시켜 주는 말이다.

이러한 이해 속에서, 우리가 특별히 마틴 루터의 음악 철학과 관련하여 일단 필수적으로 고찰하고 넘어가야 할 마틴 루터의 신학 개념은 크게 두 가지이다. 첫 번째 것은 마틴 루터 신학의 핵심인 '만인제사장설(The Priesthood of All Believers)'이며, 두 번째 것은 '아디아포라(adiaphora)와 디아포라(diaphora)'이다.

물론 이 외에도 마틴 루터의 음악 신학과 연결할 수 있는 많은 신학적 개념들이 있다. 그러나 필자는 이곳에서 정확히 마틴 루터의 음악만을 이해할 수 있는 위의 두 가지 신학 개념만을 추적하고자 한다. 그 외의 정보에 대해서는 마틴 루터의 음악 신학을 하나님의 말씀, 교회, 예배, 세상, 십자가와 같은 다섯 가지 신학적 개념과 연관시켜 고찰한 문서를 소개하는 것으로 만족하려 한다.[612]

따라서 필자는 여기서 이 '만인제사장설'과 '아디아포라와 디아포라'라는 두 가지 신학 개념을 중심으로 마틴 루터의 음악 신학에 대해 추적하고자 한다. 그리고 그것을 토대로 하여 오늘날 우리가 추구해야 할 21세기 CCM 사역의 올바른 신학적 모델(model)이 무엇인지 언급하고자 한다.

(2) 만인제사장설

1) 만인제사장설이란 무엇인가?

'만인제사장설'이라는 신학 개념이야말로 하나님께서 마틴 루터에게 허락하신 것 가운데 가장 독창적이며 대표적인 신학 개념이다.

---

ture, Martin Luther Lectures, Vol. 4(Decorah, Iowa: Luther College Press, 1960), 149.

612 참고하라. Susan, David J. "Some Parallel Emphases Between Luther's Theology and His Thought about Music, and Their Contemporary Significance." *Concordia Journal,* Vol. 11, No. 1(February 1985): 10~14.

한마디로 "믿음으로 구원을 얻는다."는 '이신칭의(Justification by grace through faith)'[613]를 직접 기독교인의 삶에 적용하여 실천할 수 있도록 만든 신학 개념이다. 그렇다면 '만인제사장설'이란 정확히 무엇인가? 마틴 루터가 말하는 '만인제사장설'의 본 의미는 그의 작품, 특별히 1520년에 쓴 그의 3대 논문에서 그대로 드러난다. "독일 기독교 귀족에게 보내는 글", "교회의 바벨론 포로시대", "기독교인의 자유"에 나타난 마틴 루터의 주장을 하나씩 직접 들어 보자.

　　모든 사람은 다 차별 없이 하나님 앞에서 동일한 제사장이다. 그래서 모든 그리스도인은 스스로 기도할 수 있고 하나님께 나아 갈 수 있다.[614]

　　모든 그리스도인 남자는 제사장이며, 모든 그리스도인 여자도 여자 제사장이다. 젊으나 늙으나, 주인이나 종이나, 남종이든 여종이든, 유식하든 무식하든 아무런 상관 없이 이 점에는 전혀 차이가 없다.[615]

　　교황, 감독, 사제 그리고 수도승들만이 영적 지위에 속하고 왕과 영주와 농부들 및 기능공들은 세속적 지위에 속한다는 생각은 잘못된 생각이다. …모든 기독교인들은 모두 다 진정한 영적 지위를 확보하고 있다. 서로의 차이라면 직책의 차이일 뿐이다.[616]

　　그러므로 모든 사람이 자기 스스로 진정한 기독교인임을 알게 하고 확신하게끔 하자. 왜냐하면 우리는 모두가 동등하게 하나님

613　"Disputation Concerning Justification," LW 34: 152~68.
614　"The Misuse of the Mass," LW 36: 139.
615　"Treatise on the New Testament," LW 35: 101.
616　Martin Luther, "Address to the Christian Nobility of the German Nation," In *Three Treatises*(Minneapolis, MN: Augsburg Fortress Publisher, 1973), 12.

앞에서 왕 같은 제사장이기 때문이다. 로마 카톨릭 교회에 의하여 안수 받은 사제만이 사제가 아니라 세례와 동시에 모든 기독교인은 이미 제사장 직분을 받은 것이다. 따라서 말씀 사역을 비롯한 기독교인의 모든 직책 수행은 이 만인제사장직의 실천이다.[617]

우리는 기독교인들이 하나님께로부터 받은 모든 것을 다른 사람들에게로 넘쳐 흘려보내는 것을 잘 알고 있다. 결국 이 모든 좋은 것은 모든 기독교인들을 위한 것이다.[618]

이것이 바로 마틴 루터가 주장하고 있는 '만인제사장설'이다. 이 개념 속에는 "카톨릭에서 강조하는 특별한 사제(a Catholic priest)의 중재(mediation)나 예전적인 절차(liturgical process) 없이도 모든 사람이 직접 하나님과 자유롭게 교제할 수 있다."는 뜻이 담겨져 있다.[619] 따라서 마틴 루터의 이러한 선언 속에는 우리가 모두 예수 그리스도를 통하여 하나님께 자유롭게 나아갈 수 있는 왕 같은 제사장이라는 뜻이 전제되어 있다. 이처럼 마틴 루터는 모든 사람이 동등하게 하나님께 나아갈 수 있다는 '기독교인의 자유와 권리'를 강조했다. 그것이 바로 '만인제사장설'이다.[620]

이후 마틴 루터의 '만인제사장설'은 현대 개신교 목회 현장에 지대한 영향을 끼쳐 왔다. 그 중에서 특별히 21세기로 들어오면서 두드러진 사례가 바로 '평신도 사역(lay ministry)'이다.[621] "너희는 택하신

---

617 Martin Luther, "The Babylonian Captivity of the Church," In *Three Treatises*(Minneapolis, MN: Augsburg Fortress Publisher, 1959), 202, 244.
618 Martin Luther, "The Freedom of a Christian," In *Three Treatises*, Reprinted from the American Edition of Luther's Works and Revised by J. Atkinson(Minneapolis, MN: Augsburg Fortress Publisher, 1957), 309.
619 "The Misuse of the Mass," LW 36: 139.
620 지원용, 「루터와 종교 개혁」(서울: 컨콜디아사, 1993), 152쪽.
621 평신도 사역이란 이제까지 목회자에게만 집중이 되어 있던 목회의 영역을 평신도와 나누어서 같이 협력하는 협력 패러다임(paradigm)의 사역을 일컫는

족속이요, 왕 같은 제사장들이요, 거룩한 나라요, 그의 소유된 백성”
임을 계시하는 베드로전서 2장 4~10절의 말씀이 오늘날 평신도 사
역의 ‘성서적 근거’로 즐겨 사용되어 왔다면,[622] 마틴 루터의 ‘만인제
사장설’은 평신도 사역을 위한 ‘신학적 기초’로 자리 매김 해 왔다. 이
러한 ‘성서적 근거’와 ‘신학적 기초’ 속에서 ‘만인제사장설’은 이제까
지 우리의 목회 영역을 확대하는 건전한 신학 개념으로 다루어져 왔
다.[623]

그러나 세월이 흐름에 따라, 특별히 최근 21세기에 와서 마틴 루터
의 ‘만인제사장설’을 남용(abuse)하고 오용(misuse)하여 평신도 사
역의 본래 뜻과는 거리가 먼 결과를 낳게 되는 경우를 종종 보게 된
다. 왜냐하면 많은 사람들이 마틴 루터의 ‘만인제사장설’을 잘못 이
해하고, 더 나아가 잘못 적용하고 있기 때문이다.[624] 결국 이러한 몰
이해는 마틴 루터도 원치 않았던 큰 비극을 몰고 왔는데, 바로 평신
도와 성직자의 구분이 모호해졌다는 것이요, 그로 말미암아 평신도
가 성직자의 고유 권한을 침범하는 결과를 낳게 된 것이다. 이처럼
목회자와 평신도 사이의 구분이 희미해졌다는 것은 오늘날 평신도
사역이 가지고 있는 가장 큰 부작용 중에 하나이다.[625] 그래서 어떤
심한 경우는 평신도가 목회자의 전문 목회 영역까지 침범하며 목회
자의 영적 권위를 인정치 않는 경우가 발생하기도 한다. 결국 교회의
리더(leader)인 목회자를 도와주려는 목적에서 시작했던 평신도 사역

다. Melvin J. Steinbron, *Can the Pastor Do It Alone?*(Ventura, Califor-
nia: Regal Books, 1987), 23.
622 Ralph D. Bucy, *The New Laity: Between Church and World*(Waco.
Texas: Word Books Publisher), 25~29.
623 Walter A. Henrichson & William N. Garrison, *Layman, Look Up!
God Has a Place for You*(Grand Rapids, Michigan: Zondervan Pub-
lishing House, 1983), 81~82. Ralph D. Bucy, *The New Laity: Between
Church and World*(Waco. Texas: Word Books Publisher), 25~29.
624 Colin Bulley, *The Priesthood of Some Believers*(Waynesboro. GA:
Paternoster Press, 2000), 6~17.
625 Georia Harkness, *The Church and Its Laity*(Nashville. New York:
Abingdon Press, 1962), 69~70.

이 결국에는 목회자의 고유 영역까지 침범하는 최악의 결과를 낳게 된 것이다.[626] 이러한 현상을 한일장신대학교 정장복 총장은 다음과 같이 설명했다.

> 예배의 집례자를 논하면서 다시 한 번 종교 개혁과 더불어 새롭게 등장한 만인 사제론 '만인제사장설'을 언급하고자 한다. 그 까닭은 오늘의 평신도들이 이 교리를 그릇되게 이해하고 있는 것 같은 느낌을 받을 때가 많기 때문이다.[627]

> 마틴 루터가 만인사제론을 외치면서 그 시대의 교직 계급을 비판하고 나섰을 때 열렬한 호응이 뒤따를 수밖에 없었던 것이다. …그러나 이 만인사제론은…급진주의 개혁 종파들에 의하여 사제 무용론(無用論) 내지 사제 경시 현상을 나타내는 심각한 부작용을 가져오게 되었다.[628]

> 이 만인사제론은 우리의 대제사장 예수 그리스도처럼 하나님 앞에 나아가 이웃을 향하여 자신을 희생적 존재로 바치는 데 그 참 뜻을 갖는 것이다. …결코 누구나 주일 예배를 집례할 수 있고 말씀을 선포할 수 있다는 뜻은 아니라고 본다.[629]

이러한 시점에서 우리가 분명히 확인하고 넘어가야 할 것이 있다. 바로 '만인제사장설'은 절대로 평신도가 성직자의 고유 권한까지 침범할 수 있도록 허락하는 '평신도의 반란(the revolt of the

---

626 Hendrik Kraemer, *A Theology of the Laity*(London: Lutterworth Press, 1958), 93~95.
627 정장복, 「예배학 개론」 (서울: 종로서적, 1985), 60쪽.
628 위의 책, 55쪽.
629 위의 책, 61쪽.

laymen)'[630]이 아니며 모든 사람이 목사라는 '만인목사설'[631]을 의미하는 것이 아니고, 똑똑한 평신도를 잘 훈련시켜서 목사급 평신도를 만들어 내기 위한 것도 아니라는 점이다.[632]

우선 '만인제사장설'을 주장했던 마틴 루터 본인부터 이와 같은 것을 절대로 의도하지 않았다. 그는 '만인제사장설'을 주장하면서도 동시에 성직을 담당하는 목회자의 전문성을 인정하고 그를 위한 합법적인 소명과 교육 과정을 강조했다. 이러한 사실은 마틴 루터가 남긴 증언만으로 충분히 입증된다. 그는 "교회의 바벨론 포로 시대"라는 소논문에서 한 특정 평신도가 회중 전체를 대표하기 위한 성직자의 역할을 하려면 전 회중의 동의 혹은 선임자의 부름에 의하여 특수 교역에 임해야 할 것을 주장하였다.[633] 그는 말하기를 "그 어느 누구도 공동체의 동의나 선임자의 부름 없이 이 성직자의 고유 권한을 행사할 수 없다."[634]고 했다. 그는 또한 "기독교인의 자유"라는 소논문에서도 동일한 주장을 하였다.

> 만약 교회 안에 있는 모든 사람들이 다 제사장이라면 우리가 지금 제사장이라고 부르는 사람들은 평신도들과 어떻게 다른가? …나는 이렇게 대답하겠다. …비록 우리가 다 같이 제사장들이기는 하나 그렇다고 해서 우리가 다 공적으로 사역을 하거나 가르칠 수는 없다. 우리가 할 수 있다고 할지라도 그렇게 해서는 안 된다.[635]

계속해서 그는 「갈라디아서 강해」를 통해서도 다음과 같이 주장했다.

---

630 Elton Trueblood, *Your Other Vocation*(San Francisco: Harper & Row, Publishers), 30.
631 김동호, 「생사를 건 교회 개혁」 (서울: 규장출판사, 1999), 73~74쪽.
632 류창현, 「포스트모던 사회와 교회」 (서울: 프리칭아카데미, 2006), 180쪽.
633 LW 39: 312.
634 LW 36: 112~16.
635 LW 31: 355~56.

하나님은 두 가지 방식으로, 즉 특정한 방법에 의해 혹은 특별한 방법 없이 부르신다. 오늘날 하나님은 우리 모두를 말씀의 사역자로 중개적인 부름에 의해, 즉 특별한 방법에 의해, 즉 인간을 통해 오는 부름에 의해 부르신다. 그러나 예언자들이나 사도들은 하나님으로부터 직접 부름을 받았다. 구약의 예언자들이 하나님 자신에 의해 부름을 받은 것처럼 사도들은 그리스도 자신에 의해 직접 부름을 받았다.[636]

이것은 '일반 부름(general calling)'과 '특별 부름(special calling)'의 구분이다. 바로 성직자로서의 부름과, 일반 평신도로서의 부름을 구분한 것이다. 적어도 마틴 루터에게 있어 특수 전문 교역은 전체의 동의와 선거에 의하여 공동체 전체를 대표하는 교역으로서, 그는 그것이 성직자의 전문 영역임을 강조한 것이다.[637] 이처럼 마틴 루터는 1520년 이후 점차 '만인제사장설'의 '보편적인 적용'과 '특수 전문 교역의 실천'을 분명히 구분하였다. 다시 말하자면 마틴 루터 자신부터 그가 주장한 '만인제사장설'이 기존 종교 지도자들에 대한 침범이나 도전을 뜻하는 것이 아님을 확실히 했다는 말이다. 이 사실에 대하여 잉에마 오베르크(Ingemar Oberg) 교수는 다음과 같이 설명했다.

루터는 중요한 성서적 개념인 만인제사장설을 강조했었다. …이것은 모든 기독교인은 특별한 중재자 없이도 믿음 안에서 바로 하나님께 접근할 수 있다는 뜻이다. …만인제사장설은 예수 그리스도 안에서 모든 사람이 동일하며 똑같은 권위를 지니고 있음을 말한다. …그러나 마틴 루터의 만인제사장설이 모든 사람으로 하여금 하나님의 말씀을 설교하거나 성례전을 집행할 수 있도록 허

---

636 LW 26: 17.
637 Paul D. L. Avis, *The Church in the Theology of the Reformers* (Atlanta: John Knox Press, 1981), 13.

락한 것은 아니다. 왜냐하면 그것은 안수 받은 교회의 목회자가 해야 할 공적인 목회 사역이기 때문이다.[638]

한국신학대학교 이장식 교수도 다음과 같이 설명했다.

> 아무튼 洗禮 받은 크리스천은 차별 없이 다 聖職者이어서…그러나 루터는 한편으로는 교회의 司祭職(Churchy priesthood)을 인정한다. 그리고 司祭職은 平信徒와 구별되는 것으로서 말씀을 선포하며 교인들의 영적 지도와 보호를 위하여 전적으로 몸 바친 주의 종으로서의 司祭職 곧 牧師의 職으로 그는 인정한다.[639]

> 敎會의 制度上 牧師의 職을 인정하면서도 루터는 중세적인 성직자 우월성을 철저히 否認하려고 한다. 牧師가 平信徒보다 더 神靈하다거나 구원의 보장이 더 확실하다는 靈的 思想을 철폐하는 것이다. …牧師의 職이 平信徒보다 더 신령한 것이 아니라 할지라도 교회의 최고 標識(mark)인 말씀을 선포하는 직분을 맡은 牧師의 職이 얼마나 영광스러운 것임을 루터 자신도 스스로 숨길 수 없었음이 분명하다.[640]

특별히 미국 루터교 목사인 아더 드루브로우(Arthur Drevlow)는 마틴 루터가 이러한 선언을 하게 된 이유에 대해 다음과 같이 설명했다.

> 1525년 이후 평신도의 권위가 높아질 대로 높아져서 안수 받은 성직자의 고유 권한까지 요구하는 부작용이 발생될 때에, "물론

---

638 Ingemar Oberg, *Luther och varldsmissionen*, Dean Apel trans., *Luther and World Mission*(Saint Louis: Concordia Publishing House, 2007), 88~89.
639 李章植, 「基督敎思想史」 第2卷(서울: 大韓基督敎書會, 1965), 220쪽.
640 위의 책, 221~222쪽.

비록 우리가 다 같이 사제이지만, 그렇다고 해서 우리 모두 다 공식적인 목회 업무를 수행하는 사제가 될 수는 없다."고 말한 마틴 루터의 목소리는 마치 클라리온 악기에서 울려나온 아름다운 소리처럼 들린다.[641]

결론적으로 여기서 우리는 '만인제사장설'을 주장했던 마틴 루터의 본뜻을 식별해 낼 수 있다. 물론 마틴 루터는 확실히 모든 사람의 '만인제사장설'을 주장했다. 그러나 그렇다고 해서 그가 성직자로 부름 받은 직책에 대한 특별한 권위와 전문성까지 일반 평신도에게 양보한 것은 아니다. 결국 그도 '만인제사장설'을 인정하면서, 하나님께서는 특정한 사람을 특별히 부르셔서 성직자로 삼으시고 목회 사역을 맡기셨다는 목회의 전문 영역은 철저히 지켰던 것이다.

그러므로 마틴 루터가 주장한 '만인제사장설'은 어디까지나 16세기 당시 카톨릭 사제의 중재를 거치지 않고 바로 하나님께 향할 수 있는 평신도 신앙의 자유와 권리를 회복하기 위한 '신학적 통로(channel)'였지, 성직자의 전문 권한까지 침범하도록 허용한 '신학적 도전(challenge)'이 아니었다. 이러한 면에서 'Channel'과 'Challenge'는 엄격하게 구분되어야 한다. 성직자의 '독점권'을 '개혁'하는 것과 성직자의 '전문 권한'을 '빼앗는 것'은 엄연히 서로 다른 것이다. 따라서 마틴 루터가 '만인제사장설'을 주장하게 된 배경에는 성직자의 독점권을 개혁하려는 마음만 있었지, 성직자의 전문 권한까지 포기하거나 양보하려는 의도는 전혀 없었다.

바로 여기에 오늘날 21세기의 '만인제사장설'을 16세기 때의 것으로 다시 복원시켜야 할 이유가 있다. 왜냐하면 16세기의 '만인제사장설'은 성직자들의 독점권으로부터의 탈피였으며, 평신도의 해방이었다. 그러나 오늘날 21세기의 만인제사장설은 성직자의 전문성을 인

---

641 Arthur Drevlow, "The Priesthood of All Believers," *LOGIA: A Journal of Lutheran Theology*, Vol. VII, No. 1(1998): 34.

정치 않는 평신도의 군림(君臨)으로 왜곡되는 경향이 있기 때문이다. 따라서 오늘날 마틴 루터의 '만인제사장설'을 16세기 본래의 '만인제사장설'로 바로 돌려 잡기 위한 새로운 대안이 시급히 요청된다.[642] 때문에 미국 덴버신학교(Denver Seminary)의 한국인 교수 정성욱은 '만인제사장설'과 관련된 이러한 부작용을 염려하며 오늘날 한국교회에 있어 '만인제사장설' 만큼 원래의 회복과 적용이 절실히 필요한 가르침도 없다고 말했다.[643] 그야 말로 '만인제사장설' 그 본래의

---

642 필자는 미국 루터파 신학교인 컨콜디아신학교에서 이 부분에 대하여 많은 이야기를 나누었었다. 그 이야기들은 교수들뿐만 아니라 주변 루터 교단 신학생들과 나눈 것들이다. 그 과정에서 필자는 오늘날 마틴 루터의 '만인제사장설'이 남용되고 오용될 수밖에 없는 한 가지 원인을 발견했다. 그것은 평신도 사역의 '성서적 근거(벧 2: 4~10)'와 '신학적 기초(만인제사장설)'를 현(現) 목회 현장에 건전하게 적용할 수 있는 '실천적 개념(a practical concept)'이 없다는 현실이었다. 만인제사장설의 성서적, 신학적 근거를 올바르게 목회 현장에 적용할 실천적 개념이 없으니, 오히려 평신도가 성직자의 고유 권한을 침범하는 이러한 부작용이 생긴 것이다. 그래서 필자는 이러한 평신도 사역의 부작용을 해결하기 위한 실천적 개념으로 '팔로워십(followership: 추종자론)'을 주장한다. 왜냐하면 목회자를 위한 실천적 개념이 평신도를 인도하는 '리더십(leadership)'이라면, 평신도의 실천적 개념은 리더인 목회자를 협력하며 따르는 '팔로워십'이어야 하기 때문이다. 그러나 오늘날 한국 교회는 목회자를 위한 '리더십'에 대한 교육은 풍부하지만, 정작 평신도를 위한 '팔로워십'에 대한 교육은 전혀 없는 실정이다. 결국 이러한 경향은 모든 책임을 목회자에게만 지우고 평신도는 그저 가만히 앉아서 목사의 리더십을 평가하는 최악의 상황을 만들어 냈으며, 더 나아가 목회자의 탈진과 그로 인한 목회자의 단명(短命)까지 초래하게 되었다. 설상가상으로 그러한 목회자의 특수직을 인정치 않는 평신도들이 자신의 위치와 입장을 목회자 앞에 더 내세우며, 목회자의 특수 교역 권한까지 침해하는 경우도 적지 않다. 그러므로 이러한 시점에서 평신도 사역을 위한 실천적 개념으로 '팔로워십'을 강조한다는 것은 이러한 부작용을 줄이기 위한 한 해결책이 될 수 있다. 이것은 바로 올바른 평신도 사역을 위한 삼위일체적 구조(성서적 근거, 신학적 기초, 실천적 개념)를 제대로 이루기 위한 필수적 첫걸음이다. 한 마디로 팔로워십이란 리더십과 대조되는 개념으로 리더에게 끼치는 추종자들의 영향력을 말한다. 좀 더 자세히 말하자면 리더가 진정한 리더십을 발휘할 수 있도록 협조하는 추종자의 영향력이라 할 수 있다. 팔로워십이 중요한 이유는 예수님이 강조한 가르침이며, 보다 건강한 리더십을 발휘하기 위해 필요하며, 무엇보다도 리더가 되기 위한 필수 전제 조건이기 때문이다. 그러므로 훌륭한 팔로워는 항상 팔로워로서의 자기 정체성을 갖게 되며, 항상 리더를 잘 파악한다. 이 부분에 대한 필자의 더욱 자세한 주장에 대하여는 다음을 참고하라. 김철웅, "올바른 평신도 사역의 실천적 개념: *Followership*(추종자론)," 「월간 신앙세계」 통권 465호(2007. 4), 52~57쪽.

643 정성옥, 「한눈에 보는 종교 개혁 키워드」 (서울: 부흥과 개혁사, 1999),

뜻으로 돌아가는 움직임이 필요한 때가 된 것이다. 한 마디로 약(藥)은 약사에게, 진료는 의사에게, 판결은 판사에게 그 전문성을 인정하듯이 목회(성례 집행과 설교)는 목사에게 그 전문성을 일임해야 한다.

이러한 면에서 마틴 루터의 '만인제사장설'을 그가 행한 음악 사역의 관점에서 고찰하는 것도 잘못된 '만인제사장설'의 복원을 시도하는 대안 중의 하나가 될 수 있다. 그렇다면 마틴 루터는 그의 '만인제사장설'을 그의 음악 사역에 어떻게 적용했을까?

2) 왜 음악에 있어 만인제사장설인가?

이미 앞에서 설명한 바와 같이 '만인제사장설'의 핵심 내용은 예수 그리스도 안에서 모든 기독교인이 누릴 수 있는 신앙의 자유와 권리이다. 바로 신앙생활이라는 것은 어떤 특정한 계층이나 사람에게 의존하여 이루어지는 수동적 속박이 아니라, 모든 사람이 직접 하나님께로 향할 수 있는 자유와 권리 속에서 표현되는 능동적 자유임을 강조한 것이다.

그렇다면 마틴 루터의 입장에서 음악을 통하여 하나님께로 나아가는 찬양도 이 부분에 있어 예외가 될 수 없다. 당연히 마틴 루터에게 있어 모든 사람이 '만인찬양자(the priesthood of the all believers)'가 되어 하나님께 영광을 돌리며 나갈 수 있어야 하는 것이다.[644] 따라서 마틴 루터에게 있어 음악을 통해 하나님께 영광 돌리는 찬양은 기독교인으로서 마땅히 누려야 하는 또 다른 신앙의 자유이자 권리였다. 이것을 그는 다음과 같이 설교했다.

왜냐하면 내가 설교할 때, 우리는 동일한 회중 공동체로서 인식된다. 그것은 나의 말과 행동이 아니다. 그것은 모든 사람들과

72~74쪽.

644 Donald P. Hustad, *Jubilate II: Church Music in Worship and Renewal*(Carol Stream, IL: Hope Publishing Company, 1993), 188.

모든 교회를 위한 것이다. …그래서 그들은 다 같이 기도하며 다 같이 찬양하며 다 같이 감사하는 것이다. 여기서 누구도 자기 자신만을 위하여 소유하는 사람은 없다. 모든 사람들은 각각 다른 사람들에 속해 있다.[645]

이 설교에서 마틴 루터는 평신도의 적극적인 예배 참여를 권장한다. 특별히 기독교인으로서 누릴 수 있는 기도의 자유, 찬양의 자유를 다 같이 함께 누리자는 것이다.[646]

그러나 안타깝게도 16세기 카톨릭 교회의 현실은 그렇지 못했다. 왜냐하면 그 당시 찬양은 오로지 선택된 사제들이나 소수의 특별한 종교적 특권층만을 위한 것이었기 때문이다.[647] 이것은 주후 4세기 라오디게아(Laodicea) 회의(주후 367)에서 결정된 사항이다. 그 회의에서 참석자들은 특별히 안수 받고 임명 받은 사람 외에는 그 어느 누구도 찬양을 할 수 없도록 법문화시켜 놓았다.[648] 결국 그 이후로 자유롭고 즉흥적인 회중의 찬송 소리는 마틴 루터가 개혁의 지휘봉을 들고 다시 휘저을 때까지 들리지 않았고, 또 들을 수도 없었다.

그렇다면 대체 어떻게 하다가 그런 결과가 생겨났을까? 그 역사적 상황을 교회 음악 연구가 레오나드 페이톤(Leonard R. Payton)은 아래와 같이 설명했다.

주후 325년, 예수 그리스도의 하나님 되심을 약화시킨 아리우

---

645 "Sermon at the Dedication of the Castle Church, Torgau(1544)," LW 51: 343.

646 Robin A. Leaver, "Luther and Bach, the "Deutsche Messe" and the Music of Worship," *Lutheran Quarterly*, Vol. XV, No. 3(Autumn, 2001): 327.

647 John Makujina, *Measuring the Music: Another Look at the Contemporary Christian Music Debate*. Second Edition(Willow Street, PA: Old Paths Publication, 2002), 232.

648 Millar Patrick, *The Story of the Church's Song*(Richmond, Virginia: John Knox Press, 1962), 70~71.

스(Arius)가 이단으로 정죄 받았다. 그가 쓴 문서는 다 불태워졌고 결국 그는 오늘날의 유고슬라비아(Yugoslavia) 지역으로 추방당했다. 이로써 기존 교회 지도자들은 교회의 평화와 순결을 지켰다고 생각했다. 그러나 그것은 그들의 잘못된 확신이었다. 이후 아리우스와 그의 추종자들은 쉽고 부르기 쉬운 노래(likable song-praise and worship)를 만들어 기존 교회 지도자들을 되받아치기 시작했다. …그들이 만든 노래와 함께 그들의 이단 교리도 전파되었다. 그것은 마치 들판의 불길과 같이 삽시간에 로마 제국의 변두리를 태웠고, 강한 압박띠(tourniquet)처럼 교회를 조여 오기 시작했다. 결국 이 문제의 심각성 때문에 주후 367년 라오디게아(Laodicea) 지역에서 신학자들이 모였고, 그 회의를 통해 평신도에게 회중 찬송을 금지시키는 법령을 통과시킨 것이다.[649]

그런데 이것을 다시금 주후 367년 이전 상태로 회복시킨 것이 마틴 루터였다. 마틴 루터 측에서 보자면 개혁이었지만, 로마 교황청의 입장에서는 또 다른 아리우스파가 재등장한 셈이다. 어쨌든 마틴 루터는 이러한 상황 속에서 4세기부터 16세기까지 흘러온 카톨릭 교회의 폐단을 개혁하기 위해 '찬양의 회중화'를 시도했다. 16세기의 새로운 음악 지휘봉을 휘저은 것이다. 이때 마틴 루터가 이해하고 있었던 '찬양의 회중화'란, 16세기 당시 평신도들과는 전혀 상관 없는 카톨릭 교회의 찬양을 쉬운 음악 형태와 언어로 번역하여 일반 대중들에게 연결시키고, 동시에 타락한 교황 권력에 빼앗긴 찬양의 자유와 권리를 일반 평신도들에게 되돌려 준다는 뜻이 담겨 있다.[650]

---

649 Leonard R. Payton, *Reforming Our Worship Music*(Wheaton, Illinois: Crossway Books, 1999), 28.
650 Robert Lomas Harrell, *"A Comparison of Secular Elements in the Chorales of Martin Luther with Rock Elements in Church Music of the 1960's and 1970's"*(M.A. Thesis., Bob Jones University, 1975), 28.

이 과정에서 필연적으로 적용된 것이 바로 '만인제사장설'이었다. 그리고 '만인제사장설' 속에 들어 있는 자유와 권리의 개념이 '찬양의 회중화'라는 그의 음악 사역까지 적용되어 '만인찬양자설'이 된 것이다. 다시 말하자면 마틴 루터는 그 당시 일부 성직자들이나 소수 특권층에게만 허락되었던 '찬양의 여리고 성'을 과감히 무너뜨리고 그 찬양의 기쁨을 일반 평신도들도 누릴 수 있도록 '찬양의 여리고 성문'을 활짝 열어 준 16세기 찬양 사역의 문지기(door-keeper)였다. 그리고 그 성문 위에는 '만인제사장설', '만인찬양자설'이라는 깃발이 성령의 바람을 타고 찬란하게 휘날리고 있었다.

특별히 로빈 리버(Robin A. Leaver) 교수는 마틴 루터의 신학이 그의 예배와 찬양을 통해 현장화될 수 있었음을 주장했었는데, 특별히 만인제사장설을 찬양과 연결시켰다.

> 종교 개혁의 중심인 오직 예수(solus Christus)는 오직 성경(sola scriptura), 오직 믿음(solar fidei), 오직 은혜(sola gratia)라는 세 가지 신학 개념으로 요약된다. …이것 외에도 4번째 또 다른 신학 개념이 있는데 바로 만인제사장설이다. …이 만인제사장설은 예배와 회중 찬송이라는 틀 안에서 나타난다. …이러한 마틴 루터의 네 가지 신학 개념은 그가 쓴 글 속에서 모두 서로 다른 네 가지 형태로 현실화되었는데, 오직 성경은 성경 말씀을 통하여, 오직 믿음은 교리 문답(Catechism)을 통하여, 오직 은혜는 성례전(liturgical order)을 통하여, 만인제사장설은 찬양을 통하여 현장화되었다. 이 네 가지 신학적 원리의 적용은 그가 쓴 "Deutsch Messe"에 그대로 나타난다.[651]

그는 여기서 분명히 '만인제사장설'이라는 신학 개념이 찬양으로

---

651 Leaver, Robin A. *Luther's Liturgical Music: Principles and Implications*(Grand Rapids, Michigan: William B. Eerdmans Publishing Company, 2007), 297.

현실화되었음을 주장하고 있다. 칼 샬크 교수 또한 마틴 루터의 이러한 찬양 개혁이 '만인제사장설'에 뿌리를 둔다고 설명하며 마틴 루터의 음악 신학을 '왕 같은 제사장이 부르는 찬양으로서의 음악(music as the song of royal priests)'[652]이라고 정의한 바 있다. 계속해서 그는 다음과 같이 말했다.

> 특별히 만인제사장설을 강조함에 있어 루터는 기독교인들(회중, 성가대, 작곡가, 악기연주인들)이 가지고 있는 최상의 능력으로 다 함께 드리는 찬양의 원리를 펼쳐 놓았다. …이것이 바로 회중 찬송의 상호 작용을 촉진시키는 개혁 의지였다.[653]

즉 누구든지 모두 다 동일하게 카톨릭 사제를 통하지 않고 개별적으로 음악을 통하여 하나님을 경험할 수 있어야 한다는 것이다. 바로 찬양을 통한 하나님과의 직접적인 교제와 사귐이다. 이러한 주장과 그 뜻을 같이 하여 존 줄리안(John Julian) 또한 다음과 같이 주장했다.

> 그 당시 마틴 루터에게 있어 성경, 교육, 찬양을 독일인들의 대중 언어(their own tongue)로 번역하여 그들에게 제공하고 그들로 하여금 직접 하나님의 말씀을 묵상하게 하며, 공부하게 하며, 찬양하도록 하는 것은 매우 특이한 일인 만큼 중요한 일이었다. 왜냐하면 하나님께서 직접 그들에게 말씀하시며, 계시하시며, 그들의 찬양에 응답하시도록 이끄는 일이었기 때문이다. 마틴 루터는 이러한 면에서 음악가였으며 작곡가였다. 그가 만든 곡들 가운데 몇 곡은 정말 불후의 명작이기도 하다.[654]

---

652   Carl F. Schalk, *Luther On Music*, 42~45.
653   Carl F. Schalk, *Music in Lutheran Worship*(St Louis, MO: Concordia Publishing House, 1983), 4~5.
654   John Julian, in *Dictionary of Hymnology*, 412(Edition 1915), W. G.

　　장로회신학대학교 홍정수 교수 또한 이러한 음악에 적용된 만인제사장설과 그 실제적 적용을 회중 찬송가의 측면에서 다음과 같이 설명했다.

　　교회 음악의 면에서 보는 종교 개혁의 가장 큰 특징은 회중 찬송가의 도입이다. 회중 찬송가는 예배 의식적인 면에서 새로운 것이었고, 이 새로움을 가능케 했던 것은 새로운 신학이었다. 즉 만인제사장설이 회중 찬송가의 신학적 배경이 된다. 이 회중 찬송가는 음악적으로 보아 전통적인(또는 정통적인) 것이 아니라, 교회 밖에 머물러 있었던 것이었다. 그러니까 이 음악은 카톨릭의 관심 밖에 있었던 사항이었을 뿐만 아니라, 특히 전례에서는 금기 사항이었다. 따라서 교회 전례의 저편에 멀리 있었던 교회 음악이 생활 속에 있는 음악을 통해서 가까워진 것이다. 이렇게 종교 개혁은 먼 것에 있었던 찬양을 가까운 것으로 만들었다. 물론 이 가까움은 신자들의 측면에서 보는 가까움이었다.[655]

　　대신대학교 김철륜 교수도 역시 동일한 해석을 내렸다.

　　신학적인 문제란 다름이 아니라, 중세기의 교회에서는 평신도가 직접 하나님 앞에 나올 수 없었기 때문에 성직자의 중재가 필요했다. 그러나 루터는 베드로 전서 2장 9절과 로마서 5장 1~2절과 같은 성서 내용에 그 기초를 두고, 세례를 받은 신자는 모두 다 제사장이라는 것을 가르쳤다. 사실 종교 개혁의 신학을 보면 이러한 교리와 찬송이 관계가 깊다. 찬송을 부름으로 신자는 누

Polack, "Church Music: Its Place in Lutheran Worship," in *What Lutherans Are Thinking*, ed., E. C. Fendt(Columbus, Ohio: The Wartburg Press, 1947), 412에서 재인용.
655　홍정수, "종교 개혁과 오늘날의 한국 교회 음악," 「연세음악연구」 제4집 (1996. 12. 20): 222~23쪽.

구든지 자기의 음성으로도 하나님 앞에 나올 수 있다.[656]

위의 여러 인용문을 통해 우리는 다시 한 번 '만인제사장설'에서 파생된 '만인찬양자설'을 확인할 수 있다. 물론 마틴 루터가 직접 '만인찬양자설'이라는 단어를 쓴 것은 아니다. 그러나 그의 말은 그것을 충분히 포함하고 있다. 이것은 마치 삼위일체라는 용어가 직접 성경 속에 언급되지 않았지만, 그 어느 누구도 삼위일체라는 교리를 부정할 수 없는 이치와 동일하다.

'만인제사장설'에 근거한 마틴 루터의 이러한 '만인찬양자설'은 16세기 카톨릭 전통 교회의 기존 음악 통념을 완전히 뒤집는 일이었다. 한마디로 혁명적인 일이었다. 덕분에 그의 찬양은 더 이상 카톨릭 전통 예배 의식과 같은 길을 걸어갈 수 없을 위기에 도달하게 되었다. 결국 마틴 루터의 이러한 음악개혁은 카톨릭 교회가 전혀 인정하지 않았던 '회중 찬송의 부활(recovery of congregational song)'로 실제화 되었고, 그러한 회중 찬송은 '코랄(choral)'이라는 새로운 찬양 형태로 꽃을 피우게 되었으며, 결국 오늘날까지 그 명맥(命脈)이 이어져 '개신교 회중 찬송'의 출발점으로 자리 매김 하게 되었다.[657] 때문에 사람들은 마틴 루터에게 종교 개혁자라는 간판 외에 또 다른 영광스런 명함을 하나 더 주었는데, 그것이 바로 '개신교 회중 찬송의 아버지, 마틴 루터'이다.[658]

이제까지의 추적을 통해 우리는 '만인제사장설'에서 확대된 '만인찬양자설'과 이를 통하여 실현된 '찬양의 회중화와 보편화', 그리고 그것을 구체적으로 실천한 '회중 찬송'의 연결 고리를 확인할 수 있다. 바로 '만인제사장설'--〉 '만인찬양자설'--〉 '찬양의 보편화'--〉

---

656 김철륜,「敎會音樂論」(서울: 호산나음악사, 1990), 103쪽.
657 최복희, "종교 개혁 시대의 교회 chorale에 대한 연구,"(미간행 석사학위 논문, 경희대학교, 1990), 10쪽.
658 W. G. Polack, "Church Music: Its Place in Lutheran Worship," in *What Lutherans Are Thinking*, ed., E. C. Fendt(Columbus, Ohio: The Wartburg Press, 1947), 411.

'회중 찬송'으로 이어지는 네 가지 연속성이다. 다시 말하자면 '회중 찬송'은 '찬양의 보편화'를 위한 실천이었고, '찬양의 보편화'는 '만인찬양자설'에 의하여 실현된 것이며, '만인찬양자설'은 '만인대제사장설'의 확대 적용이었던 셈이다. 결국 마틴 루터는 '만인제사장설'에 근거해서 찬양도 어떤 소수 특권층만을 위한 전유물이 아닌 모든 기독교인이 마땅히 누려야 하는 자유와 권리임을 강조하고, 그는 이 과정에서 '만인찬양자설'을 주장하게 되었으며, 결국 '만인찬양자설'에 입각한 마틴 루터의 음악적 개혁은 '찬양의 보편화'를 위한 '회중 찬송'으로 그 정점(climax)에 이르게 된 것이다.

그래서 로버트 웨버(Robert E. Webber) 교수는 오늘날 기독교들이 다시금 방관자의 자세로 찬양하게 된 것은 오늘날 개신교회가 만인제사장설에 입각한 찬양의 근본 취지를 망각하고 잃어버린 결과임을 지적하면서, 진정한 오늘날의 예배 갱신을 위해서는 가장 먼저 만인제사장설에 입각한 찬양의 정신을 다시금 회복해야 한다고 말했다.[659] 이처럼 마틴 루터의 '만인제사장설'은 16세기부터 21세기인 오늘날까지 평신도 사역뿐만 아니라 음악 사역에 있어서도 새로운 개혁의 바람을 일으키는 신학 개념으로 그 가치를 인정받는다. 한마디로 마틴 루터의 '만인제사장설'은 과거 16세기와 오늘날 21세기에 동일하게 '만인찬양자설'로 우리 앞에 적용되는 것이다.[660]

바로 여기에 마틴 루터의 '만인제사장설'을 그가 가지고 있었던 음악 신학의 한 갈래로 꼽아야 할 정당한 이유가 있다. 왜냐하면 마틴 루터의 '만인제사장설'은 16세기 그의 음악 개혁을 이해함에 있어서도 필수적인 신학 개념이며 동시에 그의 음악 개혁을 21세기인 오늘날에 되살리기 위해서 절대로 무시될 수 없는 신학 개념이기 때문이다.

---

659 Robert E. Webber, *Worship is A Verb*(Waco, Texas: Word Books Publisher, 1985), 12~13, 131.
660 Kurt J. Eggert, "Music, Hymnody, Liturgy and Worship," *Lutheran Synod Quarterly*, Vol. XXIX(March 1989): 37.

(3) 아디아포라(adiaphora)와 디아포라(diaphora)

1) '아디아포라'와 '디아포라'란 무엇인가?

'아디아포라'와 '디아포라'는 어떤 신학적 개념인가?[661]

먼저, '아디아포라'라는 신학 개념부터 알아보자.

'아디아포라'라는 말은 어원적으로 헬라어 '아디아포론'의 복수형으로 '대수롭지 않은', '그리 중요치 않은', '가치중립적인', '해도 그만, 안 해도 그만인 것들("middle matters" from Gk. for "indifferent things" Ger. Mitteldinge)' 정도로 해석될 수 있는 철학적 신학 용어이다.[662]

좀 더 자세히 설명하면 성경이 명백하게 명령하지도 않고 또 금지하지도 않는 것들(those things which are neither commanded nor forbidden in Holy Scripture),[663] 그래서 사람의 문화적 형편과 상황에 따라 자유롭게 선택하고 결정할 수 있도록 남겨진 '외형적인 것들(external matters)',[664] '비본질적 영역(an unessential domain)'[665]에 속한 모든 것들, 옳고 그름의 중간 지대(borderland

---

661 이 내용은 김철웅. "음악 목회의 신학적 모델: 마틴 루터: adiaphora와 diaphora를 중심으로…" 「월간 기독교 사상」 (2006. 10): 223~37쪽의 내용을 새롭게 수정, 발전시킨 것임.

662 Walter Bauer, *A Greek-English Lexicon of the New Testament and Other Early Christian Literature*, 2d ed., revised and augmented by William F. Arndt, F. Wilbur Gingrich, and Frederick Danker(Chicago and London: The Univdrsity of Chicago Press, 1979), 190.

663 Lowell S. Sorenson. *"Between Mandata and Damnabillia: An Exploration of the Meaning of Adiaphora for the Theology and Practice of the Lutheran Church,.*"(M. Div. diss., Concordia Theological Seminary, 2004), 5~13.

664 Balthasar Meisner, *Collegium adiaphoristicum,*(1663): 30, in quoted in Friedrich Kalb, *Theology of Worship in 17th-Century Lutheranism*, trans. Henry P. A. Hamann(St. Louis: Concordia Publishing House, 1965), 113.

665 Norman E. Nagel, "Adiaphora," in *Teach Me Thy Way, O Lord: Essays in Honor of Glen Zweck on the Occasion of His Sixty-fifth Birthday*(Houston, TX: The Zweck Festschrift Committee, 2000), 137.

of right and wrong)에 있는 것들,[666] 바로 이러한 사각지대에 있는 그 모든 것들이 바로 '아디아포라'인 셈이다.[667] 그러므로 '아디아포라'는 기독교인이 성서에서 확실한 답을 찾을 수 없는 문제를 만났을 때, 그 문제를 그 개인이나 공동체의 문화적 양심과 상황적 특성에 근거하여 해결을 시도한다는 뜻이 담긴 철학 개념이자 신학 개념이다.[668]

666　Theodore C. Graebner, *The Borderland of Right and Wrong*, rev. ed. of the Literature Board of the Missouri Synod, 1956(St. Louis: Concordia Publishing House, 1957), 175.

667　G. W. Luetkehoelter, "Adiaphora," *Consensus* 12, No. 2(1986): 118.

668　'아디아포라'라는 용어는 루터 교단이 아닌 다른 사람들에게는 다소 생소한 단어일지 모른다. 장로교 출신 목사인 본 필자도 피상적(皮相的)으로 알고 있던 '아디아포라'에 대해 세심한 공부를 시작한 것이 2002년 겨울 루터 교단 신학교인 컨콜디아신학교에 입학하면서부터였다. 그러나 이 '아디아포라'라는 단어는 이미 오래 전부터 여러 철학자들과 신학자들 사이에게 종종 사용되어 온 용어이다. 그러다가 마틴 루터의 동역자인 멜랑히톤(Philipp Melancthon)이 마틴 루터의 신학을 재정립하는 동시에 카톨릭 교회와의 화해를 추구하는 과정에서 이 용어가 공식화 되었다. 그 후 이 용어는 1547년 8월 카톨릭과 루터파 신학자들이 함께 모였던 아우구스부르크 협정(Augsburg Interim)에서 논의되었고, 이후 루터파 신학자들을 중심으로 모인 라이프치히 협정(Leipzig Interim)에서 재확인되었다. 이때 멜랑히톤은 그리 내키지 않는 상황에서도 이 협정에 서명하게 되었는데, 이유는 어디까지나 마틴 루터의 입장을 잃지 않은 상태에서 카톨릭과의 화해를 추구하기 위한 것이었다. 멜랑히톤 역시 마틴 루터의 입장에 서서 '아디아포라'에 속한 비본질적 문제 때문에 카톨릭과 분열되는 것은 원치 않았었다. 그러나 멜랑히톤과 다른 생각을 가진 또 다른 루터주의자들은 그것을 환영하지 않았다. 왜냐하면 지금의 상황이 루터가 살아 있을 때의 상황과는 너무나 다른 때이므로, 아무리 비본질적 문제(아디아포라)라도 그것마저 화해와 일치라는 명목으로 카톨릭에게 양보한다면 돌이킬 수 없는 결과를 볼 것이라는 염려 때문이었다. 바로 여기에 시간의 흐름에 따라 생겨난 루터 신학과 루터주의 사이의 변동을 엿볼 수 있다. 이후 많은 진통과 논쟁의 과정을 거친 뒤 루터 교단은 「협화신조(1577)」를 통하여 나름대로의 화합을 이루었고, 이후부터 '아디아포라'라는 용어를 루터란 교단 용어로 정식 사용하기 시작했다. 물론 이것은 루터란 교단 내에서 즐겨 사용하는 용어이며 초기에는 루터란 안에서도 많은 논쟁의 대상이 되었었고, 이후에도 이 용어를 둘러싼 여러 논쟁들은 계속 있어 왔다. 특별히 칼빈주의자들(Calvinists)과의 논쟁이 심했다. 참고하라. 이형기, 「세계 교회의 분열과 일치 추구의 역사」 (서울: 장로회신학대학교출판부, 1994), 134~38, Theodore G. Tappert, ed. and trans. *The Book of Concord: The Confessions of the Evangelical Lutheran Church*(Minneapolis: Fortress Press, 1959), 492~93, 610~16, Clyde L. Manschreck, *Melanchthon On Christian Doctrine: Loci Communes, 1555*(New York: Oxford University Press, 1965), xvii~xviii, 320.

특별히 마틴 루터는 그의 말과 글을 통하여 이 '아디아포라'를 암시하는 주장들을 많이 남겼다. 그 중에서 몇 가지만 살펴보도록 하자.

그러나 우리는 중간을 선택할 수 있고 말할 수 있다. 특별히 성경에서 금하지도 않고 명령하지도 않아 왼쪽과 오른쪽을 구분할 수 없는 것들이 있다. 우리는 카톨릭 교황(papistic) 편에 서 있지도 않고 칼슈타트(Karlstadtian) 편에 서 있지도 않다. 그저 우리는 자유로운 기독교인일 뿐이다. 우리는 그저 하나님께서 우리에게 주신 자유 속에 우리가 즐거울 수만 있다면 그것이 어디든, 어떤 것이든, 어떻게 하든 그것 때문에 올라갈 일도 없고 내려올 일도 없다.[669]

만약 성경이 특별히 다루고 있지 않은 일에 있어 서로 충돌되는 일이 생겼을 때, 그것은 오로지 인간의 문화와 관습의 문제이다(ancient custom and man-made law). …양쪽은 모두 다 평화를 지킬 필요가 있다. 왜냐하면 성경이 특별히 규정하지 않은 문제에 대하여 설교자들은 회중 앞에서 논쟁할 필요가 없기 때문이다.[670]

여기서 나는 다시 한 번 강조하고 싶다. 유대인처럼 사는 것에 대해 아무런 잘못이 없다. 왜냐하면 돼지고기를 먹든지 아니면 다른 고기를 먹든지 그것은 어디까지나 그리 중요하지 않은 비본질적인 문제(a matter of indifference)이기 때문이다. …바로 여기에 바울이 베드로를 책망할 수밖에 없는 이유가 있었다.[671]

---

669 LW 40: 130.
670 LW 13: 63.
671 LW 26: 118,

때때로 바울과 바나바는 그러한 행동들은 그 일을 행하는 사람의 본성에 맞추어진 단순히 아디아포라(adiaphora)인 것을 보여 주기 위하여 그러한 일들을 할 때도 있었고 하지 않을 때도 있었다. 바울은 이것을 고린도전서 9장 20절에서 21절을 통하여 말한 바 있다.[672]

우리는 회중들이 혼동하지 않는 한 서로 다른 시간, 다른 장소, 다른 날짜에 설교할 수 있다. …왜냐하면 이런 것들은 모두 비본질적인 외형의 문제이기 때문이다(external matter). 하나님께서는 그것들에 그리 큰 관심을 가지지 않으신다. 이것은 하나님께서 우리에게 먹을 것과, 입을 것과, 걷고 서는 것에 큰 의미를 두지 않으시는 것과 같다. …물론 모든 것은 일정한 순서와 질서에 맞추어 진행되어야 한다. 그러나 어떤 특정한 요구에 의하여 바뀔 수 있는 부분에 대하여는 자유로울 필요가 있다.[673]

우리는 이 문제들, 비본질적인 외형적 문제에 대하여 자유로울 필요가 있다. 그리고 기독교인의 양심은 결코 특정한 법이나 규정에 얽매이지 않는다. 바로 이 이유 때문에 성경은 이러한 문제들에 대하여 아무런 처방을 내리지 않는 것이다. 우리는 우리들 각자의 형편과 이해 사정에 따라 성령 안에서 자유를 허락받은 것이다.[674]

이것이 마틴 루터가 직접 말한 '아디아포라'이다. 물론 이것 외에도 얼마든지 더 있다. 위의 인용문에서 살펴본 바와 같이, 확실히 마틴 루터는 '비본질적인 것'에 대한 기독교인의 자유와 융통성을 주장했다. 따라서 마틴 루터에게는 음악뿐만이 아니라 음식, 옷, 사람, 몸

---

672   LW 27: 202.
673   LW 41: 173.
674   LW 53: 37

짓, 장소 날짜 등에 대한 모든 외형적 부분이 '아디아포라'이다.[675]

이처럼 '아디아포라'는 인간의 문화와 상황, 그리고 한 개인의 신앙 양심에 따라 얼마든지 자유롭게 양보되거나 타협될 수 있는 상대적 사항을 뜻하는 '상대적 신학 개념(a relative theological concept)'이다. 즉 하나님께서 성경 말씀을 통하여 나름대로 명확하게 특정한 규칙을 제시하지 않으신 부분에 대하여 인간이 그들 나름대로의 자유로운 해석과 적용을 가할 수 있는 자유를 뜻한다. 그래서 이것을 베르나르트 페어캄프(Bernard J. Verkamp)는 '아디아포라적 자유(adiaphoristic liberty)'[676]라고 표현하기도 했다.

두 번째, 그렇다면 '디아포라'란 무엇인가?

이미 위에서 '아디아포라'에 대해 자세히 설명한 이상 '디아포라'에 대해서는 길게 설명할 필요가 없을 것 같다. 왜냐하면 '디아포라'란 위에 설명한 '아디아포라'의 정반대 개념이기 때문이다. 쉽게 말해서 '아디아포라'의 반대가 무조건 '디아포라'임을 잊지 않으면 된다. 그러므로 '디아포라'란 '절대적으로 중요한(absolute important)', '반드시 해야만 하고, 있어야만 하는', '깊은 관심을 두어야 할 (concerned)' 것들 정도로 해석될 수 있는 개념이다. 이것은 하나님께서 성경 말씀을 통하여 명확하게 계시해 주시고 분명히 알려 주신 것이기 때문에 반드시 지켜야 하고, 또한 필수적으로 행해야 하는 절대적인 사항들을 지칭할 때 사용되는 용어이다. 그러므로 '디아포라'라는 개념은 그 어떤 것에도 양보되거나, 변형되거나, 또는 포기될 수 없는 절대적 사항을 지칭하기 위한 '절대적 신학 개념(an absolute theological concept)'이다. 그러므로 '디아포라'에 있어서는 그 어떠한 양보와 타협이 있을 수 없다.[677]

---

675 '아디아포라'와 관련된 다른 루터의 말과 글들은 다음을 참고하라. LW 34: 155, LW 38: 313~317, 319, , LW 43: 169.

676 Bernard J. Verkamp, *The Indifferent Mean: Adiaphorism in English Reformation to 1554*,(Athen: Ohio University Press. 1977), 103.

677 더글라스 럿트(Douglas Rutt) 교수와의 Interview Recording Tape, 미국 컨콜디아신학교(Concordia Theological Seminary)의 Ph.D 철학 박사 과

  그렇다면 구체적으로 예를 들어 이 둘의 차이점을 알아 보자. '디아포라'와 '아디아포라'의 차이는 다음과 같은 것들이다. 교회 건축의 모형, 성가대 복장의 색깔, 예배 시간 조정, 예배의 순서 장소, 몸짓 등은 '아디아포라'에 속하는 상대적 신학 개념이다. 이와 같은 것들은 특정한 사람과 공동체의 문화와 상황, 그리고 신앙적 양심과 기호에 따라 얼마든지 타협할 수 있는 것이다. 그러나 삼위일체 하나님, 성부 하나님의 전지전능, 성자 예수님의 성육신과 속죄, 성령님의 불가항력적 역사 등과 같은 사항들은 '디아포라'에 해당하는 절대적 신학 개념들이다. 이것은 변치 않는 하나님의 말씀과 계시에 입각한 절대적 신학 개념들이다. 그러므로 이것들은 '디아포라'이다. 이처럼 '아디아포라'와 '디아포라'는 서로 물(water)과 기름(oil) 같이, 또는 고양이와 강아지처럼 서로 상충(相衝)될 수밖에 없는 신학 개념이다.

  2) 왜 '디아포라'와 '아디아포라'인가?(역설적 통합)

  그렇다면 왜 마틴 루터의 음악 신학을 서로 상반된 '아디아포라'와 '디아포라'를 통하여 추적해야 하는가? 그 이유는 간단하다. 솔로몬이 지은 하나님의 성전이 '야긴(Jakin)과 보아스(Boaz)'라는 두 기둥에 의하여 지탱되고 있었듯이(대하 3:17), 마틴 루터의 음악 신학은 '아디아포라'와 '디아포라'라는 서로 상반된 두 기둥에 의하여 힘을 받고 있었기 때문이다. 이것은 서로 상반된 개념인 '아디아포라'와 '디아포라'가 마틴 루터의 '음악 신학'라는 큰 용광로 속에서 함께 녹아져 하나의 귀한 새 작품으로 거듭났다는 말이다. 그래서 이 둘은 더 이상 원수가 될 수 없으며, 모든 과거의 일을 다 잊어버리고 서로 협력하는 '형제 개념'이 되었다. 우리가 흔히 말하는 정반합(正反合)의 원리가 이 속에서 실현된 것이다. 그래서 필자는 이것을 '마틴 루터 음악 신학의 역설적 통합(a paradoxical unity)'이라 부르고 싶다.

  이와 같은 흥미로운 사실은 이제부터 우리가 살펴볼 몇몇 학자들

정 원장실, 2006년 6월 20일, 화요일, 오후 2시 30분~3시.

의 다양한 주장들을 면밀히 분석하고 추적하는 과정에서 자연스럽게 증명된다. 왜냐하면 한 가지를 놓고 말하는 이들의 주장이 서로 두 부분으로 나누어지기 때문이다. 한쪽은 마틴 루터의 음악 신학이 '아디아포라'라는 상대적 개념에 입각한 것이었다고 주장하고, 다른 한쪽은 오히려 그 반대로 마틴 루터의 음악 신학은 '아디아포라'와는 전혀 상관 없는 '디아포라'에 의한 것이었다고 선언하고 있다. 그래서 편의상 필자는 전자(前者)를 '마틴 루터 음악 사역의 아디아포라적 해석'이라 부르고, 후자(後者)를 '마틴 루터 음악 사역의 디아포라적 해석'이라 칭하려 한다.

그럼 먼저 '마틴 루터 음악 사역의 아디아포라적 해석'부터 잠깐 살펴보자. 특별히 미국 Graduate Theological Seminary의 로버트 미쉘(Robert H. Mitchell) 교수는 마틴 루터의 말을 직접 인용하며 마틴 루터의 음악 신학이 '아디아포라'라는 신학 개념에 기초한 것임을 다음과 같이 주장했다.

> 종교 개혁 때까지 음악은 교회 전통이라는 두꺼운 벽 뒤에서 슬피 울며 이를 갈고 있었다. …심지어는 새롭게 부흥한 개신교 교회에서도 상황은 마찬가지였다. 칼빈(Calvin)은 성경적 가사 내용 외에는 전혀 다른 형태의 음악을 사용하지 말라고 했을 정도였다. 그러나 이러한 때 마틴 루터의 입장은 달랐다. 그는 말하기를 "음악은 아디아포라의 영역에서 해결해야 할 문제이다(It is in the realm of adiaphora). 왜냐하면 음악 형태에 대하여 특정한 성경의 가르침을 찾을 수 없기 때문이다. 그러므로 우리는 나름대로 적당하다 생각되는 음악을 마음껏 자유롭게 사용할 수 있다."고 했다.[678]

---

678 Robert H. Mitchell, *Ministry and Music*(Philadelphia: The Westminster Press, 1978), 78.

이것은 '마틴 루터 음악 사역의 아디아포라적 해석'이다. 또한 미국 루터 교단 컨콜디아신학교의 조엘 본퀘스키(Joel. E. Bounkowske) 목사는 이러한 입장을 종교 개혁적인 관점에서 설명하고, 더 나아가 마틴 루터가 행한 음악 사역의 원리를 오늘날의 CCM 문제까지 확장시켰다. 그의 주장을 한 번 들어 보자.

> 마틴 루터는 예배 속의 음악에 대하여 말할 때마다 아주 강한 확신을 가지고 있었다. …종교 개혁이라는 것이 무엇인가? 종교 개혁은 그야말로 아디아포라의 자유를 의미한다. 아디아포라는 성경에 직접적으로 명시되지 않아 어떤 한 공동체의 문화와 특수한 상황에 따라 융통성을 발휘하는 예배 의식의 특정한 분야를 설명하기 위한 단어이다. …우리는 예배에 참석하는 사람들과의 의사소통에 그 가치를 두고 우리의 예배 의식을 바꾸어야 한다. 그러므로 아디아포라의 자유는 종교 개혁의 한 원리이다. 실제적으로 종교 개혁자들은 아디아포라의 관점을 적용하여 16세기 찬양 사역과 교회 음악의 분야에 있어 그 당시로서는 혁명적인 변화를 추구했었다.[679]

미국 예일대학교 신학대학원(Yale Divinity School)의 예배음악학 교수인 브라이언 스핑크스(Bryan Spinks) 교수 또한 "마틴 루터가 예배 의식을 '아디아포라'의 영역으로 인정했기 때문에 그는 음악 사역에 특별한 관심이 없었다."[680]고 주장하는 잉그브 브릴리오트(Yngve Brilioth) 교수의 해석을 강력히 부정했다. 그러면서 그는 오히려 마틴 루터는 오히려 '아디아포라'라는 신학 개념 때문에 그의 음

---

[679] Joel W. Bunkowske, "Church-Mission-Music," in Eugene W. Bunkowske, and Scott D. Alan ed., *The Lutherans In Mission*(Fort Wayne: Lutheran Society for Missiology, 2000), 146~7.
[680] Yngve Brilioth, *Eucharistic Faith and Practice, Evangelical and Catholic*, translated by A. G. Hebert(S. P. C. K., London, 1930), p. 110.

악 사역이 빛날 수 있었음을 강조했다.[681] 이처럼 '아디아포라'라는 개념은 마틴 루터가 가지고 있었던 음악 신학 중의 하나임이 분명하며 더 나아가 그는 신학을 통해 음악 사역을 실천했음이 틀림없다.

그러나 위에서 서술한 바와 달리, 전혀 다른 정반대의 의견을 내놓는 학자들이 있다. 그들은 바로 '마틴 루터 음악 사역의 디아포라적 해석'을 주장하는 사람들이다. 이들 중의 조이스 어(Joyce Irwin)은 '마틴 루터 음악 신학의 디아포라적 해석'을 주장하며 다음과 같이 말했다.

마틴 루터는 음악이 신학에 버금가는(next to theology) 하나님의 놀라운 선물이며, 하나님이 인간에게 내려 주신 최고의 도구이자 인간의 발명품(an instrument of God and not a "human invention")이라고 믿었다. 그러므로 루터는 절대로 '있어도 그만이요, 없어도 그만'인 '아디아포라'의 영역에서 음악을 이해할 수 없었으며 또한 그러한 용어를 즐겨 사용하지도 않았다. 더 나아가 루터는 그의 동역자였던 멜랑히톤(Philipp Melanchthon)이 이 부분에 있어 '아디아포라'라는 신학 개념을 공식적으로 사용하는 것에 대하여 달갑게 생각하지도 않았다. 그러므로 루터의 음악 사역을 아디아포라의 측면에서 해석하는 데에는 많은 어려움이 있을 수밖에 없다. …루터란에게 있어 음악이란 신학 속에서 그리고 설교 속에서 매우 중요한 것이지 대수롭지 않게 여길 만한 것이 아니다. …왜냐하면 예수 그리스도께서도 그의 제자들과 함께 찬양하셨기 때문이다(마 26:30).[682]

---

681 Bryan. Spinks, *Luther's Liturgical Criteria and his Reform of the Canon of The Mass.*(Bramcote Notts: Grove Books, 1982), 11(Reprinted by permission of The Author: Fort Wayne, IN: Concordia Theological Seminary Press, August, 1997).
682 Joyce Irwin, "Music and the Doctrine of Adiaphora in Orthodox Lutheran Theology," *Sixteenth Century Journal*, Vol. 14, No. 2(1983): 158, 165~6.

이러한 조이스 어윈 교수의 주장에 따르면 마틴 루터의 음악 신학은 '아디아포라'와 전혀 상관 없는 '디아포라'가 되어 버린다. 또 다른 루터파 신학자인 로버트 스티븐슨(Robert Stevenson) 또한 마틴 루터의 음악 신학을 '디아포라'로 보고 다음과 같이 설명하였다.

> 그러므로 우리는 마틴 루터가 음악에 관한 무척 깊은 지적 관심과 노력을 요구하였음을 기억해야 한다. 그래서 마틴 루터는 교회 음악에 맞는 적당한 곡조(melodies)를 창출하기 위해 오랜 시간을 심사숙고 했었다. 그러므로 "아디아포라라는 휴지통(a discard basket)에 버려지는 것이 그 무엇이든 간에, 마틴 루터의 음악 신학만큼은 그곳에 버려져서는 안 된다."[683]

여기서 로버트 스티븐슨은 '아디아포라'를 부정적으로 묘사하고 있다. 이것은 그가 마틴 루터의 음악 신학이 철저히 디아포라였음을 강조하고 있는 것이다. 살펴본 바와 같이 조이스 어윈과 로버트 스티븐슨은 둘 다 모두 동일하게 마틴 루터 음악 신학이 '디아포라'였음을 주장하고 있다.

그렇다면 여기에서 우리는 한 가지 질문이 생긴다. "왜 똑같은 루터의 음악 사역을 분석하면서 이렇게 서로 다른 의견을 낼 수 있는가?", "과연 어느 쪽의 해석이 맞는 것인가?", "정말 누가 틀린 해석을 주장하는 것인가?" 이러한 질문에 정답부터 말하자면, 두 가지 해석 모두 다 맞는 해석이다. 틀린 해석은 하나도 없다.

그렇다면 왜 동일한 음악 신학이라는 주제를 놓고 서로 이렇게 서로 다른 해석과 주장을 낳게 되었는가? 이와 같은 결과가 나오는 이유는 두 가지이다. 첫째는 이미 언급한 대로 루터의 음악 신학이 동전의 양면처럼 이 두 가지 개념('디아포라'와 '아디아포라')에 동일하

---

683 Robert Stevenson, "Luther's Musical Achievement," *The Lutheran Quarterly,* Vol. 3, No. 3(August, 1951): 259.

게 기초하고 있기 때문이며, 둘째는 사람들이 이 동전의 양면을 모두 보지 않고 동전의 어느 한쪽 면만 계속 바라보고 마틴 루터의 음악 사역을 해석하려고 고집했기 때문이다.

좀 더 자세히 설명하면 마틴 루터는 그가 음악 사역을 함에 있어 "음악이 무엇이냐?(What is music?)"라는 음악의 본질적 문제(an essential issue)에 있어서는 '디아포라'라는 절대적 개념(absolute theological concept) 속에 서 있었고, "이 음악을 어떻게 사용할 것인가?(How can I use this music?)"라는 음악의 활용성과 적용(an useful applicable issue)에 있어서는 '아디아포라'라는 상대적 신학(relative theological concept)에 기초해 있었던 것이다. 그래서 이러한 현상을 필자는 마틴 루터 음악 신학에 나타난 '역설적 통합(paradoxical unity)'이라 불렀다.

특별히 리차드 니버(H. Richard Niebuhr)는 「그리스도와 문화」라는 그의 책에서 '역설 속에 있는 그리스도와 문화(Christ and Culture in Paradox)'를 이야기했다. 그러면서 이러한 경우에 속하는 세 사람을 소개했다. 바로 사도 바울과 마틴 루터, 그리고 키에르케고르이다. 특별히 그는 마틴 루터의 역설 신학을 말하면서 아래와 같이 말했다.

> 우리는 다음과 같이 말할 수 있을 것이다. 그리스도와 문화라는 문제와 관련된 이중성(dualism)에 대하여 마틴 루터는 그것을 행위의 본질(what)과 그 방법(how)이라는 도식으로 해결했다.[684]
>
> 큰 긴장감(Great tensions)이 언제나 남아 있다. 왜냐하면 기술(technique)과 영혼(spirit)은 서로 교합하고 있으며, 쉽게 구별되지도 않고, 하나님께 순종하는 신앙생활 속에서 서로 융화되지

---

684 H. Richard Niebuhr, *Christ and Culture*(New York: Harper & Row, Publishers, 1951), 175.

도 않는다.[685]

　　그리스도와 문화의 문제에 대한 마틴 루터의 대답은 이처럼 역동적이며 변증적이었다(a dynamic, dialectical).[686]

　여기서 분명히 보이는 몇 가지 중요한 표현이 있다. 바로 본질을 묻는 'what'과 방법을 묻는 'how'이다. 그리고 외적인 '표현의 기술'과 내적인 '영혼의 정체성'이다. 그리고 이것을 종합하여 '역동적이며 변증법적'이라 표현하고 있다. 리차드 니버가 사용한 이러한 표현에 입각하여 이것을 재해석하면, 마틴 루터는 서로 상반된 '표현의 기술'과 '영혼의 정체성' 문제를 그 '본질(what)'과 '방법(how)'의 차이라는 두 가지 구분선에서 '역동적인 변증법'을 사용해 해결점을 찾았다는 말이 된다.

　더 나아가 리차드 니버는 마틴 루터가 쓴 "기독교인의 자유"와 "강도와 살인 폭도인 농민을 책망함"이라는 두 논문을 서로 비교하며 마틴 루터의 삶과 사상과 신학이 모두 역설적임을 주장했다.

　　마틴 루터는 이 역설적 유형의 대표자라 할 수 있다. …그의 두 저서를 비교해 보면 이러한 역설적 특징은 바로 드러난다. …이 두 저서는 사랑의 찬가와 할례당을 향한 공격에서 나타나는 바울의 역설보다 더 심한 마틴 루터의 역설을 보여 준다. …마틴 루터에게 있어 이러한 역설은 다른 데서도 많이 발견된다. …그러나 마틴 루터는 역설을 구분하였지 완전히 분리시키지는 않았다.[687]

　심지어 이러한 리차드 니버의 분석이 '수박 겉핥기'였다고 비평하

685　Ibid., 177.
686　Ibid., 179.
687　Ibid., 170~72.

며 그의 이론을 과감히 재분석한 미국 컨콜디아신학교(Concordia Seminary, St. Louis)의 로버트 콜브(Robert Kolb) 교수까지도 결국 마틴 루터의 신학이 역설적이었음을 부정하지는 못했다.

> 마틴 루터는 믿음과 행위를 구분했다. …그 둘은 서로 다른 경우이다. …마틴 루터는 의롭게 된다는 것에 대하여 서로 다른 두 가지 정의와 두 가지 차원에서 다루었다. …그러면서도 마틴 루터는 두 가지를 함께 묶으면서 동시에 두 가지를 날카롭게 나누었다.[688]

게하르트 에베링(Gerhard Ebeling)도 다음과 같이 주장했다.

> …루터의 사상은 항상 대립, 즉 강하게 반대되지만 서로 관련이 있는 양극 사이의 긴장을 포함하고 있다. 즉 신학과 철학, 문자와 영, 율법과 복음, 율법의 이중적 용도, 인격과 행동, 신앙과 사랑, 그리스도의 왕국과 세상의 왕국, 자유와 속박…[689]

결국 위의 모든 주장들은 역설적 통합을 말하고 있는 것이다. 그렇다면 이러한 주장들을 지금 우리가 추적하고 있는 '아디아포라'와 '디아포라'의 역설적 관계 속에서 다시 살펴보자. 결국 마틴 루터의 음악 신학도 마찬가지이다. 역설적 통합이다.

이것은 마틴 루터가 "음악이 무엇이냐?"는 '본질(what)과 정체성(spirit)'에 있어서는 '디아포라'를 붙잡고 있었으며, "그 음악을 어떻게 사용하고 적용할 것인가?"하는 '방법(how)과 표현(technique)'에 있어서는 '아디아포라'의 측면에 서서 자신의 음악 사역 속에서 발생

---

688 Robert Kolb, "Niebuhr's Christ and Culture in Paradox Revisited," *Lutheran Quarterly*, Vol. 10, No. 4(1996): 105.
689 Gerhard Ebeling, *Luther: An Introduction to His Thought*, trans., R. A. Wilson(Philadelphia: Fortress Press, 1983), 25.

하는 역설의 문제를 해결했음을 확실히 보여 준다. 이처럼 '아디아포라'와 '디아포라'는 완전히 상반된 역설의 개념이다. 그럼에도 불구하고 마틴 루터는 이 상이한 두 개념을 절대로 분리시키지 않았다. 구분과 분리는 엄연히 다른 것이다. 오히려 마틴 루터는 그의 음악 사역을 통해서 이 둘을 서로 협력하는 '신학적 접촉점(a theological point of contact)' 속에서 통합한 것이다. 바로 여기에 필자가 마틴 루터의 음악 신학을 '역설적 통합'이라 부를 수밖에 없는 이유가 있다.

이처럼 루터의 음악 신학이 '아디아포라'와 '디아포라'라는 두 가지 상반된 개념 속에 동일하게 기초해 있다는 '역설적 통합'은 여러 루터파 신학자들의 말을 통해서도 묵시적으로 증명된다. 발터 버진(Walter E. Buszin)은 '마틴 루터가 음악에 대하여 가지고 있었던 궁극적인 관심이 음악의 본질과 그 활용(his philosophy concerning its nature, [and] uses)'[690] 두 가지였다고 말했으며, 카일 세션스(Kyle C. Sessions)도 이러한 루터 음악 신학에 나타난 특징들을 '루터 음악 이해의 양면성(a duality in Luther with regard to music)'[691]이라고 표현 했다. 헬렌 피취(Helen Pietsch)는 좀 더 자세한 설명을 남겨 놓았는데 그의 말을 한 번 들어 보자.

> 우리는 이제 모든 것을 자유롭게 선용할 수 있다. …결국 이러한 복음의 자유 아래, 모든 것(음악, 예술, 악기)을 예배와 연결할 수 있으며 심지어 특별한 가사 내용 없이 악기만 연주하는 기악도 예배 때에 사용할 수 있다. 이 모든 것을 감사함으로 받아 하나님께 드리는 우리의 반응이다. 그러나 우리 인간은 여전히 유혹에 쉽게 넘어지는 연약한 존재가 아닌가? 그래서 마틴 루터는 마귀

---

690 Walter E. Buszin, *Luther On Music*, ed. Johannes Riedel, Pamphlet Series No. 3(Saint Paul, Minnesota: North Central Publishing Company. 1958), 18.
691 Kyle C. Sessions, "The Sources of Luther's Hymns and the Spread of the Reformation," *The Lutheran Quarterly*, Vol. XVII, No. 3(1965): 206.

가 여전히 하나님의 선물을 갈취할 수 있다는 사실을 결코 부정하지 않았다(LW 53: 325). 그래서 마틴 루터의 초기 사역 중에서 (1513년) 그는 찬양함에 있어 기쁘고 경건한 마음으로 임하는 사람이 있는가 하면 아직도 세속적인 유희를 위하여 즐기는 사람이 있다고 말했었다.[692]

여기서 헬렌 피취는 마틴 루터가 복음의 자유 속에서 자유로운 음악을 사용한 예배의 가능성을 암시함과 동시에(아디아포라), 음악이란 절대로 마귀에게 양보할 수 없는 것이므로 우리가 음악을 통해 찬양할 때에 경건한 마음을 잃지 말아야 한다는 마틴 루터의 가르침을 같이 이야기하고 있다(디아포라). 피취의 이러한 분석은 "루터가 음악을 어떻게 이해했는가?"하는 음악의 본질적 측면에서는 루터가 '디아포라'의 신학 개념에 서 있었다고 주장하며, 반면에 "루터가 어떠한 방법으로 음악을 사용했는가?"하는 음악의 적극적인 활용과 적용 측면에서는 루터가 '아디아포라'의 신학 개념에 서 있었음을 암시하고 있다.[693]

그러므로 이러한 '역설적 통합'을 무시하고 마틴 루터의 음악 사역을 '음악의 활용과 현실적용의 측면(음악을 어떻게 사용할 것인가?)'에서만 분석하려 했던 사람들(로버트 미쉘 교수, 본퀘스키 목사)은 마틴 루터의 음악 신학이 '아디아포라'임을 주장할 수밖에 없었고, 그 반대로 '음악의 본질적인 측면(음악이 무엇이냐?)'만을 바라보고 마틴 루터의 음악 사역을 해석하려 했던 사람들(조이스 어윈 교수, 로버트 스티븐슨 목사)은 당연히 마틴 루터 음악 신학이 '디아포라'임을 고집할 수밖에 없었던 것이다.

그래서 호티 니켈(Hoetty-Nickel) 교수는 마치 위에 소개된 여러 사람들의 편협한 실수를 미리 예상이라도 한 듯, 마틴 루터의 음악

---

692 Helen Pietsch, "On Luther's Understanding of Music," *Lutheran Theological Journal*, Vol. 26, No. 3.(December, 1992): 164.
693 Ibid., 165.

신학에 이러한 역설적 요소가 있음을 인정하고 루터의 음악을 한쪽으로만 이해하는 것(subjectively or objectively)은 잘못된 방법이라고 충고한 바 있다.[694] 바로 여기에 필자가 마틴 루터의 음악 신학이 '역설적 통합'임을 주장할 수밖에 없는 이유가 있다.

그렇다면 이제 우리는 '아디아포라와 디아포라'가 서로 상충되는 역설임을 알았다. 그렇다면 과연 마틴 루터는 서로 상충되는 '아디아포라'와 '디아포라'의 역설을 어떻게 그의 음악 사역 속에서 통합시켜 적용시켰을까? 이제 그것을 추적해 보자.

3) 마틴 루터와 '아디아포라'

일단 먼저 마틴 루터가 어떻게 '아디아포라'라는 상대적 개념을 그의 음악 사역에 적용했는지를 살펴보자. 그는 음악 사역을 함에 있어 음악의 실제적 적용(a practical application)에 있어서는 '아디아포라' 개념에 기초하여 사역했다.

마틴 루터는 이 '아디아포라'의 원리가 일반적인 교리의 문제만이 아니라 '음악 사역'의 문제에 있어서도 동일하게 적용된다고 생각하였다. 그래서 그는 성경이 명백하게 금하지 않는 범위에 있어서 다양한 음악 형태와 자유로운 창작이 가능하다고 주장했다. 때문에 마틴 루터는 스스로 곡(曲)과 가사를 만들어 불렀고, 그의 추종자들인 루터란(Lutherans)도 그러했다. 그래서 루터 교단은 '노래하는 교회(singing church)'로서 교회 음악 역사에 적지 않은 영향을 끼쳤고,[695] 그 후 '찬양의 날(the Hymn of the Day)'이라는 것을 만들어 지속적인 교회 음악의 발전을 가져온 것이 사실이다.[696]

---

694 Theodore Hoetty-Nickel, "Luther and Music," in *Luther and Culture*, Martin Luther Lectures, Vol. 4(Decorah, Iowa: Luther College Press, 1960), 175~76.
695 Donald Jay Grout, *A History of Western Music*, Revised Edition(New York: W. W. Norton & Company. Inc, 1973), 252~58.
696 Carl F. Schalk, *The Hymn of the Day and Its Use in Lutheran Worship*(St. Louis, MO: Concordia Publishing House, 1983), 5~47.

특별히 '아디아포라'라는 개념에 기초하여 마틴 루터가 이해한 음악의 기능은 크게 두 가지이다. 첫째는 하나님께 영광이요, 둘째는 기독교인들의 경건성 회복과 복음의 전파이다. 이를 실현하기 위해서는 이미 앞에서 고찰한 바와 같이 '교회 음악의 대중화'가 필요했다.[697] 그래서 그는 이미 일반 평신도들에게 잘 알려진 익숙한 곡조와 친근한 음악 형태를 응용하여 교회 음악의 회중화를 시도하였다.[698] 이것을 카일 세션스(Kyle C. Sessions)는 마틴 루터 음악의 '친밀성과 대중성(familiarity and popularity)'이라고 표현했다.[699] 바로 이러한 노력의 중심에 '아디아포라'라는 개념이 있었다.

이러한 마틴 루터의 '음악을 향한 아디아포라적 자유'는 결국 우리가 앞에서 살펴본 것과 같이 '코랄'을 중심으로 한 회중 찬송의 부활까지 나아간 것이다. 그러므로 마틴 루터의 '만인제사장설'에 의거한 찬양의 대중화는 '아디아포라'라는 개념에 기초해 있었음을 알 수 있다. 이처럼 마틴 루터는 "음악을 어떻게 사용할 것인가?"하는 문제에 있어 상대적 개념인 '아디아포라'의 입장에 기초하여 그의 음악 사역을 실천했었다.

4) 마틴 루터와 '디아포라'

그렇다면 마틴 루터는 '디아포라'의 신학 개념을 어떻게 그의 음악 사역에 적용시켰을까? 위에서 살펴본 바와 같이 마틴 루터는 '아디아포라'라는 상대적 개념에 기초하여 다양한 음악 형태와 곡조를 일반 대중의 상황과 문화에 자유롭게 맞추는 방향으로 그의 음악 사역을 실천했다. 그러나 이렇게 음악의 자유로운 적용과 변형을 주장한 그

---

697 Derek Wilson, *Out of Storm: The Life and Legacy of Martin Luther*(New York: St. Martin's Press, 2007), 278.

698 LW 49: 69~68, LW 53: 198, Kyle C. Sessions, "The Sources of Luther's Hymns and the Spread of the Reformation," *The Lutheran Quarterly*, Vol. XVII, No. 3(1965): 206~07.

699 Kyle C. Sessions, "The Sources of Luther's Hymns and the Spread of the Reformation," *The Lutheran Quarterly*, 214.

도 음악의 본질에 있어서는 절대 양보할 수 없는 절대적 신학 개념인 '디아포라'에 기초해 있었다.

마틴 루터는 음악의 본질을 이해함에 있어, 음악이란 근본적으로 하나님이 태초에 인간에게 내려 주신 최고의 선물이자 은사이며[700] 그 위치는 하나님의 말씀과 신학에 버금가는 것이고,[701] 인간은 그 음악을 통하여 하나님의 놀라운 구원을 발견하고, 그 음악을 통하여 하나님께 영광을 돌린다고 주장했다.[702] 더 나아가 그는 음악을 하나님의 말씀을 전파하는 설교와 동일한 것으로 인식했고,[703] 음악을 통한 찬양이 곧 우리의 산 제사이며,[704] 사탄 마귀를 내쫓는 데 있어 가장 강력한 무기이며,[705] 사람의 마음을 움직이는 데 있어 가장 효과적인 도구라고 했다.[706] 그러므로 이러한 음악은 절대로 사탄 마귀에 양보할 수 없는 절대적인 것이며, 그것은 반드시 숭고하게 지켜야 하는 것으로 믿고 있었다.[707] 그래서 그는 이러한 음악의 본질을 과소평가(過小評價)하는 사람들을 절대로 용납할 수 없다고 말했다.[708]

이러한 그의 주장은 다분히 절대적 개념인 '디아포라'에 속한 것이며, 마틴 루터는 음악의 본질적 측면에서 이처럼 '디아포라'의 신학 개념에 기초해 그의 음악 사역을 실천했다.

---

700 LW 15: 273~74, Eugene Brand, "Luther: The Theologian of Music," *Pastoral Music*, Vol. 8, No. 5(June~July 1984): 21.
701 LW 49: 428, LW 53: 323.
702 "Lectures on Isaiah, Chapters 1~39(1527/29)," LW 16: 129, LW 53: 316.
703 LW 49: 68.
704 "Lectures on Isaiah, Chapters 40~66(1527/30)," LW 17: 72.
705 LW 15: 274.
706 LW 49: 428, LW 54: 246.
707 LW 53: 324.
708 Ewald M. Plass, *What Luther Says*, 980.

(4) 평가

이제까지 우리는 마틴 루터 교회 음악의 신학적 기초를 '만인제사장설'과 '아디아포라'와 '디아포라'라는 두 가지 개념의 틀 속에서 함께 추적해 보았다. 이제 그 모든 추적의 내용을 우리가 잊지 말아야 할 것을 몇 가지 요약을 통해 한 번 재정리해 보자.

1) 우리는 마틴 루터가 주장했던 '만인제사장설'에 기초하여 어디까지나 모든 사람이 하나님 앞에서 음악으로 하나님을 찬양하는 데 있어 아무런 구속과 제약이 없다는 것을 명심해야 할 것이다. 왜냐하면 찬양이란 모든 기독교인의 자유이며 특권이기 때문이다. 바로 여기에 '만인찬양자설'의 당위성이 있다.

2) 우리는 음악 사역을 함에 있어 "음악이 무엇이냐?"라는 음악의 본질적인 측면에서는 마틴 루터처럼 '디아포라'라는 절대적 신학 개념에 기초해 있어야 한다는 것이며, 동시에 우리가 음악 사역을 함에 있어 "우리가 음악을 실제적으로 교회 현장에서 어떻게 사용하며 어떻게 목회 사역에 적용할까?"라는 음악의 적용 측면에서는 마틴 루터가 고집했던 '아디아포라'라고 하는 상대적 신학 개념에 기초해 있어야 한다는 것이다.

3) 이러한 마틴 루터의 음악 신학은 '역설적 통합'임을 잊지 말아야 한다. 결국 마틴 루터는 '만인제사장설'이라는 신학 개념 밑에서 음악의 본질과 원리(음악이 무엇이냐?)에 있어서는 '디아포라'를 주장하고, 음악의 적용과 벙법(음악을 어떻게 활용할까?)에 있어서는 '아디아포라'를 주장함으로써 오늘날 음악 사역을 위한 기본적 신학 모델을 제시했다고 할 수 있다.

물론 이러한 틀은 음악 사역에만 국한 되는 것이 아니다. 그래서 존 파이퍼(John Piper) 박사는 특별히 자신이 가르치는 루터 교단 목회자 후보생들에게 다음과 같이 이야기했다.

> '아디아포라'와 '디아포라' 사이에 있는 이러한 세심한 차이는 당신들의 목회 현장에 바로 적용되어야 한다. 만약 당신이 이러한 루터교파의 영성을 가지고 목회를 수행한다면, 당신이 목회하고 있는 교회 사람들이 다음과 같이 당신을 평가하게 될 것이다. "우리 목사님은 하나님의 말씀과 성례전과 같이 확실한 부분에 있어서는 바위처럼 굳세고, 성경에 가르침이 없는 부분에 있어서는 굉장히 융통성이 있는 분이다." 이런 말을 여러분들은 들어야 한다.[709]

문화 사역자 하정완 목사 또한 다음과 같이 주장하였다.

> 우리가 여기에서 놓치고 있는 것이 있습니다. 즉 문화적인 논쟁에 열심이다 보면 가장 중요한 복음을 놓치게 된다는 말입니다. …즉 방법에 대한 문제를 가지고 논의하다가 복음이라는 원리를 놓치게 됐다는 말입니다. …우리가 놓치지 말아야 하는 것은 문화적인 상황에서 나오는 방법(method)이 아니라 복음이라는 원리(principle)입니다.[710]

예능교회 조건회 목사도 "예배의 대상과 목적은 변함없는 진리이지만 예배의 방법은 얼마든지 변할 수 있다."[711]고 말했다.

---

709 Theodore C. Graebner, *The Borderland of Right and Wrong*, rev. ed. of the Literature Board of the Missouri Synod, 1956(St. Louis: Concordia Publishing House, 1957), 47~48에서 재인용.
710 박정관, 하정완, 서승직, 「영적전쟁시대의 문화·예배·찬양」 (서울: 제자서원, 1996), 21쪽.
711 조건회, "한국 교회 찬양 예배의 현주소와 전망," 대한예수교장로회총회사업부 편, 「21세기의 도전과 문화선교」 (서울: 한국장로교출판사, 2000), 201쪽.

따라서 '본질과 적용', '원리와 방법' 이 두 가지 틀의 역설적 조화는 올바른 사역자가 되려면 꼭 필요한 것이다. 모두 다 본질적인 것을 향한 변하지 않는 자세와 비본질적인 것에 대한 충분한 융통성이 있어야 함을 말하고 있다. 이런 교훈은 비단 루터 교단의 목회자만을 위한 것도 아니며, 또한 오로지 목회자만을 위한 것도 아니다. 세심하게는 현재 CCM 사역을 하고 있는 모든 찬양 사역자들을 위한 것이요, 기독교 문화 사역자들을 위한 것이며, 넓게는 이 세상의 모든 기독교인들을 위한 것이다. 따라서 위에서 언급한 이러한 세 가지 요약점은 오늘날 21세기의 CCM 사역자들이 반드시 명심하고 적용해야 할 신학 개념이다.

자! 그렇다면 16세기의 이러한 마틴 루터의 음악 신학은 오늘날 21세기의 CCM과 어떻게 연결하여 이해할 수 있을까? 이 질문에 대하여 다음 장에서 다시 추적해 보려 한다.

4. 마틴 루터의 관점에서 적용한 CCM

(1) 하나의 실체 그러나 두 가지 적용

우리는 앞에서 마틴 루터의 음악 철학도 알아보았고, 음악 신학도 고찰해 보았다. 이제는 마틴 루터의 관점에서 CCM을 적용해 볼 차례이다. 사실상 이것은 매우 어려운 작업이다. 왜냐하면 이러한 학문적 시도는 이제까지 거의 없었으며, 있다손 치더라도 그것은 단편적인 것에 불과했기 때문이다. 설상가상(雪上加霜)으로 마틴 루터는 살아 있을 때에 자신의 음악 철학과 음악 신학을 집대성한 저서를 남겨 놓지 않았다. 현재까지 남아 있는 그의 몇몇 저서들은 그저 그때그때 필요할 때마다 급한 상황에서 남겨 놓은 단편적인 것들뿐이다. 물론 이것은 음악을 향한 그의 크나큰 관심과는 약간 어울리지 않는 이상한 현상으로 이러한 그의 모습은 「기독교강요」를 통하여 자신의 신학을 평생 집대성한 존 칼빈의 모습과 너무나 대조된다.[712]

어쨌든 이러한 한계 때문에, 이미 수많은 논쟁의 커튼 뒤에 숨죽이고 앉아 있는 마틴 루터와 CCM을 동시에 고찰해 본다는 것은 자칫 잘못하면 마치 준비되지 않은 사수(gun shooter)가 아직 준비되지 않은 표적(target)을 정확히 맞추어 보려고 노력하는 것과 같은 엉뚱한 짓으로 보일 수도 있다. 그러나 이것은 누군가 꼭 한 번은 해야 하는 가치가 있는 작업이다. 왜냐하면 이것은 아직 깊이 연구되지 않은 미개척 분야이며, 우리가 이제까지 추적해 왔듯이 많은 부분에서 마틴 루터는 음악을 통해 16세기 종교 개혁을 이룬 음악가였음이 입증되고 있기 때문이다. 따라서 필자는 준비할 수 있는 대로 철저히 준비해서, 현재까지 준비된 표적을 한 번 맞추어 보려 한다.

일찍이 마틴 루터 음악 연구가 발터 버진(Walter E. Buszin)은 마틴 루터의 음악을 연구함에 있어 항상 서로 다른 주장이 있어왔음을 다음과 같이 설명했다.

> 마틴 루터가 죽은 이후로(1546년 2월 18일), 이제까지 마틴 루터에 대하여 수많은 논쟁들이 있어 왔다. 특별히 교회 음악가로서 마틴 루터가 가지고 있었던 능력과 그의 음악 철학과 지식에 대한 적용과 해석에 대해서는 그 논쟁이 더욱더 심했다. 매번 음악가로서의 마틴 루터를 이해하고 적용함에 있어 서로 다른 상반된 의견이 항상 존재해 왔다.[713]

---

712 Karl Ferdinand Muller & Walter Blankenburg, *Zur Lehre vom Gottesdienst der im Namen Jesu versammelten Gemeinde*, M. H. Bertram trans, *Worship in the Name of Jesus*(Saint Louis: Concordia Publishing House, 1968), 7.

713 Walter E. Buszin, *Luther On Music*, ed. Johnnes Riedel, Pamphlet Series No. 3.(St. Paul: Lutheran Society for Worship, Music and the Arts, 1958), 3.

모든 해석에 서로 반대 의견이 있듯이 당연히 마틴 루터의 관점에서 적용한 CCM도 크게 두 가지 측면으로 나누어져 있다. 첫 번째 측면은 16세기 마틴 루터의 음악 사역은 오늘날 21세기 CCM 사역과 같은 맥락에서 적용될 수 있다는 긍정적인 측면이요, 두 번째 측면은 16세기 마틴 루터의 음악 사역은 오늘날 21세기 CCM 사역과는 전혀 상관 없는 것이므로 이와 같은 적용은 마틴 루터의 음악 사역을 잘못 이해하거나 억지로 오용(misuse)한 것이라는 부정적 측면이다. 긍정적 측면에 속해 있는 사람들은 마틴 루터를 통하여 오늘날의 CCM 사역을 지지한다. 바로 CCM 사역은 오늘날 찬양과 예배의 개혁을 도모하기 위한 음악적 매개체라는 뜻이다. 그러나 부정적 측면에 속해 있는 사람들은 다르게 말한다. 그들은 오히려 오늘날 CCM 옹호자들이 마틴 루터의 음악 개혁 사업을 남용한다고 비판한다. 즉 CCM을 합리화하기 위하여 마틴 루터를 꼭두각시(a puppet)로 내세운다는 뜻이다.

그래서 CCM 연구가 존 매퀴지안(John Makujian) 또한 "어떤 사람들은 마틴 루터가 세속적인 음악을 잘 사용했다고 주장하고, 또 다른 사람들은 반대로 마틴 루터가 세속적 음악을 그런 식으로 사용하지 않았다고 주장하고 있다."[714]고 말하며 마틴 루터의 관점에서 적용한 CCM에 대한 분석도 예외일 수 없음을 강조했다. 이러한 상황은 특별히 "왜 사탄만이 좋은 음악을 가져야만 하는가?(Why should the devil have all the good music?)"[715] 또는 "사탄 마귀만이 오로지 좋은 음악을 독차지할 권리는 없다(The devil has no right to all the good tunes)"[716]라는 마틴 루터의 기념비적인 선언으로 인해

---

714 John Makujina, *Measuring the Music: Another Look at the Contemporary Christian Music Debate*, Second Edition(Willow Street, PA: Old Paths Publication, 2002), 232.
715 John J. Thompson, *Raised By Wolves: the Story of Christian Rock & Roll*(Toronto, Ontario: ECW Press, 2000), 31.
716 Dan Peters, Steve Peters & Cher Merrill, *What About Christian Rock?*(Minneapolis, Minnesota: Bethany House Publishers, 1986), 30.

더욱더 가열되었다.

그래서 필자는 마틴 루터 한 사람에 대한 이러한 서로 다른 평가를 '한 가지 실체 속에 존재하는 두 가지 적용'이라 부르고 싶다. 그럼 이제부터 이러한 전이해(pre-knowledge)를 가지고 그 두 가지 측면을 하나하나 추적해 보자.[717]

1) 긍정적인 적용

미국 컨콜디아신학교의 조엘 본퀘스키(Joel W. Bunkowske) 목사는 CCM을 마틴 루터가 적용한 '아디아포라(adiaphora)'의 신학 개념에 비추어 해석해야 한다고 주장했다. 다시 말하자면 성서에서 나름대로의 답을 찾을 수 없는 CCM에 대한 문제는 CCM과 관계된 각 개인이나 공동체의 문화적 양심과 특성에 비추어 해석해야 한다는 말이다.

> 종교 개혁이 과연 무엇을 위한 것이었는가? 종교 개혁이 무엇을 의미하는 것이었는가? 종교 개혁은 한마디로 아디아포라의 자유를 회복하는 것이었다. 아디아포라는 개념은 성경에 명확히 제시되지 않은 내용에 대하여 문화에 대한 자유를 의미한다. 「협화신조: the Book of Concord」에도 보면 우리 루터 교단은 상황과 문화적 형편에 따라 예배 형식을 융통성 있게 바꿀 수 있는 가능성을 가지고 있음에 대하여 적고 있다. 따라서 우리는 우리의 예배자들의 보다 원활한 하나님과의 의사소통을 위해 예배 의식을 개혁할 수 있다. 이러한 아디아포라는 종교 개혁의 중요한 원리 중 하나였다.[718]

---

717 참고하라. CTS-Diss, 89~119(CCM in the Light of Martin Luther's View On Music)

718 Joel W. Bunkowske, "Church-Mission-Music," in Eugene W. Bunkowske, and Scott D. Alan ed., *The Lutherans In Mission*(Fort Wayne: Lutheran Society for Missiology, 2000), 147.

> …1960년대 이후로 미국에서는 락앤롤과 같은 CCM을 중심으로 한 예배 형식이 시작되었다. …우리가 만약 젊은이들로 하여금 그들의 문화적 감각에 맞는, 예를 들면 기타나 드럼을 사용한 교회 음악을 사용하지 않는다면 그것은 우리가 우리의 자녀들을 우리 스스로 포기하는 셈이 된다.[719]

그의 말에 따르면 CCM은 오늘날 젊은이들과 불신자들의 신앙생활을 위해 꼭 필요한 시대적 요구이며, 당연히 사용해야만 하는 음악적 매개체이다. 그는 이러한 주장을 입증하기 위한 역사적 사례로 마틴 루터의 음악적 개혁 성향도 이와 같은 맥락에 있음을 강조했다. 결국 그는 오늘날 CCM 사역자들의 의도가 과거 마틴 루터의 그것과 동일함을 주장하고 있는 것이다.

이러한 논리는 매우 일반적이다. 한마디로 16세기 마틴 루터는 오늘날 21세기 CCM 사역자들을 보호하기 위해 싸우는 '흑기사'와 같은 존재이다. 그래서 존 메큐지나는 "마틴 루터는 CCM 옹호자들이 가장 선호하는 전쟁 무기(arsenal) 중 하나이다. 왜냐하면 세속적인 음악 형태를 사용했던 그의 개혁적인 음악 사역 때문이다."[720]라고 말했을 정도이다. 이처럼 CCM 찬성자들은 오늘날 CCM 사역자들을 과거 마틴 루터와 같은 맥락에서 교회 음악의 개혁을 시도하고 있는 사람들로 묘사한다. 한마디로 마틴 루터는 오늘날 CCM 사역자들에게 있어 귀중한 역사적 모범이 되는 것이다.[721]

이러한 경향에 힘입어 제임스 에머리 화이트(James Emery White) 교수 또한 마틴 루터와 오늘날 CCM을 연결시키는 다음과 같이 주장을 했다.

---

719 Ibid., 146.

720 John Makujina, *Measuring the Music: Another Look at the Contemporary Christian Music Debate*, 232.

721 John D. Witvliet, "Beyond Style: Rethinking the Role of Music in Worship," in *Worship at the Next Level*, ed., Tim A. Dearborn & Scott Coil(Grand Rapids, Michigan: Baker Books, 2004), 165.

모든 세대는 복음을 독특한 그 세대의 문화적 상황에 맞게 번역
(translate)할 필요가 있다. …예수님께서도 직접 이러한 문화적 색채의
표현을 비전통적인 방법을 통하여 시작하셨듯이 복음을 그 시대의 문화
적 상황에 맞추어 번역한다는 것은 모든 복음주의 전도자의 우선 과제
(vanguard)였다. 마틴 루터는 성경 말씀을 그 당시 모든 사람이 이해
할 수 있는 평범한 말로 번역하였으며, 동시에 '술집 음악을 사용한 찬
양(drinking songs for hymns)'을 시도하였다. 이라 생키(Ira Sankey)
도 그 당시의 음악 형태(waltz)를 사용하여 무디(Dwight L. Moody)의
집회를 은혜롭게 이끌었으며, 빌리 그래함 또한 동일한 방법을 사용하였
다.[722]

여기서 화이트 교수는 한 걸음 더 나아가 마틴 루터를 그 이후에
나타난 많은 개신교 음악 사역의 출발점으로 보았다. 우리가 잘 아는
생키와 빌리 그래함(Billy Graham) 등, 근대의 모든 교회 음악의 명
맥(musical blood line)은 마틴 루터로부터 출발했다는 것이다. 그러
므로 당연히 오늘날 CCM 사역자들의 움직임은 마틴 루터의 음악 사
역에 그 뿌리를 둘 수밖에 없다는 것이다. 특별히 그는 이 과정에서
'번역(translate)'이라는 용어를 사용하면서 CCM 음악은 본질의 변
화(change)가 아닌 과정상의 개정 증보(revise)임을 암시했다.

폴락(W. G. Polack) 또한 이러한 연결성을 강조하며 마틴 루터를
'회중 찬송의 아버지'라 불렀다.

우리는 마틴 루터를 독일 음악이나 또는 개신교 찬양의 창
시자라고 간주하며 찬양하지 않는다. 왜냐하면 마틴 루터 이
전부터 벌써 많은 음악과 찬양들이 만들어지고 쓰여졌기 때문
이다. …하지만 우리는 그를 회중 찬송의 아버지(the father of

---

722 James Emery White, "Evangelism in a postmodern world," in *The
Challenge of Postmodernism: An Evangelical Engagement*, ed. D. S.
Dockery(Grand Rapids: Baker Academics, 1995), 177.

congregational song)라고 부르기를 서슴지 않는다.[723]

사실상 마틴 루터는 없는 것을 갑자기 만들어 낸 사람은 아니었다. 다만 있다가 없어진 것을 다시금 회복시킨 사람이다. 왜냐하면 이러한 회중 찬송은 과거에 이미 암브로스(Ambrose)라는 사람이 실천했던 찬양법이기 때문이다.[724] 그래도 우리는 마틴 루터를 개혁자라 부른다. 왜냐하면 개혁이란 없던 것을 새롭게 창조하는 것이라기보다는, 원래 있던 것이 타락하고 부패했을 때 그것을 다시금 원상태로 회복시키는 것이기 때문이다.[725] 이러한 면에서 폴락의 말은 옳다. 그래서 이 말을 얼핏 듣기에는 마틴 루터에 대한 평가를 추락시키는 표현 같지만, 오히려 그는 마틴 루터의 음악 사역에 최고의 찬사를 보내고 있는 셈이다. 쿠엔틴 폴크너(Quentin Faulkner) 또한 비슷한 의견을 주장했다.

마틴 루터는 다양한 종류의 음악 형태를 사용함에 있어 거리낌 없는 선호(unabashed fondness)를 보였다. 특별히 다성 음악(polyphony)을 즐겨 사용하였다. 마틴 루터에게 있어 복잡한 예술적 음악이 하나님을 찬양하는데 있어 중요한 만큼, 단순한 회중 찬양도 그만큼의 가치를 지고 있는 음악이었다. …음악을 향한 마틴 루터가 보여 준 내적 관심의 태도는 실로 놀라운 것이었다. 사람들은 그것을 감히 개혁이라 부른다. …모든 종류의 음악을 사용했으며…그럼에도 불구하고 오스카 존겐(Oskar Sohngen)은 마틴 루터의 모든 음악이 영적이라고까지 말했다.[726]

---

723 W. G Polack, "Church Music," in *What Lutherans Are Thinking*, ed., E. C. Fendt(Columbus, Ohio: The Wartburg Press, 1947), 411.
724 Robert Guy McCutchan, Hymns in the Lives of Men(New York, Nashville: Abingdon-Cokesbury Press, 1943), 120.
725 R. Massie, *Martin Luther's Spiritual Songs*(London: Hatchard & Son, 1854), 7.
726 Quentin Faulkner, *Wiser than Despair: The Evolution of Ideas*

이것은 마틴 루터가 세속적 음악은 말할 것도 없고 어떤 형태의 음악이든지 찬양 음악의 자료로서 채택하는데 아무런 거리낌을 받지 않았음을 의미한다. 마틴 루터는 모든 사람의 문화적 이유와 상황적 근거에 의하여 찬양 형태를 정함에 있어 매우 융통성이 있었다.[727] 실제로 마틴 루터는 평신도들을 위해 그들이 쉽게 이해할 수 있는 곡조(vernacular music)를 사용했다. 그래서 마틴 루터는 말하기를 "이러한 음악 형태를 사용한 예식(service)은 특별히 젊은 사람들과 아직 교회 전통에 익숙지 못한 초신자들(the unlearned folk)을 교회로 인도하기에 가장 좋은 예배 형식이다."[728]라고 했다. 그의 말을 직접 들어 보자.

더욱더 많은 사람들을 기독교 공동체로 이끌기 위하여 우리가 교회에서 사용하는 음악 형태는 반드시 단순해야 하며 동시에 모든 사람들이 이해할 수 있는 일반적인 형태의 음악이어야 한다. 사탄으로 하여금 그 자신을 위해 모든 좋은 음악을 다 가지게 할 필요가 전혀 없다(The devil has no need of all the good tunes for himself).[729]

마틴 루터가 찬양을 위해 사용한 음악은 누구나 쉽게 배우고 부를 수 있는 아주 평범하면서도 일반적인 유행가 곡조(popular melodies)였다. 그리고 가사는 일반 평신도들이 아무런 무리 없이 이

---

in the Relationship of Music and the Christian Church(Westprot, CT: Greenwood Press, 1996), 138.
727 Robert Stevenson, "Luther's Musical Achievement," *The Lutheran Quarterly,* No. 3(3, 1951): 258
728 Theodore Hoetty-Nickel, "Luther and Music," in *Luther and Culture,* Martin Luther Lectures, Vol. 4(Decorah, Iowa: Luther College Press, 1960), 210.
729 Steve Miller, *The Contemporary Christian: Worldly Compromise Or Agent of Renewal?*(Waynesboro, Georgia: OM literature, 1993), 113.

해하고 따라 부를 수 있는 평범한 독일 통속 가사였다.[730] 그래서 카일 세션스(Kyle C. Sessions)는 이러한 마틴 루터의 찬양을 평신도의 '친숙함과 대중성(familiarity and popularity)'[731]에 기초한 것으로 해석했다. 헬렌 피취(Helen Pietsch)도 아디아포라적 자유와 적용을 말하면서 다음과 같이 주장했다.

> 그래서 마틴 루터는 하나님의 말씀을 세속적이며 대중적인 곡조(secular and/or folk melodies)를 사용하여 찬양하는 독특한 형식을 창출하였다. 이것을 콘크라팍투아(contrafact)라 한다. 즉 세속적인 음악 형태를 빌린 찬양 방법이다. 이것은 찬양 형태의 완전한 변화(transfer)를 의미하지 않고 찬양 방법의 향상(elevation)을 뜻한다. …베이커(Barker) 교수가 평한 것과 같이… 이처럼 마틴 루터는…자기가 할 수 있는 만큼 많은 대중적인 찬양 음악(vernacular hymns)을 만들었다.[732]

이러한 헬렌 피취의 말은 마틴 루터가 1524년 게오르그 스팔라틴(Georg Spalatin)에게 보낸 편지의 내용을 통해 다시 증명된다.

> 우리의 계획은 고대 교부들(church fathers)과 예언자들의 사례(examples)를 따르려는 것이다. 바로 일반 대중들이 이해하고 배울 수 있는 시편(psalms for the people in the vernacular)을 작곡하여 모든 사람들이 그 음악 속에서 하나님을 말씀을 접하고 들을 수 있도록 인도하자는 것이다. 그러므로 우리는 모든

---

730 Kurt J. Eggert, "Music, Hymnody, Liturgy and Worship," *Lutheran Synod Quarterly*, Vol. XXIX(March 1989): 26.
731 Kyle C. Sessions, "The Sources of Luther's Hymns and the Spread of the Reformation," *The Lutheran Quarterly* Vol. III, No, 3(August, 1951): 214.
732 Helen Pietsch, "On Luther's Understanding of Music," *Lutheran Theological Journal*, 165.

곳으로부터 이에 적합한 시(poets)를 찾고 있다.[733]

바로 이것이 긍정적인 적용이다. 이러한 내용을 정리해 보았을 때, 마틴 루터의 관점에 본 CCM은 매우 긍정적으로 들린다. 회중 전체를 움직이는 독특한 찬양 형태를 시도한 마틴 루터의 찬양 사역은 그를 회중 찬송의 회복자이자 코랄의 아버지로 만들어 놓은 역사적 사례이므로 오늘날 CCM 사역자들이 가장 선호하는 인물이기도 하다.

2) 부정적인 적용

이미 살펴본 바와 같이, 많은 사람들이 마틴 루터의 음악 사역을 오늘날 CCM 사역의 귀한 역사적 사례로 인정하고 있다. 그러므로 우리가 마틴 루터의 관점에서 바라본 CCM의 긍정적 평가를 주장하는 것에는 그리 큰 어려움이 없다. 그것은 그런 대로 별 무리 없이 잘 받아들여진다.

그러나 문제는 이것을 부정적으로 바라보는 사람들이다. 더욱더 큰 문제는 이들의 부정적인 견해 또한 그냥 무시할 수 없다는 점이다. 왜냐하면 그들의 주장도 잘 들어 보면 전혀 근거가 없는 말이 아니기 때문이다. 그러므로 필자는 여기서 마틴 루터의 관점에서 바라본 CCM의 부정적 측면을 언급한 사람들의 주장을 중심으로 이들의 이야기를 들어 보려 한다.

마틴 루터의 관점에서 바라본 CCM에 대하여 부정적 견해를 말하는 사람들의 의견은 존 매퀴지안의 말을 살펴봄으로서 시작할 수 있다. 존 매퀴지안은 상당한 각주와 역대 참고 자료를 가지고 곧 뒤에 언급될 또 다른 CCM 반대자 데이비드 클라우드(David W. Cloud)에게 큰 학문적 도움을 준 사람이다. 그래서 데이비드 클라우드의 책에는 그의 이름이 종종 언급된다. 그러나 존 매퀴지안은 CCM과 관

---

733 LW 49: 68.

련하여 데이비드 클라우드와 같이 극단적 반대자는 아니다. 오히려 그는 온건한 반대자라 할 수 있다. 왜냐하면 상황에 따라 그는 찬성 자의 입장에 서서 말할 때도 있기 때문이다. 어쨌든 존 매쿼지안의 주장은 다음의 한 문장으로 요약될 수 있다.

> "물론 마틴 루터는 세속적 음악을 사용했다. 그러나 그럼에 도 불구하고 이러한 마틴 루터의 전반적인 이해는 성숙하지 못한 CCM 찬성론자들에 의해 잘못 왜곡되고 비틀어졌다(skewed)."[734]

이 말은 두 가지를 암시한다. 하나는 일단 부정적 견해를 가진 사 람들도 마틴 루터가 세속적 음악을 사용했음은 인정하고 있다는 것 이고, 다른 하나는 그러나 그렇다고 해서 마틴 루터가 무분별하게 모 든 세속적 음악을 닥치는 대로 적용해 쓴 것은 아니라는 점이다. 이러 한 입장은 "마틴 루터가 오늘날 교회 음악을 향한 우리의 자유분방한 자세(the casual musical attitude)를 본다면 아마 깜짝 놀랄 것이 다."[735]라고 말한 마크 힐레(Mark Hijleh)교수의 말을 연상케 한다.

따라서 마틴 루터의 관점에서 CCM을 부정적으로 해석하는 사람 들은 그 반대편 무리들을 향해 두 가지 비난을 쏟아 놓는다. 첫째 는 CCM 추종자들의 변론은 마틴 루터 음악 사역의 본래 적용 범위 를 훨씬 넘어섰다는 점이다. 둘째는 좀 더 심한 경우인데, CCM 추종 자들이 자기들의 주장이 이미 잘못인 것을 다 알고 있으면서도 일부 러 억지를 부리고 있다는 것이다. 다시 말하자면 작은 사실을 마치 큰 사실인 것처럼 침소봉대(針小棒大)하여 마치 그것이 전부 다인 것처럼 자신 스스로를 속이고 있고 또한 다른 사람도 속이고 있다는 말이다.

그렇다면 그들의 주장을 한 번 자세히 들어 보자. 이러한 주장의

---

734 Makujina, John. *Measuring the Music: Another Look at the Con-temporary Christian Music Debate.*, 232.
735 Mark. Hijleh, *The Music of Jesus: From Composition to Koinonia*(New York: Writers Club Press, 2001), 6.

대표자격인 데이비드 클라우드[736]는 다음과 같이 말했다.

CCM을 옹호하는 사람들의 책을 보면 과거 마틴 루터가 세속적인 음악(secular tavern songs)을 사용한 찬양을 사용했다는 이유를 들어 오늘날 락 음악을 통한 찬양이 합법하다고 주장한다. 그러나 이것은 마틴 루터의 음악 이해를 잘못 적용한 결과이다 (inaccurate view of Luther's music). 실제적으로 과거 마틴 루터가 한 일은 오늘날 기독교 락커(Christian Rockers)들이 하는 행동과는 전혀 관계가 없는 것이다.[737]

데이비드 클라우드에게 위와 같은 결론을 내릴 수 있도록 도운 학문적 동역자가 있다. 바로 존 매퀴지안이다. 그도 역시 비슷한 주장을 남겼다.

이러한 CCM의 논쟁은 계속된다. …특별히 오늘날 CCM이 세상적(worldliness)이라는 주변의 비판(criticisms)으로부터 해방되기 위한 노력이 한참인 상황에서 사실상 이것은 우리의 관심을 집중시키는 요점(rallying point)이다. 이와 같은 형태의 논쟁은 CCM을 변호하는 내용을 담은 대부분의 연구서적을 통해 나타난다. 더구나 이러한 흐름에 힘입어, 심지어 CCM에 대하여 전문적인 연구 경험이 없는 후원자(untutored CCM patrons)들까지도 "마틴 루터는 술집에서 사용하는 곡조(barroom tunes)와…그 당시 대중음악(popular music)을 사용하여 찬양을 만들었다."고

---

736 필자가 데이비드 클라우드를 대표자라고 말할 수밖에 없는 이유가 있다. 필자가 2008년 현재까지 발견한 외국 문헌 중 CCM을 반대하는 사람들의 책 중에서 이 사람의 책이 가장 잘 쓰여졌다. 그 외의 다른 외국 문헌들은 암암리에 이 사람의 책을 거의 참고한 것으로 여겨진다. 하지만 이것은 어디까지나 필자 개인의 의견이다. 참고하라. Cloud, David W. *Contemporary Christian Music: Under the Spotlight*. Canada: The Way of Life Publisher, 1998.
737 Ibid., 161.

주장하며 CCM을 옹호할 정도이다.[738]

위의 '두 사람'이 쓴 '두 권의 책' 속에서 '인용된 두 가지 주장'을 통해 우리가 눈여겨 봐야 할 '두 가지 표현'이 있다.

'inaccurate view of Luther's music
(마틴 루터 음악 이해의 잘못)'
'untutored CCM patrons
(전문적 연구 경험이 없는 후원자)'

이 두 가지 표현은 다음과 같은 '몇 가지 질문'을 만들어 낸다. "정말 마틴 루터는 16세기 당시 세속 음악 형태를 아무렇게나 무분별하게 사용했을까?", "CCM을 찬성하고 있는 사람들 중에 얼마나 많은 사람이 정말 깊은 학문적 관심을 가지고 이와 같은 마틴 루터의 세속 음악 사역을 제대로 연구했을까?", "그들은 정말 자신이 주장하고 있는 부분에 있어 확실한 역사적 고증(考證)을 해 보았는가?", "그들이 정말 마틴 루터의 음악을 제대로 들어 보고, 그가 쓴 악보들을 추적해 보고 하는 말인가?"

CCM을 부정적으로 해석하는 사람들은 이 질문에 있어 거의 부정적인 응답을 내놓는다. 거의 없다는 것이다. 대부분의 사람들이 그냥 주워들은 이야기로 마틴 루터의 음악 사역에 CCM을 억지로 맞춘다는 것이다. 이러한 주장을 한 사람들 가운데 단 루카리니(Dan Lucarini)라는 사람이 있다. 그는 한 때 CCM 사역자였다가 TCM 사역자로 돌변한 사람이다. 그의 말을 한 번 들어 보자.

대부분의 CCM 찬성자들은 논쟁 중에 우리에게 다음과 같이

---

738 John Makujina, *Measuring the Music: Another Look at the Contemporary Christian Music Debate*, 232.

말한다. "거참! 이봐요! 당신처럼 지금 락 음악(rock music)을 비판하는 것은 위선적(hypocritical)인 행동입니다. 왜냐하면 모든 교회는 그 시대마다 그 당시의 음악을 사용해 왔기 때문입니다."

그런데 이러한 말은 나도 듣고 있다. 그러나 나는 오늘날 99.99%의 CCM 찬성자들이 그것이 정말 사실인지 확인하기 위해 면밀한 교회사적 조사(researched church history)를 해 본 경험이 전혀 없다고 확신한다. 그저 CCM 찬성자들이 하는 일이란 맹목적으로 그 사실을 그냥 확실한 진실로 받아들이고 있는 것뿐이다.[739]

단 루카리니의 이러한 비판은 참으로 큰 충격이다. 왜냐하면 그것이 정말 사실이기 때문이다. 실제로 마틴 루터의 음악 사역을 CCM과 관련하여 깊이 연구해 본 사례는 매우 빈약하다. 따지고 보면 솔직히 단 루카리니의 말대로 그저 맹목적으로 "그럴 것이다!"하고 따라온 것이지, 정말 그것이 그러한지 심층적으로 깊이 분석해 본 경우는 매우 드물다. 따라서 이러한 연구의 빈약함에서 오는 결과는 당연히 마틴 루터 음악 사역에 대한 엉뚱한 적용일 수밖에 없다. 그래서 단 루카리니를 비롯한 여러 CCM 반대자들은 CCM 찬성자들의 이러한 약점을 붙들고 늘어진 것이다.

그런데 이들의 작업은 여기서 끝나지 않는다. 그들은 자기들이 물은 질문에 자기 스스로 답하기 위하여 많은 연구를 했다. 그리고 그들 나름대로 확실한 근거를 가지고 차신의 주장을 확인시킨다. 특별히 데이비드 클라우드는 왜 마틴 루터의 음악 사역이 오늘날 CCM 사역자와는 다른지 다음과 같이 세 가지 이유를 들어 설명했다.

과거 마틴 루터의 음악과 오늘날 CCM이 가지고 있는 차이점은

---

739 Dan Lucarini, *Why I Left the Contemporary Christian Music Movement: Confessions of A Former Worship Leader*(Auburn: Evangelical Press, 2002), 106.

매우 심각한 것이다. 첫번째, 마틴 루터는 세속적 음악을 사용하는 것에 깊이 염려했으며, 그리고 음악이란 어떻게 사용하느냐에 따라 이익이 될 수도 있고 악(evil)이 될 수도 있다고 경고했었다. …두번째, 비록 마틴 루터가 세속적인 경향이 있는 음악 형태를 빌려 쓰기는 했지만, 마틴 루터는 그 과정에 있어 각별한 주의를 기울였다. …세번째, 비록 마틴 루터가 젊은 사람들의 취향에 맞는 영가(spiritual songs)를 만들기는 했지만, 마틴 루터는 그들로 하여금 모든 감정만을 자극하는 세속적 음악(fleshly music)에 취하지 않도록 각별한 주의를 주었다.[740]

필자는 그의 이러한 주장을 아예 무시할 수 없다. 왜냐하면 클라우드의 이러한 세 가지 이유는 마틴 루터를 비롯한 후대 연구가들의 말을 통해 그대로 증명되기 때문이다. 한번 살펴보자.

① 우선 클라우드가 말한 첫 번째 이유(음악이란 어떻게 사용하느냐에 따라 이익이 될 수도 있고 해악이 될 수도 있다.)는 "음악은 사람의 영혼을 자극시키는 본래의 힘을 가지고 있다."[741]고 말한 마틴 루터의 주장에 의해 증명된다. 특별히 1538년 게오르그 라우(Georg Rhau's Symphoniae Iucundae)를 위해 써준 그의 머리말에서 마틴 루터는 음악의 혜(惠)와 악(惡)에 대하여 다음과 같이 다시 한 번 강조하였다.

당신이 슬픔을 이기고 평안을 추구하든지, 행복함을 원하든지, 절망적인 상황에서의 격려를 원하든지, 교만을 넘어 겸손을 원하든지, 뜨거운 열정을 잠재우든지, 또는 미움에 가득한 사람을 달래든지…이 모든 부분에 있어, 모든 사람의 감정과 기호와 애정에

---

740 David W. Cloud, *Contemporary Christian Music: Under the Spotlight*, 161~62.
741 Ewald M. Plass, *What Luther Says*(St. Louis: Concordia Publishing House, 1959), 982.

있어, 유익과 해를 끼치는데 있어 당신은 음악보다 효과적인 수단을 찾을 수 있겠는가?[742]

결국 여기서 우리는 클라우드가 말한 첫 번째 이유(음악이란 어떻게 사용하느냐에 따라 이익이 될 수도 있고 해악이 될 수도 있다.)에 상당한 타당성이 있음을 인정하게 된다. 일단 마틴 루터가 동일한 말을 했기 때문이다.[743]

② 그럼 두 번째는 어떠한가? 클라우드가 제시한 두 번째 이유(마틴 루터는 그 과정에 있어 각별한 주의를 기울였다.)는 마틴 루터의 음악인 코랄을 직접 들어 보고 마틴 루터의 글을 면밀히 검토해 본 여러 학자들의 말을 통해 그대로 증명된다. 로버트 하렐(Robert Lomas Harrel)은 직접 마틴 루터의 코랄을 들으며 면밀히 검토해 본 결과를 다음과 같이 진술했다.

물론 마틴 루터의 시대에도 아주 강한 리듬과 박자의 댄스 음악이 존재했던 것이 사실이다. 그러나 이러한 종류의 강한 음악 형태는 마틴 루터의 음악(코랄)에는 많이 나타나지 않는다. 오히려 마틴 루터의 코랄에서 보이는 리듬과 박자는 춤을 추기 위한 것(dance rhythms)보다는 가사를 살리기 위한 음조(word accents)였다.[744]

마틴 루터는 음악을 만듦에 있어 춤을 추기 위한 곡조와 강한

---

742 LW 53: 323.
743 이 점에 있어서는 존 칼빈도 동일한 입장이었다. 칼빈 또한 음악의 이중적 영향력을 인정했기에 교회 음악의 순수성을 강조했고, 그것이 훗날 찬양의 청교도적 순수성으로 발전한 것이다. 참고하라. L. Wencelious, *Calvin*(Paris: Belles Letters, 1938), 270.
744 Robert Lomas Harrell, *"A Comparison of Secular Elements in the Chorales of Martin Luther with Rock Elements in Church Music of the 1960's and 1970's"*(M.A. Thesis., Bob Jones University, 1975), 36.

박자의 음악 형태들을 금지함으로써, 세상 음악에서 느껴지는 것
과는 전혀 다른 코랄만의 독특한 리듬(marked rhythm)을 만들
어 내었다. …마틴 루터는 이러한 리듬과 박자를 사용함에 있어
경건한 음악(sacred themes)을 만들기 위해 그것들을 선용했으
며, 마치 술집에서 까불거리는 듯한 저속한(vulgar) 춤꾼들의 박
자와 리듬(rollicking drinking songs)은 피했다.[745]

경건하게 대중들로 하여금 찬양하도록 인도하는 코랄 찬양의
박자는 무조건 즐겁게 춤을 추도록 자극하는 술집의 세속적 댄스
음악의 박자와 다르다.[746]

물론 이러한 연구 결과를 발표한 사람은 로버트 하렐만은 아니다.
밀라 패트릭(Millar Patrick) 또한 데이비드 클라우드의 두 번째 이
유를 지지한다.

마틴 루터는 아무런 비판과 검증 없이 어떤 것을 무조건적으로
수용하는 형태의 사람이 아니었다. 특별히 가사의 운율과 음악의
영성 사이의 연결과 조화(congruity)를 이루기 위해 굉장한 관심
을 기울였다. 마틴 루터는 항상 그가 사용하고자 하는 곡조와 박
자의 적합성(propriety)을 심도 있게 검증함과 동시에 그것들을
적절한 과정을 거쳐 알맞은 형태로 번역(molded)하여 선용하였
다.[747]

마틴 루터의 음악과 예배 의식에 관한 글을 총망라하여 한 권의
책으로 엮었던 울리히 로이폴트(Ulrich S. Leupold) 또한 클라우드

---

745 Ibid., 44.
746 Ibid., 71~72.
747 Millar Patrick, *The Story of the Church's Song*(Richmond, VA:
John Knox Press, 1962), 74.

가 제시한 두 번째 이유를 지지한다.

술집 음악들(rollicking drinking)은 16세기에도 여전히 있었
다. 그러나 마틴 루터는 그러한 음악을 분별없이 사용하지 않고
적절치 않은 것은 오히려 멀리하였다(steered clear of them). 마
틴 루터는 결코 음악을 출신 성분과 생성 근원을 따지지 않고 마
음대로 사용할 수 있는 도구로 생각하지 않았다. 마틴 루터는 오
히려 그 음악들을 가사 문맥(text)과 곡조(tune)를 잘 맞추어 적
당하게 사용하려 노력했다. 그래서 모든 각각의 가사 문맥은 주어
진 음율(tune)에 적절하게 맞추어졌다.[748]

존 매쿼지나도 클라우드의 두 번째 의견을 지지한다.

루터의 의존성(Meistersinger)은 그의 음악적 감성과 선별성을
보여 준다. 그는 매우 조심스럽게 문맥과 곡조를 조화시키려 했
다. 그리고 어떤 적용이든지 경건한 문맥에 음악을 조화시키려 했
다.(Luther's dependence on the Meistersinger is indicative
of his good taste and his selectivity) 이러한 점은 마틴 루터
에게 술집 음악들을 사용할 수 있는 자유가 있었음에도 불구하고
그의 예배 찬양에는 모두 다 적용되지 않았다는 점에서 진실로
증명된다. …마틴 루터에게 춤추는 노래나 술 마시는 음악을 사용
한 목적은 너무나 일부적이었고 한계적이었다. 매우 제한적이었다
는 말이다. 그러므로 마틴 루터가 그의 코랄(chorales)을 개발함
에 있어 지저분한 춤꾼의 음악을 버렸으며(discard) 그런 음악의
박자를 극히 제한적으로 사용했었다.[749]

---

748 LW 53: 5.
749 John Makujina, *Measuring the Music: Another Look at the Con-
temporary Christian Music Debate*, 232.

결국 이 모든 사람들의 말을 종합해 보면 다음과 같다. 일단 이들은 마틴 루터가 세속 음악을 일부 사용했음은 인정한다. 그것을 절대로 부정하지 않는다. 그러나 그들은 그것이 전부가 아님을 강조한다. 동시에 필요한 경우 철저한 검증과 각별한 주의 속에서 세속 음악을 '선별(carefully choosing)'했음을 말하고 있다. 그렇기 때문에 마틴 루터가 비록 세속적 음악 형태를 사용했다 하더라도, 그 사용 목적은 오늘날 CCM 사역자와는 판이하게 다르다는 것이다. 이 점에서 클라우드가 제시한 두 번째 이유(마틴 루터는 그 과정에 있어 각별한 주의를 기울였다.) 또한 우리가 신중히 인정해야 할 요소임을 깨달을 수 있다.

③ 이제 마지막 세 번째 이유가 남았다. 클라우드의 세 번째 이유(마틴 루터는 젊은이들로 하여금 감정만을 자극하는 모든 세속적 음악에 취하지 않도록 각별한 주의를 주었다.) 이것 역시 마틴 루터가 직접 남긴 말을 통하여 증명된다. 「비텐베르크 찬양집(the Wittenberg Hymnal)」의 머리말에 남겨 놓은 그의 말을 들어 보자.

> 이 노래들은 4부로 구성이 되어 있다. 이것은 어떻게 해서든지 젊은이들에게 좋은 음악을 교육하기 위함이며 동시에 다른 음악 예술가들로 하여금 진부한 사랑 노래(love ballads)나 세속적 음악(carnal)을 버리고 오로지 젊은이들에게 유익한 노래를 가르칠 수 있도록 하려 함이다. 이러한 음악은 젊은이의 위치에서 중요한 가치를 지니는 음악이며 음악의 혜택과 그들의 즐거움을 같이 연결해 주기에 적당한 음악이다.[750]

여기서 마틴 루터는 4부로 구성된 어느 정도 전통음악에 가까운 노래를 말하고 있다. 그리고 그것이 세속적 노래를 버리기 위한 대체 음악임을 언급한다. 그러므로 마틴 루터도 어느 정도 세속적 음악에

---

750 LW 53: 316.

대한 경계심을 가지고 있었음을 알 수 있다. 이러한 마틴 루터의 증언은 절대로 그가 젊은이들을 자극하기 위한 목적으로 세속 음악 형태를 빌리지 않았음을 보여 준다. 그리고 CCM 반대자들은 이것이야말로 오늘날 CCM 사역자들과 마틴 루터 사이에 보이는 큰 차이점이라 주장한다. 왜냐하면 오늘날 CCM 사역자들은 오히려 세속적 음악을 일부러 즐기고 있기 때문이다. 결국 마틴 루터의 말은 클라우드의 세 번째 입장(마틴 루터는 젊은이들로 하여금 모든 감정만을 자극하는 세속적 음악에 취하지 않도록 각별한 주의를 주었다.)을 잘 반영해 준 셈이다.

자, 그럼 이제 한 번 정리해 보자!

우리는 이제까지 과거 마틴 루터와 오늘날 CCM 사역이 가지는 세 가지 차이점에 대하여 고찰해 보았다. 이를 증명하기 위해 클라우드가 제시한 세 가지 이유를 하나하나 고찰해 보았다. 그리고 결국 그것이 전혀 타당성 없는 말이 아님을 알게 되었다. 이러한 입장에서 마틴 루터의 관점에서 CCM을 부정적으로 보는 사람들은 다음과 같이 말한다.

오늘날의 CCM 사역자들은 '인간의 다섯 가지 경험 통로(the five experiential domains of meaning)'를 자극하기 위한 한 가지 방편으로 아주 무분별하게 세속 음악을 사용하고 있다. 하지만 이것은 마틴 루터가 했던 것과는 전혀 다른 형태이다. 마틴 루터는 그렇게 하지 않았다. 어디까지나 마틴 루터가 세속 음악 형태를 빌려 쓴 것은 가사 전달을 위함이며, 그 전달에 필요한 음조(音調)를 살리기 위해서 그렇게 했다. 마틴 루터는 세속 음악을 무분별하게 마구잡이로 사용한 것이 아니라, 각별한 주의를 기울여서 선택하고 사용했다. 그러나 오늘날의 CCM 사역자들은 하나님의 영광을 위하여 세속 음악을 사용하는 것이 아니라 세속 음

악을 위하여 하나님의 영광을 팔아먹고 있다.[751]

특별히 존 매퀴지나는 이것을 증명할 수 있는 한 가지 역사적 사실을 제시했다. 바로 마틴 루터가 나중에 자신이 채택한 세속적 음악 형태의 찬양 일부를 결국 수정했다는 점이다. 그는 그것을 다음과 같이 서술했다.

마틴 루터가 사용한 패러디(parody)의 예를 한번 살펴보자. 특별히 마틴 루터가 패러디한 곡 'From Heaven On High I Come to You'는 그가 코랄을 만들어 냄에 있어 얼마나 세심한 주의(discretion)를 기울였으며 창조적 생각(resourcefulness)을 동원했는지 보여 주는 좋은 사례이다. 원래 이 코랄은 그 당시 유행하던 대중가요인 'I Come From an Alien Country'를 개정하여 패러디 한 코랄로서 1935년 「클러그 찬양집(Klug's hymnal)」을 통해 처음 세상에 빛을 본 곡이다. 그러나 4년 뒤, 마틴 루터는 이 코랄 'From Heaven on High I Come to You'를 마틴 루터 자신이 원하는 경건한 곡조로 다시 전환시켰다. 즉 그가 더 이상 다른 대중가요의 세속적인 틀을 빌리지 않았다는 뜻이다. …세속적인 대중가요의 음악을 패러디함에 있어 마틴 루터가 보여 준 이러한 '사용(use)'과, '폐기(removal)'와 '재개정(reuse)'의 과정은 무엇을 뜻하는가? …마틴 루터가 한 번 패러디 했던 곡조(the borrowed melody)를 그렇게 쉽게 빨리 포기할 수 있었다는 것은, 그 당시 젊은이들을 세속적인 음악으로부터 멀어지게 하고 순수하고 숭고한 음악으로 그들의 관심을 돌리고 싶었던 마틴 루터의 소망이 그토록 강했음을 우리에게 보여 준다. 마틴 루터는 음악을 복음 전파를 위한 목적 하에서 마음대로 사용할 수 있는 것

---

751 이 인용문은 필자가 쓴 글이다. 그러나 필자의 주장은 아니다. 필자는 그저 마틴 루터의 관점에서 CCM을 부정적으로 보는 반대자들의 입장을 객관적으로 대변하려는 필요성에 의해 이 글을 적었다.

으로 이해하지 않았다.[752]

이러한 주장에 힘을 실어 준 사람이 있다. 바로 마틴 루터가 남긴 예배와 음악에 대한 조각글을 총망라하여 한 권의 책으로 엮은 울리히 로이폴트(Ulrich S. Leupold)이다. 그는 마틴 루터의 크리스마스 코랄 'From Heaven On High I Come to You'를 설명하면서 다음과 같이 적었다.

> 원래 루터는 이 크리스마스 코랄을 위해 경쾌한 곡조(lilting melody)를 사용했다. 이것은 아직까지 보존되어 있는 초기 악보인 「클러그 찬양집(the Klug hymnal of 1535)」에서 발견된다. …그러나 점점 이 코랄의 인기가 높아지자 그는 이 찬양이 가지고 있는 원래의 곡조를 추구해야 함을 강하게 느꼈음이 분명했다. 결국 새롭게 수정된 찬양이 찬양집에 실렸다(the Schumann hymnal of 1539).[753]

결국 이 두 사람의 주장에 따르면, 마틴 루터 스스로도 자신이 과거에 선택했던 세속 음악의 부정적인 결과와 영향력을 보고 그것을 나중에 새롭게 고쳤다는 점이다. 이들은 이것을 확실한 역사적 사실에 입각하여 그것을 입증하고 있다. 이러한 입장에서 그들은 "마틴 루터는 절대로 음악이 중립적이라는 CCM 철학을 가지고 있지 않았다."[754]고 말한다.

CCM 연구가 로웰 하트(Lowell Hart) 또한 다음과 같이 말했다.

---

752 John Makujina, *Measuring the Music: Another Look at the Contemporary Christian Music Debate.*, 232.
753 LW 53: 289.
754 David W. Cloud, *Contemporary Christian Music: Under the Spotlight*, 161.

마틴 루터가 있던 시대와 오늘날 우리의 시대는 완전히 다른 시대이다. …오늘날과 같은 청소년도 없었고, 음악 회사도 없었으며, 그때 마틴 루터가 사용했던 곡 형태는 오늘날의 락 음악과 완전히 다르다. …한 번 상상해 보라! 마틴 루터가 모든 하루 일과를 마치고 집으로 향하는 길에 새로운 찬양을 만들 목적으로 세속 음악을 듣고 배우기 위해 술집에 들어갔겠는가?[755]

정말 마틴 루터나 웨슬리가 그들의 찬양 속에 오늘날의 팝 음악과 같은 세속 음악을 사용했는가? 많은 증거들은 그것이 아님을 보여 주고 있다.[756]

물론 이러한 주장은 그나마 약한 것이다. 심지어 더한 경우 마틴 루터는 절대 술집 음악을 사용하지 않았다는 주장도 있다. 루터란 예배학자 폴 웨스터메이어(Paul Westermeyer)는 그동안 'Bar form'이라는 단어가 '술집 음악 형태'라는 뜻으로 잘못 이해되었다면서 다음과 같은 주장을 했다.

'Bar form'이라는 단어를 흔히 술집 음악 형태(tavern)로 오해하는 경우가 있는데, 이것은 큰 잘못이다. 모름지기 'Bar form'이라는 것은 그 당시 독일에서 유행하던 가사와 절(phrases)의 구조 형태를 지칭하는 말이다. 더 자세히 말하면, 'Bar form'이라는 말은 두 개의 절 뒤에 한 개의 또 다른 대조적인 절이 붙는 음악 형태를 의미한다. 즉 A–A–B와 같은 절의 연속 구조를 'Bar form'이라 부른다.[757]

---

755 Lowell Hart, *Satan's Music Exposed*(Pennsylvania: Salem Kirban, 1980), 174~75.
756 Ibid., 179.
757 Paul Westermeyer, *Te Deum: the Church and Music–A Textbook, a Reference, a History, an Essay*(Minneapolis: Fortress Press, 1998), 148.

폴 웨스터메이어의 주장에 따르면 'Bar'라고 하는 단어는 술집을 뜻하는 'Bar'가 아니고, 음악을 작곡할 때 'A-A-B'의 구조로 곡을 만들어 부르는 작곡 형태를 일컫는 음악 용어이다. 이것을 숙련되지 않은 CCM 사역자들이 그 본뜻을 모르고 무분별하게 그 단어를 술집(tavern)으로 해석하여 자기 멋대로 합리화했다는 것이다.[758]

결국 우리는 여기서 한 가지 사실을 깨닫게 된다. 일단 마틴 루터의 관점에서 적용한 CCM에도 여러 가지 부정적인 해석들이 있으며 그리고 우리가 그 해석을 전혀 무시할 수 없다는 점이다. 이와 같은 입장에 서 있는 사람들에게 "마틴 루터도 CCM 사역자였는가?"라는 질문을 하게 되면, 그 대답은 백발백중(百發百中) "천만에, 그렇지 않다!"이다.

3) 필자의 적용

그렇다면 이제 독자들은 필자에게 눈을 돌릴 것이다. 그리고 다음과 같이 질문할 것이다. "그렇다면 이러한 상황에서 우리는 어느 장단에 춤을 추어야 하는가?" "그렇다면 현재 이 글을 쓰고 있는 필자의 견해는 대체 무엇인가?" 이 질문에 답하기 위하여 먼저 CCM 연구가 윌리암 로버드 밀러(W. R. Miller)가 설명한 마틴 루터의 역설적 신학을 다시 한 번 점검해 볼 필요가 있다.

> 마틴 루터는 어느 누구에게도 복종당하지 않는 기독교인의 자유를 말했다. 그러면서도 모든 사람을 위해 살아야 하는 섬김의 책임을 강조했다. …우리의 자유로운 반응은 창조적인 위기 상황을 포함하는데, 그 창조적 위기는 우리의 책임을 의미 있는 것으로 만든다.[759]

---

758 *New Harvard Dictionary of Music.*, S. v. "Getting Luther out of the Barroom."
759 William Robert Miller, *The World of Pop Music and Jazz*(Saint Louis: Concordia Publishing House, 1965), 8.

여기서 밀러는 마틴 루터가 강조한 자유와 책임의 역설적 조화를 말하고 있다. 이러한 그의 주장은 필자의 견해를 견고히 하는데 많은 도움을 주는데, 이러한 그의 주장에 기초하여 마틴 루터의 입장에서 살펴본 CCM에 대한 필자의 입장은 다음과 같다.

마틴 루터는 섬세한 주의력과 자유로움을 동시에 겸비한 CCM 사역자였다. 그는 세속 형태의 음악을 회중 찬양(만인제사장설)에 적용함에 있어 '진정한 자유(아디아포라)'와 그에 따른 '철저한 책임(디아포라)'의 역설적 통합을 동시에 적용한 CCM 사역자였다.[760]

이것이 필자의 견해이다. 한 마디로 필자는 마틴 루터를 '자유와 책임이라는 역설적 통합의 원리(a principle of paradoxical combination between freedom and responsibility)'를 회중 찬송에 잘 적용한 16세기 CCM 사역자로 보고 있다. 좀 더 자세히 말하면 여기서 '자유'는 '아디아포라'와 관련되며, '책임'은 '디아포라'와 연결되고, '회중 찬송'은 '만인제사장설'에 뿌리를 둔다. 이것을 알기 쉽게 도표로 정리하면 아래와 같다.

만인제사장설(the priesthood of all believers)	
회중 찬송(congregational song)	
아디아포라(adiaphora)	디아포라(diaphora)
자유(freedom)	책임(responsibility)

이미 독자들이 알고 있는 바와 같이, 필자는 마틴 루터도 16세기의 CCM 사역자였음을 주장한다. 그러므로 당연히 필자는 마틴 루터의 관점에서 적용한 CCM에 대하여 매우 긍정적이다. 그러나 그렇다고 해서 그 반대인 부정적 해석에 대하여 반감을 가지고 있는 것도

---

760 EWB-Class, GK-Class.

아니다. 즉 필자는 긍정적 입장을 전적으로 수용하는 동시에 부정적 입장도 절대 무시하지 않는다. 왜냐하면 둘 다 모두 사실이기 때문이다. 따라서 필자는 위에서 말한 '한 실체 속의 두 가지 측면'을 모두 인정하고 있다.

다행스럽게도 이러한 필자의 통합적 입장을 잘 대변해 준 사람이 있다. 바로 헤롤드 베스트(Harold Best)이다. 그의 말을 한 번 들어보자.

> 물론 마틴 루터가 "사탄 마귀가 모든 좋은 음악을 차지해서는 안 된다(the devil should not have all the good tunes)."고 논평하며 다양한 음악 형태의 자유로운 적용을 선언한 것은 사실이다. 그러나 마틴 루터의 이러한 입장은 어떤 한 측면에 치우쳐서 이해하면 안 되고 오히려 전체적인 상황(the fuller context)에서 봐야 한다. 왜냐하면 마틴 루터가 세속적인 음악 형태를 빌려 교회 음악에 적용한 것은 마틴 루터가 사용한 방법 중 아주 작은 일부분에 불과한 것이기 때문이다. …만약 마틴 루터가 오늘날에 여전히 살아 있었다면, 그는 아마 오늘날에 알맞은 또 다른 새로운 방법을 자유롭게 사용했을 것이다. 그러나 그는 분명히 세속적 음악 형태를 빌려옴에 있어 교회와 세속 문화를 구분하기 위한 측면에서 신중한 주의를 기울였을 것이다.[761]

일단 헤롤드 베스트는 처음부터 마틴 루터가 16세기의 CCM 사역자였음을 인정하는 표현을 남겼다. 바로 마틴 루터도 세속 음악 형태의 자유로운 적용을 과감히 실천했다는 것이다. 그러나 그는 그것만을 말하고 끝나지 않았다. 그는 그 뒤에 그럼에도 불구하고 마틴 루터는 책임 의식을 가지고 자기 나름대로의 규칙과 기준에 의하여 세

---

761 Harold M. Best, "There is More to Redemption Than Meets the Ear," *Christianity Today*, Vol. 26(July, 1974): 16.

속 음악 형태를 조심스레 적용했음을 강조한다. 그리고 그 규칙과 기준은 그 당시 마틴 루터가 직면했던 전체적인 상황과 문화적 배경에 근거하고 있음을 말한다.[762] 그런데 이러한 주장을 하는 학자가 또 있다. 울리히 로이폴트이다. 그의 말도 한 번 들어 보자.

> 마틴 루터는 라틴 찬양을 적용하는 것 이외에도 자기 나름대로 자유로운 작곡 활동을 하였다. 그는 일반 대중가요인 민요를 찬양으로 사용하였다. …마틴 루터가 만든 이런 노래들을 콘트라팍투어(contrafacta)라고 한다. 16세기를 거쳐 이러한 작곡법은 17세기까지 매우 많이 유행하게 된다. 그러나 마틴 루터가 일반 대중음악의 곡조(folk melodies)를 아무런 검증 없이 (indiscriminately) 무조건적으로 사용했다고 주장하는 것은 잘못된 이해이다.[763]

울리히 로이폴트 역시 헤롤드 베스트와 동일한 입장이다. 특별히 그는 '콘트라팍투어(Kontrafaktur / contrafacta / writing new words for existing melodies)'라는 용어를 사용하였는데, 이것은 '세속적인 일반 음악에 기독교적 내용과 의미를 담아서 새로운 찬양을 만드는 방식'[764]을 뜻하는 음악 용어이다. '콘트라팍투어'는 16세기 후반부터 17세기 초반에 유행했던 음악 편곡 기법으로 마틴 루터

---

762 여기서 한 가지 아쉬운 것은, 분명히 마틴 루터가 세속 음악을 사용함에 있어 자기 나름대로의 기준을 가지고 있었음은 확실하지만, 그것이 정확히 무엇이었는지 명시해 놓은 자료가 희박하다는 것이다. 이것은 마틴 루터의 음악 사역을 CCM의 관점에서 연구함에 있어 결정적인 약점일 수 있다. 그나마 코랄 창작 과정에서 나타난 곡 선정 기준이 이러한 마틴 루터의 전체적인 기준을 대변할 수 있어서 다행이다. 따라서 이 부분에 대한 문제는 그 기준이 그가 처해 있던 상황과 문화적 배경에 따라 융통성 있게 적용되었음을 언급하는 것으로 만족하고, 앞으로 더욱더 심도 있는 연구가 필요한 실정임을 밝혀둔다.

763 Ulrich S. Leupold, "Learning From Luther?," *Journal of Church Music*, Vol. 8, No. 7(July~August 1966): 4.

764 http://www.earlymusicguild.org/emg/contrafacta.html(2007년 1월 25일)

를 비롯한 여러 작곡가들이 즐겨 사용했던 방법 중 하나였다.[765] 그러므로 여기서 '콘트라팍투어'라는 용어는 우리로 하여금 '자유'를 연상케 한다. 그러나 그는 이와 반대되는 다른 용어를 하나 더 사용했다. 바로 '검증'이라는 말이다. 이것을 '책임'을 연상케 한다. 결국 울리히 로이폴트 역시 자유와 책임을 말한 것이다. 호티 니켈(Theodore Hoetty-Nickel) 또한 예외일 수 없다. 그도 다음과 같이 말했다.

> 이 세상에서 누리는 기독교인의 삶은 자유(freedom)와 질서(order) 사이에 있는 삶이다. 자유가 없는 질서를 생각할 수 없고, 질서가 없는 자유도 상상할 수 없다. 만약 우리가 이것을 마틴 루터의 신학 속에서 재해석한다면, 우리는 이러한 원리가 그의 말과 고백을 통하여 분명히 제시되고 있음을 확인할 수 있다. …이러한 음악의 역설은 예수 그리스도 안에서 서로 만나 본질적 통합을 이룬다. …자유와 질서는 이렇게 예배의 한 부분으로 자리매김 한다.[766]

결국 이러한 헤롤드 베스트, 울리히 로이폴트, 호티 니켈의 입장은 마틴 루터의 관점에서 적용한 CCM의 상반된 의견을 통합적으로 수용하려는 필자의 입장을 동일하게 잘 대변해 준다. 마틴 루터는 자신이 원하는 다양한 세속 음악을 아무 거리낌 없이 자유롭게 사용했다. 이것은 틀림없는 사실이다. 그러나 이 사실이 그가 아무런 기준 없이 무작위(無作爲)로 세속 음악을 마구 사용했다는 것을 의미하지는 않는다. 그렇다면 이 말은 그 반대로 마틴 루터가 사용하지 말아야 할 음악 형태를 시대의 필요에 따라 어쩔 수 없이 궁여지책(窮餘

---

765 Nettl Paul, *Luther and Music*, abridged ed., trans. Frida Best and Ralph Wood(Philadelphia: Muhlenberg Press, 1948/Reprint New York: Russel & Russel), 29.
766 Theodore Hoetty-Nickel, "Luther and Music," in *Luther and Culture*, Martin Luther Lectures, Vol. 4, 155.

之策)으로 사용했다는 뜻인가? 물론 그것 또한 아니다. 일단 마틴 루터가 세속 음악을 적용하는데 있어 자기 나름대로의 특별한 기준을 가지고 있었다는 것은 사실이다. 그러나 이 사실을 확대하여 그가 세속 음악을 사용함에 있어 특별한 거리낌이나 주저함 내지는 두려움이 있었다고 말해서는 안 된다.

거듭 말하지만 마틴 루터는 회중 찬송을 부활시킴에 있어 '자유와 책임의 역설적 통합 관계'를 잘 지킨 것이다. 물론 그 관계의 기준은 마틴 루터가 처해 있었던 전체적인 상황과 문화적 배경에 의해 융통성 있게 결정되었으며, 그는 그 기준에 맞추어 세속 음악을 선택하고 적용했다.[767] 정리하자면, 마틴 루터는 세속 음악을 특별한 주의를 기울인 상태에서 사용했으며, 그러면서도 세속 음악 자체를 전혀 거부하지 않고 오히려 그것을 즐겼다고 말할 수 있다.[768]

그러므로 마틴 루터의 이러한 섬세한 '주의력(consideration)'을 무시하고 무턱대고 "마틴 루터는 CCM 사역자였다!"라고 주장하는 긍정적 해석도 약간 문제가 있는 선언이지만, 그 반대로 자유롭게 세속 음악을 사용한 마틴 루터의 '자유'를 전혀 고려하지 않고 무조건 "마틴 루터는 CCM 사역자가 아니었다!"고 주장하는 부정적 해석도 어딘지 2% 모자란 선언이다. 따라서 이 둘을 통합하며 이 둘을 모두 만족시키는 새로운 해석이 필요하다. 바로 마틴 루터가 가지고 있었던 '자유와 책임의 역설적 통합 관계'를 다 드러낼 수 있는 또 다른 선언이 필요한 것이다. 바로 여기에 필자가 "마틴 루터는 섬세한 주의력과 자유로움을 동시에 겸비한 16세기 CCM 사역자였다."라고 주장할 수밖에 없는 이유가 있다. 결국 필자는 이러한 마틴 루터 음악 사역의 특징을 '특별한 기준에 입각한 자유(freedom in special criteria)', '섬세한 주의 속에 허용된 자유(freedom in delicate

---

767 Charles P. St-Onge, "Music, Worship, and Martin Luther," *LOGIA: A Journal of Lutheran Theology*, Vol. XIII, No. 2,(2004): 40.
768 Konrad Ameln, *The Roots of German Hymnody of the Reformation Era*(St. Louis, Missouri: Concordia Publishing House, 1964), 17.

consideration)', '조심스러운 자유(careful freedom)', '절제된 자유(limited freedom)' 등으로 표현하고 싶다. 한 마디로 '자유와 책임의 역설적 통합'이다.

개인적으로 필자의 이러한 주장은 매우 성서적이라 생각한다. 왜냐하면 하나님께서도 사도 바울의 편지를 통하여 위와 같은 자유와 책임의 역설적 통합을 우리에게 계시하셨기 때문이다.[769] 하나님께서는 사도 바울의 글을 통하여 다음과 같이 말씀하셨다.

> 모든 것이 가하나 다 유익한 것이 아니요
> 모든 것이 내게 가하나 내가 무엇에든지 얽매이지 아니하리라
> (고전 6:12 / 개역개정)

물론 이것은 고린도 교회의 현실을 보고 사도 바울이 고린도 교회 성도들에게 전한 권면의 이야기지만, 어디까지나 하나님의 감동으로부터 온 하나님의 말씀이다. 하나님께서는 이 말씀을 통해 우리에게 자유를 말씀하고 있다. 그러나 동시에 그에 따른 책임도 묻고 계신다. 그럼 이 말씀을 현재 우리가 살펴보는 CCM이라는 상황적 주제 속에서 재해석해 보자.

> 모든 CCM이 가하나 다 유익한 것이 아니요
> 모든 CCM이 내게 가하나 내가 무엇에든지 얽매이지 아니하리라

여기서 "모든 CCM이 다 허락될 수 있다."는 것은 자유를 의미한다. 그러나 "모든 CCM이 다 유익한 것이 아니다."라는 말은 그에 따른 책임을 뜻한다. 그래서 윌리암 베일드(William Baird) 교수는 이 고전 6:12의 말씀을 해석하면서 다음과 같이 설명하였다.

---

769 Franklin M. Segler, *Christian Worship: Its Theology and Practice*(Nashville, Tennessee, Broadman Press, 1967), 176~8.

…특별한 긴장(tension)이 감돈다. 이러한 긴장의 또 다른 측면은 자유와 책임을 논하는 사도 바울의 글 속에서도 나타난다(고전 6:12). 이 원리는 분명하게 말하고 있다. …첫 번째 구절은 기독교인의 절대적인 자유에 대해 말한다. …그러나 이러한 절대적 자유는 또 다른 상대성의 원리 속에서 또 다른 긴장감을 지닌다. …이 상대성은 교회의 본질적 특성에 따른 책임이다. …이러한 긴장감은 항상 유지되어야 한다. 기독교인은 자유와 책임을 동일하게 누려야 한다.[770]

이러한 해석은 필자가 위에서 제시한 마틴 루터의 관점에서 적용한 CCM의 그것과 동일하다. 이것이 바로 필자의 입장이다. 비록 마틴 루터의 입장에서 적용한 CCM의 해석이 서로 판이하게 두 갈래로 나뉘어져 있다 할지라도 결국 같은 것을 말하고 있을 뿐이다. 다만 한쪽은 '자유(아디아포라)'를 더 강조했을 뿐이고, 다른 한쪽은 '책임(디아포라)'을 더 중요시 했을 뿐이다. 그래서 우리는 이 둘을 역설적 통합이라는 구조 속에서 조화시켜야 한다. 왜냐하면 우리가 이미 살펴보았듯이 마틴 루터의 신학 자체가 이러한 조화를 요구하는 '역설적 통합'이었기 때문이다.[771] 따라서 마틴 루터의 관점에서 적용한 CCM에 대한 필자의 결론은 다음과 같다.

16세기 마틴 루터의 관점에서 적용한 21세기의 CCM은 모름지기 '거리낌 없는 자유(아디아포라)와 철저한 책임(디아포라)의 완벽한 역설적 통합' 속에서 이해되어야 하고, 아울러 이러한 CCM을 사용하는 21세기의 CCM 사역자들 또한 이와 동일한 흐름에

---

770 William Baird, *The Corinthian Church—A Biblical Approach to Urban Culture*(New York, Nashville: Abingdon Press, 1964), 79~80.
771 H. Richard Niebuhr, *Christ and Culture*(New York: Harper & Row, Publishers, 1951), 175, Theodore Hoetty-Nickel, "Luther and Music," in *Luther and Culture*, Martin Luther Lectures, Vol. 4(Decorah, Iowa: Luther College Press, 1960), 175~76.

서 있어야 한다. 왜냐하면 21세기의 CCM은 16세기의 CCM 사역자였던 마틴 루터의 종교 개혁적 흐름에 그 뿌리를 두고 있기 때문이다. 마틴 루터는 정말 자유와 책임을 동시에 겸비한 16세기의 CCM 사역자였으며, 진정한 자유 뒤에는 철저한 책임이 따른다는 진리를 놓치지 않은 CCM 사역자였다.[772]

이것이 바로 필자의 끈질긴 추적 끝에 마틴 루터로부터 얻어낸 자기고백의 최종 결과이며 필자의 최종 '추적 보고서'이다. 이 시점에서 만약 누군가 필자에게 "당신이 쓰고 있는 이 책을 한 단락으로 요약해 보시오!"라고 말한다면, 필자는 주저 없이 위와 같이 대답할 것이다. 왜냐하면 만약 마틴 루터가 오늘날에 다시 부활하여 동일한 질문을 받았더라도 그도 역시 필자처럼 위와 같은 동일한 대답을 했을 것이 분명하기 때문이다. 마틴 루터야말로 진정한 자유에는 철저한 책임이 따라야 한다는 진리를 놓치지 않은 사람이었다.[773] 따라서 이제부터라도 "왜 사탄만이 좋은 음악을 가져야만 하는가?"라는 마틴 루터의 기념비적인 말은 이러한 맥락에서 재해석되어야 할 것이다.

그렇다면 지금 21세기의 우리는 어떻게 해야 하는가?

이 질문에 대하여 미국 유니온신학교(Union-PSCE)의 실천신학 로날드 바이어스(Ronald P. Byars) 교수는 다음과 같이 답했다.

그들은 날개(wings)를 달고 새로운 모험의 세계로 날아갈 수 있다. 하지만 그들은 그 가치가 검증된 확실한 기반 위에 그들의 뿌리(roots)를 박을 필요가 있다. 교회를 사랑하는 하나님의 사람들은 자기들이 이러한 날개와 뿌리를 동시에 가지고 예배에 임하고 있음을 확인시키는 증인이 되어야 한다. 역사가 기록되고 있는 한, 기독교 예배는 그 역사 속에서 계속해서 변화하고, 개발되며,

---

772 EWB-Class, GK-Class.
773 Tim Fisher, *The Battle for Christian Music*,(Greenville, SC: Sacred Music Services, 1992), 163~71.

움직여 나갈 것이다. …물론 기독교 예배는 날개를 가지고 있어야 한다. 하지만 근본적인 뿌리가 없는 예배는 진정한 기독교 예배가 될 수 없다.[774]

여기서 날개란 자유(아디아포라)를 의미하고, 뿌리(디아포라)란 책임을 뜻한다. 즉 비에얼 교수는 자유와 책임의 조화, 불변성과 가변성의 조화, 원리와 적용의 조화를 말하고 있는 것이다. 이것은 21세기 CCM사역의 올바른 길을 제시하는 말이기도 하다. 또한 연세대학교 이계준 교수도 다음과 같이 답했다.

> 종교적 진리는 절대적 불가변성을 내포하고 있다손 치더라도 그것을 표현하는 형식은 문화적 산물이기 때문에 제한성을 탈피할 길이 전혀 없다. 그리고 새 시대는 새 형식을 요청하는 것이다. … 인간은 좋은 유산을 계승할 책임이 있는 동시에 스스로 창조적 과업에 참여할 책임도 있다. 이와 마찬가지로 교회 음악도 진귀한 전통적 음악을 후대에게 책임 있게 전달해야 함은 물론 그 시대에 적절한 음악을 창조해야 하는 것이다. …이렇게 과감한 행동이 취해질 때 교회 자체나 교회 음악의 장래가 밝아지리라고 본다.[775]

뿐만 아니라 CCM 연구가 카슨(Tim & Kathy Carson) 목사 부부 또한 성숙한 CCM 사역은 '변하지 않는 확실한 원리를 지키는 동시에 그 원리들을 당신의 변화하는 특정한 상황 속에 알맞게 번역(translate)하는 것'[776]이라 했는데, 이 말은 CCM이 담고 있는 복음의 내용은 불변하지만 그 내용을 담은 CCM의 형태는 문화적 상황

---

774 Ronald P. Byars, *The Future of Protestant Worship*(Louisville: Westminster John Knox Press, 2002), 4.
775 李桂俊, "교회 음악의 갱신," 「韓國敎會와 하나님의 宣敎」 (서울: 展望社, 1981), 227쪽.
776 Tim and Kathy Carson, *So You're Thinking About Contemporary Worship*(St. Louis, Missouri: Chalice Press, 1997), 4.

에 따라 변할 수 있음을 의미한 것이다.[777] 이것을 요약하면, '오늘날 CCM 사역자에게 꼭 필요한 정신 중 하나가 바로 자유와 책임'[778]이란 뜻이다.

시대를 꿰뚫는 이들의 충고는 우리가 이제까지 추적한 16세기 마틴 루터의 음악 사역을 그대로 반영하고 있으며 21세기의 우리가 어떻게 CCM을 이해하고 적용하며 사역 해야 할지 알려 주고 있다. 이러한 면에서 확실히 16세기의 마틴 루터는 오늘날 21세기 CCM 사역의 좋은 역사적 모델이 될 수 있다. 따라서 21세기의 우리도 건전한 자유와 신실한 책임 속에서 오늘날의 찬송인 CCM 사역을 은혜롭게 실천해 나가야 할 것이다.[779]

(2) 16세기 마틴 루터의 CCM: 코랄(chorale)

1) 코랄에 대한 이해

만약 마틴 루터가 16세기를 위한 CCM 사역자였다면 그를 그렇게 인식하도록 만들어 준 음악은 구체적으로 어떤 것이었을까? 16세기의 CCM이라 할 수 있는 그 시대의 음악 형태는 과연 무엇이었을까? 이 질문에 대한 해답이 바로 '코랄(chorale)'이다. 그래서 필자는 16세기 코랄과 21세기 CCM이 서로 동일한 음악적 흐름 안에서 같은 맥락을 이루고 있다고 생각한다. 결국 코랄이란 마틴 루터가 시도한 16세기의 CCM이었다는 말이다. 그렇다면 이제부터 what, why, how, where의 질문 구조를 사용하여 코랄에 대해 알아보자.

---

777 Ibid., 68.

778 John Blanchard, *Pop Goes the Gospel: Rock in the church*(Darlington, Durham: Evangelical Press, 1991), 184~86.

779 Paul Anderson, "Balancing Form & Freedom," *Leadership: A Practical Journal for Church Leaders*, Vol. VII, No 2(Spring 1986): 28.

① What: 코랄이란 무엇인가?

일반적으로 코랄이란 마틴 루터가 독일에서 처음 시도한 것으로 그를 따르던 루터파 기독교인들이 즐겨 불렀던 일종의 새로운 성가이자 회중 찬양이다. 이러한 면에서 코랄은 중세 카톨릭 성가와는 구별되는 새로운 찬양 형태로서 오늘날 개신교 회중 찬송의 시초라 할 수 있다.[780] 따라서 코랄이란 이러한 루터의 찬양을 카톨릭의 그것과 구별하여 독립적으로 규정하기 위한 일종의 음악 명칭이다.[781] 그래서 위키피디아(Wikipedia) 웹 사전에 보면 '코랄이란 마틴 루터에게서 시작되고 루터 교회에서 유행한 찬양의 한 형태로서 온 회중이 다 함께 부르도록 만들어진 회중 찬양'[782]이라 정의되어 있다.

'온 회중이 다 함께 부르도록 만들어진 회중 찬양'이라는 표현에서 알 수 있듯이, 코랄은 그 당시 사용된 다른 카톨릭 성가들과 비교했을 때 분명히 구분되는 차이점이 있다. 바로 코랄의 찬양 형식(style)과 찬양 방법(method)이다. 코랄의 찬양 형식은 매우 다양하지만 반면에 가사 내용이 쉽고 단순하다는 것이고 코랄의 찬양 방법은 모두 다 함께 부르는 것이다.[783] 그러므로 당연히 온 회중이 다 같이 부르기 위해서는 곡 형태가 매우 단순해야 했으며, 또 그 자리에서 쉽게 배워서 찬양하려면 곡 가사와 선율이 쉬워야 했고, 더 나아가 그 찬양에 참여하는 다양한 회중의 배경을 고려하면 곡의 장르 또한 매우 다양해야만 했다. 이처럼 코랄의 찬양 형식과 찬양 방법은 이렇게 서

---

780 Katherine B. Shippen & Anca Seidlova, *The Heritage of Music*(New York: The Viking Press, 1963), 290.

781 일반적으로 코랄이라고 하면, 그 해석의 각도에 따라, 카톨릭 교회의 그레고리 성가(Gregorian Chant)를 뜻하는 때도 있지만, 필자는 여기서 그 당시 마틴 루터를 따랐던 루터파 개신교도를 중심으로 불려진 찬송가에 한정하여 생각하기로 한다. 이러한 구분의 정당성에 대해서는 다음을 참고하라. 정기락, "마르틴 루터의 민족교회 음악," 「음악과 민족」 제 6호(1993): 243쪽.

782 http://en.wikipedia.org/wiki/Chorale(2007. 12)

783 Millar Patrick, *The Story of the Church's Song*(Richmond, Virginia: John Knox Press, 1962), 72~73.

로 밀접하게 연결되어 있다.[784]

그래서 코날드 아멜린(Konard Ameln) 교수는 마틴 루터의 음악이 오순절파 찬양(Pentecost hymns), 대중적 합창(popular unison hymns), 종교 민속음악(religious folk songs), 세속 음악(secular folk songs) 등을 모두 포함한 복합적 음악 영성을 지니고 있다고 평했으며,[785] 하워드 쿤클(Howard R. Kunkle)도 "Sursum Corda"라는 글에서 '코랄은 다양한 형태가 혼합된 퓨전 형식(fusion)의 찬양'[786]이라고 정의했다.

그렇다면 이제 이와 같은 정보에 입각하여 코랄의 정의를 한 단락으로 요약해 보자. 그동안 코랄을 정의하기 위한 많은 노력들이 있었으나, 대부분 편파적이며 단편적이었다. 그래서 필자는 이 모든 정보다 함축할 수 있으면서도 그 모든 것이 한 단락으로 요약된 새로운 정의를 제시하고자 한다. 이러한 의도에서 필자가 만든 코랄의 정의는 다음과 같다.

> 코랄이란 오늘날 개신교 회중 찬송의 시초가 되는 음악으로서 마틴 루터로부터 시작해 오늘날 루터 교회의 찬양이 된 음악 형태를 일컫는 일종의 음악명칭이다. 그 가사와 음악 형식이 매우 자유롭고 다양하며 대중적이어서 배우기 쉽다는 점, 그리고 그 찬양 방법에 있어 온 회중이 다 함께 부른다는 점에 있어 그 당시 다른 카톨릭 성가와 구분되는 특징이 있다.[787]

---

784 Kurt J. Eggert, "Music, Hymnody, Liturgy and Worship," *Lutheran Synod Quarterly*, Vol., XXIX(March 1989): 32.

785 Konard Ameln, *The Roots of German Hymnody of the Reformation Era*(St. Louis: Concordia Publishing House, 1964), 3~19.

786 W. G. Polack, "Church Music: Its Place in Lutheran Worship," in *What Lutherans Are Thinking*, ed., E. C. Fendt(Columbus, Ohio: The Wartburg Press, 1947), 414.

787 EWB-Class, GK-Class.

한 문장으로 요약된 이 정의 속에는 코랄의 시작, 과정, 그리고 결과가 암시되어 있고, 그 찬양 형식과 찬양 방법, 더 나아가 그 당시 중세 카톨릭 성가와 코랄이 어떻게 다른가까지 설명하고 있다.

필자가 내린 이와 같은 정의를 통하여 우리는 코랄에 대한 네 가지 기본 사항을 정리할 수 있다. 첫째, 코랄은 16세기 독일에서 시작되었으며 마틴 루터가 그 창시자였다. 둘째, 코랄은 마틴 루터를 따르는 그의 후예들(루터파)이 즐겨 사용한 찬양 형태다. 셋째, 코랄은 16세기의 기존 카톨릭 기독교 음악과는 그 형태와 방법에 있어 전혀 다른 새로운 것이었다. 넷째, 이러한 면에서 코랄은 오늘날 개신교 회중 찬송의 출발점이라 할 수 있다.[788]

---

788 코랄을 해석하는 기준에 따라 필자가 위에서 제시한 네 가지 사항과 약간 어울리지 않는 주장이 나올 수 있다. 바로 마틴 루터는 코랄의 창시자가 아니며, 그의 코랄 역시 그리 독창적인 음악 형태는 아니라는 견해이다. 왜냐하면 마틴 루터 이전에도 세속 민요 형태에 독일어 가사로 만들어진 찬양들이 이미 존재해 있었기 때문이다. 9세기부터 전해 내려온 '라이제(Leise)'가 바로 그것이다. 이것은 중세 독일의 민속 찬양으로서 끝에 '키리에 엘레이손(Kyrie eleison)'이라는 가사가 붙는 것이 특징이다. 그리고 개혁 시기 이전의 개혁자로 불리는 후스(Huss)의 추종자들과, 종교 개혁 당시 토마스 뮌처(Thomas Muntzer)도 이미 무음절(無音節) 가락에 독일어 가사를 붙여서 곡을 만들어 부르기도 했었다. 물론 이것은 사실이다. 그래서 필자 또한 이 역사적 사실은 사실 그대로 받아들인다. 그러나 해석은 다르게 한다. 물론 이러한 발견과 주장은 마틴 루터의 코랄 이전에도 이미 코랄과 흡사한 대중 찬양이 존재하고 있었다는 점, 그리고 이러한 음악 사역을 한 사람이 마틴 루터 한 사람만이 아니었다는 점을 밝혀 주는 데 큰 공헌을 남겼다. 그러나 그러한 찬양이 마틴 루터 이전에도 이미 존재했다는 사실이 16세기 당시 교회에 그러한 형태의 찬양이 실제로 즐겨 사용되었다는 것을 뜻하지는 않는다. 동시에 이러한 시도를 한 사람들이 마틴 루터 이전에도 있었다고 하는 사실도 그들이 마틴 루터만큼의 영향력과 파급효과를 나타내었다는 사실을 증명하지도 않는다. 그리고 그 찬양이 실제로 코랄이라는 공식 명칭으로 이해된 것도 아니었다. 다시 말하자면 마틴 루터 이전부터 그런 형태의 찬양이 이미 존재해 있었다는 사실과 그런 찬양이 마침내 교회에서 정식으로 인정받아 사용되었다는 결과는 서로 구분되어야 할 점이다. 그리고 이러한 시도를 한 사람이 마틴 루터 이전에도 있었다는 사실과 그들의 사역이 정말 마틴 루터만큼 큰 효과를 거두었는가라는 문제도 역시 구분되어야 한다. 그러므로 필자가 여기서 마틴 루터가 코랄의 창시자였으며, 그의 코랄이 카톨릭의 그것과 비교하여 독창적이었음을 주장하는 근거는 어디까지나 이미 비공식적으로 존재해 있던 음악 형태를 완전히 공식화한 마틴 루터의 업적에 있으며, 카톨릭에서 전혀 사용하지 않았던 음악 형태를 처음으로 예배에 과감히 사용했던 그의 개척 정신과, 더 나아가 그런 음악을 코랄이라는 정식 명칭으로 되살아나게 했다는 점에 있다. 따라서 필자와 다른 견해를 지닌 사람들은 차라리

② Why: 왜 코랄이 필요했는가?

앞에 제시한 코랄의 정의를 유심히 살펴본 사람들은 아마 반드시 다음과 같은 질문을 할 것이다. "왜 기존의 카톨릭 성가가 있는데, 굳이 다른 형태와 방법을 사용한 찬양이 필요했는가?" "왜 굳이 회중들이 다 함께 불러야 할 새로운 찬양이 필요했는가?" 다시 말하자면 이것은 "왜 코랄이 만들어져야만 했고, 불려져야 했는가?"라는 질문이다. 그 이유는 다음의 세 가지로 요약될 수 있다. 첫째, 일반 성도와 회중에게 찬양의 자유를 누리게 하기 위함이며, 둘째, 코랄은 마틴 루터에게 있어 종교 개혁을 돕기 위한 방편이자 실천이었기 때문이며, 세 번째는 예배의 개혁을 위해서였다.[789]

첫 번째 이유는 이렇다. 이미 우리가 앞에서 누누이 살펴본 바와 같이 코랄이 만들어질 16세기는 오늘날 21세기와 전혀 다른 상황이었다. 16세기 상황에서 찬양이란 오로지 선택된 일부 고위 특권층이나 성직자, 또는 훈련받은 몇몇 성가사들만을 위한 것이었다. 물론 이것은 오늘날 21세기에 상상도 할 수 없는 이야기이다. 오늘날 모든 사람이 다 같이 찬양하는 회중 찬송의 광경은 너무나 자연스러운 것이다. 하지만 16세기에는 그것이 오늘날의 자연스러움만큼이나 부자연스러운 것이었고 불가능한 것이었으며, 더 나아가 크나큰 죄악이었다. 한마디로 16세기에는 평신도와 일반인에게 찬양의 자유란 전혀

"마틴 루터 이전에 있던 민속 찬양이 마틴 루터의 종교 개혁 이전에는 무대 뒤의 엑스트라 배우 역할을 했는데, 마틴 루터의 종교 개혁 이후로는 드디어 주연 배우로 상승되었다!"라고 주장하는 것이 더 적절할지도 모른다. 이것에 대하여는 다음을 참고하라. Steve Miller, *The Contemporary Christian: Worldly Compromise Or Agent of Renewal?*(Waynesboro, Georgia: OM literature, 1993), 115, 홍정수, "찬송가의 생성과 마르틴 루터," 서정운 명예총장 은퇴 기념 출판위원회 편, 「하나님의 나라와 선교」 (서울: 대한기독교서회, 2001), 454~5쪽, http://www.um-ak.co.kr/young/dara/leise.htm(2007. 11).

789 Eugene W. Bunkowsky, "Was Luther a Missionary?," in Kurt E. Marquart, John R. Stephenson, and Bjarne W. Teigen, eds., *A Lively Legacy: Essays in Honor of Robert Preus*(Fort Wayne, IN: Concordia Theological Seminary, 1985), 24~25.

없었던 것이다.[790] 마틴 루터는 이러한 폐단을 제거하고 싶었다. 그리고 평신도에게 찬양의 자유와 기쁨을 누리게 하고 싶었다. 더 나아가 신앙이 약한 사람들도 이 찬양으로 말미암아 하나님의 은혜를 회복케 하고 싶었다.[791] 그러나 불행히도 기존의 카톨릭 성가와 찬양은 그것을 허락하지 않았다. 그래서 마틴 루터가 나름대로 찾은 새로운 찬양 형태가 있었는데, 그것이 바로 코랄이 된 것이다. 코랄은 특정한 종교 지도자들을 위한, 성직자를 위한 찬양이 아니라 일반 평신도의 적극적이고 능동적인 참여를 끌어내기 위한 대중적이며 보편적인 찬양이었다. 그러므로 마틴 루터가 가지고 있었던 평신도에 대한 이러한 관심과 열정은 그가 왜 코랄을 만들어야만 했는지 그 첫 번째 이유를 잘 설명해 준다.[792]

두 번째 이유는 다음과 같다. 코랄은 찬양을 통해 마틴 루터의 종교 개혁을 돕기 위한 방편이자 실천이었다. 그래서 미국 콜롬비아신학교(Columbia Theological Seminary)의 예배학 교수인 브라이언 워렌(Brian Wren)은 "마틴 루터의 코랄은 복음 전파를 위한 말과 음악이었다."[793]고 주장했다. 당연히 이 코랄을 통해 하나님을 찬양하는 사람들은 대부분 마틴 루터를 따르는 사람들이었다. 그리고 코랄을 통해 하나님의 은혜를 경험한 사람들도 마틴 루터의 추종자가 되었다. 그러다 보니 마틴 루터는 자신의 개혁 의지와 신학을 그들에게 가르치고 교육할 필요가 생겼다.[794] 이 과정에서 코랄은 자연스럽

---

790 Paul Nettl, *Luther and Music,* trans. Frida Best and Ralph Wood(Philadelphia: Muhlenberg Press, 1948/Reprint New York: Russel & Russel, 1967), 91~93.

791 LW 53: 36.

792 정기락, "마르틴 루터의 민족교회 음악," 「음악과 민족」, 242~62쪽.

793 Brian Wren, *Praying Twice: The Music and Words of Congregational Song*(Louisville, London: Westminster John Knox Press, 2000), 15.

794 Robin A. Leaver, "Luther's Catechism Hymns," *Lutheran Quarterly* Vol., XI, No., 4(Winter 1997): 397~422, Robin A. Leaver, "Theological Consistency, Liturgical Integrity, and Musical Hermeneutics in Luther's Liturgical Reforms," *The Lutheran Quarterly,* Vol. IX, No 2,(Summer

게 하나님을 찬양할 뿐만 아니라, 더 나아가 이 마틴 루터의 개혁 신학을 담아 사람들에게 전하고 가르치는 교육의 매개체로 쓰임 받게 된 것이다.[795] 점점 늘어나는 자신의 추종자들과 그리고 그 추종자들을 되돌리기 위해 힘을 쓰는 카톨릭 반대자들을 제어하기 위해 이 코랄이 사용된 것이다. 바로 종교 개혁을 돕기 위한 하나의 매개체였던 셈이다. 실제로 마틴 루터는 평생 일반 평신도를 위한 음악 교육과 그 교육의 효과를 매우 강조했었다.[796]

세 번째 이유는 이렇다. 예배의 개혁이었다. 찬양은 예배에 있어 필수 요소이다. 그러므로 찬양이 죽는다는 것은 곧 예배가 죽었음을 의미한다고 말해도 과언이 아니다. 지난 교회 역사를 돌아봐도 교회의 개혁은 언제나 예배의 개혁과 함께 했으며, 예배의 개혁은 항상 찬양의 개혁을 요구했다. 그러므로 어떻게 보면 교회의 역사는 찬양의 재발견을 위한 역사라고 볼 수도 있다.[797]

그런데 16세기 당시 잘 알아듣지도 못하는 라틴어 찬양, 그것도 일부 소수 특권층만 알아듣고 부를 수 있는 라틴어 찬양, 그 찬양을 통해 생명력 있는 예배가 진행되기는 무척 어려웠다. 당연히 참석하는 모든 회중의 영혼을 울리는 찬양이란 예배 중에 없었다. 회중은 그저 방관자요, 구경꾼이요, 벙어리에 불과했다. 당연히 그 찬양을 통한 회중의 신앙고백도 없었다.[798] 결국 찬양은 형식적이었으며, 예배는 힘을 잃었다. 마틴 루터에게는 이 폐단을 개혁하기 위해서 그 시대에 알맞은 새로운 형태의 찬양이 필요했다. 그래서 나온 것이 바

1995): 117~38.

795 Derek Wilson, *Out of Storm: The Life and Legacy of Martin Luther*(New York: St. Martin's Press, 2007), 276~7, 348~9.

796 참고하라. Susan, David J. "Some Parallel Emphases Between Luther's Theology and His Thought about Music, and Their Contemporary Significance." *Concordia Journal.* Vol. 11. No. 1(February 1985): 12~13.

797 Donald P. Hustad, *Jubilate!: Church Music in the Evangelical Tradition*(Carol Stream, IL: Hope Publishing Company, 1981), 120.

798 Helmar Junghans, "Luther on the Reform of Worship," *Lutheran Quarterly* Vol. XIII, No. 3(Autumn 1999): 326.

로 코랄이었던 것이다. 그리고 그 코랄을 통하여 찬양을 개혁하고 예배를 개혁한 것이다.[799] 그래서 코랄을 통한 마틴 루터의 음악 사역에 대해 김철륜 교수는 다음과 같이 말했다.

> 4세기에 있었던 라오디게아(Laodicea) 회의에서는 교회의 임명받은 자 외에는 찬송할 수 없다고 하여 자유롭고 즉흥적인 회중 찬송은 억제되고 말았다. 한 신학자는 이것에 대해 다음과 같이 말하고 있다. 그것은 예배 의식과 교회 찬송의 지나친 형식화의 결과라고. 그렇기 때문에 천주교는 유대교의 율법주의와 교권주의에 빠지고 말았다고. 그래서 찬송은 그 생명적인 내용을 잃고 형식만이 의미 없이 되풀이 된 것이라고. 이것을 다시 기독론적으로 회복한 것이 루터의 종교 개혁이다.[800]

결국 4세기경부터 시작된 찬양의 점유화, 독점화, 그로 인한 찬양의 세속화, 형식화를 마틴 루터가 16세기에 이르러 보편화, 대중화, 자유화 시킨 것이다. 로버트 미첼(Robert H. Mitchell) 또한 마틴 루터가 코랄을 통하여 회중 찬송을 통한 예배 개혁을 할 수밖에 없었던 이유에 대하여 다음과 같이 설명한다.

> 회중 찬송의 경우 이러한 변화의 형태는 계속 지속되어 왔다. 16세기 루터파 개혁 운동 속의 회중 찬양은 예배 의식 속에서 실현되었다. 언제부터인가 중세 미사 속에서 회중 찬양을 위한 음악이 전혀 존재할 수 없었던 이후로 새로운 음악적 표현이 개발될 필요성이 있었던 것이다. 그러므로 마틴 루터와 그의 추종자들은 새로운 음악 형태를 사용하여 음악적 개혁을 시도한 것이었다. 이

---

799 Luther D. Reed, "Luther and Congregational Song," in *The Paper of the Hymn Society.* ed., Carl F. Price(New York: The Hymn Society of America, 1947), 4.
800 김철륜, 「敎會音樂論」 (서울: 호산나음악사, 1990), 76쪽.

과정에서 특별히 선술집에서 사용되던 음악(tavern song)을 사용하기도 하였다. 그러한 음악은 그 당시 예배 음악의 대명사인 그레고리안 성가(Gregorian chant)와는 전혀 다른 음악이었다. … 마틴 루터의 이와 같은 시도는 그 당시 세속적인 찬양으로 인식되었다.[801]

그러나 여기서 오해는 없어야 한다. 그렇다고 해서 마틴 루터가 처음부터 카톨릭 성가와 개신교 찬양을 대치하기 위한 목적으로 일부러 코랄을 만들었다는 말은 아니다. 코랄의 형태가 카톨릭의 그것과 달랐다는 것을 말할 뿐이지, 절대로 코랄을 사용해 카톨릭 음악을 축출하겠다는 의도는 전혀 없었다.[802] 이미 고찰해 본 바와 같이 마틴 루터는 쯔빙글리처럼 절대로 카톨릭의 성가를 극단적으로 무시하지 않았다. 그렇게 할 의도도 전혀 없었다. 이것은 우리가 이미 '마틴 루터의 다섯 가지 음악 철학'에서 고찰해 본 바이다. 그러므로 이 부분에 있어 오해는 없어야 할 것이다.

③ How: 어떻게 코랄을 만들었는가?

이 질문에 대한 대답은 마틴 루터가 세속 음악을 사용함에 있어 어떠한 기준을 가지고 있었는지 살짝 엿볼 수 있게 한다. 특별히 휴지 밀러(H. M. Miller) 교수는 마틴 루터가 코랄을 만들어 내기 위해 사용했던 원리를 다음과 같이 네 가지로 소개하였다.

루터교 종교 개혁 가운데 가장 중요한 공헌 중 하나는 코랄이라 불리는 새로운 찬양이다. 이 찬양은 궁극적으로 회중 찬송을

---

801 Robert H. Mitchell, *I Don't Like That Music*(Carol Stream, IL: Hope Publication, 1993), 26.
802 Robin Leaver, "Luther and Bach, the "Deutsche Messe" and the Music of Worship," *Lutheran Quarterly*, Vol. XV, No. 3(Autumn, 2001): 327~30.

위하여 만들어진 것인데, 코랄의 곡조를 만들어 내기 위한 네 가지 원리가 있었다. (1) 라틴어를 독일어로 바꾼 운문 형식(metrical setting)의 쉽고 평범한 곡조, (2) 개혁 이전에 없었던 독일어 형태의 예배 음악, (3) 세속 형태의 곡조에 종교적인 내용을 담은 형태(콘트라팍툼: contrafactum) (4) 새롭게 작곡한 것들[803]

로빈 리버(Robin A. Leaver) 교수 또한 이러한 코랄의 창작 원칙을 마틴 루터의 찬양집 「미사예식서(Formula Missae, 1523)」와 「독일어 미사 예배 규범(The German Mass and Order of Service, 1526)」을 면밀히 분석하는 가운데 발견하였는데, 그가 내린 결론도 위에서 언급한 휴지 밀러 교수 것과 동일하다. 코랄을 만들기 위해서 일단 가사에 사용되는 언어를 특정한 사람만 읽을 수 있는 어려운 라틴어로 하지 않고, 모든 사람이 읽을 수 있는 모국어(母國語)인 독일어를 사용했으며, 그 가사 내용은 모든 사람이 이해하기 쉽고 금방 배울 수 있는 단순한 것으로 했다.[804]

이러한 마틴 루터의 의도는 설교에서도 드러나는데, 그는 설교자의 언어습관에 대해 말하면서 어려운 용어를 사용하지 않도록 권면했다.

> 모국어를 사용하라! …설교자는 히브리어나 헬라어 혹은 다른 외국어들을 사용해서는 안 된다. 우리는 그저 집에서 말하는 것처럼 교회에서도 그렇게 말해야 한다. 미사여구 없이 우리말로 하면 된다. 거기에는 모든 사람들이 다 동질감을 느낀다. …사람들은 자기들이 알아듣기 쉽게 말해 주는 평이한 설교자의 말을 더

---

803 Hugh M. Miller, *History of Music*(New York, Hagerstown: Barnes & Noble Books, 1972), 54.
804 Alan C. Hoger, "A Victorian Legacy: The Translating of German Hymns," *LOGIA: A Journal of Lutheran Theology*, Vol., III, No., 2(April 1994): 18~19.

귀담아 듣는다. 교회는 실력 자랑을 하는 곳이 아니다. 바울 사도는 한번도 데모스테네스나 키케로처럼 말하지 않았다. 그는 적절하고 평범한 말들을 사용하여, 사람들에게 의미 있는 메시지를 전하였다.[805]

그의 이러한 설교방법론이 코랄 작곡법에도 그대로 적용된 것이다. 또한 음악 형태는 회중의 다양성을 고려해 그 선택의 기준이 매우 폭넓고 자유로웠다. 때문에 코랄을 창작함에 있어 교회 밖에서 사용하는 세속 음악 형태도 사용했다. 바로 '콘트라팍투어'의 방법을 사용했다는 것이다.[806] 그러나 거듭되는 이야기지만, 이것이 코랄을 만듦에 있어 오로지 세속 음악만 사용했다는 뜻은 아니다. 전통 카톨릭 성가와의 연속성 속에서 세속 음악도 함께 사용했다는 것을 뜻할 뿐이다.

이러한 코랄의 창작 원칙은 훗날 많은 개신교 음악가들을 통하여 발전되었는데, 그 중의 대표적인 음악가가 바로 요한 세바스찬 바흐이다. 그래서 나진규 교수는 바흐가 어떻게 코랄의 창작 원칙을 수용하여 발전시켰는지 다음과 같이 설명했다.

요한 세바스찬 바흐의 마태 수난곡(BWV 244)에서 코랄이 차지하는 비중과 역할은 적지 않다. …종교시에 기초한 코랄은 주로 '신자들'의 입장에서 주어진 사건을 조명하는 역할을 담당한다. … 때문에 코랄은 회중이 수난곡에 참여할 수 있는 유일한 공간으로 작용한다. 이는 음악적 구조에도 영향을 미쳐 대부분의 코랄은 회중에게 익숙한 4성부의 호모포니적 악곡으로 나타나며, 오케스

---

805 Donald E. Demaray, *Listen to Luther: Selections from Martin Luther's Table Talk*, 윤종석 역, 「루터에게 듣는다」 (서울: 도서출판 두란노, 1992), 135~36쪽.

806 R. Massie, *Martin Luther's Spiritual Songs*(London: Hatchard & Son, 1854), 6~7.

트라를 위한 별도의 반주도 동반하지 않는다. …코랄 선율은 일반적인 예배에서처럼 프레이스 단위로 명확히 나누어지고, 트릴이나 꾸밈음 등 회중의 참여를 어렵게 만드는 선율적 요소도 가급적 배제된다.[807]

심지어 한국 교회 선교의 선구자인 언더우드(H. Underwood) 목사의 찬양 원칙도 이와 비슷했다. 그는 한국인들이 작사한 찬송을 한국인들의 전통음악 형식에 따라 찬송하는 것도 얼마든지 가능한 선교 방법 중 하나라 했다.

곡조를 가지고 여러 가지로 변하야도 관계치 아니흐니 제 나라 곡됴롤 좃차셔 흐는 것 굿치 또한 관계치 안소 깃븐 무음과 진실흔 뜻스로흐면 하느님 아바지씌셔 반가히 밧으시리라 대한 형뎨의 지은 노래 흐나흘 써셔 알게 흐노니 여러 교우들은 찬셩시 곡됴롤 아지 못흐거든 혹 즈긔 나라 곡됴 잘 흐시오. …피로 쇽죄흔 것과 일흠을 싱명칙에 긔록흔 것과 이후에 무셔온 심판을 밧지 아니흘거술 싱각흐고 깃버흠이라. 세상 사롬이 악흔 신의게 쐬여 슐을 먹고 취흔 후에 흥이 나 소릭 흐느니 셩신이 감화흔 사롬은 하느님의 신에 감동흐야 찬미롤 흐는 거시오 여러 교우들은 찬미롤 례와 법으로 아지 말고 죄인이 옥즁에셔 버셔나셔 나아온 후에 깃거히 소릭 흐는 것 굿흔줄노 아시오[808]

이와 같이 코랄의 창작 원리의 중심은 마틴 루터로부터 바흐에 이르기까지, 그리고 초기 한국 선교에 이르기까지 동일하다. 그 원칙의 중심에 바로 회중과 평신도가 있다. 이처럼 코랄은 평신도를 비롯한 모든 사람들이 쉽게 배우고 이해하며 부를 수 있도록 모든 방법

---

807 나진규, "바흐의 마태수난곡에 수록된 코랄 연구,"「음악과 민족」제33호 (2007, 1): 217~8면.
808 「그리스도 신문」, 일천구빅일년, 오월 초이일, 142면.

을 총동원한 16세기의 새로운 기독교 음악이었다. 평신도뿐만 아니라 일반인까지도 마음껏 찬양할 수 있도록 해 준다면, 그래서 그 찬양의 자유를 마음껏 누릴 수 있도록 해 준다면, 그 어떤 방법과 수단도 허용될 수 있었던 셈이다.[809] 따라서 '코랄'은 마틴 루터의 종교 개혁 과정에서 나온 새로운 음악적 유산이며, 동시에 오늘날 마틴 루터를 16세기의 또 다른 CCM 사역자로 인정하는데 결정적인 단서를 제공하는 16세기 기독교 음악, 즉 16세기의 CCM이었다. 따라서 이러한 마틴 루터의 코랄을 개별적으로 연구해 보는 것도 큰 가치 있는 작업이라 할 수 있겠다.[810]

④ When: 언제 코랄을 불렀는가?

물론 코랄은 성령님이 감동하시면 일상생활 속에서 항상 어디서든지 시간과 장소에 구애 없이 부를 수 있었다. 하지만 코랄이 예배 속에서 사용될 때에는 그 상황이 달랐다. 특별한 예배 의식 때에 불러야 했다. 때문에 마틴 루터는 예배 속에서 코랄을 사용함에 있어 지켜야 할 세 가지 때를 제시하였다.[811]

첫째, 코랄은 모든 예배 의식 속에서 'the Propers & ordinary'를 대신하는 'substituting hymns'로 사용될 수 있다. 여기서 'the Propers & ordinary'는 예배 의식 중 사용되는 음악 형태로 매일매일 그 가사 내용이 바뀐다. 그리고 'introit, gradual, alleluia, offertory and communion'과 같은 예배 순서에 사용된다.[812] 또한

---

809 Karl Ferdinand Muller & Walter Blankenburg, *Zur Lehre vom Gottesdienst der im Namen Jesu versammelten Gemeinde*, M. H. Bertram trans, *Worship in the Name of Jesus*(Saint Louis: Concordia Publishing House, 1968), 268~69.

810 다행히 마틴 루터가 작곡하고 만들었던 코랄을 그 작곡 배경과 해설까지 함께 달아 연대순으로 정리해 놓은 문서가 있다. 참고하라. Paul G. Madson, "The Incarnation in Luther's Hymns," *Lutheran Synod Quarterly*, Vol. 37, No. 4(December 1997): 9~34.

811 "The German Mass and Order of Service," LW 53: 61~90.

812 a liturgical genre with text that changes from day to day in the Mass, the musical items of the Proper are introit, gradual, alleluia,

'substituting hymns'이란 카톨릭 사제가 예배 때 부르는 특별한 찬양의 대안으로, 평신도가 부를 수 있는 찬양을 말한다. 코랄 이전에는 특별한 때, 특별한 임무를 맡은 특별한 사제만 찬양을 했다. 그러나 마틴 루터는 이러한 전통을 억제하고, 새로운 대안책을 내놓은 것이다. 그것이 바로 코랄이다. 이처럼 코랄은 예배 시간에 필요하다면, 'the Propers & ordinary'도 항상 평신도에 의해 불려 질 수 있었다. 그리고 또 그렇게 불려졌다. 그래서 코랄을 'substituting hymns'이라 부른다.[813]

둘째, 코랄은 '에피슬(Epistle)'과 '가스펠(Gospel)'에 대한 응답으로 찬양될 수 있었다.[814] 여기서 '에피슬'과 '가스펠'은 '그레듀얼(Gradual)' 전후(前後)에 암송되는 성경(서신서)와 복음서의 말씀이다.[815] '그레듀얼'이란 중세 미사 찬양의 한 형태를 일컫는 말이다.[816] 이것마저도 코랄의 형태로 평신도가 찬양할 수 있었다.[817]

셋째, 코랄은 성만찬이 진행되는 가운데 불려졌다.[818] 이것 또한 사제와 평신도가 다 함께 성찬을 받으며 찬양한다. 특별히 평신도에게 금지되었던 포도주를 빵과 함께 받는 성찬식에서 불려진 찬양이다.[819]

이처럼 코랄은 예배 밖에서는 언제 어디서나 자유롭게 불릴 수 있는 찬양이었고, 특별히 예배 속에서는 특별한 순간에 적절히 때를 맞추어 부를 수 있는 찬양이었다. 물론 사제에게만 허락되었던 찬양의 때가 평신도에게도 주어진 것이다.

---

offertory and communion, http://www.dolmetsch.com/defsp3.htm(2008년 2월)

813 Robin A. Leaver, *Luther's Liturgical Music: Principle and Implications*(Grand Rapids, Michigan/Gambridge, U.K.: William B. Eerdmans Publishing Company, 2007), 301.

814 LW 53: 74.

815 http://www.dolmetsch.com/defse1.htm(2008년 2월)

816 http://www.dolmetsch.com/defsg2.htm(2008년 2월)

817 Robin A. Leaver, *Luther's Liturgical Music: Principle and Implications*, 302.

818 Ibid., 303.

819 LW 53: 81~82.

2) 코랄과 CCM의 공통점(접촉점)

만약 코랄이 16세기의 CCM이었다면, 거기에는 분명히 오늘날 21세기 CCM과 접촉되는 공통점이 있을 것이다. 이러한 공통점을 필자는 '코랄과 CCM의 접촉점(a point of contact)'이라 부르고 싶다. 이 '접촉점'을 설명하는 방향은 크게 두 가지로 나뉠 수 있다. 하나는 CCM의 세 가지 정의를 통해 분석되는 세 가지 접촉점이요, 다른 하나는 코랄과 CCM의 특징 속에서 인식되는 두 가지 접촉점이다. 결국 총 다섯 가지의 접촉점이다.

① CCM의 세 가지 정의를 통해 분석된 세 가지 접촉점

코랄과 CCM의 '접촉점'은 이 둘의 정의들을 살펴보면 쉽게 증명된다. 이미 필자는 앞에서 CCM에 대한 세 가지 정의를 소개한 바 있다. 필자가 제시한 CCM의 정의는 문자적 정의, 실용적 정의, 언어학적 정의로 모두 세 가지였다. 그것을 다시 한 번 정리해 보자.[820]

> 1. CCM을 문자적인 관점에서 정의할 때, 그것은 '기독교 신앙의 내용을 일반 대중음악이라는 스타일 안에서 표현하고 고백하는 현대 기독교 음악'이다.
> 2. CCM을 실용적인 관점에서 정의할 때, 그것은 '전통적인 교회에서 꺼려하였던 다양한 현대 대중음악 스타일을 현대 젊은이들의 문화 바탕 위에서 신앙적으로 새롭게 승화시켜 만들어 낸 현대 교회 음악'이다.
> 3. CCM을 언어학적인 관점에서 정의할 때, 그것은 '기독교적 의미(signified meaning)를 담고 있는 하나의 의미화된 오늘날의 언어(a linguistic signifier)'이다.

또한 필자가 제시한 코랄의 정의는 다음과 같다.

---

820 본서의 〈II. CCM에 대한 이해 / 1. CCM의 정의〉를 참고하라.

코랄이란 오늘날 개신교 회중 찬송의 시초가 되는 음악으로서 마틴 루터로부터 시작해 오늘날 루터 교회의 찬양이 된 음악 형태를 일컫는 일종의 음악명칭이다. 그 가사와 음악 형식이 매우 자유롭고 다양하며 대중적이어서 배우기 쉽다는 점, 그리고 그 찬양 방법에 있어 온 회중이 다 함께 부른다는 점에서 그 당시의 다른 카톨릭 성가와 구분되는 특징이 있다.[821]

이와 같이 이 둘의 정의만 비교해서 다시 한 번 읽어보는 것만으로도 이 둘의 접촉점이 어느 정도 파악될 수 있을 정도이다. 실제적으로 코랄은 CCM의 세 가지 정의에 비추어 보았을 때 우리가 인지할 수 있는 세 가지 공통점이 발견된다.

첫째, 코랄을 CCM의 문자적인 정의에서 봤을 때, 코랄 또한 기독교의 진리를 일반 대중음악의 형태 안에서 고백한 16세기의 찬양이다. 코랄과 CCM 둘 다 내용과 형식에 있어 동일한 구조를 가지고 있다. 비록 겉 모습은 그 시대를 반영한 세속적 내지는 대중적인 형식이지만(Contemporary), 그 형식 속에 담긴 내용은 기독교적이다(Christian). 그러므로 이러한 논리를 이끌어낸 CCM의 문자적 정의에서 볼 때 코랄과 CCM은 동일한 접촉점 상에 있다.

둘째, 코랄을 CCM의 실용적인 정의에서 봤을 때, 코랄 또한 전통 교회에서 사용하기 꺼려했던 다양한 음악 형태를 대중문화 바탕 위에서 신앙적으로 새롭게 승화시켜 만들어 낸 16세기 찬양이었다. 그러므로 코랄이나 CCM이나 모두 각 시대에 따라 기존 일반 교회에서 즐겨 사용하지 않는 음악 형태 속에서 만들어진 찬양이다. 마틴 루터가 활동한 16세기에도 기존 교회에서 사용하기 꺼려하는 음악 형태가 있었음을 CCM 연구가 스티브 밀러(Steve Miller)는 다음과 같이 증거했다.

---

821 EWB-Class, GK-Class.

특별히 1574년 삭소니의 프레드릭 3세(Frederick III of Saxony)는 보헤미안 형제단의 수장(the seniors of the Bohemian Brethren)에게 그들이 새로 만든 찬양집을 소개하는 편지에 다음과 같이 기록했다. "우리 찬양의 곡조는 오늘날 기존 교회에서 사용하기 꺼려하고 있는 세속 음악 형태를 빌린 것이다. 우리의 찬양 사역자들은 사람들이 자신이 쉽게 이해하고 적응하기 쉬운 음악 형태에 더욱더 깊은 관심과 애정을 가지고 쉽게 따른다는 진실에 세심한 주의를 가지고 있다."[822]

이런 상황 속에서 마틴 루터는 이미 우리가 앞에서 살펴본 '아디아포라'의 신학 원리를 배경으로 하여 새로운 형태의 찬양을 만들기에 힘을 기울였다. 마틴 루터의 고백을 직접 들어 보자.

그러나 우리는 이제 꼭 현재 기존 카톨릭 교회가 사용하는 음악 형태를 그대로 똑같이 사용해야만 한다는 부담감에 더 이상 시달릴 필요가 없다. 이제부터 모든 교회와 성도들이 그들 나름대로 이해할 수 있는 자기들 나름대로의 음악적 형태를 따라 찬양할 수 있도록 해야 한다. 그렇게 하도록 하자.[823]

이 말을 다시 풀어서 이해하자면, 마틴 루터는 그 당시 기존 교회에서 즐겨 사용하지 않고, 특별한 경우 일반 회중들에게 금지하고 있는 음악 형태를 찬양에 도입했다는 말이다. 특별히 마틴 루터는 그동안 성가대만을 위해서 사용되었던 '복합 선율 음악(polyphonic music)'을 회중 찬송에 도입하는 것에 매우 관심이 컸다.[824] 그래

---

822 Steve Miller, *The Contemporary Christian: Worldly Compromise Or Agent of Renewal?*(Waynesboro, Georgia: OM literature, 1993), 115.
823 LW 53: 328.
824 양은주, "역사적 측면에서 본 M. Luther와 그의 찬송이 가지는 의미에 관한 연구,"(미간행 석사학위논문, 총신대학교, 1991), 11쪽.

서 조스캥 데 프레스(Josquin des Presz: 1450/55~1521), 루트비히 젠플(Ludwig Senfl: 1486~1542), 요한 발터(Johann Walter: 1496~1570)와 같은 동시대 작곡가들과 함께 복합 선율을 사용한 코랄을 작곡하기도 했다.[825] 특별히 윌엠 무디(Willem Mudde) 교수는 이러한 마틴 루터의 움직임이 결국 16세기의 코랄이라는 새로운 찬양 형태를 만들어 내게 되었음을 아래와 같이 설명했다.

> 종교 개혁의 폭풍우 속에서 찬양 분야 안에서 새로운 교회 음악의 전성기가 찾아왔다. …매우 다양한 음악 형태 속에서 여러 가지 소리를 합한 다성 음악(polyphonic music)의 시도와 발전이 개신교 코랄(chorale)이라는 장르를 통하여 시작되었다. 이것이 종교 개혁 때 시도된 교회 음악의 본질이었다.[826]

하워드 쿤클(Howard R. Kunkle)도 "Sursum Corda"라는 글에서 다음과 같이 말했다.

> 코랄이란 무엇인가? 코랄은 다양한 형태가 혼합된 퓨전 형식(fusion)의 찬양이다. …이런 면에서 코랄은 다른 어떤 교회 음악보다 회중을 중심으로 한 찬양으로 회중을 끌어들이는 막강한 힘을 가지고 있다. 코랄의 이러한 특징은 친밀감(familiarity)이다. 이것은 철저한 엄중함을 요구하는 대성당(cathedral)음악과는 전혀 다른 성격의 찬양이다. 이것은 평범한 노래(plain song)의 유산이며…자연적인 대중적 음악 리듬을 사용하여 일반 대중들의 관심

---

825 Daniel Zager, "Luther and Bach: Theologians in Word and Music" in *Luther on Liturgy and Hymns*, ed., Daniel Zager.(Fort Wayne, IN: Concordia Theological Seminary Press, 2006), 109.
826 Willem Mudde, "The Church Hymn and Its Way into Music," *Concordia Theological Monthly,* Vol. XXXIX, No. 7(July–August, 1968), 464.

과 느낌을 잘 반영하며 동시에 곡의 흐름 또한 회중 중심적이다.[827]

이 모든 주장들은 코랄과 CCM이 공통적으로 각 시대에 따라 기존 교회에서 사용하지 않게 금지하고 있는 세속 음악 형태를 사용했음을 보여 준다. 그러므로 코랄과 CCM은 그 당대에 세속적이라 인정받던 음악 형태를 긍정적으로 사용한 찬양이며 많은 사람들이 쉽게 이해할 수 있는 찬양이라는 점에서 끈끈한 접촉점을 가진다.[828]

셋째, 코랄을 CCM의 언어적인 정의에서 봤을 때, 코랄 또한 기독교적 의미(signified meaning)를 담고 있는 하나의 의미화된 16세기의 언어(a linguistic signifier)였다. 16세기에 평신도들이 찬양의 자유와 그 의미를 제대로 알지 못한 이유는 가사 내용, 즉 언어의 문제였다. 바로 그들이 익숙지 못한 라틴어이다. 따라서 평신도들은 라틴어 찬양으로 하나님과의 의사소통을 이룰 수 없었다. 찬양을 통하여 하나님을 느낄 수도 없었고, 표현할 수도 없었다. 한 마디로 앞에서 말한 '2E(Experience & Express)'가 불가능했던 것이다. 그것을 마틴 루터가 평신도들에게 친숙한 언어인 독일어로 바꾸었다. 그 뒤부터 사람들은 자신의 언어를 통하여 찬양하며 그 속에서 '2E'의 자유를 누렸다. 다시 말하자면 경험하고 표현하는 대화의 창이 열린 것이다. 그 찬양이 바로 코랄이다. 결국 코랄은 그들에게 있어 '하나의 의미화된 의미체(a signified signifier)'였던 셈이다. 그래서 에릭 에릭슨은 마틴 루터가 다른 사람들과 대화하는 연결점으로서 음악을 사용했다고 했고,[829] 스티브 밀러도 "이것이 바로 일반 대중들의 언어

---

827 W. G. Polack, "Church Music: Its Place in Lutheran Worship," in *What Lutherans Are Thinking*, ed., E. C. Fendt(Columbus, Ohio: The Wartburg Press, 1947), 414.
828 Helen Pietsch, "On Luther's Understanding of Music," *Lutheran Theological Journal*, Vol. 26, No. 3(December, 1992): 160~67.
829 Erik H. Erikson, *Young Man Luther: A Study in Psychoanalysis and History*(New York: W. W. Norton & Company. Inc, 1958), 325.

를 사용하여 부르는 코랄 찬양의 힘이다."[830]라고 했다. 이처럼 코랄과 CCM은 CCM의 언어학적 정의 면에서도 서로 깊이 연결되는 접촉점을 지닌다.

② 코랄과 CCM의 특징을 통해 살펴본 두 가지 접촉점

첫 번째, 코랄과 CCM의 끈끈한 생명력이다. 특별히 코랄과 CCM은 그 시작과 더불어 생겨난 수많은 논쟁의 비바람 속에서도 꿋꿋이 살아남았다는 점이다. 결국 코랄과 CCM은 그 진가를 인정받게 되었으며, 동시에 오늘날 많은 열매를 맺는 긍정적 위치까지 올라왔다. 직접적인 예로, 카톨릭 교회는 제2차 바티칸 공회(1963~65)를 통하여 종전의 라틴어 찬양을 배제하고 미사 드리는 사람들의 모국어를 통하여 찬양하도록 결정했다. 이것은 한 때 코랄을 반대하던 카톨릭 교회가 이제는 그 반대로 오히려 마틴 루터가 작곡한 코랄을 공식 미사에서 사용하도록 허락했다는 말이다.[831] CCM도 마찬가지이다. 한 때 CCM을 반대하던 공동체들이 이제는 종종 CCM을 사용하고 있기 때문이다. 이러한 현상에 대하여 김철륜 교수는 다음과 같이 적었다.

> 16세기 어느 카톨릭 신자가 마틴 루터의 음악을 비판하면서 다음과 같이 말했다고 한다. "루터의 찬송가, 코랄은 그의 책이나 설교보다 더 많은 영혼을 지옥에 가게 했다." 이 말을 다른 말로 바꾸어 설명하면, "루터의 찬송이야말로 그의 책이나 설교보다 더 많은 영혼을 개신교 교회로 가게 했다."고 말할 수 있겠다. 좀 우스꽝스러운 일은 요즘 카톨릭 교회에서도 루터의 찬송가를 부르고 있다는 점이다. 그가 태어난 지 500여년이 지난 지금까지도 그를 용납지 않고 있는 카톨릭 교회로서는 아이러니가 아닐 수 없다.[832]

---

830 Steve Miller, *The Contemporary Christian: Worldly Compromise Or Agent of Renewal?*, 115.
831 정장복, 「예배학 개론」 (서울: 종로서적, 1985), 315쪽.
832 김철륜, 「教會音樂論」 (서울: 호산나음악사, 1990), 103쪽.

　결국 숱한 논쟁과 비판 그리고 끊임없는 문제점의 연속 속에서도 코랄과 CCM은 그렇게 그 생명력을 유지했으며, 오늘날의 긍정적 결과를 얻어내었다. 이러한 끈끈한 생명력은 코랄과 CCM의 공통 접촉점이라 할 수 있다.

　둘째, 코랄과 CCM은 둘 다 과거와 미래를 연결하는 연속선상에 서 있는 음악이다. 16세기 코랄은 21세기 CCM의 뿌리이며, 오늘날 21세기의 CCM은 16세기 코랄의 연속선이며 그 결과이다. 그래서 헬렌 피취(Hellen Pietsch)는 "찬양을 향한 마틴 루터의 태도는 그가 과거로부터 배운 교훈과 그가 동시대 사람들로부터 느낀 유사성 속에서 만들어진 것이다."[833]라고 말했고, 스티브 밀러(Steve Miller) 또한 코랄을 통해 나타나는 마틴 루터의 찬양관이 후대 다른 찬양 사역자들에 의하여 모방되고 재현되었음을 다음과 같이 설명한다.

　　따라서 마틴 루터는 이러한 코랄식 찬양의 선구자이지 절대로 그가 코랄 찬양을 사용한 유일한 음악가는 아니었다. 왜냐하면 다른 사람들이 마틴 루터의 이러한 찬양 편곡법을 그대로 채택했기 때문이다.[834]

　로버트 미첼(Robert Mitchell) 또한 마틴 루터의 방법을 따른 후대 사람들을 소개했다.

　　실제로 이러한 대중 찬양의 법칙을 통한 마틴 루터의 음악 개혁을 그대로 따른 후예들 중에 중요한 인물들이 많다. 오늘날 우리가 가장 특별한 종교 음악 표현으로 인정하고 있는 복음성가(gospel song)는 실제로 1세기 전만 해도 세속적인 음악(parlor

---

833　Helen Pietsch, "On Luther's Understanding of Music," *Lutheran Theological Journal*, Vol. 26, No. 3, 161
834　Steve Miller, *The Contemporary Christian: Worldly Compromise Or Agent of Renewal?*, 115.

music-secular music)을 대표하는 음악 형태 속에서 자라난 찬양이었다. 이러한 흐름은 부흥사 무디(Dwight L. Moddy)와 찬양 사역자 생키(Ira Sankey)…감리교의 창시자 웨슬리(J. Wesleys)… 같은 사람들을 통하여 그 명맥을 이어온 마틴 루터의 독특한 찬양 사역에 빚진 바 크다. 이러한 사실은 정말 놀라운 일이다.[835]

한마디로 16세기의 코랄과 21세기의 CCM은 각각 그 시대의 상황을 반영한 새로운 형태의 음악으로 찬양 역사에 있어 뚜렷한 인과관계(因果關係)를 남겨 준 찬양이라는 점에서 그 접촉점을 찾을 수 있다.

우리는 지금까지 코랄과 CCM의 공통점에 대해 살펴보았다. 이 모든 내용에 기초해 볼 때, 16세기 마틴 루터의 코랄은 오늘날 21세기의 CCM과 동일한 접촉점을 가진다. 결국 코랄은 16세기의 CCM이었다. 그러므로 CCM을 옹호하는 대부분의 사람들이 CCM의 관점에서 마틴 루터의 코랄을 긍정적으로 해석하며 그의 코랄을 16세기의 CCM으로 인정하는 것은 전혀 이상한 일이 아니다. 그렇다면 더 나아가 마틴 루터 자체를 16세기의 CCM 사역자로 인정하는 것도 어색한 주장은 아닐 것이다.

3) 코랄과 CCM의 차이점

그렇다면 코랄과 CCM 사이에는 아무런 차이점이 없는가? 둘 사이의 차이점은 다음과 같이 네 가지로 분석될 수 있다. 첫째는 '찬양의 자유'라는 관점에서 나타난 차이점이며, 두 번째는 회중(congregation)과 대중(mass)의 차이점이며, 세 번째는 음악 형태 난이도(難易度)의 차이점이며, 네 번째는 서로가 목적하고 있는 대상에 따른 차이점이다.

---

835 Robert H. Mitchell, *Ministry and Music*(Philadelphia: The Westminster Press, 1978), 135.

① '찬양의 자유'라는 관점에서 나타난 차이점이다.

얼핏 보기에 코랄과 CCM의 사용 의도와 목적은 동일해 보인다. 이것은 이미 코랄과 CCM의 공통점을 논하면서 확인된 점이다. 그러나 여기에 '찬양의 자유'라는 관점에서 재해석하면 둘 사이에 약간의 차이점이 보인다. 이 말이 역설적으로 들리지만 엄연한 사실이다. 거듭 설명된 것과 같이 16세기의 코랄은 타락한 16세기 카톨릭의 전유물이었던 잃어버린 찬양을 일반 평신도들에게 되찾아 돌려주자는 절실한 의도에서 만들어진 것이다. 그러므로 전혀 찬양의 자유가 없는 평신도들에게 조금이나마 찬양의 자유를 누릴 수 있도록 해 준 찬양 형태이다. 그러나 21세기 CCM의 상황은 그렇지 않다. 왜냐하면 21세기에는 이미 모든 사람이 찬양의 자유를 마음껏 누리고 있기 때문이다. 그러므로 16세기의 상황과 21세기의 상황은 전혀 다르다. 다시 말하자면 CCM은 이미 찬양의 자유를 잘 누리고 있는 사람들이 그 자유를 더욱더 만끽하려는 소망 가운데 생겨난 찬양이다. 따라서 16세기 코랄은 잃어버린 찬양의 자유를 되찾자는 의도에서 만들어진 찬양 형태이며, 20세기 CCM은 이미 누리고 있는 찬양의 자유를 마음껏 즐기는 상황에서 만들어진 찬양 형태이다. 여기에 코랄과 CCM의 첫 번째 차이점이 있다.

② '회중(congregation)'과 '대중(mass)'의 차이점이다.

코랄은 '회중 찬양 형태(congregational style)'였다. 그러나 CCM은 '대중 찬양 형태(mass style)'이다. '회중'은 동일한 목적을 가지고 함께 모인 사람들의 무리이며, '대중'은 서로 다른 목적을 가지고 있으나 시대의 흐름에 따라 서로 비슷한 생활 문화를 공유하는 사람의 무리이다. 그러므로 '회중'은 모임의 목적에 따라 움직이고, '대중'은 주변의 흐름에 따라 움직인다.[836] 그래서 폴락(W. G. Polack)

---

836 Brian Longhurst, *Popular Music and Society*, 이호준 역, 「대중음악과 사회」 (서울: 예영커뮤니케이션, 2004), 29~31쪽.

은 코랄을 통한 예배가 '회중을 중심으로 한 예배'임을 강조하며 그 이유는 그 예배가 음악적인 면(hymnodically)을 통해 회중들의 참여를 촉진하는 예배이기 때문이라 했다.[837] 이러한 면에서 코랄은 하나님을 찬양하기 위한 목적에서 모인 평신도 중심의 '회중 찬양(congregational praising)'이었고, CCM은 특정한 흐름 속에 섞여 있는 사람들의 다양한 문화와 환경을 반영했다는 점에서 '대중 찬양(public praising)'이라 할 수 있다. 그러므로 CCM은 코랄보다 대중의 흐름과 변화에 매우 민감할 수밖에 없다. 때문에 매일매일 쉴 새 없이 새로운 CCM이 작곡되고 생성되며, 동시에 쉽게 사라지기도 한다. 모든 회중 찬양이 전부 대중적이 아니듯이, 모든 대중 찬양이 모두 회중 찬양이 되지도 않는다. 그러나 그렇다고 해서 회중 찬양이 대중 찬양이 되지 못하리라는 법이 없으며, 대중 찬양이 회중 찬양이 될 수 없는 이유도 없다. 그래서 이 둘의 확실한 구분이 아직 명확하지는 않지만, 회중과 대중의 구분도 코랄과 CCM이 가지는 두 번째 차이점으로 지적될 수는 있다.

③ 음악의 난이도(難易度)에 따른 차이점이다.

일반적으로 CCM이 코랄보다 훨씬 어렵다. 이미 살펴본 바와 같이 코랄은 평신도들이 부르기에 매우 단순하며 배우기 쉬운 찬양이었다. 평신도라면 남녀노소 누구나 다 쉽게 코랄을 배우고 익힐 수 있었다. 이것이 바로 코랄의 생명력이었다.[838] 그러나 오늘날 CCM은 그렇지 않은 경우가 많다. 배우기 어려운 박자와 리듬을 많이 사용한다. 특별히 이것 때문에 나이 많은 어른들과 기성세대가 무척 힘들어한다. CCM은 그들에게 있어 매우 따라 부르기 힘들고 배우기도 어

---

837 W. G. Polack, "Church Music: Its Place in Lutheran Worship," in *What Lutherans Are Thinking*, ed., E. C. Fendt(Columbus, Ohio: The Wartburg Press, 1947), 413~5.

838 Frank C. Senn, "Luther's Liturgical Reforms: Luther the Medieval Liturgist," in *Luther on Liturgy and Hymns*, ed., Daniel Zager.(Fort Wayne, IN: Concordia Theological Seminary Press, 2006), 22~24.

렵다. 이것 또한 그들이 CCM을 반대하는 이유 중 하나이다. 물론 이러한 차이점 역시 '회중 찬양'과 '대중 찬양'의 차이점에서 오는 것이지만, 코랄과 CCM의 차이점을 설명하는 또 다른 항목이 될 수 있다.

④ 코랄과 CCM이 겨냥하고 있는 특정 계층의 차이점이다.

일단 코랄과 CCM 둘 다 특정한 계층을 겨냥하고 있는 찬양이라는 점에서는 공통점을 지닌다. 그러나 그 특정한 계층이 서로 다르다. 코랄은 평신도를 겨냥한 평신도 중심의 찬양이며, CCM은 주로 젊은 계층을 겨냥한 젊은이 중심의 찬양이다. 물론 평신도 중에도 젊은 사람들이 있고, 젊은 계층에 속한 사람도 평신도이다. 하지만 일반적으로 우리는 코랄하면 평신도가 연상되고, CCM하면 젊은 세대 모습이 떠올린다. 이런 면에서 서로가 목적하고 있는 대상이 어떻게 다른가 하는 점도 코랄과 CCM이 가지는 차이점으로 설명될 수 있겠다.

바로 여기까지가 필자가 이해하고 있는 코랄과 CCM의 차이점이다. 결론적으로 필자는 위에서 분석한 네 가지 차이점에 근거하여 코랄과 CCM의 차이점을 나름대로 다음과 같이 요약하여 정리하고 싶다.

21세기의 CCM은 이미 얻은 찬양의 자유를 더 마음껏 누릴 수 있도록 한 '주마가편(走馬加鞭: 달리는 말에게 더 잘 달릴 수 있도록 채찍을 때린다.)의 대중 찬양'이다. 따라서 그 음악 형태의 난이도(難易度)에 상관없이 변화무쌍한 대중(특별히 젊은층)의 기호와 흐름에 따라 그 흥망성쇠(興亡盛衰)를 거듭할 수 있는 찬양이다.

그러나 16세기의 코랄은 그동안 묶여있던 찬양의 자유를 획득하기 위한 '속마해주(束馬解走: 묶여있는 말을 풀어놓아 마음껏 달리게 한다.)'의 회중 찬양이었다. 따라서 회중들(평신도)의 흐름을 따라가기보다는 오히려 회중들의 참여를 도모하기 위해 쉬운 형태로 만들어진 찬양이다.

따라서 CCM은 '주마가편'의 대중 찬양이며, 코랄은 '속마해주'의 회중 찬양이라는 점만 잘 구분해도 CCM과 코랄의 차이점을 찾는데 별 어려움이 없으리라 생각한다. 사실상 코랄과 CCM의 차이점을 한마디로 딱 부러지게 논한다는 것은 아직까지 많은 한계와 제약이 있다. 그래서 이 둘의 확실한 구분은 아직까지 약간 모호한 면도 없지 않아 있지만, 일단 이 정도의 분석만으로도 필자는 16세기 코랄과 21세기 CCM의 차이점을 설명하기 위한 최소한의 출구를 열어놓았다고 본다. 앞으로 이 부분에 대한 좀 더 심도 있는 연구 분석이 있어야 할 것으로 생각한다.

4) 평가

일단 16세기 마틴 루터가 만든 코랄과 21세기의 CCM은 몇 가지 모호한 차이점이 있음에도 불구하고 비교적 많은 면에서 동일한 맥락을 지니고 있었다. 그러므로 결국 우리는 코랄은 16세기의 CCM이며, 마틴 루터는 16세기의 CCM 사역자였음을 주장하는 데 큰 무리가 없으리라 생각한다. 일단 둘 다 그 당시 전통적인 교회에서 즐겨 사용하기 꺼려하는 음악 형태를 가지고 찬양했다. 바로 이점이 코랄을 16세기의 CCM으로 인정할 수밖에 없는 가장 큰 이유라 하겠다.

5. CCM을 향한 고정관념을 깨라!

(1) CCM도 찬양입니까?

이제까지 필자는 '마틴 루터와 CCM'이라는 대제(大題)하에 여러 가지 소제(小題)를 놓고 각각의 소제들을 다방면으로 고찰해 왔다. 이 과정에서 특별히 필자는 가능한 범위 속에서 필자 개인의 생각과 주장을 숨기고 오로지 다른 사람들이 말하는 것에 중점을 두고 여기까지 왔다. 이제 이제까지 분석한 내용들에 기초하여 필자 개인의 의견을 결론적으로 진술할 때가 되었다고 생각한다. 그래서 본 장에서는 필자 나름대로의 의견을 서술하며 마틴 루터의 관점에서 바라본 CCM에 대한 필자의 결론적 주장을 서술하고자 한다.

일단 마틴 루터의 관점에서 CCM을 바라볼 때에 아래와 같은 질문이 생긴다. "CCM도 찬양입니까?" 이 질문에 대하여 답하기 위해 현재까지 많은 예배학자들과 교회 음악가들이 다방면의 노력을 해 온 것이 사실이다. 그리고 그들의 답은 이 질문의 난해함만큼이나 다양하고 복잡했다. 어떤 이는 긍정적으로, 다른 이는 부정적으로, 또 몇몇 사람들은 중립적인 입장에서 이 질문에 답을 해 왔다.

그러나 그들에게는 한 가지 공통점이 있다. 그것은 그들 거의가 CCM이라는 음악 장르(genre) 자체에 비중을 두고 이 질문에 대한 해답을 찾으려 노력해 왔다는 점이다. 그러나 이러한 노력은 실제로 한계가 있다. 왜냐하면 어떤 특정한 음악의 본질(nature)과 정체성(identity)은 그 음악 자체보다는 그 음악과 관계된 사람의 문화적 배경과 상황(cultural situation and contextual reason)에 따라 다르게 나타나기 때문이다.[839]

그러므로 "CCM이 찬양입니까?"라는 질문에 답하기 위해서는 CCM의 본질 자체에 그 해석의 중심을 두기보다는 오히려 그 CCM을 만들고, 듣고, 연주하며, 또 그 CCM 을 부르는 사람들의 문화적 입장과 상황에 초점을 맞추어야 한다. 이것을 신앙적으로 풀이해서 설명하자면 그 질문에 대한 해답은 그 사람의 신앙고백의 여부에 따라 달라진다는 뜻이다. 똑같은 찬양이라도 그 찬양을 아무 생각 없이 그냥 부르는 사람과, 그 찬양 속에 자신의 신앙고백을 담아 부르는 사람 사이에는 엄연히 큰 차이가 있게 마련이다. 똑같은 찬양을 듣더라도 신앙고백이 있는 사람은 그 찬양이 진정한 찬양으로 드려지

---

839 Marcia Herndon and Norma Mcleod, *Music As Culture*(California: Norwood Edition, 1980), 94.

지만, 신앙고백이 없는 사람에게 그 찬양은 잡음(noise)에 불과하다. 그러므로 CCM에 대한 찬양의 정당성 여부는 CCM을 대하는 그 사람의 문화적 배경과 상황에 따라 달라지는 것이다.[840]

모름지기 CCM을 통하여 신앙고백을 드릴 수 있는 문화적 입장과 상황에 있는 사람에게 CCM은 얼마든지 찬양이 된다. 그러나 CCM을 통하여 신앙고백을 드릴 수 없는 문화적 입장과 상황에 있는 사람에게 CCM은 더 이상 찬양(praise)이 아닌 잡음이 된다. 현실적으로 CCM을 찬양으로 느끼지 못하고 그 음악을 통하여 신앙고백을 드리지 못하는 사람들이 있다. 그러나 반대로 오늘날 CCM을 통하여 신앙고백을 드리고 있는 사람들이 있음도 부인할 수 없는 사실이다. 그러므로 이 두 가지 명백한 현실 속에서 처음부터 "CCM은 찬양이 아니다!"라고 단정하는 것은 매우 위험한 일이며, 그 반대로 "CCM은 모두 찬양이 될 수 있다!"고 결론짓는 것도 억지스러운 일이다.[841]

그러므로 우리는 여기에서 우리의 질문을 바꾸어야 한다. 우리는 이제까지 "CCM도 찬양입니까?"라는 본질적인 질문에 매달려 왔다. 그러나 이제 우리는 이러한 단순한 질문에서 "CCM이 나의 문화적 상황과 입장에 비추어 볼 때 찬양이라고 할 수 있습니까?"라는 좀 더 세부적인 질문으로 우리의 관심을 돌려야 한다. 이는 CCM 자체에 대한 본질적 질문에서 CCM과 만나는 각 개인의 문화와 상황적 배경에 초점을 둔 질문으로서의 전환(transformation)을 의미한다. 그리고 그 질문에 대한 해답은 이미 그 질문 속에 들어 있다. "CCM에 대한 찬양의 정당성 여부는 CCM을 듣고 부르는 그 사람의 문화적 상황과 입장에 따라 달라진다."는 것이다.

2001년 7월, 필자가 처음 미국에 왔을 때 시카고 남부의 대규모 흑인 교회 예배당에 참석해서 예배를 드린 적이 있었다. 오랜 기간

---

840 N. Lee Orr, *The Church Music Handbook for Pastors and Musicians*(Nashville: Abingdon Press, 1991), 94.
841 Elsabe Kloppers, "Liturgical Music: Worship War?," *Dialog*, Vol 34.(summer, 1995): 201.

한국의 보수적인 장로 교회 예배에 익숙해 있던 필자에게 흑인들의 예배 형식은 참으로 신선한 충격이면서도 어딘지 익숙치 못한 부분이 있었다. 한 마디로 예배 시간에 가만히 앉아 있는 사람은 필자밖에 없었다. 특별히 필자를 더욱더 놀라게 한 것은 그들의 음악 형태였다. 참으로 진보적이고 현대적이었다. 필자에게는 그 당시 그들의 음악이 찬양으로 보이지 않았다. 그러나 그들에게 그 음악은 찬양이었다. 이후 미국 생활에 적응해 나가면서 흑인들과 사귀게 되고 그들의 예배 문화와 찬양 문화, 그리고 공동체 생활 상황을 깊이 경험하면서 동양인인 필자 스스로도 조금씩 달라지고 있음을 감지했다. 1년 정도 지난 뒤 필자는 내 스스로 흑인의 음악 형태와 찬양 방법에 많이 매료되어 있으며 동시에 그러한 방식으로 찬양을 인도하며 선곡하는 자신을 발견했다. 이젠 그들의 찬양에 전혀 거부감이 없으며 오히려 그들의 찬양을 어떻게 우리 한국 교회에 접목할까 생각하기도 한다. 음악은 똑같은 음악이었다. 똑같은 흑인 찬양이었다. 그런데 변한 것은 필자의 문화 습관이요, 상황적 여건이다.

(2) 고정관념을 깨기 위한 다섯 가지 기준

그렇다면 이제 우리는 CCM에 대한 잘못된 편견을 깨뜨릴 필요가 있지 않을까? 그래서 필자는 여기서 CCM에 대한 잘못된 이해를 바로잡기 위한 필자 나름대로의 네 가지 기준을 제시하고자 한다.[842]

1) CCM과 그 본질

CCM이라는 그 음악 자체에 중점을 두고 "그것이 찬양이냐 아니냐?"라는 식의 찬양의 정당성을 따지는 것은 무의미하다. 우리는 성경 속에서 찬양의 가사 내용은 알 수 있으나 음악 형태에 대한 기본

---

842 이것은 김철웅. "CCM에 대한 고정관념을 깨라," 「월간 목회」 (2006. 7): 135~43쪽의 내용을 수정 발전시킨 것임.

적인 가르침이나 총체적인 규정을 찾을 수 없다. 이 부분에 대하여 성경은 침묵하고 있다.[843] 그래서 미국 갈보리교회(Calvary Church)의 CCM 찬양 인도자 돕슨(Edward. G. Dobson)은 "성서적 음악 스타일이란 없다(There is no such a thing as a "biblical" style of music)."[844]고 말했고, 미국 이스턴대학(Eastern University, PA)의 음악학 교수 콜빗(J. Nathan Corbitt)도 "우리는 정말 초대 교회에서 말한 성서적 음악 형태와 그 소리가 어떤지 전혀 알 수 없으며, 설사 우리가 안다고 해도 그것이 정말 정확한 것인지 판가름할 수 없다."[845]고 했다. 예를 들어, 구약 성서의 시편을 보았을 때 우리는 그 시편 찬양의 가사 내용은 알 수 있지만, 그 시편 찬양의 확실한 음악적 형태가 어떤 것이었는지는 알 방법이 없다.

그러므로 음악의 형태에 초점을 맞추어 어떤 음악이 성서적이며 어떤 음악이 비성서적(non-Biblical)인지 구분한다는 것은 매우 어려운 일이다. 결국 음악의 본질 자체에 중점을 두고 그 음악의 성(聖/sacred)과 속(俗/secular)을 구분하려는 노력은 마치 정확한 지도(map) 없이 망망대해(茫茫大海)를 헤매는 결과를 낳게 된다. 왜냐하면 그 부분에 대하여 성경이 침묵하고 있기 때문이다.[846]

흔히 음악의 본질을 놓고 성스러운 음악과 세속적인 음악을 따지는 이유에 대해 동물과 식물의 예를 들어 설명하곤 한다.[847] 소나 닭 같은 동물이나 여러 가지 종류의 식물이 성스러운 클래식 음악을 들었을 때에는 좋은 영향을 받았고, 세속적인 헤비메탈 락 음악을 들

---

843 성철종, "교회 음악과 세속 음악에 관한 역사적 연구,"(미간행 석사학위논문, 총신대학교 대학원, 1987), 62쪽.
844 Edward G. Dobson, *Starting A Seeker Sensitive Service*,(Grand Rapids, Michigan: Scripture Press, 1992), 44.
845 J. Nathan Corbitt, *The Sound of the Harvest: Music's Mission in Church and Culture*(Grand Rapids, Michigan: Baker Book, 1998), 264.
846 Steve Lawhead, *Rock Reconsidered: A Christian Looks at Contemporary Music*,(Downer Grove, Illinois: Inter-Varsity Press. 1981), 105.
847 Lowell Hart, *Satan's Music Exposed*, 60~61.

었을 때에는 나쁜 영향을 받았다는 이야기이다. 그래서 우리 인간도 성스러운 클래식을 즐겨 들어야 한다는 주장이다.[848] 물론 이 모든 것은 임상학적 실험을 통해 나온 실제적 결론이니 완전히 부정할 수는 없다. 그러나 이 주장은 깊이 생각해 봐야 할 부분이 있다. 왜냐하면 동식물의 그러한 현상에 대하여 음악적으로 접근할 것인가, 혹은 물리학이나 그 밖의 다른 학문의 시각에서 접근할 것인가에 따라, 즉 어떤 관점을 택하느냐에 따라 결론이 달라질 수 있기 때문이다.[849]

예를 한 번 들어 보자. 모기떼들이 바이올린의 어떤 음을 켜면 더욱 극성스럽게 모여든다는 사실을 발견한 사람이 있다. 이때 그가 바이올린 현을 켜서 낸 소리는 바로 모기의 "앵!" 소리와 같은 음정의 소리였다고 한다. 이 경우 모기떼는 바이올린 소리에 매혹되어 몰려들었다기보다는 자기들과 같은 소리를 내는 곳으로 몰려드는 습성이 발동되었을 따름이라고 볼 수 있다. 다시 말해 물리학적인 공명체를 찾아 모이는 모기떼의 본능에 의해 움직였을 뿐이지 음악을 알고 모여들지는 않았다는 것이다.[850] 바이올린 소리 그 본질 자체에 어떤 성스러움과 세속적인 특징이 있어서가 아니라 모기떼의 본성대로 반응된 것뿐이다. 이러한 논리에 입각하여 숭실대학교 박양식 교수는 다음과 같이 답변했다.

이처럼 동식물에 끼친 일정한 결과를 토대로 인간에게 좋은 음악과 나쁜 음악을 분류하려 드는 것은 인간을 동식물 수준으로 끌어내리는 것이다. 정확하지 않은 근거로 어떤 사실을 규정하는 것은 심각한 오류를 낳을 위험이 있다. 인간은 동식물과 다르다.

---

848 John Diamond, *Your Body Doesn't Lie*(New York: Warner Books, 1979), 7~9, 67~76, 81~95, 159~67, John Diamond, *The Life Energy in Music*(Valley Cottage, New York: Archaeus Press, 1981), 20~23.
849 Steve Miller, *The Contemporary Christian Music Debate: Worldly Compromise or Agent of Renewal?*, 9~21.
850 신동헌, 「재미있는 음악사 이야기」(서울: 서울미디어, 1997), 20~21쪽.

> 소음을 음악으로 들을 수 있는 것은 인간에게만 허용된 능력이다. 이런 사실을 무시하고 동식물처럼 인간도 클래식 음악을 들으면 좋은 결과를 낳고 락 음악을 들으면 나쁜 결과를 얻는다고 주장하는 것은 너무도 책임 없고 터무니없는 일이다. …인간에게 영향을 미치는 음악이란 그 음악 형식 자체에 있는 것이 아니라 그 음악 형식의 사용에 있다.[851]

이처럼 음악 형식 그 자체를 놓고, 그것의 성과 속을 따지는 것은 무척 터무니없는 일이다. 마찬가지로 결국 CCM의 문제도 CCM의 본질과 관련된 것이 아님을 알 수 있다. 이러한 분석은 결국 다음의 두 번째 기준으로 우리를 인도한다.

2) CCM과 그 사람의 문화와 상황

그러므로 CCM에 대한 문제는 그 CCM을 대하는 사람과 그 공동체의 문화적 입장과 상황에 초점을 맞추어 생각해야 한다. 바로 CCM과 문화와의 관계이다.[852] 그래서 루터교 예배신학자 커트 마쿼트(Kurt Marquart)는 특별히 이것을 '때(time), 장소(place), 풍습(manner)'이라는 세 가지 요소로 나누어 설명했었다.[853] 한 마디로 CCM도 때와 장소와 풍습에 맞추어 생각해야 된다는 말이다.

특별히 미국 새들백교회(Saddleback Church)의 릭 워렌(Rick Warren) 목사는 "당신이 교회에서 사용하는 음악은 그 교회의 문화적 성격과 특징에 관계 되는 것이기 때문에 교회마다 서로 다른 찬

---

851 박양식, 「문화를 알면 사역이 보인다」 (서울: 기독연합신문사, 2004), 181쪽.

852 Charles P. St-Onge, "Music, Worship, and Martin Luther," *LOGIA: A Journal of Lutheran Theology,* Vol. XIII, No. 2,(2004): 40.

853 Kurt Marquart, "Liturgy and Evangelism," Lutheran Worship: History and Practice, ed. Fred L. Precht(St. Louis: Concordia Publishing House, 1993): 62~63.

양 형태(style)을 가지고 있다는 것은 그리 놀랄 일이 아니다."[854]라고 설명했으며, 안토니 스톨(Anthony Storr) 교수도 "언어와 마찬가지로 서로 다른 문화는 서로 다른 음악을 창조한다."[855]고 했고, 단 메카트니(D. McCartney)도 "이러한 음악과 문화의 연결은 우리가 어떠한 음악 형태가 가장 적합한 것인지 판단하는 것이 매우 불가능함을 의미한다."[856]고 했으며, 서울장신대학교 문성모 총장도 "틀린 찬양을 부른다."라는 개념과 "찬양을 다양한 형태로 다르게 부른다."라는 두 개념의 차이를 분명히 구분해 놓았다.[857] 그래서 서울장신대학교 예배학 김세광 교수는 나름대로의 CCM 수용 기준을 세우면서 '공동체적 공감대'와 '음악적 형식에 대한 개방성'을 강조했던 것이다.[858] CCM 연구가 강인중도 다음과 같이 말했다.

> 음악에 있어서 형식과 내용은 떼어놓고 생각할 수 없으며, 형식이 내용을 규정하기도 한다. 따라서 현대 대중음악을 찬양에 도입하되, 음악 스타일의 채택에 있어서는 신중한 자세가 필요하다. 아울러 우리 교회의 음악적 전통과 문화적 정서가 무시되지 않는 가운데 복음의 내용이 가장 잘 표현되고 이해될 수 있는 양식을 선별해 점진적으로 수용하는 것이 바람직하다.[859]

그러므로 "CCM으로 하나님께 찬양을 드린다."고 하는 것은 찬양

---

854 Rick Warren, *The Purpose-Driven Church: Growth Without Compromising Your Message and Mission*(Grand Rapids: Zondervan Publishing, 1999), 279~81.

855 Anthony Storr, *Music and the Mind*(New York: Ballantine Books, 1993), 49.

856 Dan G. McCartney, "Music and the Worship of the Living God," *Modern Reformation*, Vol. 11, No. 6(November & December 2002): 18.

857 문성모, "예배 음악의 역사," 「민족음악과 예배」 (서울: 도서출판 한들, 1997), 278쪽.

858 김세광, 「예배와 현대문화」 (서울: 대한기독교서회, 2005), 46~47쪽.

859 강인중, "교회와 대중음악," 기독교윤리실천운동 문화전략위원회 엮음, 「대중문화, 더 이상 침묵할 수 없다」, (서울: 예영커뮤니케이션, 1998), 225쪽.

아닌 '잘못된 찬양(wrong praise)'을 드리는 것이 아니라, '다른 형태의 찬양(different praise)'을 드리는 것이다. 이러한 상황 속에서 "CCM은 찬양이 아니다!"라고 단정적으로 주장하는 것은 당연히 옳지 못하다. 그렇다고 해서 급하게 "모든 CCM이 다 찬양으로 인정될 수 있다!"고 속단(速端)하는 것 또한 매우 위험한 일이다. 왜냐하면 어디까지나 이 문제는 CCM의 본질 자체에 달려 있는 것이 아니라, CCM을 대하는 개인이나 그 공동체의 문화적 배경에 속한 것이기 때문이다.[860] 이에 대해 광신대학교 실천신학 교수인 이광복 목사는 다음과 같이 말했다.

> 필자는 CCM을 문화라는 그릇을 통해 볼 수 있어야 한다고 생각한다. …우리가 살아가고 있는 문화라는 거대한 그릇 속에 교회가 속해 있다는 것을 도외시할 수 없다. …진리는 불변하는 것이나 진리를 전하는 복음의 전달 방법은 그 시대를 담고 있는 문화를 통할 수밖에 없는 것이다. …그러나 한 가지 기억할 대목은 성급한 도입은 피해야 한다는 점이다. …만약 우리가 CCM을 바라볼 때 문화라는 시선을 제거하고 우리의 잣대만으로 평가해 버린다면, 세계 각국에서 다양하게 드려지고 있는 예배 형태들에 대하여 어떻게 설명할 수 있겠는가?[861]

뿐만 아니라 1980년대에 이미 한국의 찬양 변동 현상에 깊은 관심을 가지고 이것에 대해 깊이 연구한 연세대학교 이계준 교수 또한 이러한 CCM의 필요성에 대해 다음과 같이 말했다.

> 국내적으로 또한 국외적으로 교회들이 전통적인 교회 음악에

---

860 Tim and Kathy Carson, *So You're Thinking About Contemporary Worship*(St. Louis, Missouri: Chalice Press, 1997), 5.
861 이광복, "참된 신앙의 고백을 담은 찬양으로," 「월간 목회」 제354호(2006, 2): 94쪽.

집착 또는 만족하지 못하고 새로운 음악을 실험하는 이유가 어디 있는가? 단적으로 말하면 그것은 교회 음악도 하나의 문화적 산물이며 그 시대의 신앙적 표현이므로 과거가 지나가고 새 시대가 도래할 때 새 시대는 자기 나름의 음악적 형식과 언어를 요청하게 마련이기 때문이다.[862]

바로 CCM의 문제를 문화의 관점에서 봐야 한다는 점이다. 이와 관련하여 우리는 이미 앞에서 '아디아포라'라는 개념에 대하여 고찰해 보았다. 이것은 "기독교인이 성서에서 확실한 답을 찾을 수 없는 문제를 접하게 되었을 때에 그 문제를 그 개인이나 공동체의 문화적 양심과 상황적 특성에 근거하여 해결을 시도한다."는 뜻이 담긴 개념이다.[863] 이제까지 우리가 추적한 마틴 루터의 음악 적용(how)도 이 개념 속에 들어 있었다.[864]

특별히 미국 컨콜디아신학교의 조엘 본퀘스키(Joel. E. Bounkowske) 목사는 마틴 루터가 사용한 이 '아디아포라'의 개념을 가지고 CCM에 대한 변호를 시도하여 21세기 미국 루터 교단에 새로운 찬양의 길을 제시한 바 있다. 그의 주장에 따르면 "CCM의 문제도 아디아포라의 신학 개념에 맞추어 해석해야 한다."는 것이다. 즉 "성서에서 나름대로의 답을 찾을 수 없는 CCM에 대한 문제는 CCM과 관계된 각 개인이나 공동체의 문화적 양심과 특성에 비추어 해석해야 한다."는 말이다.[865]

---

862 李桂俊, "교회 음악의 갱신," 「韓國敎會와 하나님의 宣敎」 (서울: 展望社, 1981), 225쪽.

863 Robert H. Mitchell, *Ministry and Music*(Philadelphia: The Westminster Press, 1973), 78.

864 보다 자세한 내용은 Buszin, Walter E. *Luther On Music*. Saint Paul, Minnesota: North Central Publishing Company. 1958, Schalk, Carl F. *Luther On Music*. St. Louis, MO: Concordia Publishing House. 1988, Leaver, Rovin A. "The Man Luther: Musician." *The Lutheran Witness*(1983, December): 6~7, 김철웅, "마틴 루터도 CCM 사역자였는가?," 「基督公報」. 제2562호(2006. 6. 10): 10면을 참조할 것.

865 Joel W. Bunkowske, "Church-Mission-Music," in Eugene W. Bunkowske, and Scott D. Alan ed., *The Lutherans In Mission*(Fort Wayne:

CCM에 대한 문제를 CCM의 본질이 아닌 CCM과 관계된 사람의 문화적 입장과 상황에 초점에 맞추어 생각해야 할 이유가 바로 여기에 있다. 그런데 이 말을 오해해서는 안 된다. 여기서 말하고자 하는 것은 그 찬양을 대하는 사람의 문화적 상황에 따라 그 찬양이 적절한 것인지 아닌지를 규명(揆明)한다는 것이지 사람의 형편과 사정에 따라 찬양의 본질 자체가 파괴될 수 있다는 점을 주장하고 있는 것은 아니다. 찬양은 그 찬양과 관계된 사람과는 별개로 이미 그 본질 자체로서 찬양이다.[866]

3) CCM과 신앙고백

셋째, 어떠한 음악이든지 그 음악을 통하여 자신의 신앙고백을 담아 드리는 음악은 찬양이라고 할 수 있다. "어떤 특정한 음악이 찬양이냐, 아니냐?" 하는 문제는 그 음악 자체에 있는 것이 아니라 그 음악을 다루는 사람의 문화적 입장과 상황에 달려 있다는 것은 이미 위에서 설명한 바이다.

게리 크루그(Gary L. Krug)는 이것을 신앙적으로 재해석하여 CCM에 대한 찬양의 정당성은 CCM과 관련된 '그 사람의 신앙고백과 그 신앙고백에 담긴 메시지(message)'에 따라 결정된다고 했다.[867] 특별히 음악 사역자 하정완 목사는 "유행가로도 은혜 받는다."는 주장을 하며 진정한 찬양의 기준은 그 찬양 자체에 있는 것이 아니라 그 찬양을 드리는 사람의 중심과 그 고백에 있음을 다음과 같이 강조했다.

사실 우리가 부르는 찬양은 가사만 바뀐, 유행가와 가사만 다

Lutheran Society for Missiology. 2000), 147~48.

866 최유신, "록 자체가 악한 정서를 유발하지는 않는다." 「빛과 소금」 (1996. 2): 116~17쪽.

867 Gary L. Krug, *Rock The Beat Goes On: A Christian Perspective on Trends in Rock Music.* (Milwaukee, Wisconsin: Northwestern Publishing House. 1987), 93~94.

른 노래가 아닙니다. 이 말은 복음성가를 부르면서도 유행가가 될 수 있다는 말입니다. 우리 안에 뜨거운 체험이 존재하지 않는 찬양은 그 자체가 유행가와 다를 바가 없습니다. 어쩌면 유행가보다 훨씬 못할지도 모릅니다.[868]

여기서 말하는 '우리 안의 뜨거운 체험'이란 무엇인가? 바로 신앙고백이다. 그러므로 신앙고백이 없는 찬양은 이미 찬양이 아닌 것이다. 즉 신앙고백이 진정한 찬양을 구분하는 기준인 셈이다. 미국의 이정영 교수 또한 신앙이란 "자서전은 아니지만 자서전적인 것(not an autobiography but autobiographical)이다."[869]라는 말을 했는데, 이 말의 행간(行間)에는 한 개인의 신앙고백 또한 그 사람의 문화적, 상황적 배경에 따라 다른 방법으로 표현될 수 있다는 뜻이 숨어 있다. 그래서 문화라는 관점에서 한국 기독교의 역사를 해석한 이만열 교수 또한 한국 교회의 변화무쌍한 찬송가 편찬의 역사는 신앙고백의 다양한 표출 방법에서 기인한 것임을 다음과 같이 주장했다.

성서 번역이 비교적 초교파적 사업으로 진행된 것과는 달리 찬송가의 편찬이 교파적 성격을 가졌던 이유를 긍정적인 측면에서 이해한다면, 그것은 찬송이 신자의 경험과 감동을 표현하는 일종의 신앙고백적 성격을 가지기 때문에 신앙 내용의 교파적인 한계를 뛰어넘기 힘들었을 것이라는 추론이 가능해진다.[870]

한때 마틴 루터의 음악 개혁에 대한 반동으로 열린 카톨릭 긴급회의가 바로 1545년의 트랜트 공의회(The Council of Trent)이다.

---

868 박정관, 하정완, 서승직, 「영적전쟁시대의 문화-예배-찬양」 (서울: 제자서원, 1996), 8쪽.
869 Jung Young Lee, *Marginality-The key to Multicultural Theology*(Minneapolis: Fortress Press, 1999), 7.
870 李萬烈, 「韓國基督敎文化運動史」 (서울: 大韓基督敎出版社, 1987), 345쪽.

이때 카톨릭은 나름대로의 자신의 전통음악을 지키기 위해 성스러운 음악의 기준을 찾으려고 몰두했었다. 그러나 그 공의회도 결국은 음악의 본질 자체로는 음악의 성과 속을 구분할 수 없음을 확인하고 말았다.

> 마틴 루터는 이미 이러한 문제에 직면하여…모든 회중이 찬양할 수 있도록 가르쳤다. …그러나 트랜트 공의회에 참석한 카톨릭파 사람들은 회중 찬송을 원하지 않았다. 그들은 어느 정도 순수하고 거룩한 찬송을 찾아 성가대에서 부르기를 원했다. 그들은 세속적인 음악 형태와 곡조를 기본으로 한 교회 음악을 금지했다. 그러나 그것만으로는 그들의 만족을 채워 주기에 뭔가 부족했다. 그래서 그들은 더욱더 성스럽고 경건한 찬양을 추구하려 했다. 그러나 그 공의회의 어느 누구도 성스럽고 경건한 찬양을 어떻게 찾아야 하는지 그 방법을 발견해 내지 못했다. 왜냐하면 이것은 기술적(technique)인 문제가 아니라 영적(spirit)인 문제이기 때문이다.[871]

여기서 '기술적인 문제가 아니라 영적인 문제'라는 말의 뜻이 무엇인가? 바로 음악의 본질이 아닌 신앙고백을 뜻하는 것이다. 이렇듯 신앙고백이 중요한 것이다. 신앙고백의 핵심은 동일하나 그 표현 방법은 개인의 상황에 따라 다양할 수 있다. 음악을 통한 신앙고백도 마찬가지이다. 그러므로 음악의 본질을 따지고 들기보다는, 차라리 그 음악이 가지고 있는 가사 내용과 그 속에 담김 신앙고백에 초점을 맞추는 것이 훨씬 긍정적인 평가 방법이다.[872] 이처럼 CCM은 어떤 개인

---

871 Katherine B. Shippen & Anca Seidlova, *The Heritage of Music*(New York: The Viking Press, 1963), 39.
872 Brian Wren, *Praying Twice: The Music and Words of Congregational Song*(Louisville, London: Westminster John Knox Press, 2000), 166.

과 공동체의 특수한 문화 상황 속에서 CCM을 듣고 부름으로써 자신의 신앙고백을 나타낼 수 있는 사람과 공동체에게 얼마든지 진정한 찬양이 될 수 있다.

4) CCM과 찬송가

CCM에 대하여 보다 성숙한 이해를 가지려면 현재 우리가 사용하는 기존 찬송가에 실려 있는 558곡의 찬송만이 진정한 찬송이라는 편견(stereotype)을 버려야 한다.

현재 우리가 사용하고 있는 찬송가에 실린 모든 558곡의 찬양은 그 찬양 자체로서의 귀한 가치와 의미를 지니고 있다. 이것은 사실이며 진실이다. 그러나 그 기존 찬송가에 실려 있는 558곡의 찬양만이 진정한 찬양이라고 말하며 그 외의 다른 찬양들을 외면(外面)하는 것은 올바른 태도가 아니라고 본다. 왜냐하면 찬송이란 시대에 따라 많이 변화되어 오는 것이 사실이기 때문이다. 그리고 실제적으로 558곡의 찬양 속에 이미 옛날의 복음성가(CCM)가 들어 있기 때문이다.[873]

현재 기존 찬송가에 수록되어 있는 찬양들도 사실상 대부분 과거 복음성가나, 집회 성가들인 경우가 더러 있다. 그러므로 "오늘날의 클래식 찬송(TCM)은 과거에 오히려 한때 CCM이었으며, 당연히 오늘의 CCM도 다가올 미래 사람들에게는 TCM으로 여겨질 것이다." 그러므로 찬양의 형태는 시대의 흐름과 현상에 따라 변하기도 하고 개혁되기도 하고 수정되기도 한다.

특별히 이미 앞에서 언급하였던 '콘트라팍투어'라는 음악적 용어를 한번 살펴볼 필요가 있다. 이것은 전문적인 음악 용어로서 서울장신대학교 문성모 총장이 '찬송의 한국화(국악화)'를 주장하면서 찬양의 다양성을 변호하기 위해 즐겨 사용하는 용어 중 하나이다. '콘트라팍

---

873 조숙자, "한국 찬송가와 미국 gospel song," 「長神論壇」 (서울: 장로회신학대학교출판부, 1997), 433~42쪽.

투어'라는 것은 '세속적인 음악에 기독교적 가사 내용을 담아서 새로운 찬양을 만드는 방식'을 뜻하는 용어이다.[874] 사실상 558곡이나 되는 그 찬송가 속에도 이 '콘트라팍투어'라는 방법을 사용하여 대중음악, 일반 민요, 애국가, 군가(軍歌) 등을 찬송으로 변환시킨 것들이 몇몇 수록되어 있다.[875]

몇 가지 예를 들면, 338장 '천부여 의지 없어서'라는 찬송은 영국으로 나와 살던 스코틀랜드 사람들이 고향을 그리며 불렀던 스코틀랜드 민요 '올드랭 사인(Auld lang syne/ Old long since/ 고향을 떠난 지 오래 되었다)'을 '콘트라팍투어'한 것이다. 이것을 감리교 창시자인 존 웨슬리(J. Wesley)의 동생이자 찬송 작가였던 찰스 웨슬리(C. Wesley)가 새롭게 '콘트라팍투어'한 것이며, 545장 '하늘 가는 밝은 길이'라는 찬송도 존 스코트(John Scott)라는 귀족 부인이 자신이 알고 있는 한 여인의 아름다움을 노래하기 위해 만든 대중음악 '애니 로리(Annie Laurie)'였다. 그것을 한국 초기 선교사였던 스왈른(W. L. Swallen: 소안련) 선교사가 1905년에 한국적 정서에 맞게 '콘트라팍투어'한 것이다. 또한 94장 '예수님은 누구신가' 라는 찬양도 장 자크 루소(J. J. Rousseau)의 곡을 기독교적으로 만든 찬양이며, 수난절 찬송인 145장 '오 거룩하신 주님'도 중세 독일의 하슬러(H. L. Hassler)가 1601년에 작곡한 세속적 사랑의 노래인데, 독일 루터 교단의 파울 게하르트(Paul Gerthard) 목사가 '콘트라팍투어'한 곡이다. 특별히 바흐(J. S. Bach)는 이 음악에 은혜를 받아 자신의 '마태 수난곡'에 다섯 번이나 인용하기도 하였다. 388장 '마귀들과 싸울지라'라는 찬송도 1862년 남북전쟁 때 줄리아 워드 하우(Julia W. Howe) 부인이 '존 브라운의 시체를 넘어(John Brown's Body)'라는 군인 행진곡에 영감을 받아 '콘트라팍투어'한 찬양이다. 그런데 이 찬양도 원래 윌리암 스테프(William. Steff)가 미국 버지니아 리치

---

874 문성모, 「민족음악과 예배」, 355쪽.
875 박용란, 「世界敎會音樂史」 (서울: 도서출판 작은 우리, 2003), 371~427쪽.

몬드(Virginia Richmond)의 소방대원 행진곡으로 작곡한 노래였다. 77장 '전능의 하나님'은 소련(러시아)의 국가이며, 245장 '시온성과 같은 교회'는 독일의 국가이다. 이것뿐만이 아니다. 심지어 과거 일본군이 불렀던 일본 군가가 그 가사만 바뀐 상태로 버젓이 찬송가에 실려있는 경우도 있었다.[876]

그렇다면 이제 냉철한 머리를 가지고 한 번 생각해 보자. 만약 기존의 찬송가에 실려 있는 558곡의 찬양만이 진정한 찬양이고 그 외

---

876 1929년에 태어나 신의주와 서울에서 청소년기를 보내며 일제강점기를 체험한 조형균(78세) 씨는 '계성종이역사박물관' 관장으로 이러한 사실을 증언한 적이 있다. 그는 일제 때 일본 앞잡이 경찰 노릇을 했던 사람이 해방과 더불어 속죄하는 심정으로 교회의 부흥 강사가 된 후 퍼뜨린 노래 가운데 '부럽지 않네'라는 성가가 있었고 그 노래는 청일전쟁 때 일본 해군이 불렀던 군가였음을 증언했다. 실제로 1979년 11월 30일에 초판이 나온 뒤 1981년까지 거의 20판을 넘게 찍어낸 부흥회용 「복음성가」(영산출판사) 제5장, 그리고 1997년 3월 20일 발행된 「새로운 복음성가」(새로운 출판사) 제40장에 이 노래가 실려 있는데, 이 노래는 '세상 사람 날 부러워 아니하여도'로 시작하며 모두 4절까지 있고 마지막에 '할렐루야 찬송이 저절로 나네'라는 후렴구가 붙어 있다. 이 곡은 1895년 '사사키 노부쓰나'라는 사람이 작사하고 '오쿠 요시이사'라는 사람이 작곡한 '용감한 수병'에서 따온 노래로, 청일전쟁 승리를 찬양하고 애국심을 고취하는 일본의 국민가요이다. 그 노래 8절에 나오는 '아직 그대롭니까 적함 정원(定遠)은/ 그 말 한 마디는 짧을지라도/ 황국을 생각하는 온 국민의/ 마음에 길이길이 쓰여지리라' 등의 가사는 중상을 당하고도 부함장을 찾아 적함이 격침됐는지를 묻고 바로 숨졌다는 어느 3등 수병(水兵)을 영웅화한 내용이다. 특별히 중앙대 창작음악과 노동은 교수는 문제의 노래가 청일전쟁 뒤 '데이치쿠 주식회사'가 소방청 음악대와 합창대의 노래로 녹음한 것이며, 1910년 대한제국 학부가 발행한 「보통교육창가집」에도 '권학가'란 제목으로 이와 동일한 악보가 실려 있다고 말했다. 이것 외에도 「새로운 복음성가」 제50장에 실려 있는 '허사가'도 마찬가지인데, 지금 설명한 '부럽지 않네'와 '허사가'는 여러 복음성가에도 나오지만 1950년, 54년, 61년, 69년, 71년에 재단법인 대한기독교서회(편집 겸 발행인 김춘배 찬송가합동위원회 대표)가 발행한 「찬송가」 제90장에 '예수의 생애'라는 제목으로 실려 있다. 또한 부흥회용 「복음성가」 제35장에 들어 있는 '신구약 성경 목록가(창세기, 출애굽기도 마찬가지이다. 이는 일제가 도쿄 신바시에서 요코하마 쪽으로 철도를 놓아 개통했을 때 지어 부른 4행 66절 노래 '철도창가—도카이도편'에서 곡을 따왔다. 이 '철도창가'의 곡은 「새로운 복음성가」 제88장의 '요일가'로 사용되었다.)'도 마찬가지다. 그뿐 아니라 '주님 고대가'도 일본 음계와 박자로 작곡한 것이다. 이러한 사실에 대하여 보다 자세한 설명과 악보 사진을 보고 또한 관련 음악들을 직접 들어 보려면 다음을 참고하라. http://www.hani.co.kr/arti/culture/music/241228.html(2007. 10. 21), 한승동, "성스러운 찬송가가 일제군가였다니…," 「한겨레신문」 (2007. 10. 8): 25면, 한승동, "교회 속 일제군가 그건 이렇습니다," 「한겨레신문」 (2007.10.22): 30면,

의 다른 찬양들(CCM)은 세속적 감각을 담은 세상 음률에서 따온 타락한 음악이므로 찬양이라고 할 수 없다고 주장한다면, 찬송가 558곡 중에 '콘트라팍투어'의 방법을 사용하여 만들어진 이 모든 찬양들은 어찌할 셈인가? 찬송가에 수록된 복음성가나 일제 군가는 거룩한 찬송이고, 그렇지 않은 오늘날의 CCM은 거룩하지 못하다는 기준을 어디서 찾을 수 있을까? 어떤 기준에서 그 모든 것들을 찬양이라 할 수 있으며, 반대로 찬양이 아니라고 할 수 있을까?

이렇게 물으면, 흔히 반박하기를 "이것은 찬송가와 복음성가를 구분하지 못한 무식(無識)한 결과이다!"라고 비난하는데, 필자는 과연 누가 더 무식한 것인지 묻고 싶다. 이러한 비난은 찬송가가 이미 과거에 불렸던 복음성가나 민요였음을 전혀 알지 못하는 무지(無知)에서 나오는 비난이며, 찬송가 형성 과정을 제대로 읽어 보지도 않은 상황에서 초래된 웃지 못할 오해이다. 그들에게 있어 과거의 모든 노래는 그 유래와 본질을 묻지 않고 오늘날 찬송가로 인정하면서 왜 현재의 CCM은 찬송가로 인정하지 않는지 그 이유가 불분명하다. 그래서 한일장신대학교 정장복 총장은 다음과 같이 말했다.

> 우리가 부른 찬송은 「찬양가」를 비롯하여 「협동찬송가」, 「복음가」, 「부흥성가」 등에 수록된 복음 찬송(Gospel Hymn)이나 부흥 성가 등이 주종을 이루고 있으며, 이제는 이것만이 기독교 예배에서 불러야 하는 정상적인 예배찬송의 전부로 아는 착각 속에 있습니다.[877]

이제는 이러한 착각에서 깨어날 필요가 있다. 더구나 21세기에 들어서서 한국 교회는 21세기에 맞는 '21세기형 찬송가'를 새로 만들었다. 물론 이러한 찬송가의 재편집은 미국 교회의 경우 이미 오래 전부

---

877 정장복, 「그것은 이것입니다」 (서울: 예배와 설교 아카데미, 1999), 67쪽.

터 실행해 오고 있는 일이었다.[878] 그렇다면 어디까지가 진정한 찬송가이고 어디까지가 찬송가가 아닌 복음성가란 말인가? 그 기준이 어디에 있는가? 그러므로 CCM의 문제에 대하여 보다 성숙한 자세를 가지기 위하여서는 기존의 찬송가를 인정함과 동시에 CCM 또한 문화적 상황에 따라 찬송으로 사용될 수 있음을 인정하는 포용성(flexibility)이 필요하다.[879] 그래서 문화 사역자 안환균 기자는 다음과 같이 말했다.

---

878 D. R. Stuckwisch, J. Blersch, J. Herl, "A Hymnal We Need: Three Perspectives," *Issues in Christian Education*, Vol. 37, No. 1(Spring 2003): 6~21.

879 초기 한국 교회는 정식 찬송가가 나오기 전까지 단편적으로 중국어의 발음만 따서 번역한 찬양을 일부 사용하였다. 이것은 한국 최초의 세례교인 중 한 사람인 백홍준의 딸 백관성이 그의 아버지가 '예수 사랑하심은'이라는 찬양을 '주 야소 아이 워'라는 중국 발음으로 찬양하는 것을 들었다는 증언과, 1888년 7월 "부녀자와 어린이들을 위한 주일학교에서의 조직을 보게 되었다."는 고대 문헌 기록에서 증명된다. 왜냐하면 주일 학교에서 찬양이 없을 리가 없기 때문이다. 한국 최초의 찬송가는 1892년 조지 존스(George Heber Jones)와 루이스 로드와일러(Louise C. Rothweiler)가 같이 만든 「찬미가」이다. 이것은 총 27곡의 번역 곡을 수록하고 있었고, 당지(唐紙)로 된 소형본으로 당시 감리 교단에서 사용하였다. 그러나 그것은 악보가 없는 찬송가였다. 따라서 실제로 사성부(四聲部)가 충실히 표기된 악보 형태로 출판된 최초의 찬송가는 1893년에 만들어진 「찬양가」로서 언더우드(H. Underwood) 선교사가 117곡의 찬양을 모아 그곳에 수록했다. 이것은 주로 남장로 교회에서 사용되었다. 그 이후 1895년 미국 감리파의 「찬미가」와 미국 북장로파의 「찬셩시」가 연속 발행되었고, 1908년에는 이 모든 찬송가들을 합친 「합동찬송가」가 출간되었는데, 이것은 장로 교회와 감리 교회가 함께 연합한 것으로 무려 262곡의 찬양이 수록되어 있었다. 이후 이 「합동찬송가」는 1928년에 장·감 연합공의회가 「신정찬송가」를 새로 발행하고, 동시에 이를 반대하는 장로 교회가 「신편찬송가」를 단독으로 만들어 서로 분열을 맛볼 때까지 근 20년 가까이 사용되었다. 1900년에 침례 교회에서 「복음찬미가」를, 1903년에 성공회에서 「성회성가」와 1904년에 「천도찬사」를 발행하였고, 1911년 성결 교회는 「복음가」를, 안식교는 「찬미가」를, 1912년 구세군은 「구세군가」를 발행했다. 이처럼 각 교단과 공동체는 8.15 광복을 맞을 때까지 자기 나름대로의 찬송가를 고집하고 또한 증보해 왔다. 해방 이후 1946년 장로교, 감리교, 성결교가 합동으로 새롭게 통일된 찬송가의 필요성을 느끼고 찬송가 합동전권위원회를 조성하여 1949년 「합동찬송가」를 발행하였다. 이것은 이후 「합동찬송가」의 단점과 문제점을 보완한 「개편찬송가」가 나오는 1967년 12월 15일까지 무려 20판을 거듭하며 폭넓게 사용되었다. 그러나 「합동찬송가」의 단점을 해결하려고 새롭게 증보된 「개편찬송가」는 한국전체교단의 호응을 얻지 못했다. 가사가 너무 어려웠으며, 너무 많이 바꾸어 놓았다. 그래서 여러 해 동안의 연구를 거쳐 1985년 새로운 찬송가집을 만들었으니 그것이 바로 최근까지 우리가 사용하고 있는 「통일찬송가」이다. 그 후 21세기에 들어선 오늘날 한국 교회는 새롭게 「21세기 찬송가」를 발행했다. 더 자세한 내용과 관

그동안 우리나라의 찬송가는 특히 거의 성경과 같은 권위를 가지고 '대접'받아 왔다. 찬송가는 원래 30년 정도의 주기로 개편되어야 하지만, 현행 찬송가는 100년을 넘게 초기 것과 동일한 내용을 담고 있다. …그동안의 찬송가 개편 작업 부진도 청소년들의 찬송가 외면 경향을 부추겨 온 주된 요인 가운데 하나로 꼽힌다. … 복음성가들을 이미 찬송가에 수용해 놓고도 새로운 것들을 받아들이는 데 인색했던 성향은 예배 음악의 종합적인 발전에는 줄곧 저해 요소가 되어 왔다. …복음성가에 대한 진지한 이해와 더불어 이런 꾸준하고 적극적인 찬송가 개편 노력이 병행되어야, 젊은이들에게도 새로운 찬양과 함께 고전적인 찬송가도 더 깊이 있게 부르도록 권유하고 계도해나가는 데 보다 설득력 있는 '유인책'을 확보하게 될 것이다.[880]

현재까지 우리 찬송가에 수록되어 있는 558곡의 모든 찬송들은 그야말로 귀한 찬송들이다. 그러나 그것이 이 세상에 존재한 유일한 찬송은 아니다. 실제적으로 오늘날 우리가 찬양으로 인정하는 찬송가나 클래식 성가들도 과거에 한때 예배 음악으로 인정되지 않은 때가 있었다.[881] 이 사례를 총신대학교 음악과 김대권 교수는 다음과 같이 설명했다.

바로크 시대의 대표적 교회 음악 작곡가인 바흐나 고전 시대의 하이든, 모짜르트, 베토벤의 미사 음악들 모두는 한결같이 정

련 사진은 다음을 참고하라. 李萬烈, 「韓國基督教文化運動史」(서울: 大韓基督教出版社, 1987), 345~362쪽, 문성모, "한국 찬송가의 역사,"「민족음악과 예배」(서울: 도서출판 한들, 1995), 93~103쪽. 이중태, 「韓國教會音樂史」〈改新教 篇〉(서울: 예찬사, 1992), 13~49쪽, 이유선, 「韓國洋樂百年史」(서울: 중앙대학교출판국, 1976), 34~37쪽.

880 안환균, 「르뽀, 기독문화가 위태롭다」(서울: 규장출판사, 1999), 187~8.

881 Robert E. Bornemann, "Worship, Liturgy, and Music," *The Lutheran Quarterly*, Vol. XI, No. 4(November 1959): 284.

작 예전(예배)인 미사에 사용될 수 없는 유례를 남기었다. …분명한 사실은 아무리 대표적인 음악가로서, 혹은 전형적인 교회 음악가로서의 지도력과 평판을 받았던 그들이었음에도 당시 교회에서 그들의 예배 음악은 완전히 거부되었다는 것이다. 수백 년이 지난 현재에 이르러서 CCM 또한 이와 같은 문제에 예외일 수 없다.[882]

찬송과 찬양에 대한 평가는 이처럼 달라질 수 있으며, 개편될 수 있고, 따라서 바뀔 수도 있다. 또 그렇게 되어야 한다.[883] 그러나 여기서 오해가 있어서는 안 된다. CCM을 변호하는 것은 기존의 찬송가를 부르지 말고 지금부터 오로지 CCM만 부르자는 뜻이 아니다. CCM을 사용하기 위해 기존의 찬송가를 완전히 폐기 처분하자는 것도 절대 아니다. 여기서 주장하고 있는 것은 기존의 찬송가는 기존의 찬송가대로 그 시기와 장소와 상황에 맞게 사용해 찬양하지만, 다만 그것만을 고집하지는 말자는 뜻이다. 기존의 찬송가도 정식 찬양으로 찬양하면서 CCM도 동일한 찬양의 일환으로 같이 찬양하자는 것이다. 미래 교회 연구가 이성희 목사(연동교회)가 21세기에는 전통과 현대의 조화를 이룬 찬양 사역이 필요함을 주장하면서 CCM을 통하여 나타나는 상호간의 차이는 신앙의 차이라기보다는 세대의 차이라고 설명한 이유도 바로 여기에 있다.[884] 바로 이것이 마틴 루터의 음악 사역에 나타난 '아디아포라적 포용성'을 실천하는 첫 걸음이다.[885]

---

882 김대권, "교회에 의한, 교회를 위한, 교회를 향한 섬김으로," 「월간 목회」 제354호(2006, 2): 112쪽.

883 Katherine B. Shippen & Anca Seidlova, *The Heritage of Music*(New York: The Viking Press, 1963), 285.

884 이성희, 「미래 목회 대예언」 (서울: 규장출판사, 1998), 225~33쪽.

885 Lowell S. Sorenson, *"Between Mandata and Damnabillia: An Exploration of the Meaning of Adiaphora for the Theology and Practice of the Lutheran Church,"*(M. Div. diss., Concordia Theological Seminary, 2004), 64~80.

　5) 기독교 음악 CCM과 기독교인을 위한 음악 CCM

　일찍이 미국 트리니트루터란신학교의 마크 알렌 포웰(Mark Allan Powell) 교수는 "세속적인 가수들은 우리에게 오락을 주지만, CCM 사역자들은 우리에게 오락과 함께 그 이상의 것을 준다."[886]고 말했다. 이것은 기독교인을 위한 오락을 말하고 있는 것이다. 그러므로 이제 우리는 '기독교 음악 CCM'과 '기독교인을 위한 음악 CCM'을 구분할 필요가 있다. 한 마디로 '기독교인을 위한 음악 CCM'은 기독교인의 오락과 여가 선용을 위한 CCM이다.

　흔히 '오락(entertainment)'이라 하면 일단 부정적인 선입관을 가지고 덤벼드는 때가 있다. 그러나 꼭 그렇지만은 않다. 왜냐하면 사람이란 누구에게나 삶의 활력소를 위한 자기 나름대로의 오락과 여가 선용이 있어야 하기 때문이다. 그리고 실제로 그것이 있다. 그것은 그 개인의 취미도 될 수 있고, 삶의 여유도 될 수 있다. 영화 감상이나 연극 관람, 콘서트 구경, 문학 작품 묵상, 미술 감상, 서커스 공연 등이 바로 그러한 것들이다. 그러므로 오락이라고 해서 다 타락한 것이 아니고 세속적인 것이 아니다. 오락이란 누구에게나 필요한 삶의 한 일부분이다. 오락! 이것도 역시 하나님의 선물인 것이다. 바로 기독교인을 위한 기독교적 오락인 것이다.[887]

　여기에 당연히 음악도 예외일 수 없다. 이러한 측면에서 CCM은 기독교인의 여가 선용을 위한 건전한 오락으로 선용(善用)될 수 있다. 이때의 CCM은 바로 '기독교 음악 CCM'이라기보다는, '기독교인들을 위한 CCM'이 되는 것이다. 그러므로 이제부터라도 생각을 한 번 바꾸어 보자. CCM을 기독교인들을 위한, 즉 기독교인들의 오락과 삶의 여가 선용을 위한 음악으로 한 번 생각해 보자. 그렇게 하면 새로운 세상이 보인다.

886　Mark Allan Powell, "Why Should the Fundies Have All the Good Music?," *Trinity Seminary Review*, Vol. 18, No. 1(Summer 1996): 33.
887　Anthony B. Robinson, "Learning from Willow Creek Church," *The Christian Century*(Jaunary 23, 1991): 69.

이러한 관점의 변화에 대하여 CCM 연구가 피터스(Steve Peters)와 리틀톤(Mark Littleton)은 '세속적인 락 음악을 선용하기 위한 기독교적 대안은 바로 CCM'[888]임을 강조하며 다음과 말했다.

> 우리는 그동안 세속적 음악 형태를 무척 두려워했다. 그러나 대안책(alternative)이라는 것이 무엇인가? 우리는 꼭 성스럽고 거룩한 찬양만 골라서 들어야만 하는가? 우리가 흔히 말하는 소위 락앤롤(rock 'n' roll)이라는 음악도 기독교 음악의 한 분야로 인정될 수 있는 여지가 있는가? 나는 얼마든지 있다고 생각한다. … 당신은 아마 락 음악은 그저 단순한 오락일 뿐이라고 반박할지 모른다. 그러나 그 락 음악의 가사 내용과 목적을 살펴보면 당신의 생각은 바뀔 것이다.[889]

CCM 연구가 존 스틸(John Styll)도 아래와 같이 말했다.

> CCM은 복음 전파의 도구로서 뿐만 아니라 기독교인들을 위한 오락으로서도 충분히 그 가치를 지니고 있다. 다시 말하자면 CCM의 문제는 그러한 충돌과 의견 차이의 벽을 넘어서는 문제이다. 더 이상 둘 사이에 충돌이 있을 필요가 없다.[890]

작곡가 잭 위튼(Jack Wheaton) 또한 요즘 다량으로 쏟아지는 CCM은 콘서트나 기독교 음반 또는 MTV와 AM, FM 라디오 같은 매개체를 통해 기독교인의 오락으로 사용되기에는 좋은 것이라 했다.[891]

---

888 Steve Peters and Mark Littleton, *Truth about Rock: Shattering the Myth of Harmless Music*(Minneapolis. Minnesota: Bethany House Publishers, 1998), 94.
889 Ibid., 92~93.
890 John Styll, "What Makes Music Christian," *CCM Magazine.com*, 6
891 Jack Wheaton, *Crisis in Christian Music*(Oklahoma City, OK: Hearthstone Publishing, 2000), 20.

이 말은 이제 CCM을 즐기는 것이 단순한 세속적 오락 중독이 아님을 뜻하고 있다. 오히려 더러운 세속 문화가 판을 치는 이 세대에 기독교인만을 위한 새로운 대안으로서의 CCM을 말하고 있다. 한국의 CCM 연구가 양동복 프로듀서 또한 CCM의 선교적 기능과 오락적 기능을 건설적인 조화를 언급하면서 다음과 같이 말했다.

> 그렇다면 기독교적인 오락은 있을까? '기독교적 오락'이란 말에 거부감이 든다면 오락을 대중문화로 바꿔 보자. '기독교인 대중문화'가 있을까? …그 대답은 "그렇다."라고 해도 좋을 것이다. …크리스천에게 있어서도 오락적인 요소가 삶에 필요한 것은 분명하다. …물론 오락적인 요소만을 너무 강조하면 안 되겠지만, 적절한 균형이 이루어질 만큼 분별력을 키워낸다면 크리스천 음악도 좋은 오락으로 작용할 수 있다.[892]

> 이러한 점을 염두에 두고 우리가 세상을 살아가는 데 반드시 필요한 '오락적인 요소'를 비기독교인으로부터 얻어야 할지 아니면 기독교인으로부터 얻어야 할지를 생각해야 한다. 오락의 원천이 세상과 그 체계이어야 하는가, 아니면 기독교적 가치 체계를 가지고 있는 크리스천들이어야 하는가? CCM은 크리스천들에게 중요한 오락을 제공하고 있다. CCM이 생겨나기 이전의 크리스천들은 오락적인 기능을 세속 음악에서 찾을 수밖에 없었다.[893]

이러한 그의 주장은 "CCM을 오로지 예배 음악과 교회를 유지하기 위해 쓰이게 된다면 나는 그것에 동의하지 못한다."[894]고 선언한 CCM

892　양동복, 「새로운 대중음악 CCM」 (서울: 예영커뮤니케이션, 2000), 398쪽.
893　위의 책, 399쪽.
894　Charlie Peacock, *At the Crossroads: An Insider's Look at the Past, Present, and Future of Contemporary Christian Music*(Nashville: Broadman and Holman Publishers, 1999), 97.

전문가 찰리 피콕(Charlie Peacock)의 말과 일맥상통(一脈相通)한
다. 그러므로 이제 우리는 CCM을 기독교인을 위한 건전한 오락의 한
부분으로 간주하고 그 즐거움과 그 혜택을 마음껏 누리는 폭넓은 시
각이 필요하다. 한마디로 이제는 우리가 CCM을 우리 삶의 여가 선
용의 한 부분으로 선용하자는 것이다.

　"많은 사람들이 세속적인 락앤롤 음악은 들으면서 이상하게도 기
독교 락앤롤은 듣지 않는다."[895]고 탄식한 마크 알렌 포웰 교수의 말
처럼, 우리는 그동안 항상 CCM을 너무 괴롭혀 왔다. 우리는 항상
CCM을 논쟁의 뒷골목에 몰아 세웠다. 그리고 그것을 기독교 음악,
예배 음악, 또는 교회 음악이라는 기둥 위에 매달아 놓고 교회의 전
통이라는 묵직한 몽둥이로 매섭게 내려치곤 했다. 이제 이러한 고문
은 그만두자. CCM도 해방의 날을 맞이할 때가 되었다. 이제 사탄의
음악이라는 억울한 누명을 벗기고 21세기 기독교인들을 위한 건전한
오락의 한 부분으로 새로운 자유를 허락할 때가 된 것이다.

　6) 요약

　이제 결론을 맺으려 한다. 우선 "CCM도 찬양입니까?"라는 이 질
문에 대한 답을 찾기 위해서는 그 질문 자체부터 바꾸어야 한다. 즉
"CCM이 나의 문화적 상황과 입장에 비추어 볼 때 찬양이라고 할 수
있습니까?"라는 질문으로 바뀌어야 한다. 그리고 그 질문에 대한 해
답은 CCM자체에 있기보다는 "CCM과 개인적으로 만나는 그 사람의
문화적 배경과 상황에 따라 다르다"라고 답해야 할 것이다. 왜냐하면
"CCM이 찬양이냐 아니냐?" 하는 질문에 대한 답은 CCM이라는 그
음악 본질에 있는 것이 아니라 그 음악과 관계된 사람의 문화적 배경
과 상황에 바탕을 둔 그들의 신앙고백에 달려 있기 때문이다. 그러므
로 교회의 여러 행사와 예배 때에 CCM을 사용하는 것을 CCM을 사

895　Mark Allan Powell, "Why Should the Fundies Have All the Good
Music?," *Trinity Seminary Review*, 29.

용하는 그들의 문화적 상황에 맞추어 일어나는 일반적인 현상으로 이해하고 좀 더 넓은 포용성과 융통성을 가질 필요가 있다. 그리고 이제는 기독교인을 위한 CCM으로 우리의 시각을 넓혀야 한다. 그러기 위해서는 먼저 우리가 이전에 가지고 있던 CCM에 대한 잘못된 고정관념을 깨고, 위에서 서술한 바와 같이 CCM을 새로운 관점에서 다시금 재조명해야만 할 것이다.

(3) 진정한 CCM의 다섯 가지 조건

오늘날 수많은 CCM 사역자들이 전 세계를 무대로 활동하고 있고 동시에 그들의 음악이 교회 안에서 한창 유행하고 있다. 그러나 CCM이라고 해서 모두 다 같은 CCM이 될 수는 없다. 따라서 CCM이라고 해서 다 받아들여서도 안 되며, 그 반대로 CCM이라고 해서 또 모두 다 반대해서도 안 된다. 어쨌든 21세기 현재의 상황은 CCM을 버릴 수는 없는 상황이다. 그러므로 올바른 CCM을 옥석구분(玉石俱焚)하는 기준을 찾아야 할 때이다.[896]

특별히 미국의 트리니티루터란신학교의 신약학 교수이자 CCM 연구가인 마크 알렌 포웰(Mark Allen Powell)은 진정한 CCM을 선별하기 위한 조건을 다음과 같이 제시했다.

> "어떻게 어느 한 음악이 기독교적인지 아닌지 판단할 수 있을까?"하는 질문에 대한 대답은 매우 어려운 것이다. …첫 번째는 그 내용(content)을 보고 판단하는 것이다. …두 번째는 작곡자와 사역자(artist-or author-defined)를 보고 판단하는 것이다.[897]

---

896 양동복, "아직도 혼동하고 있습니까?," 「CCM Look」 (1999. 3, 4): 53쪽.
897 Mark Allan. Powell, *Encyclopedia of Contemporary Christian Music.* (Peabody, Massachusetts: Hendrickson Publishers, Inc, 2002), 12~13.

CCM 연구가 스티브 피터스 또한 다음과 같이 나름대로 네 가지 선별 조건(four fatal flaws)을 제시했다. ① CCM 가사 내용이 어떠한가?(lyrics) ② CCM 사역자의 삶과 모습이 다른 사람들에게 모범이 되는가?(lifestyles) ③ CCM 사역자가 추구하는 최종 목적이 무엇인가?(goals) ④ CCM 사역자들의 앨범 재킷에 그림이나 사진이 어떠한가?(graphics)[898]

또 다른 CCM 연구가 로웰 하트(Lowell Hart)도 총 여섯 가지 선별 기준을 제시하였다. ① 가사 내용이 교리적으로 올바른가? ② 전하는 메시지가 확실한가? ③ 음악 형태가 가사 내용과 잘 어울리는가? ④ 하나님 중심의 음악인가, 인간 중심의 음악인가? ⑤ 전하는 메시지에 중점을 둔 음악인가, 보여 주기 위한 공연용 음악인가? ⑥ 나중에 교정할 가능성이 있는 음악인가?[899]

이러한 주장과 제안에 기초하여, 필자는 CCM이 진정한 찬양으로서 자리 매김을 할 수 있는 필요 충분 조건을 '신앙고백'이라는 초점에 맞추어 모두 다섯 가지로 살펴보고자 한다. 이것은 다시 말하자면, 진정한 CCM을 구분하기 위한 다섯 가지 조건을 뜻한다. 물론 필자 나름대로의 주장이기에 무조건 따라 올 필요는 없으나 참고할 여지는 있다고 본다.[900]

1) 만드는 사람이 기독교인이어야 한다

이것은 진정한 CCM을 구분하기 위한 가장 기초적이며 근본적인

---

898 Steve Peters and Mark Littleton, *Truth about Rock: Shattering the Myth of Harmless Music*, 94~95, Dan Peters & Steve Peters, *Why Knock Rock*(Minneapolis, Minnesota: Bethany House Publishers, 1984), 59~152, 217, Dan Peters, Steve Peters & Cher Merrill, *What About Christian Rock?*(Minneapolis, Minnesota: Bethany House Publishers, 1986), 63~170.

899 Lowell Hart, *Satan's Music Exposed*, 142.

900 이것은 김철웅, "진정한 CCM이란 무엇인가?,"「基督公報」. 제2557호 (2006. 5): 26쪽, 김철웅, "진정한 CCM의 다섯 가지 조건,"「*The Korean Christian Herald*」(2007. 5. 15), 16면의 내용을 각각 수정 발전시킨 것임.

조건이다. 두말할 나위 없이 CCM은 기독교인에 의하여 작곡되고 만들어져야 한다(composer and producer). 비(非)기독교인이 작곡하고 만든 곡은 찬양이 될 수 없다. 왜냐하면 당연히 비기독교인이 만든 음악 속에 진정한 하나님을 향한 신앙고백이 담겨 있을 리가 없기 때문이다. 그러므로 하나님을 찬양하는 CCM은 기독교인이 만들어야 한다. 그러나 예외는 있다. 비기독교인이 작곡하고 만든 곡을 기독교인이 선용하여 사용할 때에는 그것은 찬양이 될 수 있다. 이전에 언급했듯이 '콘트라팍투어의 기법'이 바로 이러한 기법이다. 이 기법 속에서는 비기독교인이 작곡하고 만든 곡이라도, 그 곡을 기독교인이 하나님의 영광을 위하여 새롭게 선용할 경우 찬양이 될 수 있다. 하지만 신앙고백의 경험이 없는 비기독교인이 하나님께 영광을 돌리겠다는 목적으로 CCM을 만든다면, 그것은 거짓말 하는 것이다. 하나님을 믿지 않는 사람이 어떻게 하나님께 영광을 돌리는 진정한 찬양을 만들 수 있겠는가? 하지만 하나님을 믿는 사람이 하나님께 영광을 돌리기 위하여 비기독교인의 음악을 사용할 때에는 그것이 CCM이 될 수 있는 것이다. 이 차이점을 잘 구분해야 할 것이다.

2) 부르고 연주하는 사람이 기독교인이어야 한다.
헤롤드 베스트(Harold M. Best)는 다음과 같이 말했다.

기독교 음악인은 성경적인 하나님 중심의 세계관 속에서 살고 봉사할 책임이 있다. 그렇게 함으로써 그는 그가 할 수 있는 최상의 삶을 하나님께 드리는 것이다. 그래서 그는 음악을 통하여 하나님을 증거하고 그의 재능을 바쳐서 하나님께 봉사하는 것이다.[901]

이 말은 기독 음악인이 가져야 하는 특별한 사명감과 책임을 말하

---

901 Harold M. Best, "There is More to Redemption Than Meets the Ear," *Christianity Today*, Vol. 26(July, 1974): 15.

는 것이다. 그러므로 진정한 찬양은 신앙고백이 있는 기독교인만의 것이며, 신앙고백이 있는 기독교인으로부터 나오는 것이다. 다른 곳으로는 나올 수 없다. 그러므로 아무리 기독교인이 만든 음악이라 할지라도 그 음악을 부르는 사람과 연주하는 사람이 비기독교인인 경우 그 음악은 진정한 CCM으로 볼 수 없다. 왜냐하면 부르는 사람과 연주인에게 진정한 신앙고백이 없기 때문이다.

한번 예를 들어 보자. 'You raise me up'이라는 곡은 원래 유럽의 민요(folk song)로서 2000년에 발매된 'Secret Garden'의 4집 앨범인 'Once In A Red Moon'에 수록된 곡이다. 이것은 훗날 조시 그로반(Josh Groban), 웨스트라이프(Westlife), 켈틱워먼(Celtic Woman) 등이 리메이크(re-making)해서 다시 불렀고, 케니(Kenny)도 자신의 섹소폰으로 연주했으며, 심지어는 한국의 CCM 사역자 장윤정 씨도 '나의 영혼 연약하여 지치고'라는 곡으로 번역하여 불렀다. 2006년 월드컵 때에도 KTF 광고 음악으로 사용되었으며, '1번가의 기적'이라는 영화에도 주제 음악으로 사용되었다. 노래는 하나인데, 그 노래를 부른 사람과 악기는 천차만별(千差萬別)이다. 이러한 상황에서 제기 되는 문제는 크게 두 가지이다. 이 곡의 가사에 나오는 'You'가 바로 누구인가 하는 문제이며, 이 곡이 비기독교인들, 심지어 뉴에이지 신봉자들이 불렀다는 점이다. 그래서 이러한 사실을 아는 몇몇 사람들 가운데 이 곡을 찬양으로 불러도 괜찮은 것인지, 정말 이 곡도 찬양이 될 수 있는지 묻고 있다.

이 질문은 한용운의 '님의 침묵'이라는 시(時)에서 말하는 '님'은 누구인가라는 질문과 똑같다. 이것은 그 노래를 부르는 사람의 입장에 따라 각기 달라진다. 일단 이 노래를 절간의 중이 불렀다면 석가일 것이고, 사랑하는 사람이 불렀다면 애인일 것이고, 부부가 불렀다면 배우자일 것이고, 이슬람 교인이 불렀다면 알라일 것이며, 뉴에이지 신봉자가 불렀다면 그 어딘가에 있는 허상일 것이며, 기독교인이 불렀다면 그것은 성(聖) 삼위일체 하나님이시다. 다시 말하자면 곡

자체의 문제라기보다는 누가 어떠한 상황에서 어떠한 신앙고백을 가지고 그 노래를 왜 불렀으며, 어디서 불렀느냐가 문제이다. 일단 그 음악을 누가 어떠한 마음으로 불렀느냐를 봐야 한다. 물론 그 음악을 들을 때 기독교인이 부른 것으로 들어야 한다. 개인적으로 신앙고백이 없는 사람이 부른 것은 듣지 말아야 한다. 왜냐하면 그것은 찬양이 아니기 때문이다. 그러나 CCM사역자 장윤정 씨가 부른 노래를 들을 수 있다. 왜냐하면 장윤정 씨는 기독교인으로 자신의 신앙고백을 담아 그 노래를 찬양으로 불렀기 때문이다.

그러나 슬프게도 한국 CCM의 현실은 그렇지 못하다. 특별히 CCM 연주인의 실제 상황은 비관적이다. 실제적으로 CCM 음반 제작에 참여하는 대부분의 연주인들은 비기독교인인 경우가 많다. 이러한 문제를 CCM 사역자들과 이야기해 보면 또 그럴 만한 이유도 있다. 실력 있는 기독교 연주인들이 없다는 것이다. 그래서 궁여지책(窮餘之策)으로 비기독교인 연주인을 구한다는 것이다. 여기에 전문적인 CCM 연주인들과 기능인들의 발굴과 교육이 시급한 이유가 있다. 물론 연주 실력도 중요하지만, 그 안에 들어 있어야 하는 신앙고백은 더욱더 중요한 것이다. 앞으로 이런 문제가 빨리 개선되어 진정한 찬양이 진정한 기독교인에 의해 불려지고 연주되기를 간절히 소망한다.

3) CCM의 내용이 기독교적이어야 한다

기독교인에 의하여 만들어졌으며, 가수와 연주인이 기독교인이라 할지라도 그 가사의 내용이 비기독교적인 것은 진정한 CCM이 될 수 없다. 그 내용에 신앙고백이 담긴 메시지가 있어야 그것이 진정한 CCM이 될 수 있다. 찬양의 목적은 어디까지나 하나님께 영광을 돌리며 하나님께 기쁨이 되는 것이다. 찬양은 여러 가지 형태로 표현되어지는데 입술로 노래하고 몸으로 노래하고 문학과 미술로 노래할 수 있는 종합적인 예술 형태로 나타날 수 있다. 어떤 형태로든지 찬양이 하나님께 영광과 기쁨이 된다면 그것은 드려져야 한다.

중요한 것은 표현 속의 내용이다. 표현되는 내용에 따라서 드리는 자와 받는 자가 달라지기 때문인데 찬양 속의 가사 내용이 중요한 것은 이 때문이다. 특별히 미셀 에딘뮬러(M. E. Eidenmuller) 교수의 연구 결과에 의하면 기독교 신앙을 가지고 있는 사람들이 그렇지 않은 사람들보다 어떤 특정한 노래를 들을 때, 더욱더 그 노래의 가사 내용에 매우 신중한 관심을 가지고 듣는다고 한다.[902] 그러므로 신앙인이 부르는 찬양의 중심 속에는 그 찬양 가사를 통한 말씀에 근거한 선포와 고백이 있을 수 있어야 한다. 시편을 비롯하여 성경에는 수많은 선포와 고백들이 증거되고 있다. 찬양의 초점은 하나님께 맞춰져야 하며, 말씀에 근거한 내용에는 예수님의 고난, 보혈의 피, 구원의 감격, 회개가 있어야 한다.

그러나 비성경적인 음악들은 이러한 말씀에 근거한 선포와 고백을 필요로 하지 않고 있으며 오히려 자신들의 삶에 대한 고백과 이야기들로 그 내용을 대체한다. 이것은 찬양을 받으시는 하나님의 입장과는 상당한 차이가 있는 것이다. 물론 찬양에는 수직적 찬양과 수평적 찬양이 모두 존재함을 인정한다. 그러나 균형을 상실한 수평적 찬양은 나라고 하는 자신에 대한 존재를 드러내며 자신의 입장만을 강하게 주장하는 인본주의적 체험과 고백을 강조할 우려를 내포한다. 그것은 결과적으로 하나님을 찬양하지 않는 것이다. 오히려 이러한 성경에 근거하지 않는 음악들은 자신의 존재를 드러내며 사람을 위한 찬양이 되고 말 것이다.

4) 복음적 영향력이 나타나야 한다

진정한 CCM은 일단 영향력이 나타나야 한다. 그것도 나쁜 영향력이 아닌 좋은 복음적 영향력이 나타나야 한다. 이 부분에 대하여 예

902　Michael E. Eidenmuller, "Contemporary Religious Music Preference and Audience Orientation: Do the Lyrics Really Matter?," *The Journal of Communication and Religion*, Vol. 19, No. 2(September 1996): 37~46.

능교회 조건회 목사는 다음과 같이 주장했다.

> 문제는 신세대를 주요 대상으로 한 새로운 복음적 대중음악으로서의 CCM에 대한 가치 평가는 그 음악이 얼마나 경건의 능력을 유지하고 있느냐에 따라 판단되어져야 한다고 본다. 따라서 오늘날 찬양 예배에 유입되는 CCM의 음악을 경건의 능력과 함께 수용할 수 있어야 한다.[903]

이 말을 풀어서 다시 설명하면, 기독교인에 의하여 만들어지고 가수와 연주인이 기독교인이며 그 내용도 기독교적이라 할지라도, 그것이 진정한 복음의 영향력이 나타나는 데까지 나아가야 올바른 CCM의 역할을 할 수 있다는 뜻이다. 그 음악을 통하여 많은 사람이 은혜를 받고 하나님의 진정한 사랑을 깨달아 예수 그리스도를 나의 구주로 신앙고백하는 복음적 영향력이 나타나야만 한다.

5) CCM의 최종적 목표가 하나님의 영광이어야 한다

하나님께서는 사도 바울의 글을 통하여 "먹든지 마시든지 무엇을 하든지 다 하나님의 영광을 위하여 하라."고 했다. CCM도 마찬가지이다. 결국 하나님의 영광을 가리는 것은 CCM이 될 수가 없다. 개인적인 유명세나 사업적인 목적에 의한 CCM은 진정한 신앙고백이 담긴 CCM으로 보기 어렵다. 궁극적인 신앙고백의 목표가 하나님의 영광에 있어야만 하는 것이다. 시종일관(始終一貫) 수미일관(首尾一貫) CCM의 최종 목적은 하나님의 영광이다.

결론적으로 위의 다섯 가지 조건을 갖춘 CCM을 한 문장으로 정의하자면 다음과 같다. '하나님의 영광을 통한 복음 전파를 목적으로 기독교인에 의하여 만들어지고 불려지며 연주되어지는 기독교적 메

---

903 조건회, "한국 교회 찬양 예배의 현주소와 전망," 대한예수교장로회총회 사업부 편, 「21세기의 도전과 문화선교」 (서울: 한국장로교출판사, 2000), 197쪽.

시지와 신앙고백이 담긴 음악'. 오늘날의 CCM이 진정한 찬양으로 자리 매김을 하기 위해서는 위의 다섯 가지 조건이 갖추어지는 음악이어야 할 것이다.

맺음말

이제 필자는 「추적! 마틴 루터도 CCM 사역자였는가?」라는 제목의 책을 마무리하고자 한다. 이 시점에서 필자는 한 번 묻고 싶다. "과연 한국의 CCM 사역이 앞으로 어떻게 될 것인가?" 일찍이 CCM 연구가 양동복 프로듀서는 한국 CCM의 어두운 현실과 밝은 미래의 소망을 다음과 같이 표현했었다.

> 한국적 CCM은 무엇인가? 한국의 CCM이 나아가야 할 방향은 무엇인가? …아직도 한국 CCM의 앞길은 험난하다. CCM계의 영적 지도자가 드물고 CCM 음악인 자체의 자원과 역량 또한 부족하다. …이 때문에 한국의 CCM계를 힘겹게 이끌어 오던 이들도 좌절에 빠지는 일이 허다했다. …이러한 여러 가지 어려움에도 불구하고 한국의 CCM은 계속 성장할 것으로 보인다.[904]

이 표현 속에는 한국의 CCM 사역을 바라보는 우리의 불안과 기

---

904 양동복, 「새로운 대중음악 CCM」(서울: 예영커뮤니케이션, 2002), 627~8쪽.

대, 어두움과 밝음, 좌절과 소망, 그림자와 햇빛이 함께 들어 있다. 과연 앞으로 한국의 CCM 사역은 어떻게 될 것인가? 그리고 우리는 어떻게 사역해야 할까?

필자는 이러한 불안한 질문에 최소한의 답을 주기 위하여 여기까지 추적해 왔다. 이미 앞에서 선언했듯이 이 책의 목적은 21세기의 CCM을 16세기 마틴 루터의 관점에서 재해석하여 오늘날의 한국의 CCM 사역이 앞으로 나아가야 할 길을 제시해 주는 데 있었다. 이 목적을 달성하기 위해 제시한 질문이 바로 "마틴 루터도 CCM 사역자였는가?"라는 질문이었고, 그 질문의 대답은 "오늘날 21세기의 관점에서 그렇게 볼 수 있다!"이다. 이제 이 추적의 결과가 독자들에게 얼마나 많은 도움이 되었는지 건전한 평가를 받고 싶다.

실제로 마틴 루터는 신학자이자 음악가였으며, 특별히 16세기의 종교 개혁을 이끈 교회 음악가였다. 그는 '만인제사장설'과 '아디아포라와 디아포라'라는 두 가지 신학에 입각하여 '코랄'과 같은 음악을 창조한 그 시대의 CCM 사역자였다. 그는 이 사역을 통하여 회중 찬송을 부활시켰고, 잃어버린 평신도 찬양을 되살렸다. 한마디로 말해, '만인제사장설'→'만인찬양자설'→'찬양의 대중화와 보편화'→'코랄'→'회중 찬송의 회복'→'찬송의 개혁'→'예배의 개혁'이라는 연속성 속에서 마틴 루터는 침체된 16세기 찬양 사역에 새로운 성령의 불을 지폈으며, 더 나아가 21세기 CCM 사역에 바람직한 역사적 선례와 신학적 이론을 제시한 것이다.

이 이론에 근거하여 마틴 루터는 찬양함에 있어 카톨릭 교회에서 사용해 오던 기존의 어려운 라틴어를 가사를 쓰지 않고 모국어(母國語)인 독일어를 사용하여 찬양하도록 했다. 이 찬양은 모든 평신도들이 쉽게 이해하고 따라 부를 수 있는 독일 민요(folk music)를 '콘트라팍투어'한 것으로 예배 시간에 다 함께 회중 찬송으로 부르게 되어 있었다. 다시 말하자면 루터는 일반 대중들이 이해하기 힘든 라틴어 찬양을 철폐시키고 일반인들이 다 쉽게 이해할 수 있는 자국어(自

國語)로 찬양을 만들어 예배 시간에 다 같이 부르게 했다는 것이다. 두말할 나위 없이 이러한 '교회 음악의 대중화'는 이미 살펴본 대로 다분히 마틴 루터 예배 개혁의 기초였다.

16세기 때와 마찬가지로 21세기 한국 교회는 개혁을 부르짖고 있다. 개혁이란 새로운 어떤 것은 창조해 내는 것이라기보다는, 원래 있던 것을 다시금 회복시키는 것이다. 16세기 CCM 사역자 마틴 루터가 코랄을 통한 회중 찬양으로 개혁의 부름에 응답했다면, 21세기의 CCM 사역자들인 우리도 동일한 찬양의 회복을 통해 오늘날 개혁의 부름에 응답해야 할 것이다. 그 중심에 CCM이 있다. 우리는 CCM을 통한 '2E'의 현상이 진정 하나님이 원하시는 '2E'로 거듭날 수 있도록, 더욱더 성숙된 '2E'가 될 수 있도록 잘 인도해야 할 것이다.

이러한 시대적 상황에 비추어 필자는 "마틴 루터도 CCM 사역자였는가?"라는 질문을 했으며, 이제 그 질문에 대한 해답으로 다음과 같이 결론짓는다.

> 마틴 루터는 섬세한 주의력과 자유로움을 동시에 겸비한 16세기 CCM 사역자였으며, 세속 형태의 음악을 회중 찬양(만인제사장설)에 적용함에 있어 '진정한 자유(아디아포라)'와 그에 따른 '철저한 책임(디아포라)'의 역설적 통합을 잘 이루어낸 개혁자였다.

아무쪼록 이러한 마틴 루터의 모습과 신학이 오늘날 21세기를 위한 좋은 역사적 모델이 되기 바라며 동시에 이것이 찬양을 통한 신앙 회복과 하나님의 영광을 드러내는데 많은 도움을 줄 수 있기를 간절히 기도한다.

모든 영광을 하나님께(Soli Deo Gloria)!!

부록

사도 바울의 관점에서 바라본 CCM[905]

바울은 마틴 루터보다 더 중요한 인물이다. 왜냐하면 마틴 루터가 그를 통해 영향을 받았으며 우리도 그를 통하여 예수 그리스도의 가르침과 계시를 직접 듣고 있기 때문이다.[906] 그래서 이제까지 바울에 대한 연구는 매우 활발했고 앞으로도 더욱 그럴 것이다. 바울 연구

---

905 이것은 김철웅, "사도 바울의 찬양론," 「월간 신앙세계」 통권 468호(2007. 7): 48~50쪽의 내용을 새롭게 증보하여 발전시킨 것임.

906 이러한 바울의 영향력 때문에 혹자(或者)는 바울을 기독교의 또 다른 '창시자(founder)'라고 인정하는 사람들도 있다. 즉 바울이 자신의 새로운 종교적 사상을 전파하기 위해 오히려 예수님을 사용했다는 해석이다. 그러나 이러한 주장은 그 만큼 바울의 영향력이 컸다는 것을 증거 하기 위한 일종의 '위험한 신학적 장난(dangerous theological entertainment)'이지 결코 성경이 증거하고 있는 바가 아니다. 물론 바울의 신학은 독창적이었다. 그러나 그의 독창적인 신학은 어디까지나 예수님의 생애와 가르침에 기준해 있다. 이 부분에 대한 올바른 분석에 대하여서는 다음을 참고하라. Wendham, David. *Paul: Follower of Jesus or Founder of Christianity?* Grand Rapid, Michigan: Wm. B. Eerdmans Publishing Company, 1995. A. N. Wilson, *Paul: The Mind of the Apostle*(New York: W. W. Norton & Company, 1997), 18.

에 있어 신학자는 물론이고, 목회자, 평신도, 심지어는 비(非)기독교
인까지도 바울에 대한 연구 서적을 출판할 정도이다. 물론 이 부분
에 있어 필자도 예외는 아니었다.[907]

특별히 바울에 대한 연구는 그의 1세 개 편지들을 중심으로 이
루어져 왔는데, 그 이유는 그가 남긴 1세 개 편지들이 바울과 직접
적으로 대화할 수 있는 가장 확실한 역사적 사료(史料)이자 신약 성
경의 대부분을 차지하고 있는 보고(寶庫)이기 때문이다.[908] 물론 바
울의 1세 개 서신을 묵상하는 방법도 '성경에 수록된 순서대로의 묵
상 방법(meditating in listing)'과 '기록된 순서대로의 묵상 방법
(meditating in chronicle)' 등 매우 다양하다. 그 묵상을 통하여 바
울의 신론, 기독론, 성령론, 종말론, 교회론, 인간론, 예배론, 선교론
등의 신학적 연구가 매우 활발하게 진행되어 왔다.[909]

그러나 바울의 찬양 신학이나 음악 신학에 대한 연구는 어떠한가?
이상하게도 정작 바울의 찬양 신학이나 음악 신학에 대한 연구는 거

---

907 필자 또한 바울을 연구하면서 한 권의 신앙 서적을 출판한 적이 있었다.
책 제목은 「추적! 사도 바울의 16년」 이었다. 이것은 바울이 쓴 1세 개의 편지
(서신서)를 그것이 '쓰여진 순서대로' 묵상함으로써 그 과정 속에서 보이는 바울
의 영적 성장 과정을 추적한 것이다. 물론 이것은 성경에 수록된 순서대로 읽던
기존의 묵상법과는 다른 방식이었다. 비록 많은 논란이 있기는 하지만, 일반적
으로 성경에 기록된 바울의 편지 중 가장 최초의 것이 50년경에 쓰여진 "데살로
니가전서" 또는 "갈라디아서"이고 제일 마지막에 쓰여진 것이 65~66년경에 쓴
'디모데후서'라 한다. 따라서 '최초의 편지'인 "데살로니가전서", "갈라디아서"와
'최후의 편지'인 "디모데후서" 사이에 놓인 세월은 거의 16년간의 긴 세월이다.
그렇다면 하나님께서는 이 16년이라는 긴 세월동안 바울의 신앙을 어떻게 성숙
시키시고 진보시키셨을까? 그 해답은 바로 바울의 친서인 1세 개 서신서(편지)
속에 들어 있었다. 그 해답을 찾기 위해 필자는 바울의 1세 개 편지를 그것이
'쓰여진 순서대로' 묵상했었다. 이 과정에서 필자는 특별히 바울의 신앙성숙 과
정을 총 네 가지 주제(자기 정체성, 타인을 향한 태도, 감사의 태도, 삶의 만족)
에 맞추어 추적해 보았다. 그리고 그 추적의 결과를 오늘날 우리들 신앙 성숙의
모범으로 제시했었다. 참고하라. 김철웅. 「추적! 사도 바울의 16년」. 서울: 쿰란
출판사, 2007.
908 F. F. Bruce, *Paul: Apostle of the Heart Set Free*(Grand Rapids,
Michigan: Wm. B. Eerdmans Publishing Co., 1998), 16
909 김철웅, "2008년! 1세 개 바울 서신 통독법의 새 방향," 「월간 신앙세계」
통권 474호(2008, 1): 47~49면.

의 없었다. 설사 간혹 있다 해도, 그것은 바울의 예배 신학을 언급하면서 잠깐 소개하고 지나가는 정도였다. 그래서 바울은 음악이나 찬양과 전혀 상관 없는 사람으로 여겨져 왔다. 하지만 바울의 찬양 신학과 음악 신학도 우리가 꼭 짚고 넘어가야 할 중요한 주제 중 하나이다. 왜냐하면 21세기의 교회 흐름이 그것을 요구하고 있으며, 하나님께서는 바울의 1세 개 편지를 통하여 자신의 찬양 신학을 계시하셨기 때문이고, 또한 우리가 앞에서 이제까지 추적했던 마틴 루터의 음악 신학도 실제로는 사도 바울에게 빚진 바가 크기 때문이다.

따라서 바울의 찬양 신학과 음악 신학에 대해 한 번 더 고찰한다는 것은 우리가 이제까지 살펴본 16세기 마틴 루터의 음악 신학과 21세기 CCM을 성서적 기준에서 재조명할 수 있는 첫 걸음이라 생각되며, 더 나아가 오늘날 음악 목회와 찬양 사역의 올바른 성경적 기준이 어떤 것인지 다시 한 번 재확인 하는 과정이 될 것이다. 이를 위해 필자는 다섯 가지 질문과 다섯 가지 해답을 제공하고자 한다.

첫 번째 질문: "바울도 음악적 감각이 있었는가?"

하나님께서는 바울에게도 어느 정도의 음악적 감각을 허락하셨음을 짐작할 수 있다. 특별히 그의 편지를 보면 바울의 음악적 감각을 엿볼 수 있는 말씀이 나온다. 고전 14:7~12까지의 말씀을 보면 바울은 여러 가지 성령의 은사에 대하여 말하고 있다. 이때 바울은 방언에 대하여 교훈하면서 특별히 소리에 대한 이야기를 한다. 그 때 말(言)과 악기를 비교하며 거문고, 나팔, 혀 등을 언급한다. 특별히 음악 소리에 초점을 두고 이야기하고 있다.

혹 피리나 거문고와 같이 생명 없는 것이 소리를 낼 때에 그 음의 분별을 나타내지 아니하면 피리 부는 것인지 거문고 타는 것인지 어찌 알게 되리요 만일 나팔이 분명하지 못한 소리를 내면 누가 전투를 준비하리요 이와 같이 너희도 혀로써 알아듣기 쉬운 말을 하지 아니하면 그 말하는 것을 어찌 알리요 이는 허공에다 말하는 것이라 이같이 세상에 소리의 종류가 많으나 뜻 없는 소리는 없나니(고전 14:7~10 개역개정)

확인된 바와 같이 피리, 거문고, 나팔 등의 악기를 언급하며 소리와 말에 대해 논하고 있다. 물론 이것을 통하여 바울이 음악적 감각이 뛰어난 사람이었는지 아니면 그 반대였는지는 알 수 없다. 그러나 방언을 특별히 음악적 특징과 비교하여 설명한 것에 기초해 볼 때 바울이 소리로 구성된 기본 음악적 감각은 가지고 있었음을 짐작 할 수 있다.

두 번째 질문: "바울도 찬양을 했는가?"

그것은 당연하다. 이것은 더 이상의 논증과 설명이 필요 없을 만큼 너무나 확실하다. 바울도 찬양했다. 대표적인 예가 바로 바울이 실라와 함께 감옥에 갇혔을 때 드렸던 찬양이다. 그 찬양으로 나타난 역사는 실로 놀라웠다. 그것은 새로운 생명을 구원하는 찬양이었다(행 16:25).

세 번째 질문: "바울은 어떤 기준에서 찬양을 선택했는가?"

하나님께서 바울을 통하여 계시해 주신 찬양 선곡(選曲)에는 특별한 기준이 있었다. 그 기준은 크게 두 가지로 나뉠 수 있는데, 첫째는 찬양의 '다양성(diversity)'과 '특수성(speciality)'이며, 둘째는 신앙 양심이다.

첫째, 찬양의 다양성과 특수성에 대해서 알아보자. 하나님께서는 바울의 편지를 통하여 사람마다 예배에 모일 때 '각각의 찬송시'가 있음을 언급하면서 찬양의 다양성을 인정했다.

> 그런즉 형제들아 어찌할까 너희가 모일 때에 각각 찬송시도 있으며 가르치는 말씀도 있으며…(고전 14: 26 개역개정).

이것은 찬양의 다양성을 언급한 말이다. 주후 1세기에도 지금의 21세기와 같이 서로 다른 찬송시가 있었다는 말이다.[910] 이러한 상황 속에서 바울은 찬양의 다양성을 인정한다. 그러면서도 바울은 '모든 것이 가하나 모든 것이 덕을 세우는 것이 아님'을 언급하며 각각의 찬양에 특별한 질서와 특수성이 있어야 함을 더불어 강조했다. 그리고 이 모든 것은 교회의 덕을 세우기 위해 품위 있게 그리고 질서 있게 적당히 하라고 권면했다.[911]

> 모든 것이 가하나 다 유익한 것이 아니요 모든 것이 내게 가하나 내가 무엇에든지 얽매이지 아니하리라(고전 6:12 개역개정)

> 모든 것이 가하나 모든 것이 유익한 것은 아니요 모든 것이 가하나 모든 것이 덕을 세우는 것이 아니니(고전 10:23 개역개정).

> 모든 것을 덕을 세우기 위하여 하라(고전 14:26 개역개정)

---

910 Donald P. Hustad, *Jubilate!: Church Music in the Evangelical Tradition*(Carol Stream, IL: Hope Publishing Company, 1981), 88~90, 92.
911 Charles Colson, *Developing a Christian Worldview of the Christian in Today's Culture*(Wheaton, Illinois: Tyndle House, 1999), 287.

그러므로 너희도 영적인 것을 사모하는 자인즉 교회의 덕을 세우기 위하여 그것이 풍성하기를 구하라(고전 14:12 개역개정).

여기서 '덕을 세운다'는 것은 'build up the church' 또는 'strengthen church'의 뜻으로 교회를 세우며, 교회를 강하게 하며, 교회에 유익이 되도록 하는 그 모든 것을 말한다. 즉 교회를 위하여 평화롭게 혼란 없이, 질서 있게, 순서대로 하라는 말이다.[912] 결국 찬양도 이러한 원리 속에 들어간 것이다. 바울은 찬양의 다양성을 충분히 인정하면서도, 동시에 적당한 수준에서 모든 것을 질서 있게 세우는 특수한 찬양의 특수성을 강조한 것이다. 그리고 목적은 교회의 덕을 세우기 위함이다(strengthening of the church: NIV). 바울의 이러한 주장은 바로 하나님의 주장인 것이다. 그렇다면 CCM도 이러한 바울의 선곡 기준에서 평가될 수 있다.[913]

둘째, 신앙 양심이다. 하나님께서는 바울의 편지를 통하여 우리 각자의 신앙 양심과 다른 사람과의 관계 속에서 주어지는 신앙 양심의 조화를 다음과 같이 말씀하셨다.

불신자 중 누가 너희를 청할 때에 너희가 가고자 하거든 너희 앞에 차려 놓은 것은 무엇이든지 양심을 위하여 묻지 말고 먹으라 누가 너희에게 이것이 제물이라 말하거든 알게 한 자와 그 양심을 위하여 먹지 말라 내가 말한 양심은 너희의 것이 아니요 남의 것이니 어찌하여 내 자유가 남의 양심으로 말미암아 판단을 받으리요(고전 10:27~29 개역개정)

내가 주 예수 안에서 알고 확신하노니 무엇이든지 스스로 속

---

912 Peter Masters, *Worship in the Melting Pot*(London: The Wakeman Trust, 2002), 89~93.
913 William Baird, *The Corinthian Church—A Biblical Approach to Urban Culture*(New York, Nashville: Abingdon Press, 1964), 79~80.

된 것이 없으되 다만 속되게 여기는 그 사람에게는 속되니라(롬 14:14 개역개정)

그러나 이 지식은 모든 사람에게 있는 것이 아니므로 어떤 이들은 지금까지 우상에 대한 습관이 있어 우상의 제물로 알고 먹는 고로 그들의 양심이 약하여지고 더러워지느니라. 음식은 우리를 위하여 하나님 앞에 내세우지 못하나니 우리가 먹지 않는다고 해서 더 못사는 것도 아니요 먹는다고 해서 더 잘사는 것도 아니니라(고전 8:7~8)

물론 여기 인용된 모든 말씀은 음악 형태에 대한 직접적인 가르침은 아니다. 어디까지나 이것은 우상에 바쳐진 제물을 향한 기독교인의 올바른 행동 기준을 제시한 가르침이다. 그러나 우리가 이 가르침 중에서 우상에 대한 주제를 음악 형태로 바꾸어서 해석하면 신앙 양심에 따라 선별하는 음악 형태의 올바른 기준을 찾아낼 수 있다.[914]

예를 들면 다음과 같은 기준이다. 만약 당신이 자신의 개인 신앙 양심에 비추어 볼 때 특별한 문제가 없다면, 어떤 음악 형태의 찬양이라도 당신에게는 가능하다. 왜냐하면 나의 자유가 다른 사람의 양심으로 말미암아 판단할 필요가 없기 때문이다. 그러나 만약 당신 옆의 누군가 그 음악이 부정된 것이라고 생각하는 사람이 있다면, 그 사람 앞에서는 당신이 그러한 형태의 찬양을 부르고 듣는 것에 대하여 주의할 필요가 있다. 왜냐하면 일단 그 사람이 부정하다고 생각하는 한 그 사람에게 있어 그 음악 형태는 부정한 것이 되기 때문이다. 또 만약 당신이 특정한 형태의 곡조를 좋아한다면 그것을 누가 작곡했든지, 만들었든지 상관하지 않는 것이 좋다. 그리고 그 음악으로 말미암아 신앙 양심에 좋지 않은 결과를 초래할 만한 다른 사

---

914 Barry Liesch, *The New Worship: Straight Talk on Music and the Church*, Expanded Edition(Grand Rapids, Michigan: Baker Books, 2002), 189~90.

람과는 그것에 대하여 물어보거나 서로 대화를 주고받을 필요가 없다. 즉 개인적으로 혼자서 선호하는 음악 형태에 대하여 자신이 아무런 신앙 양심의 가책과 두려움이 없다면, 얼마든지 그것은 자기 자신에게 허용될 수 있고, 그것에 대하여 다른 사람과 의논하거나 토론할 필요가 없지만, 특별히 다른 사람이나 공동체와 연결될 때에는 주의할 필요가 있음을 가르쳐 주고 있는 것이다. 이것 또한 찬양을 선곡함에 있어 명심해야 할 성경의 가르침이다.

네 번째 질문: "바울이 추구한 찬양은 어떤 것인가?"

그렇다면 과연 하나님께서 바울을 통하여 계시하신 다양성 속에서 특수성을 잃지 않는 찬양이란 어떤 것인가? 그것은 바울의 편지 중 두 곳에 계시되어 있다(엡 5:19, 골 3:16). 하나씩 살펴보도록 하자.

> 시와 찬송과 신령한 노래들로 서로 화답하며
> 너희의 마음으로 주께 노래하며 찬송하며
> (엡 5:19 개역개정)

> 그리스도의 말씀이 너희 속에 풍성히 거하여
> 모든 피차 가르치며 권면하고
> 시와 찬송과 신령한 노래를 부르며
> 감사하는 마음으로 하나님을 찬양하고
> (골 3:16 개역개정)

여기에 우리가 눈여겨보아야 할 세 가지 공통적인 요소가 나온다. 바로 '시(psalms)', '찬송(hymns)', '신령한 노래(spiritual songs)'이다. 이 세 가지는 하나님께서 바울을 통하여 계시하신 특별한 찬양의 3대 요소이다.[915] 그러나 안타깝게도 바울은 이 세 가지 요소가 구체적으로 어떤 것인지 자세히 설명해 놓지 않았다. 때문에 이것과 관련된 수많은 논쟁이 있었다.[916] 미국 이스턴대학(Eastern University, PA)의 음악학 교수 콜빗(J. Nathan Corbitt)은 이러한 상황을 다음과 같이 설명했다.

> '시'와 '찬송'과 '신령한 노래'라는 이 세 가지 용어만큼은 많은 목사, 신학자, 교단, 음악가들 사이에 논쟁의 대상이 되며, 분열의 원인이 되었던 적이 없을 정도이다. 어떤 기독교인들은 이것을 완전히 문자적으로 해석하여 시편이란 오직 영감된 글자(divinely inspired texts)만을 의미한다고 주장하고, 다른 기독교인들은 이것들이 영의 신비스러운 노래와 방언(glossolalia)이라고 말하며, 또 다른 기독교인들은 오늘날에 만들어진 모든 기독교 음악이라고 주장한다.[917]

물론 이러한 논쟁은 앞으로도 계속될 것이다. 그렇다면 왜 바울은 이 세 가지 찬양 형태를 말하면서 구체적인 설명을 하지 않았을까? 에곤 웰레츠(Egon Wellesz) 교수의 주장처럼, 아마 짐작하기는 그 당시 바울의 편지를 받아 읽는 사람들은 이것들이 무엇인지 분명히 알았을 것이다. 그래서 바울은 수신자들이 이미 알고 있는 사항에 대하여 자세한 설명을 덧붙일 필요가 없었을지도 모른다.[918] 하지만 이러한 충분치 못한 사실에도 불구하고, 이 세 가지 요소가 1세

---

915 Donald P. Hustad, *Jubilate II: Church Music in Worship and Renewal*(Carol Stream, IL: Hope Publishing Company, 1993), 146~48.
916 Donald P. Hustad, "Doxology: a Biblical Triad," *Ex Auditu*, Vol. 8,(1992): 1~21.
917 J. Nathan Corbitt, *The Sound of the Harvest: Music's Mission in Church and Culture*(Grand Rapids, Michigan: Baker Book, 1998), 258.
918 Egon Wellesz, "Early Christian Music," 2, in *The New Oxford History of Music*, Vol. II, ed., Dom Anselm Hughes(London: Oxford University Press, 1954)

기 교회에서 사용된 찬양이었다는 점에는 특별히 의견 차이가 없다. 그러므로 이 세 가지 요소가 그 당시 1세기에 유행했던 찬양의 서로 다른 세 가지 형태라는 점에서는 거의 모든 학자들이 동일한 결론을 내린다.[919] 이것을 바울 신학자 헤르만 리더보스(Herman Ridderbos)는 다음과 같이 설명했다.

> 바울 서신을 살펴보면, 여러 형태의 말씀 사역 속에 낭독, 예언, 가르침, 세례와 성찬 등이 있는데, 이와 덧붙여 특별히 우리는 바울 서신들에서부터 '시'와 '찬송'과 '신령한 노래'를 부르는 것이 예배 모임의 구성 요소로 언급된 것을 볼 수 있다(골 3:16, 엡 5:19). 비록 우리가 이러한 찬양들의 구체적인 내용이나 성격에 관해 더 상세한 정보를 갖지 않는다 해도(개인인 신자가 준비하여 교회에서 그것을 불렀는지(고전 14:26), 아니면 전 회중이 불렀는지) 여기에서 분명한 것은 교회에 성도들이 함께 모일 때 이 노래들이 찬양으로 불려졌다는 사실이다. '시편들'을 구약의 시편으로 생각하지 않는다면, '시', '찬미'와 '신령한 노래' 같은 칭호까지도 엄밀히 구분될 수 없을 것이다.[920]

그렇다면 과연 하나님께서 바울을 통하여 적어 놓으신 찬양의 세 가지 요소가 오늘날 21세기에 우리에게 의미하는 바는 각각 무엇일까? 이제부터 그것을 한 번 추적해 보자.

첫째, '시(psalms)'는 '찬양의 가사 내용(lyrics & message)'을 의미한다고 볼 수 있다. 즉 모든 찬양의 가사는 시편과 같은 성경 말씀이거나, 또는 성경 말씀에 기초한 것이거나, 아니면 성경 말씀의 계시

---

919 Barry Liesch, *The New Worship: Straight Talk on Music and the Church*, Expanded Edition, 37~52.

920 Herman Ridderbos, *Paulus: Ontwerp van zijn theologie*, trans., John Richard De Witt, *Paul: An Outline of His Theology*(Grand Rapids, Michigan: William B. Eerdmans Publishing Company, 1975), 485.

에 위배되지 않는 것이어야 함을 말하고 있는 것이다.[921] 이것은 찬양의 가사는 시편 가사만을 사용한다고 주장한 존 칼빈(John Calvin)의 찬양 신학이 그대로 반영된 해석이다.[922] 즉 '시'란 찬양함에 있어 그 찬양의 가사가 철저한 성령님의 영감(divinely inspired)에 의한 것이어야 함을 의미한다.[923] 결국 '시'란 바로 찬양이 가지고 있는 영적 가사 내용과 관련된 부분이라 할 수 있다.

둘째, '찬송(hymns)'은 '찬양의 형태(style & genre)'를 의미한다. 그래서 콜빗 교수는 '찬송이란 사람에 의해 작곡된 음악 형태(a humanly composed song)'[924]라 정의했다. 즉 특별히 만들어진 그 무엇을 의미한다. 그 형태가 어떤 것인지 확실히는 알 수 없다. 그러나 그 형태는 분명히 사람에 의해 만들어진 형태이다. 성령님의 영감으로 지어진 '시'가 있다. 이것을 음악으로 전달하고 표현하기 위해서는 사람에 의해 만들어진 특별한 음악 형태가 있어야 하고, 그 특별한 음악 형태가 곧 찬송이 되는 것이다. 왜냐하면 성령님이 주신 가사 내용을 담고 있기 때문이다. 이러한 면에서 찬송이란 사람에 의해 만들어진 그 찬양의 형태와 관련해 의미를 지닌다.

셋째, '신령한 노래(spiritual songs)'는 찬양이 가지고 있는 '영적 영향력(impact)'을 의미한다. 즉 모든 찬양은 성령의 감동으로 인한 영적 영향력을 가진 것이어야 한다는 점이다. 찬양이란 영적으로 긍정적인 영향력을 끼치는 신령한 곡조여야 함을 강조하는 것이다.

---

921 Geoffrey Wainwright, *Doxology: The Praise of God in Worship, Doctrine, and Life*(New York: Oxford University Press, 1980), 210~11.
922 John Calvin, *Institutes of the Christian Religion III.* trans, Ford Lewis Battles(Philadelphia: The Westminster Press, 1990), chapter 20, No. 31(Church Singing), John Calvin, "Letter to the Reader(1542)," Ford Lewis Battles trans., "The Form of Prayers and Songs of the Church," *Calvin Theological Journal*, Vol., 15,(April, 1980~November 1980): 160~5.
923 Walter A. Elwell ed., *Baker Encyclopaedia of the Bible*(Grand Rapids: Baker Books, 1988), 1052.
924 J. Nathan Corbitt, *The Sound of the Harvest: Music's Mission in Church and Culture*, 263.

이것을 콜빗 교수는 '성령 안에서 불려진 노래(songs sung in the Spirit)'[925]라고 했다. 이것은 바로 찬양이 가지고 있는 영적 영향력과 관련된 부분이다. 그래서 바울은 자신도 영과 마음으로 찬양함을 고백했다(고전 14:15).

결국 하나님께서 바울을 통하여 계시하신 찬양의 3대 요소를 간단히 정리하여 요약하면 아래와 같다.

> * 시(psalms): 찬양의 가사 – 내적 영감의 요소
> * 찬송(hymns): 찬양의 음악 형태 – 외적 표현의 요소
> * 신령한 노래(spiritual songs): 찬양의 영적 영향력 – 결과와 열매

정리하자면 하나님께서 바울을 통하여 계시하신 찬양이란 시편과 같은 성경 말씀의 가사 내용(psalms)에 입각해 작곡된 일종의 음악 형태(hymns)로서 확실한 영적 영향력(spiritual songs)을 불러일으키는 모든 것이다.

다섯 번째 질문: "그러면 우리는 어떻게 해야 하나?"

이제 이러한 바울의 찬양 신학을 CCM을 통해 살펴보자. 다음과 같은 몇 가지 규칙이 나올 수 있다.

첫째, 우리는 CCM을 통하여 찬양할 때마다 찬양의 가사가 전하고 있는 근본 내용을 성경 말씀에 두어야 한다. 이러한 면에서 CCM을 통한 찬양은 또 다른 말씀의 선포이며 하나님 계시의 수단이다(신 31:19, 22, 30/ 눅 2:8~14).

둘째, 우리는 일단 모든 CCM 찬양을 하나님의 영광이라는 관점에

---

925 Ibid., 263.

서 바라보고 시작해야 한다(사 43:21).

셋째, 우리는 CCM을 통하여 긍정적인 영적 영향력이 나타나도록 성령님의 도우심을 항상 구해야 한다. 긍정적인 찬양의 영적 영향력이 나타나도록 도움을 구해야 한다.

특별히 바울은 찬양에 대하여 모든 것을 교회의 덕이 되기 위한 것에 기준을 두고 '다양성 속에서의 특수성'을 유지하도록 권면했다(고전 14:26, 40). 그러므로 21세기의 찬양은 하나님께 영광 돌리는 모든 행위로서 시편의 가사 내용에 입각한 예배 음악으로 영적인 영향력을 불러일으키는 것이어야 한다. 다시 말하자면 여러 다른 찬양과 같은 공유점을 가지면서도 CCM 나름대로의 특수성을 가지는 찬양이어야 한다.

바야흐로 21세기 한국 교회는 '찬양의 홍수 시대'로 접어들었다. 필자는 개인적으로 이것이 하나님의 저주를 불러오는 노아 때의 홍수가 아닌(창 7:1~24), 거룩한 하나님의 성전 문지방에서 흘러내린 에스겔 때의 회복과 은혜의 홍수가 되기를 간절히 기도한다(겔 45:1~12). 그렇게 되기 위해서는 CCM 사역은 물론이고 그 외의 모든 찬양 사역과 음악 사역이 하나님께서 바울을 통하여 계시해 주신 음악 사역과 찬양 사역의 성서적 3대 요소를 철저히 지켜 나가야 할 것이다.

참고 문헌

국외 문헌

Alexander, J. H. "Katherine von Bora: Wife of Luther," Reformed
  Perspectives Magazine, Vol 9, Number 19, May 6~12, 2007.

Ameln, Konard. The Roots of German Hymnody of the Reformation Era.
  St. Louis, Missouri: Concordia Publishing House, 1964.

Amoaku, Komla W. "Toward A Definition of Traditional African Music: A
  Look At the Ewe of Ghana." in More Thank Drumming: Essays on
  African and Afro-Latin Music and Musicians. ed., I. V. Jackson.
  Westport, CT: Greenwood Press, 1985.

Anderson, Leith. A Church for the 21st Century. Minneapolis, Minnesota:
  Bethany House Publishers, 1992.

Anderson, Paul. "Balancing Form & Freedom." Leadership: A Practical
  Journal for Church Leaders. Vol. VII, No 2(Spring 1986): 24~33.

Anita Stauffer, S. "Worship and Culture: An International Lutheran
  Study." International Review of Mission. Vol. 337(1996): 184~88.

Atlas, Allan A. Renaissance Music: Music in Western Europe, 1400~1600.
  New York: Norton, 1998.

Avis, Paul D. L. The Church in the Theology of the Reformers. Atlanta: John Knox Press, 1981.

Bainton, Roland H. "Interpretations of the Reformation." in The Reformation: Material or Spiritual?. ed. Lewis W. Spitz. Boston, D. C. Heath and Company, 1962.

______. "Luther's Struggle for Faith." in The Reformation: Material or Spiritual?. ed. Lewis W. Spitz. Boston, D. C. Heath and Company, 1962.

______. Here I Stand: A Life of Martin Luther. New York: A Merdidan Book, 1995.

Baird, William The Corinthian Church—A Biblical Approach to Urban Culture. New York, Nashville: Abingdon Press, 1964.

Baker, Paul. Why Should the Devil Have All the Good Music?:   Jesus Music, Where it began, Where it is, and Where it is going. Waco Texas: Word Books, 1979.

______. Contemporary Christian Music—Where It Came From, What It is, Where It's Going. Westchest, Ill: Crossway Books, 1985.

Barth, Karl, Wolfgang Amadeus Mozart, trans. Clarence K. Pott, foreword by John Updike. Grand Rapids Michigan: Eerdmans, 1986.

Baue, Frederic. "The Protestant Song from Luther to Marot to Campion." Concordia Journal. Vol. 24, No. 1(January 1988): 21~35.

Bauer, Walter. A Greek-English Lexicon of the New Testament and Other Early Christian Literature. 2d ed., revised and augmented by William F. Arndt, F. Wilbur Gingrich, and Frederick Danker. Chciago and London: The University of Chicago Press, 1979.

Bayer, Oswald. "The Modern Narcissus." Lutheran Quarterly 9(1995): 301~13.

______. "Martin Luther," in The Reformation Theologians. ed., Carter Lindberg. Malden, Massachusetts: Blackwell Publishers Inc, 2002.

Benson, Dennis C. Creative Worship in Youth Ministry. Loveland,

Colorado: Group Books, 1985.

Best, Harold M. "There is More to Redemption Than Meets the Ear." Christianity Today. Vol. 26(July, 1974): 10~20.

________. Music Through The Eyes Of Faith. San Francisco: Harper Collins Publishers, 1993.

Beutel, Albrecht "Luther's Life." in The Cambridge Companion to Martin Luther, ed., Donald K. Mckim. Cambridge: Cambridge University Press, 2003

Blacking, John. How Musical Is Man? Seattle: University of Washington Press, 1973.

________. Music, Culture, and Experience: Selected Papers of John Blacking. Chicago, IL: The University of Chicago, 1995.

Blanchard, John Pop Goes the Gospel: Rock in the church. Darlington, Durham: Evangelical Press, 1991

Boehmenr, Heinrich. The Road to Reformation, trans. John Doberstein and Theodore Tappert. Philadelphia: Muhlenberg Press, 1946.

Booth, Wayne C, Colomb, Gregory and G, Williams, Joseph. The Craft of Research. Chicago: The University of Chicago Press, 2003.

Bornemann, Robert E. "Worship, Liturgy, and Music." The Lutheran Quarterly. Vol. XI, No. 4(November 1959): 275~85.

Bosch, David J. Transforming Mission: Paradigm Shifts in Theological of Mission. Maryknoll, New York: Orbis Book, 1993.

Brand, Eugene. "Luther: The theologian of music." Pastoral Music,(1984, 5): 21~25.

Brauch, Manfred T. Hard Sayings of Paul. Dowmers Grove, Illinois: InterVarsity Press, 1989.

Brauer, James L. "The Role of Music in Seekers Services." Concordia Journal. Vol. 24, No. 1(January 1998): 7~20.

Brecht, Martin. Martin Luther [1~3]: His Road to Reformation, 1483~1521, trans. James L. Schaaf. Minneapolis: Fortress, 1985.

Briscoe, Stuart. Where Was the Church When the Youth Exploded? Grand

Rapids, Michigan: Zondervan Publishing House, 1972.

Bruce, F. F. Paul: Apostle of the Heart Set Free. Grand Rapids, Michigan: Wm. B. Eerdmans Publishing Co., 1998.

Bucy, Ralph D. The New Laity: Between Church and World. Waco. Texas: Word Books Publisher, 2000.

Bunkowsky, Eugene W. Was Luther a Missionary?," in Kurt E. Marquart, John R. Stephenson, and Bjarne W. Teigen, eds., A Lively Legacy: Essays in Honor of Robert Preus. Fort Wayne, IN: Concordia Theological Seminary, 1985.

________. "Communicating Christ to the Yala People," in Eugene W. Bunkowske and Richard French ed, God's Communicators in Mission. Fort Wayne, IN: Concordia Theological Press, 1988.

Bunkowske Eugene W. and French, R. Receptor-Oriented Godspel Communication. Fort Wayne, IN: Concordia Theological Seminary, 1988.

Bunkowske, Eugene W. and Robertson Gregory L. The State of Gospel Communication Today. Fullerton, CA: R.C. Raw & Co., Inc. 1999.

Bunkowske, Joel W. "Church-Mission-Music," in Eugene W. Bunkowske, and Scott D. Alan ed., The Lutherans In Mission. Fort Wayne: Lutheran Society for Missiology. 2000.

Buszin, Walter E. Luther On Music, ed. Johnnes Riedel, Pamphlet Series No. 3. St. Paul: Lutheran Society for Worship, Music and the Arts, 1958.

Byars, Ronald P. The Future of Protestant Worship. Louisville: Westminster John Knox Press, 2002.

Calvin, John. Institutes of the Christian Religion III. trans, Ford Lewis Battles. Philadelphia: The Westminster Press, 1990.

________. "Letter to the Reader(1542)." Ford Lewis Battles trans. "The Form of Prayers and Songs of the Church." Calvin Theological Journal, Vol. 15(April, 1980~November 1980): 160~5.

________. Commentaries on Genesis. Vol. 1. Grand Rapid, Michigan: Wm.

B. Eerdmans Publishing Company, 1948.

Carpenter, Nan Cooke. Music in the Medieval and Renaissance Universities. Norman: University of Oklahoma Press, 1985.

Carr, E. H. What is the History? Cambridge: Pelican Books, 1970.

Carson, Tim and Kathy. So You're Thinking About Contemporary Worship. St. Louis, Missouri: Chalice Press, 1997.

Charles, Garside Jr. The Origins of Calvin's Theology of Music: 1536~1543. Philadelphia: The American Philosophical Society, 1979 〈The American Philosophical Society, Vol. 69, Part 4(August, 1979).

Chellew, Steve. "The Contemporary Christian Music Movement within the Lutheran Church-Missouri Synod: An Analysis and Application of Findings." M. Div. Diss., Concordia Theological Seminary, 1990.

Choi, Hyuk. What is Contemporary Praise and Worship? Excerpts read by the author. Cassette Tapes 3. New Jersey: Grapevine Publication, 1998.

Cloud, David W. Contemporary Christian Music: Under the Spotlight. Canada: The Way of Life Publisher, 1998. Concordia Theological Seminary, Martin Luther: Hymns, Ballads, Chants, Truth. Saint Louis: Concordia Publishing House, 2004.

Colson, Charles. Developing a Christian Worldview of the Christian in Today's Culture. Wheaton, Illinois: Tyndle House, 1999.

Corbitt, Nathan J. The Sound of the Harvest: Music's Mission in Church and Culture. Grand Rapids, Michigan: Baker Books, 1998.

Cusic, Don. The Sound of Light: A History of Gospel and Christian Music. New York: Hal Leonard Corporation, 2002.

Dahling, Daniel F. "An Analysis of Comtemporary Popular Christian Music." M. Div Diss., Concordia Theological Seminary, 1983.

Daniel, Zager. "Luther and Bach: Theologians in Word and Music" in Luther on Liturgy and Hymns, ed., Daniel Zager. Fort Wayne, IN: Concordia Theological Seminary Press, 2006.

Diamond, John. Your Body Doesn't Lie. New York: Warner Books, 1979.

________. The Life Energy in Music. Valley Cottage, New York: Archaeus Press, 1981.

Dillenberger, John. Martin Luther Selections From His Writings. New York: Doubleday & Company, 1961.

Dix, Gregory. The Shape of the Liturgy. London: Dacre, 1945.

Dobson, Edward G. Starting A Seeker Sensitive Service. Grand Rapids, Michigan: Scripture Press, 1992.

Donald Jay Grout, A History of Western Music, Revised Edition. New York: W. W. Norton & Company. Inc, 1973.

Drane, John. The McDonaldization of the Church: Consumer Culture and the Church's Future. Macon, Georgia: Smyth & Helwys Publishing, Inc., 2001.

Duba, Arlo D. "The Psalter in Reformed Worship," Reformed Liturgy & Music. Vol. 26, No. 2(Spring 1992): 67.

Ebeling, Gerhard. Luther: An Introduction to His Thought. trans. R. A. Wilson. Philadelphia: Fortress Press, 1983

Edwards, Mark and Tavard, George. Luther: A Reformer for the Churches. Philadelphia: Fortress Press, 1983.

Eggert, Kurt J. "Luther, The Musician." Lutheran Synod Quarterly. Vol. XXIX(March 1989): 1~18..

________. "Music, Hymnody, Liturgy and Worship." Lutheran Synod Quarterly. Vol. XXIX(March 1989): 19~40.

Eidenmuller, Michael E. "Contemporary Religious Music Preference and Audience Orientation: Do the Lyrics Really Matter?" The Journal of Communication and Religion. Vol. 19, No. 2(September 1996): 37~46.

Elton, Trueblood, Your Other Vocation. San Francisco: Harper & Row, Publishers. 2000.

Elwell, Walter A. ed., Baker Encyclopaedia of the Bible. Grand Rapids: Baker Books, 1988.

Endermann, Heinz. "Martin Luther in Erfurt: Student, Monch und Wissen- schaftler," Luther: Zeitschrift der Luther-Gesellschaft 72(2001): 83~95.

Erikson, Erik H. Young Man Luther: A Study in Psychoanalysis and History. New York: W. W. Norton & Company. Inc, 1958.

________. "Young Man Luther." in The Reformation: Material or Spiritual?. ed. Lewis W. Spitz. Boston, D. C. Heath and Company, 1962.

Escott, H. Issac Watts, Hymnographer. London: Independent Press, 1962.

Faulkner, Quentin. Wiser than Despair: The Evolution of Ideas in the Relationship of Music and the Christian Church. Westprot, CT: Greenwood Press, 1996.

Fife, Robert Herndon. Young Luther. New York: The Macmillan Company, 1928.

Fisher, Tim. The Battle for Christian Music. Greenville, SC: Sacred Music Services, 1992.

Foley, Capuchin Edward. "Martin Luther: A Model Pastoral Musician." Current in Theology and Mission(December 1987): 405~18.

Frame, John M. Contemporary Worship Music: A Biblical Defense. New Jersey: Phillipsburg Publishing, 1997.

Frith, S. "Why Do Songs Have Words?," in Music for Pleasure: Essay in the Sociology of Pop, ed., S. Frith. Cambridge: Polity, 1988.

Gaston, Thayer E. Music in Therapy. New York: MacMillan, 1968.

Godfrey, Robert. The Life and Thought of Martin Luther, Cassette Tapes 1~9, Excerpts read by the author. Maitland, Florida: Reformed Theological Seminary, 1993, Tape 1, A.

Gonzalez, Justo L. The Story of Christianity: The Early Church to the Present Day, Complete in One Volume. New York: Prince Press, 2001.

Graebner, Theodore C. The Borderland of Right and Wrong, rev. ed. of the Literautre Board of the Missouri Synod, 1956. St. Louis:

Concordia Publishing House, 1957.

Green, Keith. Can God Use Rock Music?. Lindale, TX: Pretty Good Printing, 1982.

Grimm, Harold J. The Reformation Era 1500~1650, 2 Edition. New York: Macmillan Publishing Co., Inc., 1973.

Grout, Donald Jay. A History of Western Music. Revised Edition. New York: W. W. Norton & Company. Inc, 1973.

Hall, Manly P. The Therapeutic Value of Music. The Philosophical Research Society, 1955.

Hanser, Suzanne B. Music therapist's Handbook. St. Louise, Missouri: Warren H. Green, Inc, 1987.

Harrell, Robert Lomas. "A Comparison of Secular Elements in the Chorales of Martin Luther with Rock Elements in Church Music of the 1960's and 1970's". M.A. Thesis., Bob Jones University, 1975.

Harkness, Georia. The Church and Its Laity. Nashville. New York: Abingdon Press, 1962.

Harlter, Calk and Schalk, Carl, eds. A Handbook of Church Music. St. Louis: Concordia Publishing House, 1978.

Hart, Lowell. Satan's Music Exposed. Pennsylvania: Salem Kirban, 1980.

Haas, David. "Liturgical Music in the United States: Challenges and Concerns for the Future(part 2)." Ministry & Liturgy. Vol. 30, No. 8(October 2003): 10~12.

Herndon, Marcia and Mcleod, Norma. Music As Culture. California: Norwood Edition, 1980.

Hesselgrave, David. Communicating Christ Cross-Culturally. Grand Rapids, Michigan: Zondervan Publishing House, 1991.

Hesterman, Phillip. "Why I left the Contemporary Christian Music Movement: Confessions of a former worship leader." Issues In Christian Education. Vol. 37,(Issue 1: 2003): 23~24.

Hijleh, Mark. The Music of Jesus: From Composition to Koinonia. New York: Writers Club Press, 2001.

Hoetty-Nickel, Theodore. "Luther and Music." in Luther and Culture, Martin Luther Lectures, vol. 4. Decorah, Iowa: Luther College Press, 1960.

Hofreiter, Paul W. "Bach and the Divine Service: The B Minor Mass." Concordia Journal(December 2002): 224.

Hoger, Alan C. "A Victorian Legacy: The Translating of German Hymns." LOGIA: A Journal of Lutheran Theology, Vol. III, No. 2(April 1994): 18~24.

Howard, Jay R. & Streck, John M. Apostles of Rock: The Splintered World of Contemporary Christian Music. Kentucky: The University Press, 1999.

Hunt, T. W. Music in Missions: Discipling Through Music. Eugene, Oregon: Wipf and Stock Publishers, 1987.

Hustad, Donald P. Jubilate!: Church Music in the Evangelical Tradition. Carol Stream, IL: Hope Publishing Company, 1981.

________. "Doxology: a Biblical Triad," Ex Auditu, Vol. 8,(1992): 1~21.

________. Judiliate II: Church Music in Worship and Renewal. Carol Stream, IL: Hope Publishing Company, 1993.

Irwin, Joyce. "Music and the Doctrine of Adiaphora in Orthodox Lutheran Theology." Sixteenth Century Journal, Vol. 14, No. 2(1983): 160.

Jahsmann, Allan Hart. Power Beyond Words. Saint Louis: Concordia Publishing House, 1969.

Ji, Won Yong. A History of Lutheranism in Korea. St. Louis: Concordia Seminary, 1988

John W. Creswell. Qualitative Inquiry and Research Design: Choosing Among Five Traditions. London: SAGE, 1988

Junghans, Helmar. "Luther on the Reform of Worship." Lutheran Quarterly, Vol. XIII, No. 3(Autumn 1999): 315~36.

Kim, Chulwoong. "The Impact of Contemporary Christian Music for Young Christians In Korea On Their Five Experiential Domains of

Meaning." Ph. D. diss., Concordia Theological Seminary, 2007.

Kimball, Dan. Emerging Church: Vintage Christianity for New Generations. Grand Rapids., Michigan: Zondervan Publishing House, 2003.

________. Emerging Worship: Creating Worship Gatherings for New Generations. Grand Rapids., Michigan: Zondervan Publishing House, 2004.

Kingdon, Robert. Geneva and the Coming of the Wars of Religion in France, 1555~1563. Geneva: Droz, 1956.

Kloppers, Elsabe. "Liturgical Music: Worship War?." Dialog. Vol 34.(summer, 1995): 201.

Kolb, Robert. "Niebuhr's Christ and Culture in Paradox Revisited." Lutheran Quarterly. Vol. 10, No. 4(1996): 259~79.

Kostlein, Julian. The Theology of Martin Luther, translated by Charles E. Hay. Philadelphia: Lutheran Publication Society, 1897, Reprint St. Louis: Concordia, 1986.

Kreaemer, Hendrik. A Theology of the Laity. London: Lutterworth Press, 1958.

Krug, Gary L. Rock The Beat Goes On: A Christian Perspective on Trends in Rock Music. Milwaukee, Wisconsin: Northwestern Publishing House. 1987.

Lamb, J. A. The Psalms in Christian Worship. London: Faith Press, 1962.

Larson, Bob. Rock & Roll: The Devil's Diversion. McCook, Nebraska: Bob Larson Publisher, 1967.

Latourette, Keneth Scott. Three Centuries of Advance: A. D. 1500~1800, vol. 3. A History of the Expansion of Christianity. New York: Harper & Brothers, 1939.

Lawhead, Steve. Rock Reconsidered: A Christian Looks at Contemporary Music. Downer Grove, Illinois: Inter Varsity Press. 1981.

Leaver, Robin A. J. S. Bach as Preacher: His Passions and Music in

Worship. St. Louis: Concordia Publishing House, 1982.

________. "The Man Luther: Musician." The Lutheran Witness(1983, December): 6~7.

________. J. S. Bach and Scripture: Glasses from the Calov Bible Commentary. St. Louis: Concordia Publishing House, 1985.

________. The Theological Character of Music in Worship. Saint Louis: Concordia Publishing House, 1989.

________. "Theological Consistency, Liturgical Integrity, and Musical Hermeneutics in Luther's Liturgical Reforms," The Lutheran Quarterly. Vol. IX, No. 2,(Summer 1995): 117~38.

________. "Luther's Catechism Hymns." Lutheran Quarterly. Vol. XI, No. 4(Winter 1997): 397~422.

________. "Luther and Bach, the "Deutsche Messe" and the Music of Worship," Lutheran Quarterly. Vol. XV, No. 3, Autumn, 2001.

________. Luther's Liturgical Music: Principles and Implications. Grand Rapids, Michigan: William B. Eerdmans Publishing Company, 2007.

________. "Johannes Sebastian Bach and the Lutheran Understanding of Music." Lutheran Quarterly 16(Spring 2002): 21~47.

Lee, Chung Keun. "A Critical Analysis of Contemporary Praise and Worship Services in Korean Churches." D. Min. Diss., San Francisco Theological Seminary, 2002.

Lee, Jung Young. Marginality–The Key to Multicultural Theology. Minneapolis: Fortress Press, 1999.

Leupold, Ulrich. S. "Luther's Musical Education and Activities." The Lutheran Church Quarterly, Vol. 12(1939): 423~28.

Leupold, Ulrich S. "Learning From Luther?." Journal of Church Music. Vol. 8, No. 7(July~August 1966): 2~5.

Liesch, Barry. The New Worship: Straight Talk on Music and the Church. Expanded Edition. Grand Rapids, Michigan: Baker Books, 2002.

Livingstone, Ernest F. "The Place of Music in German Education from the Beginnings through the 16th Century." Journal of Research in Music Education 15(1967): 243~77.

Lohse, Bernhard. Martin Luther-Eine Einfuhrung in sein Leben und sein Werk, trans., Schultz, Robert C. Martin Luther: An Introduction to His Life and Work. Philadelphia: Fortress Press, 1980.

Lohse, Bernhard. Martin Luther's Theology: Its Historical and Systematic Development. trans Roy A. Harrisville. Minneapolis: Fortress Press, 1999.

Long, Jimmy. Generating Hope: A Strategy for reaching the Postmodern generation. Downers Grove, Illinois: Inter Varsity Press, 1997.

Lucarini, Dan. Why I Left the Contemporary Christian Music Movement: Confessions of a Former Worship Leader. Auburn: Evangelical Press, 2002.

Luetkehoelter, G. W. "Adiaphora," Consensus 12. No. 2(1986): 118.

Luther, Martin. Luther's Works: American Edition. 55 Volumes. St. Louis: Concordia and Philadelphia: Fortress, 1955~1986.

________. "The Freedom of a Christian," In Three Treatises, Reprinted from the American Edition of Luther's Works and Revised by J. Atkinson. Minneapolis, MN: Augsburg Fortress Publisher, 1957.

________. "The Babylonian Captivity of the Chruch," In Three Treatises. Minneapolis, MN: Augsburg Fortress Publisher, 1959.

________. "Luther's Road to the Reformation." in The Reformation: Material or Spiritual?. ed. Lewis W. Spitz. Boston, D. C. Heath and Company, 1962.

________. "Address to the Christian Nobility of the German Nation," In Three Treatises. Minneapolis, MN: Augsburg Fortress Publisher, 1973.

________. Reading the Psalms with Luther. St. Louis: Concordia Publishing House, 2007.

________. A New Song Now Shall Be Begun, With con. David A. Johnson & other Lutheran Musicians, Martin Luther: Hymns, Ballads,

Chants, Truth, 4-CD Set, Compact Disc, 1-Fourth Track, 2004.

MaCartney, Dan G. "Music and the Worship of the Living God." Modern Reformation. Vol. 11(2002, 6): 13~19.

MacCuish, Dolina. Luther and his Katie: The Influence of Luther's wife on his ministry. Great Britain: Christian Focus Publications, 1999.

Mackenzie, Cameron A. "The Other Reformers and Christian Worship: Not Quite Lutheran." in Luther on Liturgy and Hymns, ed., Daniel Zager. Fort Wayne, IN: Concordia Theological Seminary Press, 2006.

Madson, Paul G. "The Incarnation in Luther's Hymns." Lutheran Synod Quarterly. Vol. 37, No. 4(December 1997): 9~33.

Makujina, John. Measuring the Music: Another Look at the Contemporary Christian Music Debate. Second Edition. Willo Street, PA: Old Paths Publication, 2002.

Manschreck, Clyde L. Melanchthon On Christian Doctrine: Loci Communes, 1555. New York: Oxford University Press, 1965.

Marius, Richard. Martin Luther: The Christian Between God and Death. Cambridge, Massachusetts: The Belknap Press of Harvard University Press, 1999.

Marssen, Michael. "On the Musically Theological in J. S. Bach's Church Cantatas" Lutheran Quarterly 16(Spring 2002): 48~64.

Marquart, Kurt. "Liturgy and Evangelism." Lutheran Worship: History and Practice. Edited by Fred L. Precht. St. Louis: Concordia Publishing House, 1993.

Massie, R. Martin Luther's Spiritual Songs. London: Hatchard & Son, 1854.

Masters, Peter. Worship in the Melting Pot. London: The Wakeman Trust, 2002.

Mattfeld, Victor H. Georg Rhaw's Publication for Vespers. Brooklyn: Institute of Mediaeval Music, 1966.

Maxwell, William D. An Outline of Christian Worship: Its Development and Forms. London: Dacre, 1936.

McCartney, Dan G. "Music and the Worship of the Living God." Modern Reformation. Vol. 11, No. 6(November & December 2002): 13~19.

McClary, Susan. "Same as it ever was: Youth Culture and Youth Music." In Microphone Friends: Youth Music and Youth Culture, ed. A. Ross and T. Rose, New York: Routledge, 1994.

McCutchan, Robert Guy. Hymns in the Lives of Men. New York, Nashville: Abingdon-Cokesbury Press, 1943.

McGann, Mary. Exploring Music as Worship and Theology. Collegeville, MN: Liturgical Press, 2002.

McIntire, C. T. ed., God, History, and Historian. New York: Oxford University Press, 1977.

McLuhan, Marshall. The Medium is the Message. New York: Simon & Schuster, 1967.

Meisner, Balthasar. Collegium adiaphoristicum,(1663): 30, in quoted in Friedrich Kalb, Theology of Worship in 17th-Century Lutheranism, trans. Henry P. A. Hamann. St. Louis: Concordia Publishing House, 1965.

Menuge, Angus J. L. "Niebuhr's Christ and Culture Reexamined." in Christ and Culture: Dialogue. ed. Angus J. L. Menuge. St. Louis: Concordia Publishing House, 1999.

Merritt, Glenn F. "Rock: Music or Mockery?." M. Div diss., Concordia Theological Seminary, Fort Wayne, IN 1984.

Miller, Hugh M. History of Music. New York, Hagerstown: Barnes & Noble Books, 1972.

Miller, Steve. The Contemporary Christian: Worldly Compromise Or Agent of Renewal? Waynesboro, Georgia: OM literature, 1993.

Miller, William Robert. The World of Pop Music and Jazz. Saint Louis: Concordia Publishing House, 1965.

Mischel Frances & Walter, Mischel. "Psychological Aspects of Spirit

Possession." American Anthropologist 60(1958): 250.

Mitchell, Robert H. Ministry and Music. Philadelphia: The Westminster Press, 1973.

Mitchell, Robert H. I Don't Like That Music. Carol Stream, IL: Hope Publication, 1993.

Mudde, Willem "The Church Hymn and Its Way into Music." Concordia Theological Monthly. Vol. XXXIX, No. 7(July~August, 1968): 462~67.

Muller, Karl Ferdinand & Blankenburg, Walter. Zur Lehre vom Gottesdienst der im Namen Jesu versammelten Gemeinde, Bertram, M. H. trans. Worship in the Name of Jesus. Saint Louis: Concordia Publishing House, 1968.

Munoz, Roberto. "Contemporary Christian Music." Lutheran Witness. (December 1983): 21.

Nagel, Norman E. "Adiaphora," in Teach Me Thy Way, O Lord: Essays in Honor of Glen Zweck on the Occasion of His Sixty-fifth Birthday. Houston, TX: The Zweck Festschrift Committee, 2000.

Naumann, M. J. "Bach the Preacher," The Little Bach Book, ed. T. Hoelty-Nickel. Valparaiso, Indiana, 1950.

Nelson, Alan and Nelson, Gene. How to Change Your Church without Killing It. Nashville: Word Publishing, 2000

Nettl, Bruno. The Study of Ethnomusicology: Twenty-nine Issues and Concepts. Grand Rapids: William B. Eerdmans Publishing Company, 1983.

Nettl, Paul. Luther and Music. Translated by Frida Best and Ralph Wood. Philadelphia: Muhlenberg Press, 1948. Reprint New York: Russel & Russel, 1967.

Niebuhr, H. Richard. Christ and Culture. New York: Harper & Row, Publishers, 1951.

Noebel, David. A. Christian Rock. Manitou Spring, CO: Summit Ministries. 1978.

Oberg, Ingemar. Luther och varldsmissionen, Dean Apel trans. Luther and World Mission. Saint Louis: Concordia Publishing House, 2007.

Obermann, Heiko A. Luther: Man between God and the Devil, trans. Eileen Walliser-Schwarzbart. New Haven: Yale University Press, 1989.

Oettinger, Rebecca W. Music as Propaganda in the German Reformation. Burlington, VT: Greewood Press, 1985.

Orr, N. Lee. The Church Music Handbook for Pastors and Musicians. Nashville: Abingdon Press, 1991

Ozment, Steven. The Age of Reform 1250~1550. New Haven and London: Yale University Press, 1980.

Park, Robert. "Reflections of Communication and Culture." in Reader in Public Opinion and Communication, ed., Bernard Berelson and Morris Janowits, 2nd edition. New York: Free Press, 1966.

Parker. Kenneth E. "Music, the Cultural Frontier of the Church." Windstorm Christian Music Magazine(July/August, 1983): 10.

Pass, David B. Music and the Church: A Theology of Church Music. Nashville: Broadman, 1989.

Patrick, Millar. The Story of the Church's Song. Richmond, Virginia: John Knox Press, 1962.

Pattison, T. Harwood. Public Worship. Philadelphia: American Baptist Publication Society, 1900.

Paul, Lang Henry. Music in Western Civilization. New York: W. W. Norton & Company Inc, 1941.

Paulos, Victor. Luther, Servant of God. Saint Louis, Missouri: Concordia Publishing House, 1966.

Payton, Leonard R. Reforming Our Worship Music. Wheaton, Illinois: Crossway Books, 1999.

Peacock, Charlie. At the Cross Roads: at the Past, Present and Future of Contemporary Christian Music. Nashville, Tennessee: Broadman

& Holman Publishers, 1999.

Peters, Dan & Peters, Steve. Why Knock Rock. Minneapolis, Minnesota: Bethany House Publishers, 1984.

Peters, Dan. Peters, Steve & Merrill, Cher. What About Christian Rock?. Minneapolis, Minnesota: Bethany House Publishers, 1986.

Peters, Steve and Littleton, Mark. Truth about Rock: Shattering the Myth of Harmless Music. Minneapolis. Minnesota: Bethany House Publishers, 1998.

Pickering, Emerst. The Tragedy of Compromise: The Origin and Impact of the New Evangelism. Greenville, SC: Bob Jones University, 1994.

Pietsch, Helen. "On Luther's Understanding of Music," Lutheran Theological Journal. Vol. 26, No. 3(December 1992): 160~67.

Pike, Alfred. A Phenomenological Analysis of Musical Experience and Other Related Essays. New York: St. John's University Press, 1970.

Plass, Ewald M. What Luther Says. St. Louis: Concordia Publishing House, 1959.

Polack, W. G. "Church Music." In What Lutherans Are Thinking, ed. E. C. Fendt. Columbus, Ohio: The Warburg Press, 1947.

Postman, Neil. Amusig Ourselves to Death. New York: Penguin, 1985.

Powell, Mark Allan. "Why Should the Fundies Have All the Good Music?." Trinity Seminary Review. Vol. 18, No. 1(Summer 1996): 29~41.

________. Encyclopedia of Contemporary Christian Music. Peabody, Massachusetts: Hendrickson Publishers, Inc, 2002.

Preus, Klemet. "Contemporary Christian Music: An Evaluation," Concordia Theological Quarterly, Vol. 51, No 1(January 1987): 1~18.

Preus, Robert D. "Luther the Communicator." in God's Communicators in Mission. Eugene W. Bunkowske and Richard French ed., Fort Wayne, IN: Concordia Theological Press, 1988.

Ra, Min Joo. "The Effect of Music Ministry in Church Growth." D. Min. Diss., Concordia Theological Seminary, 2002.

Rabey, Steve. "Fish House: A Christian Music Ministry." The Lutheran Witness,(December, 1983): 16~18.

Rayburn, H. Y. John Calvin. London: Hodder & Staughton Ltd., 1904.

Reed, Luther. D. "Worship." in What Lutherans Are Thinking, ed. E. C. Fendt, Columbus, Ohio: The Wartburg Press, 1947.

________. "Luther and Congregational Song." in The Paper of the Hymn Society. ed., Carl F. Price. New York: The Hymn Society of America, 1947.

Reid, J. K. S. Calvin: Theological Treatises. Library of Christian Classic. The Westminster Press, 2000.

Resch, Richard C. "Luthetr's Hymns, Part II: The Psalms, Canticles, and Newly Composed Hymns." ed., Daniel Zager, Luther on Liturgy and Hymns. Fort Wayne, IN: Concordia Theological Seminary Press, 2006. 77~86.

Rick. Warren, The Purpose Driven Church: Growth Without Compromising Your Message and Mission. Grand Rapids: Zondervan Publishing House, 1999.

Ridderbos, Herman. Paulus: Ontwerp van zijn theologie, trans., John Richard De Witt, Paul: An Outline of His Theology. Grand Rapids, Michigan: William B. Eerdmans Publishing Company, 1975.

Ritzer, George. The McDonaldization of Society: An Investigation into the Changing Character of Contemporary Social Life. Thousand Oaks: Pine Forge Press, 1993.

Robin, Sylvan. Traces of the Spirit: The Religious Dimensions of Popular Music. New York: New York University Press, 2002.

Robinson, Anthony B. "Learning from Willow Creek Church." The Christian Century.(January 23, 1991): 68~70.

Roland H. Bainton, Here I Stand: A Life of Martin Luther. Nashville, Tennessee: Abingdon Press, 1995.

Rouget, Gilbert. Music and Trance: A Theory of the Relationship Between Music and Possession. South Band: Better World Book, 1985.

Scaer, David P. "Johann Sebastian Bach as Lutheran Theologian." Concordia Theological Quarterly Vol. 68(July/October 2004): 328.

Schalk, Carl F. Key Words in Church Music. St. Louis: Concordia Publishing House, 1978.

________. Music in Lutheran Worship. St Louis, MO: Concordia Publishing House, 1983.

________. The Hymn of the Day and Its Use in Lutheran Worship. St. Louis, MO: Concordia Publishing House, 1983.

________. Luther On Music. St. Louis, MO: Concordia Publishing House. 1988.

________. "Church Music in the 90s: Problems and Prognoses." The Christian Century(March 21~28, 1990): 307~8.

________. "Luther on Music Revisited: Reassessing Luther's Thought on Music for Today." In Luther on Liturgy and Hymns. ed., Daniel Zager. Fort Wayne, IN: Concordia Theological Seminary Press, 2006. 123~36.

Schaeffer, Francis A. How Should We Then Live? Wheaton, Illinois: Crossway Books, 2005.

Schwiebert, E. G. Luther and His Times. St. Louis: Concordia Publishing House, 1950.

Seashore, Carl E. Psychology of Music. New York: McGraw-Hill, 1938.

Segler, Franklin M. Understanding, Preparing for, and Practicing Christian Worship. Second Edition. Nashville, Tennessee: Broadman & Holman Publishers, 1966.

________. Christian Worship: Its Theology and Practice. Nashville, Tennessee, Broadman Press, 1967.

Senn, Frank C. "Martin Luther's Revision of the Eucharistic Canon in the Formula Missae of 1523." Concordia Theological Monthly

44(1973): 118.

________. "Luther's Liturgical Reforms: Luther the Medieval Liturgist." in Luther on Liturgy and Hymns. ed., Daniel Zager. Fort Wayne, IN: Concordia Theological Seminary Press, 2006.

Sessions, Kyle C. "The Sources of Luther's Hymns and the Spread of the Reformation." The Lutheran Quarterly. Vol. III, No, 3(August, 1965): 206~23.

Shippen, Katherine B. & Seidlova, Anca. The Heritage of Music. New York: The Viking Press, 1963

Smend, Friedrich. "Luther and Bach." The Lutheran Quarterly. Vol. 1, No. 4,(November 1949): 410.

Smith, Kimbery. Let Those Who Have Ears to Hear. Enumclaw, WA: Wine Press Publishing, 2001.

Smith, Preserved. The Life and Letters of Martin Luther. Boston and New York: Houghton Mifflin Co., 1911.

Snyder, James L. Tozer On Worship and Entertainment Selected Excerpts. Camp Hill, Pennsylvania: Christian Publication, 1997.

Sorenson, Lowell S. "Between Mandata and Damnabillia: An Exploration of the Meaning of Adiaphora for the Theology and Practice of the Lutheran Church." M. Div. diss., Concordia Theological Seminary, 2004.

Spaulding, Mark. The Heartbeat of The Dragon: The Occult Roots Of Rock & Roll. Sterling Heights, Michigan: Light Warrior Press, 1992.

Spinks, Bryan. Luther's Liturgical Criteria and his Reform of the Canon of The Mass. Bramcote Notts: Grove Books, 1982.(Reprinted by permission of The Author: Fort Wayne, IN: Concordia Theological Seminary Press, August, 1997)

Stauffer, S. Anita. "Worship and Culture: An International Lutheran Study." International Review of Mission Vol. 337(1996): 184~88.

Stevenson, Robert. "Luther's Musical Achievement." The Lutheran

Quarterly. Vol. 3, No. 3(August, 1951): 255~62.

Stiller, G. Johann Sebastian Bach and Liturgical Life in Leipzig, trans. Herbert J. A. Bouman, Daniel F. Poellot, and Hilton C. Oswald. St. Louis: Concordia Publishing House, 1984.

St-Onge, Charles P. "Music, Worship, and Martin Luther." LOGIA: A Journal of Lutheran Theology. Vol. XIII, No. 2,(2004): 39.

Storr, Anthony. Music and the Mind. New York: Ballantine Books, 1993.

Strohl, Jane E. "Luther's spiritual journey." in The Cambridge Companion to Martin Luther, ed., Donald K. Mckim. Cambridge: Cambridge University Press, 2003.

Stuckwisch, D. Blersch, R. J. Herl, J. "A Hymnal We Need: Three Perspectives." Issues in Christian Education. Vol. 37, No. 1(Spring 2003): 6~21.

Stump. Joseph. An Explanation of Luther's Small Catechism. BiblioBazzar, 2006.

Styll, John. "What Makes Music Christian." CCM Magazine. com, 6

Susan, David J. "Some Parallel Emphases Between Luther's Theology and His Thought about Music, and Their Contemporary Significance." Concordia Journal. Vol. 11, No. 1(February 1985): 10~14

Tame, David. The Secret Power of Music: Transformation of Self and Society through Musical Energy. Rochester, Vermont: Turn Press, 1984.

Theodore C. Graebner, The Borderland of Right and Wrong. St. Louis, Mo: Concordia Publishing House, 1945.

Thompson, Bard. Liturgies of the Western Church. Cleveland and New York: the World Publishing Company, 1961.

Thompson, John J. Raised By Wolves: the Story of Christian Rock & Roll. Toronto, Ontario: ECW Press, 2000.

Tillich, Paul. Systematic Theology III. Chicago, IL: University of Chicago, 1963.

Towns, Elmer L. An Inside Look at 10 of Today's Most Innovative

Churches. Ventura, California: Regal Books, 1973.

Turabian, Kate L. A Manual for Writers of Term Papers, These, and Dissertation. 5th ed. Revised and Expanded by Bonnie Birtwistle Honigsblum. Chicago, Ill: University of Chicago Press, 1987.

Van Der Leeuw, G. Sacred and Profane Beauty: The Holy in Art. New York: Holt, Rinehart and Winston, 1963.

Veith, Edward Gene. "Church Music and Contemporary Culture." Modern Reformation. Vol. 11, No. 6(11, 2002): 35~43.

Voelz, James W. What Does This Mean?: Principles of Biblical Interpretation in the Postmodern World. 2nd Ed. St. Louis: Concordia Publication House, 1977.

Wainwright, Geoffrey. "Christian Worship and Western Culture." Studia Liturgica. Vol. 12(1977): 20~33.

________. Doxology: The Praise of God in Worship, Doctrine, and Life. New York: Oxford University Press, 1980.

Walker, Williston. A History of the Christian Church. Fourth Edition. New York: Scribner, 1985.

Walter A. Henrichson & William N. Garrison, Layman, Look Up! God Has a Place for You. Grand Rapids, Michigan: Zondervan Publishing House, 1983.

Warneck, Gustav. Outline of a History of Protestant Mission, ed., George Roberson, trans, J. Mitchell and C. Macleroy. Edinburgh: Morrison & Cibbs, 1901.

Warren, Rick. The Purpose-Driven Church: Growth Without Compromising Your Message and Mission. Grand Rapids: Zondervan Publishing House, 1999.

Webber, Robert E. Worship: Old & New. Grand Rapids, Michigan: Zondervan Publishing House, 1982.

________. Worship is A Verb. Waco, Texas: Word Books Publisher, 1985.

________. Planning Blended Worship. Nashville: Abingdon Press, 1988.

Wencelious, L. Calvin. Paris: Belles Letters, 1938.

Wendham, David. Paul: Follower of Jesus or Founder of Christianity? Grand Rapid, Michigan: Wm. B. Eerdmans Publishing Company, 1995.

Westermeyer, Paul. To Deum: The Church and Music. Minneapolis: Fortress Press, 1998.

Wheaton, Jack. Crisis in Christian Music. Oklahoma City, OK: Hearthstone Publishing, 2000.

White, James Emery. Protestant Worship: Tradition in Transition. Louisville: Westminster/John Knox Press, 1989.

________. Opening the Front Door: Worship and Church Growth. Nashville, TN: Convention Press, 1992.

________. "Evangelism in a postmodern world." in The Challenge of Postmodernism: An Evangelical Engagement, ed. D. S. Dockery. Grand Rapids: Baker Academics, 1995.

Wilson, A. N. Paul: The Mind of the Apostle. New York: W. W. Norton & Company, 1997.

Wilson, Derek. Out of Storm: The Life and Legacey of Martin Luther. New York: St. Martin's Press, 2007.

Winkler, Kathleen Knief. "A Christian Rock Show: Crossing The Airwaves." The Lutheran Witness(December, 1983): 14~15.

Witvliet, John D. "The Spirituality of the Psalter: Metrical Psalms in Liturgy and Life in Calvin's Geneva." Calvin Theological Journal, No. 32, No. 2(November 1997): 273~97.

________. "Beyond Style: Rethinking the Role of Music in Worship," in Worship at the Next Level, ed., Tim A. Dearborn & Scott Coil. Grand Rapids, Michigan: Baker Books, 2004.

Wren, Brian. Praying Twice: The Music and Words of Congregational Song. Louisville, London: Westminster John Knox Press, 2000.

Yardley, Anne Bagnall. "Teaching Music in the Seminary." Teaching Theology & Religion. Vol. 6, No. 3(July, 2003): 169~75.

Yngve Brilioth, Eucharistic Faith and Practice, Evanglical and Catholic, translated by A. G. Hebert. S. P. C. K., London, 1930.

Zager, Daniel. "Music for the Lutheran Liturgy: Johannes Sapngenberg's Cantiones ecclesiasticae/Kirchengesenge Deudsche(1545)." This is the Feast: A Festschrift for Richard Hillert at 80. St. Louis: Morning Star, 2004.

Zager, Daniel. "Luther and Bach: Theologians in Word and Music." in Luther on Liturgy and Hymns, ed., Daniel Zager. Fort Wayne, IN: Concordia Theological Seminary Press, 2006.

국내 문헌

강명신. "Martin Luther의 Chorale이 교회 음악에 끼친 영향." 미간행 석사학위논문, 연세대학교, 1991.

강인중. "교회와 대중음악." 기독교윤리실천운동 문화전략위원회 엮음. 「대중문화, 더 이상 침묵할 수 없다」. 서울: 예영커뮤니케이션, 2000.

긴동호. 「생사를 건 교회개혁」. 서울: 규장출판사, 1999.

김대권. "교회에 의한, 교회를 위한, 교회를 향한 섬김으로." 「월간 목회」. 제354호 (2006, 2): 109~15쪽.

김성호. "교회 음악의 문제, 어떻게 풀 것인가?," 「월간 목회」 (1995. 2): 71쪽.

김세광. "예배에서 현대 문화매체의 수용과 한계." 대한예수교장로회총회사업부 편. 「21세기의 도전과 문화선교」. 서울: 한국장로교출판사, 2000.

_____. 「예배와 현대 문화: 멀티미디어, CCM, 영화, 언어」. 서울: 대한기독교서회, 2005.

김영기. "예배 속의 찬양을 진단한다." 「월간 목회」. 제354호(2006, 2): 85~91쪽

김인수. "吉善宙 牧師의 나라사랑 정신에 대한 考察," 「韓國敎會史論叢」. 서울: 閔庚培敎授華甲紀念論文刊行委員會, 1994.

김의작. 「교회 음악학」. 서울: 총신대출판부, 1981.

김철륜. 「교회 음악 교육학」. 서울: 에덴문화사, 1983.

_____. 「敎會音樂論」. 서울: 호산나음악사, 1990.

김형태. 「청소년 문화와 인성교육」. 서울: 기독교리더십연구원, 1998.

김희보. "찬송가의 전통과 신학." 「基督公報」. 제1806호(1990. 8. 11): 7면.

나진규. "바흐의 마태수난곡에 수록된 코랄 연구." 「음악과 민족」 제33호(2007, 1):
    217~42쪽.

남궁오. 「현대 기독교 대중음악(CCM)의 바람직한 발전 방향에 관한   연구」.
    미간행 석사논문, 서원대학교 교육대학원, 2002.

류창현. 「포스트모던 사회와 교회」. 서울: 프리칭아카데미, 2006.

류형선. "CCM, 한국 교회 지형에 뿌리내리기." 「CCM Look」(1998, 11): 3쪽.

문성모. "마틴 루터 예배 음악에 대한 신학적 이해," 「민족음악과 예배」. 개정증보
    판. 서울: 도서출판 한들, 1997.

_____. "예배 음악의 역사." 「민족음악과 예배」. 서울: 도서출판 한들, 1997. e

_____. "예배와 음악." 「민족음악과 예배」 . 서울: 도서출판 한들, 1997.

_____. "찬송가 한국화(토착화)의 가능성과 그 범위." 「민족음악과 예배」 서울: 도
    서출판 한들, 1997.

_____. "한국 찬송가와 그 문제점," 「민족음악과 예배」. 서울: 도서출판 한들,
    1997.

_____. "한국 찬송가의 역사." 「민족음악과 예배」. 서울: 도서출판 한들, 1997.

_____. "예배에서의 시편 활용에 관한 역사적 고찰." 「민족음악과 예배」. 서울: 도
    서출판 한들, 1997.

_____. "CCM 꼬집어서 질문하기." 「CCM Look」(1997. 9,10), 38쪽.

문용식. 「그리스도인을 위한 문화이해」. 서울: 예영커뮤니케이션, 2005.

문화선교연구원 엮음. 「문화선교의 이론과 실제」. 서울: 예영커뮤니케이션, 2003.

민호기. "전 세대에 부합하는 자발적 예배로의 회복." 「월간 목회」. 제354호(2006,
    2): 75~83쪽.

박명섭. "회중 찬송의 성서적 조명과 한국 찬송 가사." 「교회 음악」. 제33호
    (1984), 22쪽.

박민찬. "루터 교단(16)." 「크리스챤타임스」. 제 504호(2007. 11. 20): 11면.

박성완. 「루터교 예배이해」. 서울: 컨콜디아사, 2000.

박희석. "칼빈과 음악." 「목회와 신학」. 통권 226호(April, 2008): 165~71면.

박양식. 「문화를 알면 사역이 보인다」. 서울: 기독연합신문사, 2004.

박용란. 「世界敎會音樂史」. 서울: 도서출판 작은 우리, 2003.

박정관, 하정완, 서승직. 「영적전쟁시대의 문화-예배-찬양」. 서울: 제자서원, 1996.

박정관. "동시대성의 의미는?." 「CCM Look」(1999. 7,8): 60쪽.

석정화. "CCM의 성격과 그 수용에 관한 고찰: 청소년에 미치는 영향에 대한 연구."
　　　미간행 신학석사학위논문, 경희대학교 교육대학원, 1988.

성철종. "교회 음악과 세속 음악에 관한 역사적 연구." 미간행 석사학위 논문, 총신
　　　대학교 대학원, 1987.

소재열. 「찬양과 치유음악」. 서울: 말씀사역, 2000.

신국원. "문화선교를 통한 예술 창조 - 하나님 나라를 건설한다." 「월간 목회」 (1997
　　　년 10월): 61~67쪽.

______. "문화선교의 선교성을 어떻게 확보할까?: 신학적 근거와 실천 방안." 「문화
　　　선교의 이론과 실제」. 서울: 예영커뮤니케이션, 2003.

신동헌. 「재미있는 음악사 이야기」. 서울: 서울미디어, 1997.

안환균. 「르뽀, 기독문화가 위태롭다」. 서울: 규장출판사, 1999.

안혁. "CCM은 무엇을 노래해야 하는가." 「CCM Look」(1997. 3): 34쪽.

양동복. "아직도 혼동하고 있습니까?." 「CCM Look」(1999. 3, 4): 53쪽

______. 「새로운 대중음악 CCM」. 서울: 예영커뮤니케이션, 2000.

양은주. "역사적 측면에서 본 M. Luther와 그의 찬송이 가지는 의미에 관한 연구."
　　　미간행 석사학위논문, 총신대학교, 1991.

이광복. "참된 신앙의 고백을 담은 찬양으로." 「월간 목회」 제354호(2006, 2):
　　　93~99쪽.

李桂俊. "교회 음악의 갱신." 「韓國教會와 하나님의 宣教」. 서울: 展望社, 1981.

이남윤. 「N세대 문화닷컴」. 개정증보판 . 서울: 기독신문사, 2003.

李萬烈. 「韓國基督教文化運動史」. 서울: 大韓基督教出版社, 1987.

이성민. "오늘의 CCM 이대로 좋은가?," 「월간 목회」 제354호(2006, 2): 73쪽.

이성희. 「미래목회 대예언」. 서울: 규장출판사, 1998.

이양호. 「루터의 생애와 사상」. 서울: 대한기독교서회, 2002.

이유선. 「韓國洋樂百年史」. 서울: 중앙대학교출판국, 1976.

李章植. 「基督教思想史」. 第2卷. 서울: 大韓基督教書會, 1965.

이정훈. "국악찬양의 현실진단과 활성화를 위한 과제." 대한예수교장로회총회사회부
　　　편. 「21세기의 도전과 문화선교」. 서울: 한국장로교출판사, 2000.

이중태. 「韓國教會音樂史」〈改新教 篇〉. 서울: 예찬사, 1992.

______. 「찬송가 탄생의 비밀」. 서울: 도서출판 선미디어, 2007.

이형기. 「종교 개혁신학사상-루터와 칼빈을 중심하여」. 서울: 장로회신학대학 출판

부, 1984.

______.「세계 교회의 분열과 일치추구의 역사」. 서울: 장로회신학대학교출판부,
      1994.

______.「세계 교회사 II」. 서울: 한국장로교출판사, 1994.

임영만. "마틴 루터 음악에 대한 고찰."「신학이해」. 제15권. 호남신학대학출판사,
      1997.

오윤선.「청소년! 이젠 이해할 수 있다」. 서울: 예영 B&P, 2008.

오정택.「경배와 찬양」. 서울: 예영미디어, 1998.

오픈해설찬송가 편찬위원회 편.「Open 해설찬송가」. 서울: 아가페 출판사, 1991.

정기락. "마르틴 루터의 민족교회 음악."「음악과 민족」. 제6호(1993): 242~62쪽.

정성옥.「한 눈에 보는 종교 개혁 키워드」. 서울: 부흥과 개혁사, 1999.

정승훈.「종교 개혁과 21세기」. 서울: 대한기독교서회, 2001.

정인교.「청중의 눈과 귀를 열어 주는 특수설교」. 서울: 두란노아카데미, 2007.

정장복.「예배학 개론」. 서울: 종로서적, 1985.

______.「설교사역론」. 서울: 대한기독교서회, 1990.

______.「예배의 신학」. 서울: 장로회신학대학교출판부, 1999.

______.「그것은 이것입니다」. 서울: 예배와 설교 아카데미, 1999.

정정숙.「한국 교회내 전임음악목사제도 현실화 모색」. 서울: 서울신학대학, 1986.

정책개발위원회.「21세기 교단발전을 위한 정책제안서(안)」, 1997.

주홍근, 이종전 공저.「록 음악의 사탄적 현상」. 서울: 예루살렘, 1991.

조건회. "한국 교회 찬양 예배의 현주소와 전망." 대한예수교장로회총회사업부
      편.「21세기의 도전과 문화선교」. 서울: 한국장로교출판사, 2000.

조숙자. "한국 찬송가와 미국 gospel song."「長神論壇」. 서울: 장로회신학대학교
      출판부, 1997.

______. "본 교단 음악목사 제도화를 위한 연구."「長神論壇」. 서울: 장로회신학대
      학교출판부, 1999.

지원용.「루터와 종교 개혁」. 서울: 컨콜디아사, 1993.

조영업.「왜 열린 예배가 잘못되었는가?」. 서울: 미스바, 2001.

차종순.「교회사」. 서울: 한국장로교출판사, 1992.

최복희. "종교 개혁 시대의 교회 chorale에 대한 연구." 미간행 석사학위 논문, 경희
      대학교, 1990.

최상일. "CCM의 선교적 활용에 대한 연구." 미간행 신학석사학위논문, 감리교신학
　　　대학교 신학대학원, 1999.

최유신. "록 자체가 악한 정서를 유발하지는 않는다."「빛과 소금」.(1996. 2):
　　　116~17쪽.

하덕규. "CCM은 대안일 수 있는가."「복음과 상황」(1996. 2): 32쪽.

하스데반. "경배와 찬양의 예배적 의미."「목회와 신학」 3월호(2000): 97~88쪽.

한승홍.「표준논문작성법」 개정증보판. 서울: 장로회신학대학교출판부, 1982.

한승동. "성스러운 찬송가가 일제군가였다니…."「한겨레신문」(2007. 10. 8): 25면.

_____. "교회 속 일제군가 그건 이렇습니다."「한겨레신문」(2007. 10. 22): 30면.

한용길. "대중 속에 보통명사로 자리 잡은 CCM."「CCM Look」. 1997. 11. 12.

홍정수, "종교 개혁과 오늘날 한국 교회 음악."「연세음악연구」. 제4집(1996):
　　　45~56쪽.

_____. "찬송가의 생성과 마르틴 루터." 서정운 명예총장 은퇴 기념출판위원회
　　　편.「하나님의 나라와 선교」. 서울: 대한기독교서회, 2001.

_____. "2000년대를 향한 장신대의 교회 음악 교육."「교회 음악, 예배음악, 신자들
　　　의 찬양」. 서울: 장로회 신학대학교출판부, 2002.

번역 문헌

Barnes, Harry Elmer. A History of Historical Writing. 허승일·안희돈 역.「서
　　　양사학사」. 서울: 한울아카데미, 1994.

Demaray, Donald E. Listen to Luther: Selections from Martin Luther's
　　　Table Talk. 윤종석 역.「루터에게 듣는다」. 서울: 도서출판 두란노, 1992.

Longhurst, Brian. Popular Music and Society. 이호준 역.「대중음악과 사회」.
　　　서울: 예영커뮤니케이션, 2004.

Neve, J. L. A History of Christian Thought. 徐南同 譯.「基督敎敎理史」. 서
　　　울: 大韓基督敎書會, 1965.

Willson, John F. Introduction to Church Music, 나운영 역.「교회 음악 입문」.
　　　서울: 대한기독교서회, 1980.

사전과 신문

Encyclopedia Britannica 11th ed. S. v. "Justus Jonas"

Encyclopedia Britannica 11th ed. S. v. "Josquin Desprez"

New Harvard Dictionary of Music. S. v. "Getting Luther out of the
   Barroom"

Time,(March 11 1985): 60.

Loud and Clear.(August, 1985): 4.

Sears, Victor. Baptist Bible Tribune(1981): 13

「그리스도 신문」, 일천구빅일년, 오월 초이일, 142면.

인터넷

http://en.wikipedia.org/wiki/Ludwig_Senfl(2008. 3월)

http://en.wikipedia.org/wiki/Chorale(2007년 12월)

http://www.um-ak.co.kr/young/dara/leise.htm(2007년 11월)

http://www.dolmetsch.com/musictheorydefs.htm(2008년 2월)

http://www.hani.co.kr/arti/culture/music/241228.html(2007년 10월)

http://www.earlymusicguild.org/emg/contrafacta.html(2007년 1월)

면담

델티브 슐츠(K. Deltev Schulz). "선교학적 관점에서 바라 본 칭의와 성화
   (Justification and Sanctification in Missiological Perspective)",
   2007년 3월 23일, 컨콜디아신학교(Concordia Theological Seminary)의
   철학 박사(Ph. D) 과정 수업시간 중에서 발췌함.

더글라스 럿트(Douglas Rutt) 교수와의 Interview Recording Tape, 미국 인디
   아나주 컨콜디아신학교 의 Ph.D 철학 박사 과정 원장실, 2006년 6월 20일,
   화요일, 오후 2시 30분~3시.

저자의 문헌

Kim, Chulwoong. "The Impact of Contemporary Christian Music for Young Christians In Korea On Their Five Experiential Domains of Meaning." Ph. D. diss., Concordia Theological Seminary, 2007.

김철웅. "진정한 CCM이란 무엇인가?."「基督公報」. 제2557호(2006. 5): 26면.

_____. "마틴루터도 CCM 사역자였는가?."「基督公報」. 제2562호(2006. 6.10): 10면.

_____. "CCM에 대한 고정관념을 깨라."「월간 목회」.(2006. 7): 135~43쪽.

_____. "음악 목회의 신학적 모델: 마틴 루터: adiaphora와 diaphora를 중심으로…."「월간 기독교 사상」.(2006. 10): 223~37쪽

_____. "존 칼빈(John Calvin)도 CCM사역자였는가?."「서울장신학보」, 제170호(2006. 10): 5면.

_____. "올바른 평신도 사역의 실천적 개념: Followership(추종자론)."「월간 신앙세계」. 통권 465호(2007. 4), 52~57쪽.

_____."진정한 CCM의 다섯 가지 조건."「The Korean Christian Herald」(2007. 5. 15), 16면.

_____. "쯔빙글리도 CCM 사역자인가?."「The Korean Christian Herald」.(2007. 7. 26): 11면.

_____. "사도 바울의 찬양론."「월간 신앙세계」통권 468호(2007. 7): 48~50쪽.

_____. "삼위일체 하나님의 찬양."「The Korean Christian Herald」(2007. 8. 28), 16면.

_____. "종교 개혁의 관점에서 바라 본 CCM."「월간 신앙세계」통권 471호(2007. 10): 52~57쪽.

_____. "설교자와 찬양인도자."「월간 신앙세계」통권 472호(2007. 11): 54~56쪽.

_____.「추적! 사도 바울의 16년」. 서울: 쿰란출판사, 2007.

_____. "2008년! 1세 개 바울서신 통독법의 새 방향."「월간 신앙세계」통권 474호(2008, 1): 47~49쪽.